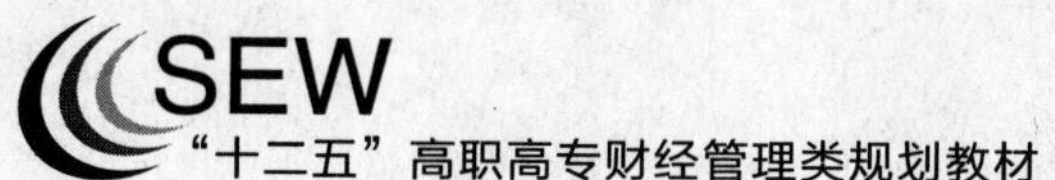

NASHUI SHIWU

# 纳税实务

主　编◎王金申　贾讲用

副主编◎毕德会　黄玉强

·北京·

图书在版编目（CIP）数据
纳税实务/王金申，贾讲用主编
北京：中国经济出版社，2011.8
ISBN 978－7－5136－0762－9
Ⅰ.①纳… Ⅱ.①王… ②贾… Ⅲ.①纳税—税收管理—中国—高等职业教育—教材 Ⅳ.①F812.423
中国版本图书馆 CIP 数据核字（2011）第 123837 号

责任编辑　伏建全
责任审读　贺　静
责任印制　张江虹
封面设计　任燕飞设计工作室

出版发行　中国经济出版社
印 刷 者　三河市佳星印装有限公司
经 销 者　各地新华书店
开　　本　787mm×1092mm　1/16
印　　张　17.5
字　　数　370 千字
版　　次　2011 年 8 月第 1 版
印　　次　2011 年 8 月第 1 次
书　　号　ISBN 978－7－5136－0762－9/G·1547
定　　价　35.00 元

**中国经济出版社** 网址 www.economyph.com 社址 北京市西城区百万庄北街 3 号 邮编 100037
本版图书如存在印装质量问题，请与本社发行中心联系调换（联系电话：010－68319116）

# 前　言

《纳税实务》是高等职业教育财经类专业核心课程之一,集税法与纳税申报技术于一体,并且对主要涉税事项的会计处理做了补充说明,使学生能够既会理论,又会申报,还会会计处理,从而增强学生对会计的全面认识,为将来会计工作打下坚实的基础。

本书主要由淄博职业学院、延安职业技术学院与山东鲁信财税咨询服务有限公司共同编写,属校企合作教材,立足于高职高专会计专业学生和社会培训,具有很强的理论性、实践性和应用性,对主要知识点、难点配以案例,深入浅出,使学生能够充分掌握纳税实务。并且根据毕业生反馈意见,增加一章《信息化管理在税务中的应用》,由山东鲁信财税咨询服务有限公司培训中心副主任黄玉强老师编写,目的使学生能够进行网上纳税申报。

为了能够达到预期目标,我们在《纳税实务》基础上专门编写了配套的《纳税实务实训》,每一个项目都由基础实训和纳税申报实训组成,突出实践性,力争体现对高职高专应用型人才培养的全过程。

本书由淄博职业学院会计学院王金申老师担任主编,山东鲁信财税咨询服务有限公司《山东鲁信财税咨讯》编辑毕德会老师和山东鲁信财税咨询服务有限公司培训中心副主任黄玉强老师担任副主编。淄博职业学院会计学院副院长王佐芳教授审稿。最终由王金申定稿并总撰。

由于编者水平和经验有限,书中难免欠妥和错误之处,恳请读者批评指正。

附:山东鲁信财税咨询服务有限公司是经淄博市工商行政管理局依法注册成立的,从事代理记帐、税务代理、财务税务咨询的专业服务公司,致力于发挥在税务、会计、司法鉴定、服务外包、培训等各个方面的专业优势,对各中小企业进行企业系统诊断,为各中小企业提供专业、优质、细致的高效服务。

毕德会,注册税务师、会计师。1979 年 10 月转业后任山东淄博张店区政府会计、副科长;张店区税务局副局长、神舟税务师事务所税务顾问;山东鲁信财税咨询服务有限公司《山东鲁信财税咨讯》编辑。曾受聘淄博市张店科技咨询服务中心财经顾问、淄博市会计学会淄博市职工教育办公室任学习班教师、山东经济学院辅导教师、淄博华川置业有限公司经济顾问。主编了《纳税人必读》、《国家税收》等有关税收专著。

黄玉强,山东鲁信财税咨询服务有限公司培训中心副主任,淄博鲁信计算机科技有限公司副经理。从事软件开发等相关工作十余年,曾参与开发过山东省国税局组织的"票证管理信息系统"等软件系统,在培训中心组织万余家中小企业进行税收政策培训。自 2008 年至今,兼任淄博职业学院"纳税实务"课程中的"信息化在税务中的应用"的授课工作。

编者

2011 年 6 月

# 目　录

# 项目一　税收总论

【知识目标】

(1)识记税收和税法的基本内容;

(2)识记我国现行税法体系;

(3)识记我国税收征管的主要内容。

【能力目标】

(1)能够办理税务登记;

(2)能够办理税种认定;

(3)能够增强依法纳税观念,培养良好的职业道德。

## 模块一　税收与税法概述

### 一、税收概述

#### (一)税收的概念

税收是国家凭借其政治权利,按照法律事先规定的标准,强制性的参与单位和个人的财富分配,无偿地取得财政收入的一种形式。

#### (二)税收的基本特征

**1. 强制性**

强制性是指国家凭借其政治权利,通过颁布法律、法规等形式对征税加以规定,并依照法律强制征税。只要纳税人取得了应税收入或发生应税行为,就必须依法纳税,否则就是违法,就要受到法律的制裁,这样就能够减少或避免拖欠和偷税漏税行为的发生。

**2. 无偿性**

无偿性是指国家征收的税款归国家所有,不再归还给纳税人,不需要支付给纳税人任何报酬。

**3. 固定性**

固定性是指国家在征税之前,以法律等形式预先制定了征税对象、税率、纳税额度、纳税方法等。

税收的这三个特征是相互联系的统一整体,无偿性是其核心,强制性是其保障,固定性是对无偿性和强制性的规范和约束。

#### (三)税收的职能

税收职能是指税收所具有的内在功能,是税收本质属性的一种具体体现。税收具有财政收入、宏观调控、监督管理三个职能。国家通过税收来满足国家实现其职能的物质需要。目前在我国，税收收入已占国家财政收入的90%以上，由此可见税收在国家收入中占有重要地位。

## 二、税法的概念

税法是国家制定的用以调整国家与纳税人之间在征纳税方面的权利及义务关系的法律规范的总称。它是国家及纳税人依法征税、依法纳税的行为准则，其目的是保障国家利益和纳税人的合法权益，维护正常的税收秩序，保证国家的财政收入。

从法律性质上看，税法属于义务性法规，以规定纳税人的义务为主，但并不是指税法没有规定纳税人的权利，而是指纳税人的权利是建立在其纳税义务的基础之上，处于从属地位。

## 三、税收法律关系

### （一）税收法律关系的构成

税收法律关系是国家征税与纳税义务人纳税过程中发生的利益分配关系，是因税收征收管理而发生的特定权利义务关系，在总体上与其他法律关系一样，由权利主体、权利客体和法律关系三方面内容构成，但在内涵上，税收法律关系具有特殊性。

**1. 权利主体**

权利主体即税收法律关系中享有权利和承担义务的当事人。在我国税收法律关系中，权利主体一方是代表国家行使征税职责的国家税务机关，包括国家各级税务机关、海关和财政机关；另一方是履行纳税义务的人，包括法人、自然人和其他组织，在华的外国企业、组织、外籍人、无国籍人，以及在华虽然没有机构、场所但有来源于中国境内所得的外国企业或组织。这种对税收法律关系中权利主体另一方的确定，在我国采取的是属地兼属人的原则。

在税收法律关系中权利主体双方法律地位平等，只是因为主体双方是行政管理者与被管理者的关系，双方的权利与义务不对等，因此，与一般民事法律关系中主体双方权利与义务平等是不一样的。这是税收法律关系的一个重要特征。

**2. 权利客体**

权利客体即税收法律关系主体的权利、义务所共同指向的对象，也就是征税对象。例如，所得税法律关系客体就是生产经营所得和其他所得；流转税法律关系客体就是货物销售收入或劳务收入。

**3. 税收法律关系的内容**

税收法律关系的内容就是权利主体所享有的权利和所应承担的义务，这是税收法律关系中最实质的东西，也是税法的灵魂。它规定权利主体可以有什么行为，不可以有什么行为，若违反了这些规定，需承担什么样的法律责任。

国家税务主管机关的权利主要表现在依法进行征税、进行税务检查及对违章者进行处罚；其义务主要是向纳税人宣传、咨询、辅导税法，及时把征收的税款缴纳国库，依法受理纳税人对税收争议申诉等。

纳税义务人的权利主要有多缴税款申请退还权、延期纳税权、依法申请减免税权、申请复议和提起诉讼权等。其义务主要是按税法规定办理税务登记、进行纳税申报、接受税务检查、依法缴纳税款等。

### (二)税收法律关系的产生、变更与消灭

税法是引起税收法律关系的前提条件,但税法本身并不能产生具体的税收法律关系。税收法律关系的产生、变更和消灭必须有能够引起税收法律关系产生、变更或消灭的客观情况,也就是由税收法律事实来决定。例如,纳税人开业经营即产生税收法律关系,纳税人转业或停业就造成税收法律关系的变更或消灭。

### (三)税收法律关系的保护

税收法律关系是同国家利益及企业和个人的权益相联系的。保护税收法律关系,实质上就是保护国家正常的经济秩序,保障国家财政收入,维护纳税人的合法权益。税收法律关系的保护形式和方法是很多的,税法中关于限期纳税、征收滞纳金和罚款的规定,《中华人民共和国刑法》对构成逃税、抗税罪给予刑罚的规定,以及税法中对纳税人不服税务机关征税处理决定,可以申请复议或提出诉讼的规定等都是对税收法律关系的直接保护。税收法律关系的保护对权利主体双方是平等的,不能只对一方保护,而对另一方不予保护。同时对其享有权利的保护,就是对其承担义务的制约。

## 四、税法构成要素

税法的构成要素是指各种单行税法具有的共同的基本要素的总称。税法的构成要素一般包括总则、纳税义务人、征税对象、税目、税率、纳税环节、纳税期限、纳税地点、减税免税、罚则、附则等项目。

**1. 总则**

总则主要包括立法依据、立法目的、适用原则等。

**2. 纳税义务人**

纳税义务人即纳税主体,主要是指一切履行纳税义务的法人、自然人及其他组织。

**3. 征税对象**

征税对象即纳税客体,主要是指税收法律关系中征纳双方权利义务所指向的物或行为。这是区分不同税种的主要标志,我国现行税收法律、法规都有自己特定的征税对象。税收按照征税对象的不同,可分为流转税、所得税、资源税、财产税、行为税。

**4. 税目**

税目是各个税种所规定的具体征税项目,是征税对象的具体化。比如,消费税具体规定了烟、酒等14个税目。

**5. 税率**

税率是对征税对象的征收比例或征收额度。税率是计算税额的尺度,也是衡量税负轻重与否的重要标志。我国现行使用的税率主要有:比例税率、超额累进税率、定额税率和超率累进税率。

**6. 纳税环节**

主要指税法规定的征税对象在从生产到消费的流转过程中应当缴纳税款的环节。如流转税在生产和流通环节纳税;所得税在分配环节纳税等。

**7. 纳税期限**

纳税期限是指纳税人按照税法规定缴纳税款的期限。比如,增值税的纳税期限,分别为

1 日、3 日、5 日、10 日、15 日或者 1 个月。

**8. 纳税地点**

主要是指根据各个税种纳税对象的纳税环节和有利于对税款的源泉控制而规定的纳税人(包括代征、代扣、代缴义务人)的具体纳税地点。

**9. 减税免税**

主要是对某些纳税人和征税对象采取减少征税或者免予征税的特殊规定。可分为三种基本形式:税基式减免、税率式减免、税额式减免。

**10. 罚则**

罚则主要是指对纳税人违反税法的行为采取的处罚措施。

**11. 附则**

附则一般都规定与该法紧密相关的内容,比如该法的解释权、生效时间等。

# 模块二 我国现行税法

## 一、我国税法的制定与实施

税法的制定和实施就是我们通常所说的税收立法和税收执法。税法的制定是税法实施的前提,有法可依,有法必依,执法必严,违法必究,是税法制定与实施过程中必须遵循的基本原则。

### (一)我国税收的立法原则

我国税收的立法原则是根据我国的社会性质和具体国情确定的,是立法机关根据社会经济活动、经济关系,特别是税收征纳双方的特点确定的,并贯穿于税收立法工作始终的指导方针。主要原则有:(1)从实际出发的原则;(2)公平原则;(3)民主决策的原则;(4)原则性与灵活性相结合的原则;(5)法律的稳定性、连续性与废、改、立相结合的原则。

### (二)税收立法机关

**1. 全国人民代表大会和全国人大常委会制定的税收法律**

在现行税法中,如《中华人民共和国企业所得税法》、《税收征收管理法》等都是税收法律。除《宪法》外,在税收法律体系中,税收法律具有最高的法律效力,是其他机关制定税收法规、规章的法律依据,其他各级机关制定的税收法规、规章,都不得与《宪法》和税收法律相抵触。

**2. 全国人大或人大常委会授权立法**

按照全国人大授权立法,国务院制定了从 1994 年 1 月 1 日起实施的增值税、营业税、消费税、资源税、土地增值税等暂行条例。税收暂行条例的制定和公布施行,也为全国人大及常委会立法工作提供了有益的经验和条件,将这些条例在条件成熟时上升为法律做好了准备。

**3. 国务院制定的税收行政法规**

国务院发布的《税收征收管理法实施细则》等,都是税收行政法规;行政法规不得与法律相抵触。

**4. 地方人民代表大会及其常委会制定的税收地方性法规**

由于我国在税收立法上坚持的是“统一税法”的原则,因此,除了海南省、民族自治地区按照全国人大授权立法规定，在遵循税收法律和行政法规的原则基础上，可以制定有关税收的地方性法规外，其他省、市都无权自定税收地方性法规。

**5. 国务院税务主管部门制定的税收部门规章**

财政部和国家税务总局有权制定税收部门规章。其制定规章的范围包括：对有关税收法律、法规的具体解释、税收征收管理的具体规定、办法等，税收部门规章在全国范围内具有普遍适用效力，但不得与税收法律、行政法规相抵触。例如，财政部颁发的《增值税暂行条例实施细则》等都属于税收部门规章。

**6. 地方政府制定的税收地方规章**

按照"统一税法"的原则，地方政府制定税收规章，都必须在税收法律、法规明确授权的前提下进行，并且不得与税收法律、行政法规相抵触。例如，国务院发布实施的城市维护建设税、车船税、房产税等地方性税种暂行条例，都规定省、自治区、直辖市人民政府可根据条例制定实施细则。

（三）税收立法程序

目前我国税收立法程序主要包括三个阶段：提议阶段、审议阶段、通过和公布阶段。

（四）我国现行税法的分类

税法体系中按各税法的立法目的、征税对象、权限划分、适用范围、职能作用的不同，可分为不同类型的税法。

**1. 按照税法的基本内容和效力的不同，可分为税收基本法和税收普通法。**

税收基本法是税法体系的主体和核心，在税法体系中起着税收母法的作用。我国目前还没有制定统一的税收基本法。税收普通法是根据税收基本法的原则，对税收基本法规定的事项分别立法进行实施的法律。如个人所得税法、税收征收管理法等。

**2. 按照税法的职能作用的不同，可分为税收实体法和税收程序法。**

税收实体法主要是指确定税种立法，具体规定各税种的征收对象、征收范围、税目、税率、纳税地点等。例如《中华人民共和国企业所得税法》就属于税收实体法。

税收程序法是指税务管理方面的法律，主要包括税收管理法、纳税程序法、发票管理法、税务机关组织法、税务争议处理法等。例如《中华人民共和国税收征收管理法》就属于税收程序法。

**3. 按照税法征收对象的不同，可分为五种：**

（1）流转税税法。即对流转额课税的税法，这类税法的特点是与商品生产、流通、消费有密切联系。我国现行的增值税、营业税、消费税、关税均属于对流转额课税的范畴。

（2）所得税税法。即对所得额课税的税法，其特点是可以直接调节纳税人收入，发挥其公平税负、调整分配关系的作用，我国现行的企业所得税、个人所得税均属于对所得额课税的范畴。

（3）财产、行为税税法。即对财产、行为课税的税法，主要是对财产的价值或某种行为课税，我国现行的房产税、车船税、印花税、契税均属于对财产、行为课税的范畴。

（4）资源税税法。即对自然资源课税的税法，主要是为保护和合理使用国家自然资源而课征的税，我国现行的资源税、城镇土地使用税、土地增值税等税种均属于对资源课税的范畴。

(5)特定目的税法。主要是为了达到特定目的,对特定对象和特定行为发挥调节作用。我国现行的城市维护建设税、车辆购置税、耕地占用税和烟叶税均属于特定目的税范畴。

**4. 按照主权国家行使税收管辖权的不同,可分为国内税法、国际税法、外国税法。**

(五)税法的实施

税法的实施包括税收执法和守法两个方面,一方面要求税务机关和税务人员正确运用税收法律,并对违法者实施制裁;另一方面要求税务机关、税务人员、公民、法人、社会团体及其他组织严格遵守税收法律。

由于税法具有多层次的特点,因此,在税收执法过程中,对其适用性或法律效力的判断上,一般按以下原则掌握:(1)层次高的法律优于层次低的法律;(2)特别法优于普通法;(3)国际法优于国内法;(4)实体法从旧,程序法从新。

## 二、我国现行税收管理体制

(一)税务机构设置

我国现行税务机构设置是中央政府设立国家税务总局,省及省以下税务机构分为国家税务局和地方税务局两套税务机构。

国家税务总局对国家税务局系统实行机构、编制、干部、经费的垂直管理,协同省级人民政府对省级地方税务局实行双重领导。

(二)税收征收管理范围划分

目前,我国的税收主要由税务、海关、财政等系统负责征收管理。

**1. 国家税务局系统负责征收和管理的项目**

增值税,消费税,车辆购置税,铁道部门、各银行总行、各保险总公司集中缴纳的营业税、所得税、城市维护建设税,中央企业缴纳的所得税,中央与地方所属企业、事业单位组成的联营企业、股份制企业缴纳的所得税,地方银行、非银行金融企业缴纳的所得税,海洋石油企业缴纳的所得税、资源税,外商投资企业和外国企业所得税,证券交易税(开征之前为对证券交易征收的印花税),个人所得税中对储蓄存款利息所得征收的部分,中央税的滞纳金、补税、罚款。

**2. 地方税务局系统负责征收和管理的项目**

营业税,城市维护建设税(不包括上述由国家税务局系统负责征收管理的部分),地方国有企业、集体企业、私营企业缴纳的所得税(自 2002 年 1 月 1 日起,新办企业的所得税由国家税务局负责征收)、个人所得税(不包括对银行储蓄存款利息所得征收的部分),资源税,城镇土地使用税,耕地占用税,土地增值税,房产税,城市房地产税,车船使用税,车船使用牌照税,印花税,契税,地方税的滞纳金、补税、罚款。

**3. 海关系统负责征收和管理的项目**

关税、行李和邮递物品进口税。此外,负责代征进出口环节的增值税和消费税。

(三)中央政府与地方政府税收收入划分

根据国务院关于实行分税制财政管理体制的规定,我国的税收收入分为中央政府固定收入、地方政府固定收入和中央政府与地方政府共享收入。

(1)中央政府固定收入包括消费税(含进口环节海关代征的部分)、车辆购置税、关税、海关代征的进口环节增值税等。

(2)地方政府固定收入包括城镇土地使用税、耕地占用税、土地增值税、房产税、车船税、契税、筵席税。

(3)中央政府与地方政府共享收入主要包括：

①增值税(不含进口环节由海关代征的部分)：中央政府分享75%，地方政府分享25%。

②营业税：铁道部、各银行总行、各保险总公司集中缴纳的部分归中央政府，其余部分归地方政府。

③企业所得税：铁道部、各银行总行及海洋石油企业缴纳的部分归中央政府，其余部分中央与地方政府按60%与40%的比例分享。

④个人所得税：除储蓄存款利息所得的个人所得税外(现已免征)，其余部分的分享比例与企业所得税相同。

⑤资源税：海洋石油企业缴纳的部分归中央政府，其余部分归地方政府。

⑥城市维护建设税：铁道部、各银行总行、各保险总公司集中缴纳的部分归中央政府，其余部分归地方政府。

⑦印花税：证券交易印花税收入的94%归中央政府，其余6%和其他印花税收入归地方政府。

# 模块三　税收征收管理

## 一、税务登记

### (一)税务登记办法

税务登记又称纳税登记，是指税务机关根据税法规定，对纳税人的生产、经营活动进行登记管理的一项法定制度，也是纳税人依法履行纳税义务的法定手续。税务登记包括：设立登记，变更税务登记，停业、复业登记，注销税务登记，外出经营报验登记。

国家税务局、地方税务局对同一纳税人的税务登记应当采用同一代码，信息共享。税务登记的具体办法由国家税务总局制定。

**1. 设立登记**

(1)从事生产、经营的纳税人应当自领取营业执照之日起30日内，向生产、经营地或者纳税义务发生地的主管税务机关申报办理税务登记，如实填写税务登记表，并按照税务机关的要求提供有关证件、资料。

(2)前款规定以外的纳税人，除国家机关、个人和无固定生产、经营场所的流动性农村小商贩外，应当自纳税义务发生之日起30日内，持有关证件向所在地的主管税务机关申报办理税务登记。

(3)扣缴义务人应当自扣缴义务发生之日起30日内，向所在地的主管税务机关申报办理扣缴税款登记，领取扣缴税款登记证件；税务机关对已办理税务登记的扣缴义务人，可以只在其税务登记证件上登记扣缴税款事项，不再发给扣缴税款登记证件。

**2. 变更税务登记**

(1)纳税人税务登记内容发生变化的,应当自工商行政管理机关或者其他机关办理变更登记之日起30日内,持有关证件向原税务登记机关申报办理变更税务登记。

(2)纳税人税务登记内容发生变化,不需要到工商行政管理机关或者其他机关办理变更登记的,应当自发生变化之日起30日内,持有关证件向原税务登记机关申报办理变更税务登记。

从事生产、经营的纳税人应当自开立基本存款账户或者其他存款账户之日起15日内,向主管税务机关书面报告其全部账号;发生变化的,应当自变化之日起15日内,向主管税务机关书面报告。

**3. 停业、复业登记**

(1)实行定期定额征收方式的个体工商户需要停业的,应当在停业前向税务机关申报办理停业登记。纳税人的停业期限不得超过一年。

(2)纳税人在申报办理停业登记时,应如实填写停业申请登记表,说明停业理由、停业期限、停业前的纳税情况和发票的领、用、存情况,并结清应纳税款、滞纳金、罚款。税务机关应收存其税务登记证件及副本、发票领购簿、未使用完的发票和其他税务证件。

(3)纳税人在停业期间发生纳税义务的,应当按照税收法律、行政法规的规定申报缴纳税款。

(4)纳税人应当于恢复生产经营之前,向税务机关申报办理复业登记,如实填写《停、复业报告书》,领回并启用税务登记证件、发票领购簿及其停业前领购的发票。

(5)纳税人停业期满不能及时恢复生产经营的,应当在停业期满前向税务机关提出延长停业登记申请,并如实填写《停、复业报告书》。

**4. 注销税务登记**

(1)纳税人发生解散、破产、撤销以及其他情形,依法终止纳税义务的,应当在向工商行政管理机关或者其他机关办理注销登记前,持有关证件向原税务登记机关申报办理注销税务登记;按照规定不需要在工商行政管理机关或者其他机关办理注册登记的,应当自有关机关批准或者宣告终止之日起15日内,持有关证件向原税务登记机关申报办理注销税务登记。

(2)纳税人因住所、经营地点变动,涉及改变税务登记机关的,应当在向工商行政管理机关或者其他机关申请办理变更或者注销登记前或者住所、经营地点变动前,向原税务登记机关申报办理注销税务登记,并在30日内向迁达地税务机关申报办理税务登记。

(3)纳税人被工商行政管理机关吊销营业执照或者被其他机关予以撤销登记的,应当自营业执照被吊销或者被撤销登记之日起15日内,向原税务登记机关申报办理注销税务登记。

(4)纳税人在办理注销税务登记前,应当向税务机关结清应纳税款、滞纳金、罚款,缴销发票、税务登记证件和其他税务证件。

**5. 外出经营报验登记**

(1)纳税人到外县(市)临时从事生产经营活动的,应当在外出生产经营以前,持税务登记证向主管税务机关申请开具《外出经营活动税收管理证明》(以下简称《外管证》)。

(2)税务机关按照一地一证的原则,核发《外管证》,《外管证》的有效期限一般为30日,最长不得超过180天。

(3)纳税人应当持税务登记证副本和所在地税务机关填开的外出经营活动税收管理证明，向营业地税务机关报验登记，接受税务管理。

(4)纳税人外出经营活动结束，应当向经营地税务机关填报《外出经营活动情况申报表》，并结清税款、缴销发票。

(5)纳税人应当在《外管证》有效期届满后10日内，持《外管证》回原税务登记地税务机关办理《外管证》缴销手续。

(6)从事生产、经营的纳税人外出经营，在同一地累计超过180天的，应当在营业地办理税务登记手续。

### (二)税务登记证件

#### 1. 税务登记证件的用途

除按照规定不需要发给税务登记证件的外，纳税人办理下列事项时，必须持税务登记证件：

(1)开立银行账户；

(2)申请减税、免税、退税；

(3)申请办理延期申报、延期缴纳税款；

(4)领购发票；

(5)申请开具外出经营活动税收管理证明；

(6)办理停业、歇业；

(7)其他有关税务事项。

#### 2. 税务登记证件的管理

(1)税务机关对税务登记证件实行定期验证和换证制度。纳税人应当在规定的期限内持有关证件到主管税务机关办理验证或者换证手续。

(2)纳税人应当将税务登记证件正本在其生产、经营场所或者办公场所公开悬挂，接受税务机关检查。

(3)纳税人遗失税务登记证件的，应当在15日内书面报告主管税务机关，并登报声明作废。

### (三)纳税人税种登记

纳税人在办理税务登记证之前，要先到主管税务机关的征收管理科申请税种认定登记，填写《纳税人税种登记表》。纳税人如果变更税务登记的内容涉及税种、税目、税率变化的，应在变更税务登记之后重新申请税种认定登记。

税务征收管理科室在审核完税种登记表后，纳税人将此表与办理税务登记证的资料一并将与国税局税务登记窗口办理税务登记证。税务机关此时会要求纳税人在指定的银行开设交税专用帐户。

上述税务登记中涉及到的主要表格《税务登记表》、《纳税人税种登记表》详见《纳税实务配套实训》，在此不再赘述。

### (四)法律责任

(1)纳税人未按照规定期限申报办理税务登记、变更或者注销登记的，税务机关应当自发现之日起3日内责令其限期改正，并依照《税收征管法》第六十条第一款的规定处罚，由税务机关责令限期改正,可以处二千元以下的罚款;情节严重的,处二千元以上一万元以下的罚款。

纳税人不办理税务登记的,税务机关应当自发现之日起3日内责令其限期改正;逾期不改正的,依照《税收征管法》第六十条第一款和第二款的规定处罚。由税务机关责令限期改正,可以处二千元以下的罚款;情节严重的,处二千元以上一万元以下的罚款;逾期不改正的,经税务机关提请,由工商行政管理机关吊销其营业执照。

(2)纳税人未按照规定使用税务登记证件,或者转借、涂改、损毁、买卖、伪造税务登记证件的,依照《税收征管法》第六十条第三款的规定处罚,处二千元以上一万元以下的罚款;情节严重的,处一万元以上五万元以下的罚款。

(3)纳税人通过提供虚假的证明资料等手段,骗取税务登记证的,处2 000元以下的罚款;情节严重的,处2 000元以上10 000元以下的罚款。纳税人涉嫌其他违法行为的,按有关法律、行政法规的规定处理。

(4)扣缴义务人未按照规定办理扣缴税款登记的,税务机关应当自发现之日起3日内责令其限期改正,并可处以2 000元以下的罚款。

(5)纳税人、扣缴义务人违反本办法规定,拒不接受税务机关处理的,税务机关可以收缴其发票或者停止向其发售发票。

(6)税务人员徇私舞弊或者玩忽职守,违反本办法规定为纳税人办理税务登记相关手续,或者滥用职权,故意刁难纳税人、扣缴义务人的,调离工作岗位,并依法给予行政处分。

## 二、发票管理

发票,是指在购销商品、提供或者接受服务以及从事其他经营活动中,开具、收取的收付款凭证。

国家税务总局统一负责全国发票管理工作。国家税务总局省、自治区、直辖市分局和省、自治区、直辖市地方税务局依据各自的职责,共同做好本行政区域内的发票管理工作。财政、审计、工商行政管理、公安等有关部门在各自的职责内范围内,配合税务机关做好发票管理工作。发票的种类、联次、内容及使用范围由国家税务总局规定。

### (一)发票的印制

发票由省、自治区、直辖市税务机关指定的企业印制;增值税专用发票由国家税务总局统一印制。禁止私自印制、伪造、变造发票。

### (二)发票的领购

(1)依法办理税务登记的单位和个人,在领取税务登记证件后,向主管税务机关申请领购发票。

(2)申请领购发票的单位和个人应当提出购票申请,提供经办人身份证明、税务登记证件或者其他有关证明,以及财务印章或者发票专用章的印模,经主管税务机关审核后,发给发票领购簿。

领购发票的单位和个人凭发票领购簿核准的种类、数量以及购票方式,向主管税务机关领购发票。

(3)需要临时使用发票的单位和个人,可以直接向税务机关申请办理。

(4)临时到本省、自治区、直辖市以外从事经营活动的单位或者个人,应当凭所在地税务机关的证明,向经营地税务机关申请领购经营地的发票。

临时在本省、自治区、直辖市以内跨市、县从事经营活动领购发票的办法,由省、自治区、直辖市税务机关规定。

(5)税务机关对外省、自治区、直辖市来本辖区从事临时经营活动的单位和个人申请领购发票的,可以要求提供保证人或者根据所领购发票的票面限额及数量交纳不超过一万元的保证金,并限期缴销发票。

按期缴销发票的,解除保证人的担保义务或者退还保证金;未按期缴销发票的,由保证人或者以保证金承担法律责任。

税务机关收取保证金应当开具收据。

(6)增值税专用发票只限于增值税的一般纳税人领购使用,增值税的小规模纳税人和非增值税纳税人不得使用。专用发票领购簿的管理,《增值税专用发票领购簿》是增值税一般纳税人用以申请领购专用发票的凭证,是记录纳税人领购、使用和注销专用发票情况的账簿。

### (三)发票的开具和保管

(1)销售商品、提供服务以及从事其他经营活动的单位和个人,对外发生经营业务收取款项,收款方应当向付款方开具发票;特殊情况下,由付款方向收款方开具发票。

(2)所有单位和从事生产、经营活动的个人在购买商品、接受服务以及从事其他经营活动支付款项,应当向收款方取得发票。取得发票时,不得票变更品名和金额。

(3)不符合规定的发票,不得作为财务报销凭证,任何单位和个人有权拒收。

(4)开具发票应当按照规定的时限、顺序,逐栏、全部联次一次性如实开具,并加盖单位财务印章或者发票专用章。

(5)使用电子计算机开具发票,须经主管税务机关批准,并使用税务机关统一监制的机外发票,开具后的存根联应当按照顺序号装订成册。

(6)任何单位和个人不得转借、转让、代开发票,未经税务机关批准,不得拆本使用发票;不得自行扩大专业发票使用范围。

禁止倒买倒卖发票、发票监制章和发票防伪专用品。

(7)发票限于领购单位和个人在本省、自治区、直辖市内开具。省、自治区、直辖市税务机关可以规定跨市、县开具发票的办法。

(8)任何单位和个人未经批准,不得跨规定的使用区域携带、邮寄、运输空白发票。

禁止携带、邮寄或者运输空白发票出入境。

(9)开具发票的单位和个人应当建立发票使用登记制度,设置发票登记簿,并定期向主管税务机关报告发票使用情况。

(10)开具发票的单位和个人应当在办理变更或者注销税务登记的同时,办理发票和发票领购簿的变更、缴销手续。

(11)开具发票的单位和个人应当按照税务机关的规定存放和保管发票,不得擅自损毁。已经开具的发票存根联和发票登记簿,应当保存五年。保存期满,报经税务机关查验后销毁。

## 三、纳税申报

纳税申报是指纳税人、扣缴义务人按照法律、行政法规的规定，在申报期限内就纳税事项向税务机关书面申报的一种法定手续。

### (一)纳税申报的范围

下列纳税人或者扣缴义务人、代征人应当按期向主管国家税务机关办理纳税申报或者代扣代缴、代收代缴税款报告、委托代征税款报告：

**1. 依法已向国家税务机关办理税务登记的纳税人**

(1)各项收入均应当纳税的纳税人；

(2)全部或部份产品、项目或者税种享受减税、免税照顾的纳税人；

(3)当期营业额未达起征点或没有营业收入的纳税人；

(4)实行定期定额纳税的纳税人；

(5)应当向国家税务机关缴纳企业所得税以及其他税种的纳税人。

**2. 按规定不需向国家税务机关办理税务登记，以及应当办理而未办理税务登记的纳税人。**

**3. 扣缴义务人和国家税务机关确定的委托代征人。**

### (二)纳税申报的方式

税务机关应当建立、健全纳税人自行申报纳税制度。但经税务机关批准，纳税人、扣缴义务人亦可以采取邮寄、数据电文方式办理纳税申报或者报送代扣代缴、代收代缴税款报告表。另外，实行定期定额缴纳税款的纳税人，可以实行简易申报、简并征期等申报纳税方式。

**1. 上门申报**

纳税人、扣缴义务人、代征人应当在纳税申报期限内到主管国家税务机关办理纳税申报、代扣代缴、代收代缴税款或委托代征税款报告。

**2. 邮寄申报**

纳税人采取邮寄方式办理纳税申报的，应当使用统一的纳税申报专用信封，并以邮政部门收据作为申报凭据。邮寄申报以寄出的邮戳日期为实际申报日期。

**3. 数据电文申报**

数据电文申报是指税务机关确定的电话语音、电子数据交换和网络传输等电子方式。纳税人采取电子方式办理纳税申报的，应当按照税务机关规定的期限和要求保存有关资料，并定期书面报送主管税务机关。

### (三)纳税申报的内容

纳税人办理纳税申报时，应当如实填写纳税申报表，并根据不同的情况相应报送下列有关证件、资料：

(1)财务会计报表及其说明材料；

(2)与纳税有关的合同、协议书及凭证；

(3)税控装置的电子报税资料；

(4)外出经营活动税收管理证明和异地完税凭证；

(5)境内或者境外公证机构出具的有关证明文件；

(6)税务机关规定应当报送的其他有关证件、资料。

### (四)纳税申报的要求

**1. 各税种的申报期限**

各个税种的申报期限在后面的各个项目中,均有阐述,在此不再赘述。例如缴纳增值税的纳税人:增值税的纳税期限分别为1日、3日、5日、10日、15日、1个月或者一个季度。以1个月或者1个季度为一个纳税期的纳税人,自期满之日起15日内申报纳税;以1日、3日、5日、10日或15日为一个纳税期的纳税人,自期满之日起5日内预缴税款,次月1至15日申报并结清上月应纳税款。以一个季度为纳税期限的规定仅适用于小规模纳税人。

**2. 申报期限的顺延**

纳税人办理纳税申报的期限最后一日,如遇公休、节假日的,可以顺延。

**3. 延期办理纳税申报**

纳税人、扣缴义务人、代征人按照规定的期限办理纳税申报或者报送代扣代缴、代收代缴税款报告表、委托代征税款报告表确有困难,需要延期的,应当在规定的申报期限内向主管国家税务机关提出书面延期申请,经主管国家税务机关核准,在核准的期限内办理。纳税人、扣缴义务人、代征人因不可抗力情形,不能按期办理纳税申报或者报送代扣代缴、代收代缴税款或委托代征税款报告的,可以延期办理。但是,应当在不可抗力情形消除后立即向主管国家税务机关报告。

**项目一小结**

| 主要构成 | 主要内容 |
|---|---|
| 税收与税法 | (1)税收三性;(2)税收法律关系;(3)税法构成要素;(4)税收立法机关;(5)税法的分类;(6)我国现行税法体系;(7)税务机构的设置和税收征管范围划分。 |
| 税收征管 | (1)税务登记,尤其是设立登记,要会办理税务登记;(2)发票管理;(3)纳税申报;(4)税种认定登记,要会办理。 |

# 项目二　增值税纳税实务

**【知识目标】**

(1)掌握增值税法规;

(2)掌握增值税销项税额的计算方法;

(3)掌握增值税进项税额的抵扣方法;

(4)掌握增值税应纳税额的计算方法。

**【能力目标】**

(1)能够正确进行增值税纳税申报;

(2)能够正确进行出口货物退免税申报。

## 模块一　增值税基础知识

### 一、增值税的概念

增值税是以商品(含应税劳务)在流转过程中产生的增值额作为征税依据而征收的一种流转税。从计税原理而言,增值税是对商品生产和流通中各环节的新增价值或商品附加值进行征税。然而,由于新增价值或商品附加值在商品流通过程中是一个难以准确计算的数据,因此,在增值税的实际操作上采用间接计算办法,即从事货物销售以及提供应税劳务的纳税人,要根据货物或应税劳务销售额,按照规定的税率计算税款,然后从中扣除上一道环节已纳增值税税款,其余额即为纳税人应缴纳的增值税税款。这种计算办法同样体现了对新增价值征税的原则。

我国现行的中华人民共和国增值税暂行条例(1993 年 12 月 13 日中华人民共和国国务院令第 134 号发布 2008 年 11 月 5 日国务院第 34 次常务会议修订通过),(以下简称《增值税暂行条例》),于 2009 年 1 月 1 日开始施行。

### 二、增值税的特点

(1)保持税收中性。根据增值税的计税原理,流转额中的非增值因素在计税时被扣除。因此,对同一商品而言,无论流转环节的多与少,只要增值额相同,税负就相等,不会影响商品的生产结构、组织结构和产品结构。

(2)普遍征收。从增值税的征税范围看,对从事商品生产经营和劳务提供的所有单位和个人,在商品增值的各个生产流通环节向纳税人普遍征收。

(3)税收负担由商品最终消费者承担。虽然增值税是向企业主征收,但企业主在销售商品时又通过价格将税收负担转嫁给下一生产流通环节,最后由最终消费者承担。

(4)实行税款抵扣制度。在计算企业主应纳税款时,要扣除商品在以前生产环节已负担的税款，以避免重复征税，实行凭购货发票进行抵扣。

(5)实行比例税率。我国现行增值税税率规定了基本税率和低税率。

(6)实行价外税制度。在计税时，作为计税依据的销售额中不包含增值税税额。这是增值税与传统的以全部流转额为计税依据的流转税或商品课税的一个重要区别。

## 三、增值税纳税人

在中华人民共和国境内销售货物或者提供加工、修理修配劳务以及进口货物的单位和个人，为增值税的纳税人，应当缴纳增值税。单位租赁或者承包给其他单位或者个人经营的，以承租人或者承包人为纳税人。

单位，是指企业、行政单位、事业单位、军事单位、社会团体及其他单位。个人，是指个体工商户和其他个人。

同时，对境外的单位和个人在境内提供应税劳务规定了扣缴义务人：在中华人民共和国境外的单位和个人在境内提供应税劳务，在境内未设有经营机构的，以其境内代理人为扣缴义务人；在境内没有代理人的，以购买方为扣缴义务人。

## 四、增值税征税范围

凡在中华人民共和国境内发生销售货物或者提供加工、修理修配劳务，以及进口货物的行为，均属于增值税征税范围。在中华人民共和国境内销售货物或者提供加工、修理修配劳务，是指：(1)销售货物的起运地或者所在地在境内；(2)提供的应税劳务发生在境内。

### (一)销售或进口货物

货物是指有形动产，包括电力、热力、气体在内。销售货物，是指有偿转让货物的所有权。有偿，是指从购买方取得货币、货物或者其他经济利益。

> 注意：不包括无形资产和不动产，转让无形资产、销售不动产不征收增值税，而属于营业税的征税范围，详见“项目四——营业税纳税实务”。

### (二)提供加工、修理修配劳务

加工是指受托加工货物，即委托方提供原料及主要材料，受托方按照委托方的要求，制造货物并收取加工费的业务。

修理修配是指受托对损伤和丧失功能的货物进行修复，使其恢复原状和功能的业务。

提供加工、修理修配劳务(以下称应税劳务)，是指有偿提供加工、修理修配劳务。单位或者个体工商户聘用的员工为本单位或者雇主提供加工、修理修配劳务，不包括在内。

> 注意：现行增值税规定，提供除加工、修理修配外的其他劳务，如服务业、运输业、建筑业等其他劳务，不征收增值税，而属于营业税的征税范围，详见“项目四——营业税纳税实务”。

### (三)增值税征税范围具体规定

增值税的征税范围总的来讲，包括上述(一)、(二)两大项，但对于实务中某些特殊项目或行为是否属于增值税的征税范围，还需要具体确定。

**1. 增值税征税范围的特殊项目**

(1)货物期货(包括商品期货和贵金属期货)，在期货的实物交割环节纳税；

(2)银行销售金银的业务;

(3)典当业的死当物品销售业务;

(4)寄售业务代委托人销售物品的业务;

(5)集邮商品(如邮票、首日封、邮折等)的生产,以及邮政部门以外的其他单位和个人销售的,均征收增值税。(邮政部门卖邮票交营业税)

**2. 视同销售货物行为**

单位或者个体工商户的下列行为,视同销售货物:

(1)将货物交付其他单位或者个人代销;

(2)销售代销货物;

(3)设有两个以上机构并实行统一核算的纳税人,将货物从一个机构移送其他机构用于销售,但相关机构设在同一县(市)的除外;

(4)将自产或者委托加工的货物用于非增值税应税项目;

(5)将自产、委托加工的货物用于集体福利或者个人消费;

(6)将自产、委托加工或者购进的货物作为投资,提供给其他单位或者个体工商户;

(7)将自产、委托加工或者购进的货物分配给股东或者投资者;

(8)将自产、委托加工或者购进的货物无偿赠送其他单位或者个人。

上述8种行为确定为视同销售货物行为,要征收增值税,其主要目的是防止借上属行为逃避纳税。

注意:上述(4)、(5)两项中不含购进的货物,购进的货物用于非增值税应税项目、集体福利或者个人消费,不视同销售,那应该怎样进行增值税的处理呢?后面要涉及该问题。

## 五、增值税纳税人的划分

为了严格增值税的征收管理,《增值税暂行条例》将纳税人按其经营规模大小及会计核算健全与否划分为一般纳税人和小规模纳税人。

### (一)小规模纳税人

小规模纳税人的标准为:

(1)从事货物生产或者提供应税劳务的纳税人,以及以从事货物生产或者提供应税劳务为主,并兼营货物批发或者零售的纳税人,年应征增值税销售额(以下简称应税销售额)在50万元以下(含本数,下同)的。

"以从事货物生产或者提供应税劳务为主",是指纳税人的年货物生产或者提供应税劳务的销售额占年应税销售额的比重在50%以上。

(2)除上述第(1)项规定以外的纳税人,年应税销售额在80万元以下的。

(3)年应税销售额超过小规模纳税人标准的其他个人按小规模纳税人纳税;非企业性单位、不经常发生应税行为的企业可选择按小规模纳税人纳税。

### (二)一般纳税人

《增值税一般纳税人资格认定管理办法》规定:

(1)增值税纳税人,年应税销售额超过财政部、国家税务总局规定的小规模纳税人标准的,除下面第(4)条规定外,应当向主管税务机关申请一般纳税人资格认定。年应税销售额,是指纳税人在连续不超过12个月的经营期内累计应征增值税销售额,包括免税销售额。(即:生产型纳税人,年增值税应税销售额为50万元人民币以上;批发、零售等非生产型纳税人,年增值税应税销售额为80万元人民币以上。)

(2)年应税销售额未超过财政部、国家税务总局规定的小规模纳税人标准以及新开业的纳税人,可以向主管税务机关申请一般纳税人资格认定。

(3)对提出申请并且同时符合下列条件的纳税人,主管税务机关应当为其办理一般纳税人资格认定:

①有固定的生产经营场所;

②能够按照国家统一的会计制度规定设置账簿,根据合法、有效凭证核算,能够提供准确税务资料。

(4)下列纳税人不办理一般纳税人资格认定:

①个体工商户以外的其他个人;

②选择按照小规模纳税人纳税的非企业性单位;

③选择按照小规模纳税人纳税的不经常发生应税行为的企业。

注意:

(1)为了加强对加油站成品油销售的增值税征收管理,从2002年1月1日起,对从事成品油销售的加油站,无论其年应税销售额是多少,一律按增值税一般纳税人征税。

(2)对符合一般纳税人条件但不申请办理一般纳税人认定手续的纳税人,应按销售额依照增值税税率计算应纳税额,不得抵扣进项税额,也不得使用增值税专用发票。

(3)对于年销售额在规定标准以上的增值税纳税人,应认定为一般纳税人,不得作为小规模纳税人处理。

## 六、增值税税率与征收率

按照增值税规范化的原则,我国增值税对一般纳税人采取了增值税税率的模式,对小规模纳税人采取了征收率的模式。

(一)一般纳税人增值税税率

(1)纳税人销售或者进口货物,除本条第(2)、(3)项规定外,税率为17%,即基本税率。

(2)纳税人销售或者进口下列货物,税率为13%,即低税率。

①粮食、食用植物油;

②自来水、暖气、冷气、热水、煤气、石油液化气、天然气、沼气、居民用煤炭制品;

③图书、报纸、杂志;

④饲料、化肥、农药、农机、农膜;

⑤国务院规定的其他货物。主要包括:农产品、音像制品、电子出版物、二甲醚等。

(3)纳税人出口货物,税率为零;但是,国务院另有规定的除外。

(4)纳税人提供加工、修理修配劳务(以下称应税劳务),税率为17%。

上述税率的调整,由国务院决定。

注意:上述(3)中,农机必须是整机,农机配件、零部件适用税率为17%。上述(4)中,纳税人提供加工、修理修配劳务,即使所加工、修理修配的货物适用的税率为13%,加工、修理修配劳务所适用的增值税税率也为17%。如:一般纳税人修理农机(农机适用的税率13%),但提供修理劳务的增值税税率依然为17%。

(二)小规模纳税人增值税征收率

由于小规模纳税人不能使用增值税专用发票抵扣进项税款,因此实行按销售额与征收率计算应纳税额的简易办法,自2009年1月1日起,小规模纳税人适用征收率为3%。

## 七、增值税的类型

依据增值税允许抵扣已纳税款的扣除项目范围的大小,增值税分为生产型增值税、收入型增值税、消费型增值税三种类型。

三种类型的本质区别在于:用于生产、经营的固定资产(这里仅指作为货物的固定资产,不包括不动产)价值中所含的税款是否扣除。生产型增值税不允许扣除;收入型增值税允许将已提折旧的价值额所含的税额予以扣除,即对于购入的固定资产的进项税额,可以按照磨损程度相应地给予扣除;消费型增值税允许将购置用于生产、经营的固定资产价值中所含的税款,在购置当期全部一次扣除。

注意:我国从2009年1月1日起实行消费型增值税,即由过去的生产型增值税转变为消费型增值税。(增值税转型)

## 八、增值税税收优惠

(一)《增值税暂行条例》规定的免税项目

(1)农业生产者销售的自产农产品。农业,是指种植业、养殖业、林业、牧业、水产业。农业生产者,包括从事农业生产的单位和个人。农产品,是指初级农产品,具体范围由财政部、国家税务总局确定。

(2)避孕药品和用具。

(3)古旧图书。古旧图书,是指向社会收购的古书和旧书。

(4)直接用于科学研究、科学试验和教学的进口仪器、设备。

(5)外国政府、国际组织无偿援助的进口物资和设备。

(6)由残疾人的组织直接进口供残疾人专用的物品。

(7)销售的自己使用过的物品。自己使用过的物品,是指其他个人自己使用过的物品。

(二)财政部、国家税务总局规定的其他征免税项目

财政部、国家税务总局规定的其他征免税项目,在这里阐述以下主要内容:

(1)自2008年6月1日起,纳税人生产销售和批发、零售有机肥产品免征增值税。

(2)对农民专业合作社销售本社成员生产的农业产品,视同农业生产者销售自产农业产品免征增值税。

(3)对农民专业合作社向本社成员销售的农膜、种子、种苗、化肥、农药、农机,免征增值税。

(4)对于海关隔离区内免税店销售免税品以及市内免税店销售但在海关隔离区内提取免税品的行为,不征收增值税。对于免税店销售其他不属于免税品的货物,应照章征收增值税。

(5)除经中国人民银行和对外经济贸易合作部(现为商务部)批准经营融资租赁业务的单位所从事的融资租赁业务外,其他单位从事的融资租赁业务,租赁的货物的所有权转让给承租方,征收增值税,租赁的货物的所有权未转让给承租方,不征收增值税。

(6)转让企业全部产权涉及的应税货物的转让,不属于增值税的征税范围,不征收增值税。

(7)对从事热力、电力、燃气、自来水等公用事业的增值税纳税人收取的一次性费用,凡与货物的销售数量有直接关系的,征收增值税;凡与货物的销售数量无直接关系的,不征收增值税。

(8)纳税人销售软件产品并随同销售一并收取的软件安装费、维护费、培训费等收入,应按照增值税混合销售的有关规定征收增值税,并可享受软件产品增值税即征即退政策。

对软件产品交付使用后,按期或按次收取的维护、技术服务费、培训费等不征收增值税。

纳税人受托开发软件产品,著作权属于受托方的征收增值税,著作权属于委托方或属于双方共同拥有的不征收增值税。

(9)对增值税纳税人收取的会员费收入不征收增值税。

(10)按债转股企业与金融资产管理公司签订的债转股协议,债转股原企业将货物资产作为投资提供给债转股新公司的,免征增值税。

(11)各燃油电厂从政府财政专户取得的发电补贴不属于增值税规定的价外费用,不计入应税销售额,不征收增值税。

| 注意:纳税人兼营免税、减税项目的,应当分别核算免税、减税项目的销售额;未分别核算销售额的,不得免税、减税。 |
|---|

### (三)增值税起征点的规定

增值税起征点的规定实际也涉及到征税范围的大小问题,即未达到起征点的不列入增值税的征税范围。增值税起征点的适用范围限于个人。增值税起征点的幅度规定如下:

(1)销售货物的,为月销售额2 000~5 000元;

(2)销售应税劳务的,为月销售额1 500~3 000元;

(3)按次纳税的,为每次(日)销售额150~200元。

纳税人销售额未达到国务院财政、税务主管部门规定的增值税起征点的,免征增值税;达到起征点的,全额计算缴纳增值税。

## 模块二　一般纳税人应纳税额的计算

一般纳税人销售货物或者提供应税劳务(以下简称销售货物或者应税劳务),应纳税额为当期销项税额抵扣当期进项税额后的余额。应纳税额计算公式:

应纳税额 = 当期销项税额 - 当期进项税额

由此可见,增值税一般纳税人当期应纳税额的多少,取决于当期销项税额和当期进项税额这两个因素。

## 一、销项税额

销项税额是指纳税人销售货物或者提供应税劳务,按照销售额或应税劳务收入和规定的税率计算并向购买方收取的增值税税额。销项税额的计算公式为:

销项税额=销售额×适用税率

销项税额是增值税条例中的一个概念,从定义和公式中我们可以知道,它是由购买方支付的税额。销项税额的计算取决于销售额和适用税率两个因素,适用税率在前面已有说明。

### (一)销售额的确定

销售额是指纳税人销售货物或者提供应税劳务向购买方收取的全部价款和价外费用,但不包括向购买方收取的销项税额。

价外费用,包括价外向购买方收取的手续费、补贴、基金、集资费、返还利润、奖励费、违约金、滞纳金、延期付款利息、赔偿金、代收款项、代垫款项、包装费、包装物租金、储备费、优质费、运输装卸费以及其他各种性质的价外收费。但下列项目不包括在内:

(1)受托加工应征消费税的消费品所代收代缴的消费税;

(2)同时符合以下条件的代垫运输费用:

①承运部门的运输费用发票开具给购买方的;

②纳税人将该项发票转交给购买方的。

(3)同时符合以下条件代为收取的政府性基金或者行政事业性收费:

①由国务院或者财政部批准设立的政府性基金,由国务院或者省级人民政府及其财政、价格主管部门批准设立的行政事业性收费;

②收取时开具省级以上财政部门印制的财政票据;

③所收款项全额上缴财政。

(4)销售货物的同时代办保险等而向购买方收取的保险费,以及向购买方收取的代购买方缴纳的车辆购置税、车辆牌照费。

**【例2-1】**下面这张增值税专用发票是康为建业有限责任公司开出的,该公司销售货物给齐鲁有限责任公司,其销售额为240 000元。销项税额=240 000×17%=40 800(元)(注意销售额不包括向齐鲁公司收取的销项税额40 800元。)

> 在这里,为了充分理解增值税业务在会计上的处理,我们简要阐述几个主要方面的会计分录。
>
> 上例中,会计分录为:
>
> 借:银行存款或应收账款等　　280 800
>
> 　　贷:主营业务收入　　240 000
>
> 　　　　应交税费——应交增值税——销项税额　　40 800

**【例2-2】**如果在上例中,康为建业有限责任公司在销售货物时,又向齐鲁公司收取了货物装卸费2 340元,则这2 340元属于价外费用,应当并入销售额中。

增值税专用发票 №0237550

开票日期:2010 年 8 月 1 日

| 购货单位 | 名称: | 齐鲁有限责任公司 | 密码区 | |
|---|---|---|---|---|
| | 纳税人识别号: | 350603001112228 | | |
| | 地址:电话: | 东海市香港路 388 号 27606068 | | |
| | 开户银行及账户 | 东海市工商银行 1603005836380336 6 | | |

| 货物或应税劳务名称 | 规格型号 | 单位 | 数量 | 单价 | 金额 | 税率 | 税额 |
|---|---|---|---|---|---|---|---|
| 电子零件 | W 型 | 个 | 3 000 | 80 | 24 0000. 00 | 17% | 48 080. 00 |
| 价税合计(大写) | ⊗贰拾捌万零捌佰圆整(小写) | | | | ¥280 800. 00 | | |

| 销货单位 | 名称: | 康为建业有限责任公司 | 备注 | 康为建业有限责任公司 税号 280002737743486 财务专用 |
|---|---|---|---|---|
| | 纳税人识别号: | 280002737743486 | | |
| | 地址、电话: | 武汉建业路 237 号 79574654 | | |
| | 开户行及账号: | 武汉工商银行城东办事处 | | |

第二联 发票联

收款人: 复核:崔会 开票人:江雪

## (二)含税销售额的换算

一般纳税人在销售货物或者应税劳务时,往往采用销售额和销项税额合并定价的方法,这样,就会形成含税销售额。一般纳税人销售货物或者应税劳务取得的含税销售额在计算销项税额时,必须将其换算为不含税的销售额。

将含税销售额换算为不含税销售额的计算公式为:

不含税销售额 = 含税销售额 ÷ (1 + 税率)

公式中的税率为销售的货物或者应税劳务所适用的税率。

注意:所有的价外费用都是含税的,在并入销售额征税时,要换算为不含税销售额。

在【例 2-2】中,价外费用 2340 元在并入销售额时,要换算为不含税销售额。

销售额 = 2 340 ÷ (1 + 17%) + 240 000 = 242 000(元)

销项税额 = 242 000 × 17% = 41 140(元)

会计分录为:

借:银行存款或应收账款等 283 140

贷:主营业务收入 240 000

销售费用 2 000

应交税费——应交增值税——销项税额 41 140

**【例 2-3】**甲公司销售毛巾,给对方开具普通发票,普通发票上的金额为 11 700 元。则该笔业务的销售额和销项税额是多少?

解析:

普通发票的金额都是含税的,需要换算为不含税销售额。

销售额 = 11 700 ÷ (1 + 17%) = 10 000(元)

销项税额 = 10 000 × 17% = 1 700(元)

(三)特殊销售方式销售额的确定

**1. 折扣销售**

折扣销售是指销货方在销售货物或应税劳务时,因购货方购货数量较大等原因,而给予购货方的价格优惠。例如购买100件,销售价格折扣5%,购买200件,折扣10%等。由于折扣是在实现销售时同时发生的,因此,税法规定,如果销售额和折扣额在同一张发票上分别注明的,可按折扣后的余额作为销售额计算增值税;如果将折扣额另开发票,不论其在财务上如何处理,均不得从销售额中减除折扣额。

这里需要注意三点:

(1)折扣销售不同于销售折扣

销售折扣是指销货方在销售货物或应税劳务后,为了鼓励购货方及早偿还货款,而协议许诺给予购货方的一种折扣优惠。销售折扣在会计实务中又称现金折扣,例如:10天内付款,货款折扣3%;20天内付款,折扣1%;30天内全价付款。销售折扣发生在销货之后,属于理财费用,因此,销售折扣不得从销售额中减除。

(2)销售折扣不同于销售折让

销售折让是指货物销售后,由于其品种、质量等原因购货方未予退货,但销货方需给予购货方的一种价格折让。销售折让与销售折扣相比较,虽然都是在货物销售后发生的,但因为销售折让是由于货物的品种和质量引起销售额的减少,因此,对销售折让可以折让后的货款为销售额。

(3)折扣销售仅限于货物价格的折扣,如果销货者将自产、委托加工和购买的货物用于实物折扣的,则该实物款额不能从货物销售额中减除,且该实物应按增值税条例"视同销售货物"中的"赠送他人"计算征收增值税。

**【例2-4】**2010年10月甲公司销售给乙公司20 000件玩具,每件不含税价格为10元,由于乙公司购买数量多,甲公司直接按原价的8折优惠销售,并给予货款总额1/10,n/20的销售折扣。乙公司于10日内付款。则甲公司该笔业务的销售额、销项税额为多少?

销售额 = 10 × 80% × 20 000 = 160 000(元)

销项税额 = 160 000 × 17% = 27 200(元)

| 会计分录为: | | |
|---|---|---|
| 销售时 | | |
| 借:应收账款 | 187 200 | |
| 贷:主营业务收入 | | 160 000 |
| 应交税费——应交增值税——销项税额 | | 27 200 |
| 收回货款时 | | |
| 借:银行存款 | 185 328 | |
| 财务费用 | 1 872 | |
| 贷:应收账款 | | 187 200 |

**2. 以旧换新销售**

以旧换新是指纳税人在销售自己的货物时,有偿收回旧货物的行为。采取以旧换新方式销售货物的，应按新货物的同期销售价格确定销售额，不得扣减旧货物的收购价格。考虑到金银首饰以旧换新业务的特殊情况，对金银首饰以旧换新业务，可以按销售方实际收取的不含增值税的全部价款征收增值税。

【例2-5】某商场采取“以旧换新”方式销售电视机时，销售价格为4 200元（含税），扣除旧电视机折价300元后，共收取价款3 900元。该商场此笔业务的销售额应为4 200÷(1+17%)=3 589.74元，销项税额=3 589.74×17%=610.26元。

| | |
|---|---|
| 借：库存现金 | 3 900 |
| 库存商品 | 300 |
| 贷：主营业务收入 | 3 589.74 |
| 应交税费——应交增值税——销项税额 | 610.26 |

【例2-6】某商场采取“以旧换新”方式销售金项链，销售价格为4 200元（含税），收回旧金项链折价为300元后，收取价款3 900元。则该笔业务的销售额为3 900÷(1+17%)=3 333.33元，销项税额=3 333.33×17%=566.67元。

| | |
|---|---|
| 借：库存现金 | 3 900 |
| 库存商品 | 300 |
| 贷：主营业务收入 | 3 633.33(3 333.33+300) |
| 应交税费——应交增值税——销项税额 | 566.67 |

**3. 还本销售**

还本销售是指纳税人在销售货物后，到一定期限由销售方一次或分次退还给购货方全部或部分价款。采取还本销售方式销售货物，其销售额就是货物的销售价格，不得从销售额中减除还本支出。

【例2-7】某商店2010年5月实行还本方式销售电冰箱，电冰箱现在的单价为4 000元（不含税），已销售40台，6年后全部还本。该商店此笔业务销售额为160 000元，销项税额=160 000×17%=27 200元。

| | |
|---|---|
| 销售时 | |
| 借：银行存款 | 187 200 |
| 贷：主营业务收入 | 160 000 |
| 应交税费——应交增值税——销项税额 | 27 200 |
| 6年后，还本时 | |
| 借：财务费用 | 187 200 |
| 贷：银行存款 | 187 200 |

**4. 以物易物**

以物易物是指购销双方不是以货币结算，而是以同等价款的货物相互结算，实现货物购销的一种方式。以物易物双方都应作购销处理，以各自发出的货物核算销售额并计算销项税额，以各自收到的货物按规定核算购货额并计算进项税额。在以物易物活动中，应分别开具合法的票据，如收到的货物不能取得相应的增值税专用发票或其他合法票据的，不能抵扣进项税额。

【例2-8】2011年3月，甲机械厂用10台出厂单价为10 000元的车床向乙钢材厂换取一批销售价格100 000元的钢材。钢材厂换取的10台机械作为固定资产使用。双方均开具了增值税专用发票。该笔业务双方如何纳税?

甲机械厂:销售额 = 10 000 × 10 = 100 000(元),销项税额 = 100 000 × 17% = 17 000(元),进项税额 = 17 000(元),应纳税额 = 销项税额 - 进项税额 = 17 000 - 17 000 = 0

| 会计分录 | 借方 | 贷方 |
| --- | --- | --- |
| 借:固定资产 | 100 000 | |
| 应交税费——应交增值税——进项税额 | 17 000 | |
| 贷:主营业务收入 | | 100 000 |
| 应交税费——应交增值税——销项税额 | | 17 000 |

乙钢材厂同理。

**【例2-9】**如果在【例2-8】中,双方都没有开具增值税专用发票,则此笔业务该如何纳税?

因为双方都没有取得合法的扣税凭证,就不能抵扣进项税额(在后面的进项税额要阐述),因此,此笔业务甲乙双方缴纳增值税分别为17 000元。

| 甲机械厂会计处理: | 借方 | 贷方 |
| --- | --- | --- |
| 借:固定资产 | 117 000 | |
| 贷:主营业务收入 | | 100 000 |
| 应交税费——应交增值税——销项税额 | | 17 000 |

乙钢材厂同理。

**5. 包装物押金**

纳税人为销售货物而出租出借包装物收取的押金,单独记账核算的,时间在一年以内,又未过期的,不并入销售额征税;但对因逾期未收回包装物不再退还的押金,应按所包装货物的适用税率计算销项税额,"逾期"是指按合同约定实际逾期或以一年为期限;对收取一年以上的押金,无论是否退还均并入销售额征税。

在将包装物押金并入销售额征税时,注意两点:一是先将该押金换算为不含税价,再并入销售额征税;二是征税税率为所包装货物适用税率。

对销售除啤酒、黄酒外的其他酒类产品而收取的包装物押金,无论是否返还以及会计上如何核算,均应并入当期销售额征税。对销售啤酒、黄酒所收取的押金,按上述一般押金的规定处理。

注意:包装物押金不同于包装物租金,包装物租金在销货时作为价外费用并入销售额计算销项税额。

**【例2-10】**某电子设备企业2010年3月1日销售电子设备时同时收取包装物押金,合同约定包装物退还期限3个月,电子设备价格为10 000元(不含税),收取的押金为2 340元。则该企业3月份该笔业务的销售额为10 000元,销项税额1 700元。

| 会计分录 | 借方 | 贷方 |
| --- | --- | --- |
| 借:银行存款 | 14 040 | |
| 贷:主营业务收入 | | 10 000 |
| 应交税费——应交增值税——销项税额 | | 1 700 |
| 其他应付款 | | 2 340 |

【例 2 – 11】上例中，如果 2010 年 6 月 1 日，购货方没有退还包装物，则该押金不再退还，那么这 2 340 元的包装物押金应当计入 6 月份销售额中，计入的金额为 2 340 ÷（1 + 17%）= 2 000 元，销项税额 = 2 000 × 17% = 340 元。

| | | |
|---|---|---|
| 借：其他应付款 | 2 340 | |
| 贷：其他业务收入 | | 2 000 |
| 应交税费——应交增值税——销项税额 | | 340 |

【例 2 – 12】在【例 2 – 10】中，如果合同约定包装物退还期限为 13 个月，那么该企业在 2010 年 3 月份就应当把包装物押金计入销售额中，而无论到期是否返还。

| | | |
|---|---|---|
| 会计处理，在【例 2 – 10】的会计处理基础上， | | |
| 借：销售费用 | 340 | |
| 贷：应交税费——应交增值税——销项税额 | | 340 |

【例 2 – 13】某白酒生产企业 2011 年 3 月份销售白酒价格 10 000 元（不含税），同时收取包装物押金 234 元，合同约定包装物退还期限为 3 个月（客户在 3 个月内退还了包装物），则该企业在 3 月份这笔业务的销售额为多少？

销售额 = 10 000 + 234 ÷（1 + 17%）= 10 200（元）

销项税额 = 10 200 × 17% = 1 734（元）

| | | |
|---|---|---|
| 3 月份： | | |
| 借：银行存款 | 11 700 | |
| 贷：主营业务收入 | | 10 000 |
| 应交税费——应交增值税——销项税额 | | 1 700 |
| 借：银行存款 | 234 | |
| 贷：其他应付款 | | 234 |
| 借：销售费用 | 34 | |
| 贷：应交税费——应交增值税——销项税额 | | 34 |
| 退还押金时 | | |
| 借：其他应付款 | 234 | |
| 贷：银行存款 | | 234 |

**6. 视同销售**

在项目模块一“征税范围”中已列明了 8 种视同销售货物行为，其中：（4）将自产或者委托加工的货物用于非增值税应税项目；（5）将自产、委托加工的货物用于集体福利或者个人消费；（6）将自产、委托加工或者购进的货物作为投资，提供给其他单位或者个体工商户；（7）将自产、委托加工或者购进的货物分配给股东或者投资者；（8）将自产、委托加工或者购进的货物无偿赠送其他单位或者个人；这些视同销售行为不是以资金的形式反映出来，会出现无销售额的现象。因此，税法规定，对视同销售征税而无销售额的按下列顺序确定其销售额：

（1）按纳税人最近时期同类货物的平均销售价格确定；

（2）按其他纳税人最近时期同类货物的平均销售价格确定；

（3）按组成计税价格确定。组成计税价格的公式为：

组成计税价格 = 成本 ×(1 + 成本利润率)。

注意:该计税价格公式仅限于征收增值税但不征收消费税的货物。(既征增值税又征消费税的货物,组成的计税价格公式在项目三消费税纳税实务中阐述)

公式中的成本,是指销售自产货物的为实际生产成本,销售外购货物的为实际采购成本。公式中的成本利润率按《增值税若干具体问题的规定》确定为10%。

**【例2-14】**某食品厂(一般纳税人)2010年8月将自产的月饼作为福利发给本厂职工,共发放A类月饼400盒,同类产品每盒销售价为15元;发放B类月饼200件,无同类产品销售价格,制作B类月饼的总成本为3 500元。计算视同销售行为的销售额及销项税额。

解析:

A类月饼的销售额 = 400 × 15 = 6 000(元)

B类月饼的销售额 = 3 500 ×(1 + 10%)= 3 850(元)

这两项视同销售行为的销售额 = 6 000 + 3 850 = 9 850(元)

销项税额 = 9 850 × 17% = 1 674.50(元)

| | |
|---|---|
| 借:应付职工薪酬——福利费 | 11 524.50 |
| 贷:主营业务收入 | 9 850 |
| 应交税费——应交增值税——销项税额 | 1 674.50 |

值得注意的是,视同销售货物的行为,都要按照销售额计算销项税额,但在会计处理时,这些视同销售货物的行为,在不一定全部确认为收入,具体判定:只要资产所有权未发生改变而属于企业内部资产处置,会计处理就不确认收入,但仍然要按照销售额计算销项税额;只要资产所有权属已发生改变而不属于内部处置资产,会计处理就要确认为收入,当然就要计算销项税额了。

例如:在【例2-14】中,资产已经转移出企业,就要确认为收入。但如果发生视同销售货物的行为中"(4)将自产或者委托加工的货物用于非增值税应税项目"情形,因为该项资产的所有权还属于企业,会计处理就不能确认收入。

**【例2-15】**某企业2011年3月份将自己生产的产品用于该企业的厂房建设,产品成本为10万元,对外销售价格为12万元,因为厂房(不动产)属于非增值税应税项目,所以该行为属于视同销售,要计算销项税额,销项税额 = 120 000 × 17% = 20 400(元)。但该产品处置所有权未发生改变,属于内部资产处置,会计处理就不确认收入。

| | |
|---|---|
| 借:在建工程 | 120 400 |
| 贷:库存商品 | 100 000 |
| 应交税费——应交增值税——销项税额 | 20 400 |

## 二、进项税额

纳税人购进货物或者接受应税劳务所支付或者负担的增值税额为进项税额。进项税额是与销项税额相对应的另一个概念。在开具增值税专用发票的情况下,它们之间的对应关系是,销售方收取的销项税额,就是购买方支付的进项税额。对于任何一个一般纳税人而言,由于其在经营活动中,既会发生销售货物或提供应税劳务,又会发生购进货物或接受应税劳务,因此,每一个一般纳税人都会有收取的销项税额和支付的进项税额。增值税的核心就是用纳税人收取的销项税额抵扣其支付的进项税额,其余额为纳税人实际应缴纳的增值税税额。这样,进项税额作为可抵扣的部分,对于纳税人实际纳税多少就产生了举足轻重的作用。

应当注意的是:并不是纳税人支付的所有进项税额都可以从销项税额中抵扣。

当纳税人购进的货物或接受的应税劳务不是用于增值税应税项目,而是用于非应税项目、免税项目或用于集体福利、个人消费等情况时,其支付的进项税额就不能从销项税额中抵扣。税法对不能抵扣进项税额的项目作了严格的规定。因此,严格把握哪些进项税额可以抵扣,哪些进项税额不能抵扣是非常重要的,这些方面也是纳税人在缴纳增值税实务中差错出现最多的地方。

(一)准予从销项税额中抵扣的进项税额

根据增值税暂行条例的规定,准予从销项税额中抵扣的进项税额,限于下列增值税扣税凭证上注明的增值税税额和按规定的扣除率计算的进项税额:

(1)从销售方取得的增值税专用发票上注明的增值税额。

(2)从海关取得的海关进口增值税专用缴款书上注明的增值税额。

(3)购进农产品,除取得增值税专用发票或者海关进口增值税专用缴款书外,按照农产品收购发票或者销售发票上注明的农产品买价和13%的扣除率计算的进项税额。进项税额计算公式:进项税额 = 买价 × 扣除率(13%)

(4)购进或者销售货物以及在生产经营过程中支付运输费用的,按照运输费用结算单据上注明的运输费用金额和7%的扣除率计算的进项税额。进项税额计算公式:进项税额 = 运输费用金额 × 扣除率(7%)

对上述(3)、(4)中准予抵扣的项目和扣除率的调整,由国务院决定。

上述(1)、(2)规定说明,纳税人在进行增值税账务处理时,每抵扣一笔进项税额,就要有一份记录该进项税额的法定扣税凭证与之相对应;没有从销售方或海关取得注明增值税税额的法定扣税凭证,就不能抵扣进项税额。

对(3)需要解释的是:

①所谓“农业产品”是指直接从事植物的种植、收割和动物的饲养、捕捞的单位和个人销售的自产而且免征增值税的农业产品。

②购买农业产品的买价,包括纳税人购进农产品在农产品收购发票或者销售发票上注明的价款和按规定缴纳的烟叶税。

③增值税一般纳税人从农民专业合作社购进的免税农业产品,可按13%的扣除率计算抵扣增值税进项税额。

④如果从一般纳税人处购买农产品,购买方必须取得增值税专用发票;如果从小规模纳税人处购买农产品,购买方必须取得小规模纳税人开具的普通销售发票;如果从农民手中购买免税农产品,购买方必须开具经主管税务机关认可的收购凭证。

对(4)需要解释的是:

①购买或销售免税货物(购进免税农业产品除外)所发生的运输费用,不得计算进项税额抵扣。

②准予作为抵扣凭证的运费结算单据(普通发票),是指国营铁路、民用航空、公路和水上运输单位开具的货票,以及从事货物运输的非国有运输单位开具的套印全国统一发票监制章的货票。

③准予计算进项税额抵扣的货物运费金额是指运输费用结算单据上注明的运输费用(包括铁路临管线及铁路专线运输费用)、建设基金,不包括装卸费、保险费等其他杂费。

④一般纳税人在生产经营过程中所支付的运输费用,允许计算抵扣进项税额。

⑤一般纳税人取得的国际货物运输代理业发票和国际货物运输发票,不得计算抵扣进项税额。

⑥自2007年1月1日起,增值税一般纳税人购进或销售货物,取得的作为增值税扣税凭证的货运发票,必须是通过货运发票税控系统开具的新版货运发票。

在【例2-1】中,齐鲁有限责任公司购买货物取得康为建业有限责任公司开出的增值税专用发票,增值税专用发票上注明的税额(即进项税额)40 800元可以抵扣。

齐鲁公司会计处理:

借:原材料 240 000

应交税费——应交增值税——进项税额 40 800

贷:银行存款或应付账款等 280 800

**【例2-16】**某一般纳税人用现金从农民手中购买棉花,收购发票上注明的买价为100 000元,可该纳税人可抵扣的进项税额100 000×13% =130 00元。实际上采购该棉花的成本=10 000-1 300=8 700元

借:原材料 8 700

应交税费——应交增值税——进项税额 1 300

贷:库存现金 10 000

**【例2-17】**某一般纳税人购买货物用银行存款支付运输费,运输发票上注明运费3 000元,建设基金300元,装卸费100元,保险费100元,共计3 500元,则可抵扣的进项税额是多少?

解析:

可抵扣的进项税额=(3 000+300)×7% =231(元)

借:原材料 3 269

应交税费——应交增值税——进项税额 231

贷:银行存款 3 500

补充:

对烟叶税纳税人按规定缴纳的烟叶税,准予并入烟叶产品的买价计算增值税的进项税额,并在计算缴纳增值税时予以抵扣。即购进烟叶准予抵扣的增值税进项税额,按照规定的烟叶收购金额和烟叶税及法定扣除率计算。烟叶收购金额包括纳税人支付给烟叶销售者的烟叶收购价款和价外补贴,价外补贴统一暂按烟叶收购价款的10%计算。计算公式如下:

烟叶收购金额=烟叶收购价款×(1+10%)

烟叶税应纳税额=烟叶收购金额×税率(20%)

准予抵扣的进项税额=(烟叶收购金额+烟叶税应纳税额)×扣除率(13%)

例如：某烟厂烟叶收购价款20万元，则该烟厂该笔业务可抵扣的进项税额是多少？

解析：

烟叶收购金额=烟叶收购价款×(1+10%)=22(万元)

烟叶税应纳税额=烟叶收购金额×税率(20%)=4.40(万元)

准予抵扣的进项税额=(烟叶收购金额+烟叶税应纳税额)×扣除率

=26.4×13%=3.432(万元)

## (二)下列项目的进项税额不得从销项税额中抵扣

纳税人购进货物或者应税劳务，取得的增值税扣税凭证不符合法律、行政法规或者国务院税务主管部门有关规定的，其进项税额不得从销项税额中抵扣。所称增值税扣税凭证，是指增值税专用发票、海关进口增值税专用缴款书、农产品收购发票和农产品销售发票以及运输费用结算单据。

按《增值税暂行条例》规定，下列项目的进项税额不得从销项税额中抵扣：

(1)购进货物或者应税劳务用于非增值税应税项目、免征增值税项目、集体福利或者个人消费的，其所支付的进项税额不予抵扣。

非增值税应税项目是指：提供非应税劳务(即营业税条例规定的属于交通运输业、建筑业、金融保险业、邮电通信业、文化体育业、娱乐业、服务业税目征收范围的劳务)、转让无形资产、销售不动产等。纳税人新建、改建、扩建、修缮、装饰建筑物，无论会计制度规定如何核算，均属于固定资产在建工程。

免税项目是指：前面所述增值税税收优惠中列示的免税项目。

集体福利或者个人消费是指：企业内部设置的供职工使用的食堂、浴室、理发室、宿舍、幼儿园等福利设施及其设备、物品等或者以福利、奖励、津贴等形式发放给职工个人的物品。

(2)购进货物及相关的应税劳务发生非正常损失，其所支付的进项税额不予抵扣。

(3)在产品、产成品发生非正常损失，其所耗用的购进货物或者应税劳务所支付的进项税额不予抵扣。

所称非正常损失，是指因管理不善造成被盗、丢失、霉烂变质的损失。

注意：这里所说的非正常损失不包括自然灾害(地震、洪涝灾害等)造成的损失。

(4)国务院财政、税务主管部门规定的纳税人自用消费品，其进项税额不得抵扣。

纳税人自用的应征消费税的摩托车、汽车、游艇，其进项税额不得从销项税额中抵扣。

(5)上述第(1)项至第(4)项规定的货物的运输费用和销售免税货物的运输费用，其所支付的进项税额不予抵扣。

(6)一般纳税人兼营免税项目或者非增值税应税劳务而无法划分不得抵扣的进项税额的，按下列公式计算不得抵扣的进项税额：

不得抵扣的进项税额=当月无法划分的全部进项税额×当月免税项目销售额、非增值税应税劳务营业额合计÷当月全部销售额、营业额合计

**【例2-18】**某企业2010年3月份购进原材料价格10 000元，支付的进项税额1 700元，取得增值税专用发票，于当月将该材料用于在建工程，进项税额能抵扣吗？

解析：不能抵扣，购进的货物用于非应税项目，其进项税的不得抵扣。

【例2-19】在【例2-18】中,如果该材料不是用于在建工程,而是无偿赠送给客户,进项税额可以抵扣吗?

解析:可以。购进的货物无偿赠送给他人,视同销售,要计算销项税额,其进项税额就可以抵扣。

【例2-20】在【例2-18】中,如果该材料被盗,并且购买该原材料支付的运输费用为100元,则不得抵扣的进项税额是多少?

解析:购进的货物发生非正常损失,其进项税的不得抵扣,并且其所发生的运输费用的进项税额也不得抵扣。

不得抵扣的进项税额 $=100\times7\%+1\ 700=1\ 707$(元)

【例2-21】某企业2011年3月份产成品被盗,该产成品成本为10 000元,其耗用的材料的成本为6 000元,则不得抵扣的进项税额是多少?(假定产品、原材料适用17%的税率)

解析:产成品发生非正常损失,其所耗用的购进货物所支付的进项税额不予抵扣。

不得抵扣的进项税额 $=6\ 000\times17\%=1\ 020$(元)

【例2-22】某一般纳税人购进原材料即生产应税产品又生产免税产品,2011年1月份进项税额为10 000元,应税产品销售额18 000元,免税产品销售额为2 000元。则1月份不得抵扣的进项税额是多少?

解析:不得抵扣的进项税额 $=10\ 000\times[2\ 000\div(2\ 000+18\ 000)]=1\ 000$ 元。

增值税进项税额的配比原则:即购进项目金额与销售产品销售额之间应有配比性,当纳税人购进的货物或接受的应税劳务有相对应的销项税额时(一般销售、视同销售等),购进的货物或接受的应税劳务的进项税额就可以抵扣(当然要取得合法的增值税扣税凭证);当纳税人购进的货物或接受的应税劳务没有相对应的销项税额时(用于非应税项目、免税项目或用于集体福利、个人消费等情况),其支付的进项税额就不能从销项税额中抵扣(即使取得合法的增值税扣税凭证)。

## 三、应纳税额的计算

一般纳税人在计算出销项税额和进项税额后就可以得出实际应纳税额,计算公式为:

应纳税额 = 当期销项税额 - 当期进项税额

为了正确计算增值税的应纳税额,在实际操作中还需要掌握以下几个重要规定。

### (一)计算销项税额的时间限定

纳税人销售货物或者应税劳务,计算销项税额的时间,也就是其纳税义务发生时间,即为收讫销售款项或者取得索取销售款项凭据的当天;先开具发票的,为开具发票的当天。详见本项目模块七中的“一、纳税义务发生时间”。

上述销售货物或应税劳务纳税义务发生时间的确定,明确了企业在计算应纳税额时,对“当期销项税额”时间的限定,是增值税计税和征收管理中重要的规定。

### (二)增值税扣税凭证抵扣期限

(1)增值税一般纳税人取得2010年1月1日以后开具的增值税专用发票、公路内河货物运输业统一发票和机动车销售统一发票,应在开具之日起180日内到税务机关办理认证,并在认证通过的次月申报期内，向主管税务机关申报抵扣进项税额。

(2)实行海关进口增值税专用缴款书(以下简称海关缴款书)"先比对后抵扣"管理办法的增值税一般纳税人取得2010年1月1日以后开具的海关缴款书，应在开具之日起180日内向主管税务机关报送《海关完税凭证抵扣清单》(包括纸质资料和电子数据)申请稽核比对。

(3)增值税一般纳税人取得2010年1月1日以后开具的增值税专用发票、公路内河货物运输业统一发票、机动车销售统一发票以及海关缴款书，未在规定期限内到税务机关办理认证、申报抵扣或者申请稽核比对的，不得作为合法的增值税扣税凭证，不得计算进项税额抵扣。

(4)增值税一般纳税人丢失已开具的增值税专用发票，应在本通知第一条规定期限内，按照《国家税务总局关于修订〈增值税专用发票使用规定〉的通知》(国税发[2006]156号)第二十八条及相关规定办理。

增值税一般纳税人丢失海关缴款书，应在本通知第二条规定期限内，凭报关地海关出具的相关已完税证明，向主管税务机关提出抵扣申请。主管税务机关受理申请后，应当进行审核，并将纳税人提供的海关缴款书电子数据纳入稽核系统进行比对。稽核比对无误后，方可允许计算进项税额抵扣。

### (三)计算应纳税额时进项税额不足抵扣的处理

由于增值税实行购进扣税法，有时企业当期购进的货物很多，在计算应纳税额时会出现当期销项税额小于当期进项税额不足抵扣的情况，根据税法规定，当期进项税额不足抵扣的部分可以结转下期继续抵扣。

**【例2-23】**某一般纳税人2011年3月份销项税额为15 000元，可抵扣的进项税额为20 000元，不足抵扣的进项税额为5 000元，结转到4月份继续抵扣。

### (四)扣减发生期进项税额的规定

由于增值税实行以当期销项税额抵扣当期进项税额的"购进扣税法"，当期购进的货物或应税劳务如果事先并未确定将用于非生产经营项目，其进项税额会在当期销项税额中予以抵扣。但已抵扣进项税额的购进货物或应税劳务如果事后改变用途，发生用于非应税项目、用于免税项目、用于集体福利或者个人消费等情况，或者购进货物发生非正常损失、在产品或产成品发生非正常损失等情况，将如何处理呢？根据税法规定，应将该项购进货物或应税劳务的进项税额从当期发生的进项税额中扣减，无法准确确定该项进项税额的，按当期实际成本计算应扣减的进项税额。

这里需要注意的是，所称"从当期发生的进项税额中扣减"，是指已抵扣进项税额的购进货物或应税劳务是在哪一个时期发生上述五种情况的，就从这个发生期内纳税人的进项税额中扣减，而无须追溯到这些购进货物或应税劳务抵扣进项税额的那个时期。另外，对无法准确确定该项进项税额的，"按当期实际成本计算应扣减的进项税额"是指其扣减进项税额的计算依据不是按该货物或应税劳务的原进价，而是按发生上述情况的当期该货物或应税劳务的"实际成本"按征税时该货物或应税劳务适用的税率计算应扣减的进项税额。

实际成本＝进价＋运费＋保险费＋其他有关费用

前述实际成本的计算公式，如果属于进口货物是完全适用的；如果是国内购进的货物，主要包括进价和运费两大部分。

【例 2－24】某公司 2011 年 6 月份将在 4 月份购进的甲材料用于在建工程，而该甲材料的成本为 10 000 元，进项税额 1 700 元已在 4 月份抵扣。该公司 6 月份购进货物进项税额合计为 10 000 元（取得合法扣税凭证并已经认证）。该公司 6 月份实际可抵扣的进项税额是多少？

解析：甲材料的进项税额 1700 元已经在 4 月份抵扣，应当从该公司 6 月份的进项税额中扣减，因此该公司 6 月份实际可抵扣的进项税额为（10 000 － 1 700）＝8 300 元。

| | |
|---|---|
| 借：在建工程 | 11 700 |
| 贷：原材料 | 10 000 |
| 应交税费——应交增值税——进项税额转出 | 1 700 |

【例 2－25】某一般纳税人 2011 年 1 月份购买 A 材料，进项税额已经抵扣，2 月份该 A 材料被盗，其成本为 10 930 元（其中买价 10 000 元，运费 930 元），2 月份进项税额为 20 000 元，则 2 月份可抵扣的进项税额是多少？

解析：

2 月份不得抵扣的进项税额 ＝10 000 ×17% ＋930 ÷（1 －7%）×7%

＝1 700 ＋70 ＝1 770 元

2 月份可抵扣的进项税额 ＝20 000 －1 770 ＝18 230 元

| | |
|---|---|
| 借：管理费用 | 12 700 |
| 贷：原材料 | 10 930 |
| 应交税费——应交增值税——进项税额转出 | 1 770 |

【例 2－26】在【例 2－25】中，如果 A 材料是免税农产品呢？

解析：

2 月份不得抵扣的进项税额 ＝10 000 ÷（1 －13%）×13% ＋930 ÷（1 －7%）×7%

＝1 494. 25 ＋70 ＝1 564. 25 元

2 月份可抵扣的进项税额 ＝20 000 －1 564. 25 ＝18 435. 75 元

注意：计算进项税额转出时，成本中涉及到农产品和运费的，需要还原计算。

### （五）销货退回或折让的税务处理

纳税人在货物购销活动中，因货物质量、规格等原因常会发生销货退回或销售折让的情况。由于销货退回或折让不仅涉及销货价款或折让价款的退回，还涉及增值税的退回。这样，销货方和购货方应相应对当期的销项税额或进项税额进行调整。为此，税法规定，一般纳税人因销货退回或折让而退还给购买方的增值税额，应从发生销货退回或折让当期的销项税额中扣减；因进货退出或折让而收回的增值税额，应从发生进货退出或折让当期的进项税额中扣减。

### （六）向供货方取得返还收入的税务处理

自 2004 年 7 月 1 日起，对商业企业向供货方收取的与商品销售量、销售额挂钩（如以一定比例、金额、数量计算）的各种返还收入，均应按照平销返利行为的有关规定冲减当期增值税进项税金。应冲减进项税金的计算公式调整为：

当期应冲减进项税金 ＝当期取得的返还资金 ÷（1 ＋所购货物适用增值税税率）× 所购货物适用增值税税率

商业企业向供货方收取的各种返还收入，一律不得开具增值税专用发票。

**【例2－27】**某商业企业2011年1月份销售供应商货物，购进价为100元，销售价为100元，1月份进项税额为10 000元，1月份收到该供应商与销售量有关的返还收入11 700元，该货物适用税率17%，则该商业企业1月份可抵扣的进项税额是多少？

解析：1月份可抵扣的进项税额＝10 000－11 700÷(1＋17%)×17%＝8 300元

### (七)一般纳税人注销时进项税额的处理

一般纳税人注销或取消辅导期一般纳税人资格，转为小规模纳税人时，其存货不做进项税额转出处理，其留抵税额也不予以退税。

### (八)应纳增值税的计算

**【例2－28】**某生产企业为增值税一般纳税人，2010年8月份外购项目如下(外购货物均已验收入库，本月取得的相关发票均在本月通过认证并抵扣)：

(1)外购甲材料价款100 000元，专用发票注明增值税税额17 000元；同时支付给运输公司运输费2 000元，取得运费发票，

(2)从农业生产者手中购进棉花价款50 000元，收购凭证经主管税务机关批准，但未注明进项税额；

(3)从“小规模纳税人”企业购进修理用配件5 850元，取得普通发票；

(4)购机器设备一台，价款200 000元，增值税专用发票注明税额34 000元；并支付运输费3 000元，取得运费发票。

该企业8月份销售货物情况如下(除注明外，销售收入不含税)：

(1)销售A产品，销售收入600 000元；

(2)销售B产品，销售收入50 000元；并另向购买方收取包装费1 170元。

(3)销售给某小规模纳税人A产品，价税混合收取计58 500元；

根据上述资料，计算该企业8月份应纳增值税。

分析：对该厂增值税的计算可分为三个部分进行，首先计算销项税额，其次计算进项税额，然后再根据销项税额和进项税额计算应纳税额。

解析：第一，销项税额的计算

(1)销售B产品另向购买方收取包装费1 170元，属价外费用，应当征收增值税，但价外费用属含税销售额，要换算为不含税销售额，即为1 170÷(1＋17%)＝1 000(元)。

(2)销售给小规模纳税人A产品，是价税混合收取的，销售额＝58 500÷(1＋17%)＝50 000(元)。

因此该企业8月份销售额＝600 000＋(50 000＋1 000)＋50 000＝701 000(元)

(3)该企业8月份销项税额为：

销项税额＝701 000×17%＝119 170(元)

第二，进项税额的计算

(1)外购甲材料增值税专用发票上注明的增值税税额17 000元，准予抵扣；支付运输费2 000元，准予抵扣的进项税额＝2 000×7%＝140(元)。

(2)购进农业产品按13%的税率计算进项税额。该企业本月从农业生产者手中购进棉花，

按价款 50 000 元计算应抵扣的进项税额为：

进项税额 = 50 000 × 13% = 6 500（元）

(3)该企业本月从“小规模纳税人”企业中购进的配件因没有取得增值税专用发票，不得抵扣进项税额。

(4)企业本月购进机器设备，取得了增值税专用发票，进项税额 34 000 元可以抵扣；支付的运输费 3 000 元，准予抵扣的进项税额 = 3 000 × 7% = 210（元）。

(5)该企业本月准予抵扣进项税额合计为：

进项税额合计 = 17 000 + 140 + 6 500 + 34 000 + 210 = 57 850（元）

第三，应纳税额的计算

应纳税额 = 当期销项税额 - 当期进项税额

该企业 8 月份应纳税额为：

应纳税额 = 119 170 - 57 850 = 61 320（元）

**【例 2-29】**某生产企业为增值税一般纳税人，适用增值税税率 17%，2011 年 5 月份的有关生产经营业务如下：

(1)销售甲产品给某大商场，开具增值税专用发票，取得不含税销售额 80 万元；另外，开具普通发票，取得销售甲产品的送货运输费收入 5.85 万元。

(2)销售乙产品，开具普通发票，取得含税销售额 29.25 万元。

(3)将试制的一批应税新产品用于本企业基建工程，成本价为 20 万元，成本利润率为 10%，该新产品无同类产品市场销售价格。

(4)购进货物取得增值税专用发票，注明支付的货款 60 万元、进项税额 10.2 万元；另外支付购货的运输费用 6 万元，取得运输公司开具的普通发票。

(5)向农业生产者购进免税农产品一批，支付收购价 30 万元，支付给运输单位的运费 5 万元，取得相关的合法票据。本月下旬将购进的农产品的 20% 用于本企业职工福利。

以上相关票据均符合税法的规定。请按下列顺序计算该企业 5 月份应缴纳的增值税税额。

(1)计算销售甲产品的销项税额；

(2)计算销售乙产品的销项税额；

(3)计算自用新产品的销项税额；

(4)计算外购货物应抵扣的进项税额；

(5)计算外购免税农产品应抵扣的进项税额；

(6)计算该企业 5 月份合计应缴纳的增值税额。

解析：

(1)销售甲产品的销项税额 = 80 × 17% + 5.85 ÷ (1 + 17%) × 17% = 14.45（万元）

(2)销售乙产品的销项税额 = 29.25 ÷ (1 + 17%) × 17% = 4.25（万元）

(3)自用新产品的销项税额 = 20 × (1 + 10%) × 17% = 3.74（万元）

(4)外购货物应抵扣的进项税额 = 10.2 + 6 × 7% = 10.62（万元）

(5)外购免税农产品应抵扣的进项税额 = (30 × 13% + 5 × 7%) × (1 - 20%)

= 3.4（万元）

(6)该企业 5 月份应缴纳的增值税额 = 14.45 + 4.25 + 3.74 - 10.62 - 3.4 = 8.42（万元）

【例2-30】某粮油加工厂(增值税一般纳税人)主要生产面粉、芝麻油、花生油、菜子油、挂面、方便面等粮油和粮食复制品。该厂2011年4月份外购项目如下(假定外购货物均已验收入库,本月取得的相关票据均在本月认证并抵扣):

(1)从粮管所购进小麦,支付价款140 000元,增值税专用发票注明税额18 200元;

(2)从农民手中收购小麦,收购凭证上注明支付价款70 000元,无进项税额;

(3)从粮油公司购进芝麻,价款20 000元,增值税专用发票注明税额2 600元;

(4)从外地粮食部门购进花生,价款18 000元,增值税专用发票注明税额2 340元;

(5)外购低值易耗品4 000元,增值税专用发票注明税额680元。

(6)生产用外购水2 092.30元,增值税专用发票注明税额272元。

(7)支付生产用电费3 000元,增值税专用发票注明税额510元。

该厂本月销售货物的收入项目如下(除注明外,销售收入不含税):

(1)销售面粉给"一般纳税人",销售收入152 000元;

(2)销售面粉给"小规模纳税人",价税混合收取计18 000元;

(3)销售挂面给"一般纳税人",销售收入5 000元;

(4)销售挂面给消费者,价税混合收取1 000元;

(5)销售方便面给"小规模纳税人",价税混合收取计3 000元;

(6)销售各种食用植物油给"一般纳税人",销售收入400 000元;

(7)销售小麦给"一般纳税人",价款6 000元。

根据上述资料,计算该企业应纳增值税。

解析:第一,销项税额的计算。

该企业销项税额的计算可分为三个部分:一是销售给"一般纳税人"的适用17%税率的货物的计算;二是销售给"一般纳税人"的适用13%税率的货物的计算;三是对价税混合收取销项税额的计算。

(1)销售给"一般纳税人"适用增值税17%税率货物的销售收入为挂面收入5 000元。

销项税额=5 000×17%=850(元)

(2)销售给"一般纳税人"适用增值税13%税率货物的销售收入为:面粉收入152 000元,各种食用植物油收入400 000元,小麦收入6 000元,计558 000元。

销项税额=558 000×13%=72 540(元)

(3)价税混合收取适用17%税率货物的销售收入为:挂面收入1 000元,方便面收入3 000元,计4 000元。

销售额=4 000÷(1+17%)=3 418.80(元)

销项税额=3 418.80×17%=581.20(元)

(4)价税混合收取适用13%税率货物的销售收入为面粉收入18 000元。

销售额=18 000÷(1+13%)=15 929.20(元)

销项税额=15 929.20×13%=2 070.80(元)

(5)该厂本月销项税额合计为:

销项税额合计=850+72 540+581.20+2 070.80=76 042(元)

第二,进项税额的计算。

该企业的进项税额分三部分计算：一是购进免税货物进项税额的计算；二是购进低税率货物进项税额的计算；三是购进基本税率货物进项税额的计算。

(1)免税农产品的购进额为收购农民的小麦支付价款70 000元。进项税额 = 70 000 × 13% = 9 100(元)

(2)购进13%税率货物的进项税额为小麦的进项税额18 200元，芝麻2 600元，花生2 340元，生产用外购水272元，计23 412元。

(3)购进17%税率货物的进项税额为：低值易耗品680元，生产用电510元，计1 190元。

(4)本月该企业进项税额合计为：

进项税额合计 = 9 100 + 23 412 + 1 190 = 33 702(元)

第三，应纳增值税税额的计算。

该厂本月份应纳增值税为：

应纳增值税税额 = 本月份销项税额合计 - 本月份进项税额合计

= 76 042 - 33 702 = 42 340(元)

### (九)一般纳税人按简易办法计算的特殊情况

#### 1. 销售已使用过的固定资产的税务处理

自2009年1月1日起，纳税人销售自己使用过的固定资产(以下简称已使用过的固定资产)，应区分不同情形征收增值税：

(1)销售自己使用过的2009年1月1日以后购进或者自制的固定资产，按照适用税率征收增值税；

(2) 2008年12月31日以前未纳入扩大增值税抵扣范围试点的纳税人，销售自己使用过的2008年12月31日以前购进或者自制的固定资产，按照4%征收率减半征收增值税；

(3) 2008年12月31日以前已纳入扩大增值税抵扣范围试点的纳税人，销售自己使用过的在本地区扩大增值税抵扣范围试点以前购进或者自制的固定资产，按照4%征收率减半征收增值税；销售自己使用过的在本地区扩大增值税抵扣范围试点以后购进或者自制的同定资产，按照适用税率征收增值税。

(4)对于纳税人发生《增值税暂行条例实施细则》第四条规定固定资产视同销售行为，对已使用过的固定资产无法确定销售额的，以固定资产净值为销售额。

“已使用过的固定资产”是指纳税人根据财务会计制度已经计提折旧的固定资产。

> 实际上，一般纳税人销售已使用过的固定资产，增值税处理如下：
>
> (1)该固定资产购买时可以抵扣进项税额的，销售时按照适用税率征收增值税。
>
> 应纳税额 = 销售额 × 适用税率(17%或者13%)
>
> (2)该固定资产购买时不能抵扣进项税额的，销售时，按照4%征收率减半征收增值税。
>
> 销售额 = 含税销售额 ÷ (1 + 4%)
>
> 应纳税额 = 销售额 × 4% × 50%

**【例2-31】**某一般纳税人(未纳入扩大增值税抵扣范围试点)2008年3月份购入一台机器设备，价格为1000 000元，进项税额为170 000元，该设备于2011年3月份出售，含税价格为936 000元，则该笔业务应纳税额为多少？

解析:销售额 = 含税销售额 ÷(1 +4%)=936 000 ÷(1 +4%)=900 000 元

应纳税额 = 销售额 ×4% ×50% =900 000 ×4% ×50% =18 000 元

**【例 2 -32】**在【例 2 -31】中,假设该机器设备是在 2010 年 1 月份购买的,则该笔业务应纳税额为多少?

解析:应纳税额 = 销售额 × 适用税率 =936 000 ÷(1 +17%)×17% =136 000 元

**2. 一般纳税人销售自产的下列货物,可选择按简易办法依照 6% 征收率计算缴纳增值税**

(1)县以下小型水力发电单位生产的电力;

(2) 建筑用和生产建筑材料所用的砂、土、石料;

(3)以自己采掘的砂、土、石料或其他矿物连续生产的砖、瓦、石灰;

(4)原料中掺有煤矸石、石煤、粉煤灰、烧煤锅炉的炉底渣及其他废渣(不包括高炉水渣)生产的墙体材料;

(5)用微生物、微生物代谢产物、动物毒素、人或动物的血液或组织制成的生物制品;

(6)自来水

一般纳税人选择按简易办法计算缴纳增值税后,36 个月内不得变更。

**3. 一般纳税人销售货物属于下列情形之一的,暂按简易办法依照 4% 征收率计算缴纳增值税:**

(1)寄售商店代销寄售物品(包括居民个人寄售的物品在内);

(2)典当业销售死当物品;

(3)经国务院或国务院授权机关批准的免税商店零售的免税品。

# 模块三　小规模纳税人应纳税额的计算

## 一、应纳税额的计算公式

根据《增值税暂行条例》规定,小规模纳税人销售货物或提供应税劳务,按简易方法计算应纳税额,即按销售额和规定征收率计算,不得抵扣进项税额,同时,销售货物也不得自行开具增值税专用发票。其应纳税额的计算公式为:

应纳税额 = 销售额 × 征收率

公式中销售额与增值税一般纳税人计算应纳增值税的销售额规定内容一致,是销售货物或提供应税劳务向购买方收取的全部价款和价外费用,但不包括按 3% 的征收率收取的增值税税额。

## 二、含税销售额的换算

由于小规模纳税人销售货物自行开具的发票是普通发票,发票上列示的是含税销售额,因此,在计税时需要将其换算为不含税销售额。换算公式为:

不含税销售额 = 含税销售额 ÷(1 + 征收率)

**【例 2 -33】**某生产企业为增值税小规模纳税人,2010 年 10 月销售产品取得收入 30.9 万元,计算该企业应纳增值税。

应纳增值税 =30.9 ÷(1 +3%)×3% =0.9(万元)

【例 2 -34】某商店为增值税小规模纳税人,2011 年 3 月取得零售收入总额 24.72 万元,计算该商店 9 月份应纳增值税税额。

应纳增值税 =24.72 ÷(1 +3%)×3% =0.72(万元)

### 三、小规模纳税人销售固定资产应纳税额的计算

小规模纳税人(除其他个人外,下同)销售自己使用过的固定资产,减按 2% 征收率征收增值税。

销售额 = 含税销售额 ÷(1 +3%)

应纳税额 = 销售额 ×2%

## 模块四 三种特殊销售行为应纳税额的计算

现行的增值税,由于需要考虑我国的现实条件,在其适用范围上,尚未扩展到社会所有经营活动,如对从事运输、金融保险、建筑安装、文化体育、娱乐、服务等行业,就不征收增值税,而征收营业税。但是,在实际经济活动中,企业不一定单一从事增值税规定的项目,也不一定单一从事营业税规定的项目,总要按照经营活动的需要兼营或者混合经营不同税种或不同税率的应税项目。这样,就出现了一个对各种兼营或混合经营行为在适用税种、税率和计算纳税上如何正确进行税务处理的问题。对此,《增值税暂行条例》都作了具体规定。

### 一、兼营不同税率的货物或应税劳务

所谓兼营不同税率的货物或应税劳务,是指纳税人生产或销售不同税率的货物,或者既销售货物又提供应税劳务。比如,某农村供销社既销售税率为 17% 的家用电器,又销售税率为 13% 的化肥、农药等;某农业机械厂既生产销售税率为 13% 的农机,又利用本厂设备从事税率为 17% 的加工、修理修配业务。

纳税人兼营不同税率的货物或者应税劳务,应当分别核算不同税率货物或者应税劳务的销售额。未分别核算销售额的,从高适用税率。

【例 2 -35】某供销社 2011 年 4 月份销售化肥销售额 100 000 元,销售电视机销售额 200 000 元,分别核算销售额;4 月份购货取得进项税额 30 000 元(已认证),则该供销社 6 月份销项税额 =100 000 ×13% +200 000 ×17% =47 000(元),应纳税额 =47 000 -30 000 =17 000(元)。

【例 2 -36】若上例中该供销社的销售额未分别核算,则应纳税额 =(100 000 +200 000)×17% -30 000 =21 000(元)。

### 二、混合销售行为

一项销售行为如果既涉及增值税应税货物又涉及非应税劳务,为混合销售行为。

所谓非应税劳务是指属于应缴营业税的交通运输业、建筑业、金融保险业、邮电通信业、文化体育业、娱乐业、服务业税目征收范围的劳务。

出现混合销售行为,涉及的货物和非应税劳务只是针对一项销售行为而言的,也就是说,非

应税劳务是为了直接销售一批货物而提供的，二者之间是紧密相连的从属关系，它与一般既从事这个税的应税项目又从事另一个税的应税项目，二者之间没有直接从属关系的兼营行为是完全不同的。

对混合销售行为的税务处理方法是：从事货物的生产、批发或零售的企业、企业性单位及个体经营者以及以从事货物的生产、批发或零售为主，并兼营非应税劳务的企业、企业性单位及个体经营者的混合销售行为，视为销售货物，应当征收增值税；其他单位和个人的混合销售行为，视为销售非应税劳务，不征收增值税(而征收营业税，在营业税纳税实务阐述)。

根据《增值税暂行条例实施细则》的规定，混合销售行为如依照上述税务处理，属于应当征收增值税的，其销售额应是货物与非应税劳务的销售额的合计，该非应税劳务的销售额应视同含税销售额处理；且该混合销售行为涉及的非应税劳务所用购进货物的进项税额，凡符合《条例》规定的，在计算该混合销售行为增值税时，准予从销项税额中抵扣。上述"凡符合《条例》规定的"，是指该混合销售行为涉及的非应税劳务所用购进货物有增值税扣税凭证上注明的增值税额。

**【例 2-37】**甲生产企业销售给某一般纳税人电视机，销售额为 100 000 元，同时用自己单位的卡车将电视机运送到对方，并收取运费 2 340 元，甲企业该笔业务如何纳税?

解析：该销售行为属于混合销售行为，而甲企业属于货物生产企业，因此该笔业务应缴纳增值税。

销售额 $=2\,340\div(1+17\%)+100\,000=102\,000$(元)

销项税额 $=102\,000\times17\%=17\,340$(元)

应当注意，这里收取的运费金额为含税销售额，要换算为不含税销售额。

| 一般情况下，缴纳增值税为主的企业，其混合销售缴纳增值税；缴纳营业税为主的企业，其混合销售缴纳营业税。<br>在把握混合销售行为时应注意三个"一"：<br>一是同一项销售行为中既包括销售货物又包括提供非应税劳务，强调同一项销售行为；<br>二是销售货物和提供非应税劳务的价款是同时从一个购买方取得的<br>三是混合销售只征收一种税，即或征增值税或征营业税。 |
|---|

**【例 2-38】**某商业企业销售空调机，同时为同一客户安装空调机；并收取空调机价款 3 000 元(含税)，安装费 300 元。

解析：该企业销售空调机的行为属于货物销售行为，安装空调机的行为属于非应税劳务行为，属于(同)一项销售行为，故应认定为混合销售行为，而该企业属于货物销售企业，应按销售额 $3\,300\div(1+17\%)$元计算交纳增值税。

**【例 2-39】**某餐饮公司在提供餐饮时，又提供给顾客香烟，该混合销售行为征收增值税吗?

解析：该销售行为属于混合销售行为，但该公司不属于从事货物的生产、批发或零售的企业，故该混合销售行为不征收增值税，而征收营业税(在营业税纳税实务阐述)。

注意,混合销售行为唯一特殊税务处理:

纳税人的下列混合销售行为,应当分别核算货物的销售额和非增值税应税劳务的营业额,并根据其销售货物的销售额计算缴纳增值税,非增值税应税劳务的营业额不缴纳增值税,而缴纳营业税;未分别核算的,由主管税务机关核定其货物的销售额:

(一)销售自产货物并同时提供建筑业劳务的行为;

(二)财政部、国家税务总局规定的其他情形。

**【例 2-40】**某企业集团(具有建筑资质)将自己生产的建筑材料销售给建筑方,该企业集团同时为该建筑方提供建筑劳务,合同规定材料款为6 000 万元(含税),建筑劳务款为3 000 万元。则该混合销售行为,如何纳税?

解析:增值税 =6 000 ÷ 1.17 × 17%,3 000 万元不征增值税,征收营业税。

## 三、兼营非应税劳务

与混合销售行为相区别,兼营非应税劳务是指增值税纳税人在从事应税货物销售或提供应税劳务的同时,还从事非应税劳务(即营业税规定的各项劳务),且从事的非应税劳务与某一项销售货物或提供应税劳务并无直接的联系和从属关系。比如,某建筑装饰材料商店,一方面批发、零售货物;另一方面又对外承揽属于应纳营业税的安装、装饰业务。

根据《增值税暂行条例实施细则》的规定,纳税人兼营非增值税应税项目的,应分别核算货物或者应税劳务的销售额和非增值税应税项目的营业额;未分别核算的,由主管税务机关核定货物或者应税劳务的销售额。其销售额征收增值税,营业额不征收增值税而征收营业税。

根据《增值税暂行条例实施细则》的规定,一般纳税人兼营免税项目或者非增值税应税劳务而无法划分不得抵扣的进项税额的,按下列公式计算不得抵扣的进项税额:

不得抵扣的进项税额 = 当月无法划分的全部进项税额 × 当月免税项目销售额、非增值税应税劳务营业额合计 ÷ 当月全部销售额、营业额合计

**【例 2-41】**某商厦主要从事货物销售,还从事快餐业务,货物销售与快餐业务的营业收入、成本、费用均分别核算。2010 年 12 月取得货物销售收入 300 万元;取得快餐营业收入 30 万元。

解析:该企业的货物销售与快餐业务属两项经营业务,两项业务之间无必然的联系,且分别核算货物销售与快餐业务的营业收入、成本、费用。因此货物销售收入 300 万元应计算缴纳增值税;快餐业务的营业收入 30 万元应计算缴纳营业税。

# 模块五 进口货物应纳增值税的计算

## 一、进口货物的征税范围及纳税人

### (一)进口货物征税的范围

根据《增值税暂行条例》的规定,申报进入中华人民共和国海关境内的货物,均应缴纳增值税。

### (二)进口货物的纳税人

进口货物的收货人或办理报关手续的单位和个人,为进口货物增值税的纳税义务人。也就

是说,进口货物增值税纳税人的范围较宽,包括了国内一切从事进口业务的企业事业单位、机关团体和个人。

## 二、进口货物的适用税率

进口货物增值税税率与前面介绍的内容相同。

注意:进口货物增值税不适用征收率,小规模纳税人进口货物缴纳增值税也实行17%或者13%的税率。

## 三、进口货物应纳税额的计算

纳税人进口货物,按照组成计税价格和《增值税暂行条例》规定的税率计算应纳税额。我们在计算增值税销项税额时直接用销售额作为计税依据或计税价格就可以了,但在进口产品计算增值税时我们不能直接得到类似销售额这么一个计税依据,而需要通过计算而得,即要计算组成计税价格。组成计税价格是指在没有实际销售价格时,按照税法规定计算出作为计税依据的价格。进口货物计算增值税组成计税价格和应纳税额计算公式:

组成计税价格=关税完税价格+关税+消费税

关税=关税完税价格×该货物适用的关税税率

应纳税额=组成计税价格×税率

(1)不属于应征消费税的进口货物,公式为:

组成计税价格=关税完税价格+关税税额

(2)属于应征消费税的进口货物,公式为:

组成计税价格=关税完税价格+关税税额+消费税税额

纳税人在计算进口货物的增值税时应该注意以下问题:

(1)进口货物增值税的组成计税价格中包括已纳关税税额,如果进口货物属于消费税应税消费品,其组成计税价格中还要包括进口环节已纳消费税税额。

(2)在计算进口环节的应纳增值税税额时不得抵扣任何税额,即在计算进口环节的应纳增值税税额时,不得抵扣发生在我国境外的各种税金。

(3)一般贸易下进口货物的关税完税价格以海关审定的成交价格为基础的到岸价格作为完税价格。所谓成交价格是一般贸易项下进口货物的买方为购买该项货物向卖方实际支付或应当支付的价格;到岸价格,包括货价,加上货物运抵我国关境内输入地点起卸前的包装费、运费、保险费和其他劳务费等费用构成的一种价格。

(4)纳税人进口货物取得的合法海关完税凭证,是计算增值税进项税额的唯一依据,其价格差额部分以及从境外供应商取得的退还或返还的资金,不作进项税额转出处理。

## 四、进口货物的税收管理

进口货物的增值税由海关代征。个人携带或者邮寄进境自用物品的增值税,连同关税一并计征。

进口货物,增值税纳税义务发生时间为报关进口的当天:其纳税地点应当由进口人或其代理人向报关地海关申报纳税，其纳税期限应当自海关填发海关进口增值税专用缴款书之日起15日内缴纳税款。

进口货物增值税的征收管理，依据《税收征收管理法》、《海关法》、《进出口关税条例》和《进出口税则》的有关规定执行。

【例2-42】某商场2010年10月进口货物一批。该批货物在国外的买价80万元，另该批货物运抵我国海关前发生的包装费、运输费、保险费等共计20万元。货物报关后，商场按规定缴纳了进口环节的增值税并取得了海关开具的完税凭证。假定该批进口货物在国内全部销售，取得不含税销售额200万元。

货物进口关税税率15%，增值税税率17%。请按下列顺序回答问题：

(1)计算关税的组成计税价格；

(2)计算进口环节应纳的进口关税；

(3)计算进口环节应纳增值税的组成计税价格；

(4)计算进口环节应缴纳增值税的税额；

(5)计算国内销售环节的销项税额；

(6)计算国内销售环节应缴纳增值税税额。

解析：

(1)关税的组成计税价格 = 80 + 20 = 100(万元)

(2)应缴纳进口关税 = 100 × 15% = 15(万元)

(3)进口环节应纳增值税的组成计税价格 = 100 + 15 = 115(万元)

(4)进口环节应缴纳增值税的税额 = 115 × 17% = 19.55(万元)

(5)国内销售环节的销项税额 = 200 × 17% = 34(万元)

(6)国内销售环节应缴纳增值税税额 = 34 - 19.55 = 14.45(万元)

关于进口货物关税、增值税的会计处理：

借：原材料　　1 150 000(1 000 000 + 150 000)

　　应交税费——应交增值税——进项税额　　195 500

　贷：银行存款　　1 345 500

# 模块六　出口货物退(免)税的计算

我国的出口货物退(免)税是指在国际贸易业务中，对我国报关出口的货物退还或免征其在国内各生产和流转环节按税法规定缴纳的增值税和消费税，即对增值税出口货物实行零税率，对消费税出口货物免税。增值税出口货物的零税率，有两层含义：一是对本道环节生产或销售货物的增值部分免征增值税；二是对出口货物前道环节所含的进项税额进行退付。

## 一、出口货物退(免)税基本政策

根据我国的实际情况，我国对出口货物采取出口退税与免税相结合的政策。因为我国的出口体制还不成熟，拥有出口经营权的企业还限于少部分须经国家批准的企业，并且我国生产的某些货物，如稀有金属等还不能满足国内的需要，所以对某些非生产性企业和国家紧缺的货物则采取限制从事出口业务或限制该货物出口，不予出口退（免）税。目前，我国的出口货物税收政策分为以下三种形式：

### （一）出口免税并退税

出口免税是指对货物在出口销售环节不征增值税、消费税；出口退税是指对货物在出口前实际承担的税收负担，按规定的退税率计算后予以退还。

### （二）出口免税不退税

出口免税与上述第（一）项含义相同；出口不退税是指适用这个政策的出口货物因在前一道生产、销售环节或进口环节是免税的，因此，出口时该货物的价格中本身就不含税，也无须退税。

### （三）出口不免税也不退税

出口不免税是指对国家限制或禁止出口的某些货物的出口环节视同内销环节，照常征税；出口不退税是指对这些货物出口不退还出口前其所负担的税款。适用这个政策的主要是：税法列举限制或禁止出口的货物，如天然牛黄、麝香、白银等。

## 二、出口货物退（免）税的适用范围

《出口货物退（免）税管理办法》规定：可以退（免）税的出口货物一般应具备以下四个条件：

（1）必须是属于增值税、消费税征税范围的货物。

（2）必须是报关离境的货物。

（3）必须是在财务上作销售处理的货物。

（4）必须是出口收汇并已核销的货物。

对出口的凡属于已征或应征增值税、消费税的货物，除国家明确规定不予退（免）税的货物和出口企业从小规模纳税人购进并持普通发票的部分货物外，都是出口货物退（免）税的货物范围，均应予以退还已征增值税和消费税或免征应征的增值税和消费税。

**1. 下列企业出口满足上述四个条件的货物，除另有规定外，给予免税并退税：**

（1）生产企业自营出口或委托外贸企业代理出口的自产货物。

（2）有出口经营权的外贸企业收购后直接出口或委托其他外贸企业代理出口的货物。

（3）下列特定出口的货物：①对外承包工程公司运出境外用于对外承包项目的货物；②对外承接修理修配业务的企业用于对外修理修配的货物；③外轮供应公司、远洋运输供应公司销售给外轮、远洋国轮而收取外汇的货物；④企业在国内采购并运往境外作为在国外投资的货物等。

**2. 下列企业出口的货物，除另有规定外，给予免税，但不予退税：**

（1）属于生产企业的小规模纳税人自营出口或委托外贸企业代理出口的自产货物。

（2）外贸企业从小规模纳税人购进并持普通发票的货物出口，免税但不予退税。但对规定列举的12类出口货物考虑其占出口比重较大及其生产、采购的特殊因素，特准退税。

（3）外贸企业直接购进国家规定的免税货物（包括免税农产品）出口的，免税但不予退税。

上述1、2中“除另有规定外”是指上述企业出口的货物如属于税法列举规定的限制或禁止出口的货物，则不能免税，当然更不能退税。

**3. 下列出口货物，免税但不予退税：**

(1)来料加工复出口的货物，即原材料进口免税，加工自制的货物出口不退税。

(2)避孕药品和用具、古旧图书，内销免税，出口也免税。

(3)出口卷烟：有出口卷烟权的企业出口国家出口卷烟计划内的卷烟，在生产环节免征增值税、消费税，出口环节不办理退税。其他非计划内出口的卷烟照章征收增值税和消费税，出口一律不退税。

(4)军品以及军队系统企业出口军需工厂生产或军需部门调拨的货物免税。

(5)国家规定的其他免税货物，如农业生产者销售的自产农业产品、饲料、农膜等。

出口享受免征增值税的货物，其耗用的原材料、零部件等支付的进项税额，包括准予抵扣的运输费用所含的进项税额，不能从内销货物的销项税额中抵扣，应计入产品成本处理。

**4. 除经批准属于进料加工复出口贸易以外，下列出口货物不免税也不退税：**

(1)国家计划外出口的原油(自1999年9月1日起国家计划内出口的原油恢复按13%的退税率退税)；

(2)援外出口货物(自1999年1月1日起，对一般物资援助项下出口货物，仍实行出口不退税政策；对利用中国政府的援外优惠贷款和合作项目基金方式下出口的货物，比照一般贸易出口，实行出口退税政策)；

(3)国家禁止出口的货物，包括天然牛黄、麝香、铜及铜基合金(出口电解铜自2001年1月1日起按17%的退税率退还增值税)等。

## 三、出口货物的退税率

根据《增值税暂行条例》规定，企业产品出口后，税务部门应按照出口商品的进项税额为企业办理退税，由于税收减免及其国家经济政策等原因，商品的进项税额往往不等于实际负担的税额，如果按出口商品的进项税额退税，就会产生少征多退的问题，于是就有了计算出口商品应退税款的比率——出口退税率。

出口货物的退税率，是出口货物的实际退税额与退税计税依据的比例。现行出口货物的增值税退税率有17%、15%、13%、11%、8%、5%六档。

## 四、出口货物应退税额的计算

出口货物只有在适用既免税又退税的政策时，才会涉及如何计算退税的问题。我国《出口货物退(免)税管理办法》规定了两种退税计算办法：第一种办法是“免、抵、退”办法，主要适用于自营和委托出口自产货物的生产企业；第二种办法是“先征后退”办法，目前主要用于收购货物出口的外(工)贸企业。

### (一)生产企业出口货物“免、抵、退”税的计算方法

自2002年1月1日起，生产企业自营或委托外贸企业代理出口自产货物，除另有规定外，增值税一律实行“免、抵、退”税管理办法。

上述生产企业，仅指“独立核算，经主管国税机关认定为一般增值税纳税人，并且具有实际生产能力的企业和企业集团”。增值税小规模纳税人出口自产货物继续实行免征增值税办法。

实行免、抵、退税管理办法的“免”税，是指对生产企业出口的自产货物，免征本企业生产销售环节增值税；“抵”税，是指生产企业出口自产货物所耗用的原材料、零部件、燃料、动力等所含应予退还的进项税额，抵顶内销货物的应纳税额；“退”税是指生产企业出口的自产货物在当月内应抵顶的进项税额大于应纳税额时，对未抵顶完的部分予以退税。

免、抵、退税具体计算步骤如下：

**1. 计算当期应纳税额**

当期应纳税额 = 当期内销货物的销项税额 -（当期进项税额 - 当期免抵退税不得免征和抵扣税额）- 上期留抵税额

其中：

当期免抵退税不得免征和抵扣税额 = 出口货物离岸价 × 外汇人民币牌价 ×（出口货物征税率 - 出口货物退税率）- 免抵退税不得免征和抵扣税额和抵减额

出口货物离岸价（FOB）以出口发票计算的离岸价为准，出口发票不能如实反映实际离岸价的，企业必须按照实际离岸价向主管国税机关申报，同时主管税务机关有权依照有关规定予以核定。

免抵退税不得免征和抵扣税额抵减额 = 免税购进原材料价格 ×（出口货物征税率 - 出口货物退税率）

免税购进原材料包括从国内购进免税原材料和进料加工免税进口料件，其中进料加工免税进口料件的价格为组成计税价格。

进料加工免税进口料件的组成计税价格 = 货物到岸价 + 海关实征关税和消费税

如果当期没有免税购进原材料价格，前述公式中的免抵退税不得免征和抵扣税额抵减额，以及后面公式中的免抵退税额抵减额，就不用计算。

如果当期应纳税额为负数，表明当期期末有留抵税额。

**2. 计算免抵退税额**

免抵退税额 = 出口货物离岸价 × 外汇人民币牌价 × 出口货物退税率 - 免抵退税额抵减额

其中：

免抵退税额抵减额 = 免税购进原材料价格 × 出口货物退税率

**3. 计算当期应退税额和免抵税额**

（1）如果当期期末留抵税额 ≤ 当期免抵退税额，则：

当期应退税额 = 当期期末留抵税额

当期免抵税额 = 当期免抵退税额 - 当期应退税额

（2）如果当期期末留抵税额 > 当期免抵退税额，则：

当期应退税额 = 当期免抵退税额

当期免抵税额 = 0

| 实质上，退税只是对期末留抵税额进行退税，退税额不会大于期末留抵税额。 |
| --- |

**4. 生产企业出口货物“免、抵、退”税的计算**

**【例 2-43】**某自营出口的生产企业为增值税一般纳税人，出口货物的征税税率为 17%，退税税率为 13%。2010 年 5 月的有关经营业务为：购进原材料一批，取得的电子版增值税专用发票注明的价款 400 万元，外购货物准予抵扣的进项税额 68 万元通过认证。上月末留抵税款 3

万元；本月内销货物不含税销售额200万元，收款234万元存入银行；本月出口货物的离岸价销售额折合人民币300万元。试计算该企业当期的“免、抵、退”税额。

解析：

(1)当期免抵退税不得免征和抵扣税额＝300×(17%－13%)＝12(万元)

(2)当期应纳税额＝200×17%－(68－12)－3＝－25(万元)

表示期末留抵税额为25万元。

(3)出口货物“免、抵、退”税额＝300×13%＝39(万元)

(4)因为当期末留抵税额25万元<当期免抵退税额39万元，所以，

当期应退税额＝当期期末留抵税额＝25万元，

当期免抵税额＝当期免抵退税额－当期应退税颇＝39－25＝14(万元)

实质上，计算出退税额之后，期末留抵税额由25万元变为0，因为留抵税额25万元应该退给企业，所以期末留抵税额为0；而免抵税额14万元，视同企业当期实现的增值税，这14万元要缴纳城市维护建设税和教育费附加，详见项目五城市维护建设税纳税实务。

生产企业出口货物“免、抵、退”税的会计处理：

(1)购货时

| | | |
|---|---|---|
| 借：原材料 | 4 000 000 | |
| 应交税费——应交增值税——进项税额 | 680 000 | |
| 贷：银行存款 | | 4 680 000 |

(2)内销时

| | | |
|---|---|---|
| 借：银行存款 | 2 340 000 | |
| 贷：主营业务收入 | | 2 000 000 |
| 应交税费——应交增值税——销项税额 | | 340 000 |

(3)出口时

| | | |
|---|---|---|
| 借：银行存款 | 3 000 000 | |
| 贷：主营业务收入——出口收入 | | 3 000 000 |

(注意出口货物免征增值税)

(4)计算当期免抵退税不得免征和抵扣税额时

| | | |
|---|---|---|
| 借：主营业务成本(当期免抵退税不得免征和抵扣税额) | 120 000 | |
| 贷：应交税费——应交增值税——进项税额转出 | | 120 000 |

(5)计算应收出口退税时

| | | |
|---|---|---|
| 借：应收出口退税 | 250 000 | |
| 应交税费——应交增值税——出口抵减内销产品应纳税额 | 140 000 | |
| 贷：应交税费——应交增值税——出口退税 | | 390 000 |

(6)收到出口退税时

| | | |
|---|---|---|
| 借：银行存款 | 250 000 | |
| 贷：应收出口退税 | | 250 000 |

思考：该企业应交增值税余额是多少？

**【例 2-44】**某自营出口的生产企业为增值税一般纳税人，出口货物的征税税率为17%，退税率为13%。2011 年 2 月有关经营情况为：购原材料一批，取得的电子版增值税专用发票注明的价款 500 万元，外购货物准予抵扣的进项税额 85 万元通过认证。上期末留抵税款 60 万元。本月内销货物不含税销售额 200 万元，收款 234 万元存入银行。本月出口货物的离岸价销售额折合人民币 400 万元。试计算该企业当期的“免、抵、退”税额。

(1)当期免抵退税不得免征和抵扣税额 = 400 × (17% - 13%) = 16(万元)

(2)当期应纳税额 = 200 × 17% - (85 - 16) - 60 = -95(万元)，即留抵税额 95 万元。

(3)出口货物“免、抵、退”税额 = 400 × 13% = 52(万元)

(4)因为当期期末留抵税额 95 万元 > 当期免抵退税额 52 万元，所以

当期应退税额 = 当期免抵退税额 = 52 万元

当期免抵税额 = 当期免抵退税额 - 当期应退税额 = 0(万元)

(5)2 月期末留抵结转下期继续抵扣税额为 43(95 - 52)万元。

实质上，原来留抵税额是 95 万元，而这 95 万元中有 52 万元要退给企业，所以留抵税额变为 43 万元。

**【例 2-45】**某自营出口生产企业是增值税一般纳税人，出口货物的征税税率为17%，退税率为13%。2010 年 9 月有关经营情况为：购原材料一批，取得的电子版增值税专用发票注明的价款 300 万元，外购货物准予抵扣进项税额 51 万元已通过认证。当月进料加工免税进口料件的组成计税价格 200 万元。上期末留抵税款 10 万元。本月内销货物不含税销售额 200 万元，收款 234 万元存入银行。本月出口货物离岸价销售额折合人民币 300 万元。试计算该企业当期的“免、抵、退”税额。

(1)免抵退税不得免征和抵扣税额抵减额 = 免税进口料件的组成计税价格 × (出口货物征税税率 - 出口货物退税率) = 200 × (17% - 13%) = 8(万元)

(2)免抵退税不得免征和抵扣税额 = 当期出口货物离岸价 × 外汇人民币牌价 × (出口货物征税税率 - 出口货物退税率) - 免抵退税不得免征和抵扣税额抵减额 = 300 × (17% - 13%) - 8 = 4(万元)

(3)当期应纳税额 = 200 × 17% - (51 - 4) - 10 = -23(万元)

(4)免抵退税额抵减额 = 免税购进原材料 × 材料出口货物退税率 = 200 × 13% = 26(万元)

(5)出口货物“免、抵、退”税额 = 300 × 13% - 26 = 13(万元)

(6)因为当期期末留抵税额 23 万元 > 当期免抵退税额 13 万元，所以

当期应退税额 = 当期免抵退税额 = 13 万元

当期免抵税额 = 当期免抵退税额 - 当期应退税 = 0 万元

(7)9 月期末留抵结转下期继续抵扣税额为 10(23 - 13)万元。

## (二)外贸企业出口货物“先征后退”的计算方法

### 1. 外贸企业收购货物出口的退税计算

外贸企业以及实行外贸企业财务制度的工贸企业收购货物出口，其出口销售环节的增值税免征；其收购货物的成本部分，因外贸企业在支付收购货款的同时也支付了生产经营该类商品的企业已纳的增值税款，因此，在货物出口后按收购成本与退税税率计算退税退还给外贸企业，

征、退税之差计入企业成本。

外贸企业出口货物应退增值税应依据购进出口货物增值税专用发票上所注明的购进金额和退税税率计算。

应退税额 = 外贸收购不含增值税购进金额 × 退税税率

**2. 外贸企业委托生产企业加工出口货物的退税计算**

外贸企业委托生产企业加工收回后报关出口的货物，按购进国内原辅材料的增值税专用发票上注明的购进金额，依原辅材料的退税税率计算原辅材料应退税额。支付的加工费，凭受托方开具货物的退税税率，计算加工费的应退税额。

**3. 外贸企业出口货物"先征后退"计算实例**

【例 2－45】某外贸口公司 2011 年 4 月出口美国平纹布 40 000 平方米，出口货物离岸价 1 200 000 元，进货增值税专用发票列明单价 25 元/平方米，计税金额 1 000 000 元，退税率 13%，其应退税额：

40 000 × 25 × 13% = 130 000（元）

会计处理：

进货时

借：库存商品　　1 000 000

　应交税费——应交增值税——进项税额　　170 000

　贷：银行存款　　1 170 000

出口时

借：银行存款　　1 200 000

　贷：主营业务收入——出口收入　　1 200 000

计算应收出口退税时

借：应收出口退税　　130 000

　贷：应交税费——应交增值税——出口退税　　130 000

不予抵扣进项税额

借：主营业务成本　　40 000（170 000 － 130 000）

　贷：应交税费——应交增值税——进项税额转出　　40 000

收到出口退税款时

借：银行存款　　130 000

　贷：应收出口退税　　130 000

结转销售成本

借：主营业务成本　　1 000 000

　贷：库存商品　　1 000 000

思考：该外贸公司此笔业务应交增值税余额是多少？为什么？

【例 2－47】某外贸公司 2006 年 3 月购进平纹布委托一生产企业加工成服装出口，取得平纹布增值税发票一张，注明计税金额 80 000 元（退税率 13%）；取得服装加工费计税金额 40 000 元（退税率 17%），该外贸企业的应退税额：

80 000 × 13% + 40 000 × 17% = 17 200（元）

（三）旧设备出口退（免）税暂行办法

（1）增值税一般纳税人和非增值税纳税人，自营出口或委托出口自用旧设备，根据以下公式计算其应退税额：

应退税额＝增值税专用发票所列明的金额（不含税额）×设备折余价值/设备原值×适用退税率

设备折余价值＝设备原值－已提折旧

增值税一般纳税人和非增值税纳税人出口的自用旧设备，凡购进时未取得增值税专用发票但其他单证齐全的，实行出口环节免税不退税（以下简称“免税不退税”）的办法。

（2）小规模纳税人出口的自用旧设备和外购旧设备，实行免税不退税的办法。

（3）申报退税的出口企业属于扩大增值税抵扣范围企业的，其自获得扩大增值税抵扣范围资格之日起出口的自用旧设备，主管税务机关应核实该设备所含增值税进项税额未计算抵扣后方可办理退税；如经主管税务机关核实，该设备所含增值税进项税额已计算抵扣，则不得办理退税。

## 五、出口货物退免税申报

生产企业出口货物退免税申报时，填制《生产企业出口货物免、抵、退税申报汇总表及附表》、《生产企业出口货物免、抵、退税申报明细表》等主表。具体表格格式和填制方法，在这里不做阐述，详见《纳税实务配套实训——增值税实训》

# 模块七 增值税纳税申报

《增值税暂行条例》明确规定了增值税纳税义务的发生时间、纳税期限、纳税地点与纳税申报办法，要求纳税人准确、及时地将税款缴入国库。

## 一、纳税义务发生时间

销售货物或者应税劳务的纳税义务发生时间可以分为一般规定和具体规定。

（一）一般规定

（1）纳税人销售货物或者应税劳务，其纳税义务发生时间为收讫销售款项或者取得索取销售款项凭据的当天；先开具发票的，为开具发票的当天。

（2）纳税人进口货物，其纳税义务发生时间为报关进口的当天。

（3）增值税扣缴义务发生时间为纳税人增值税纳税义务发生的当天。

（二）具体规定

纳税人收讫销售款项或者取得索取销售款项凭据的当天，按销售结算方式的不同，具体分为：

（1）采取直接收款方式销售货物，不论货物是否发出，均为收到销售款或者取得索取销售款凭据的当天。

（2）采取托收承付和委托银行收款方式销售货物，为发出货物并办妥托收手续的当天。

(3)采取赊销和分期收款方式销售货物,为书面合同约定的收款日期的当天,无书面合同的或者书面合同没有约定收款日期的,为货物发出的当天。

(4)采取预收货款方式销售货物,为货物发出的当天,但生产销售生产工期超过12个月的大型机械设备、船舶、飞机等货物,为收到预收款或者书面合同约定的收款日期的当天。

(5)委托其他纳税人代销货物,为收到代销单位的代销清单或者收到全部或者部分货款的当天。未收到代销清单及货款的,为发出代销货物满180天的当天。

(6)销售应税劳务,为提供劳务同时收讫销售款或者取得索取销售款的凭据的当天。

(7)纳税人发生本《实施细则》第四条第(三)项至第(八)项所列视同销售货物行为,为货物移送的当天。

## 二、纳税期限

增值税的纳税期限分别为1日、3日、5日、10日、15日或者1个月。

纳税人以1个月为一期纳税的,自期满之日起15日内申报纳税;以1日、3日、5日、10日或者15日为一期纳税的,自期满之日起5日内预缴税款,于次月1日起15日内申报纳税并结清上月应纳税款。

纳税人进口货物,应当自海关填发税款缴纳书之日起15日内缴纳税款。

纳税人出口适用税率为零的货物,可以按月向税务机关申报办理该项出口货物的退税。

## 三、纳税地点

为了保证纳税人按期申报纳税,根据企业的不同情况,税法具体规定了增值税的纳税地点:

(1)固定业户应当向其机构所在地主管税务机关申报纳税。总机构和分支机构不在同一县(市)的,应当分别向各自所在地主管税务机关申报纳税;经国家税务总局或其授权的税务机关批准,也可由总机构汇总向总机构所在地主管税务机关申报纳税。

(2)固定业户到外县(市)销售货物的,应当向其机构所在地主管税务机关申请开具外出经营活动税收管理证明,向其机构所在地主管税务机关申报纳税。未持有其机构所在地主管税务机关核发的外出经营活动税收管理证明,到外县(市)销售货物或者应税劳务的,应当向销售地主管税务机关申报纳税;未向销售地主管税务机关申报纳税的,由其机构所在地主管税务机关补征税款。

(3)非固定业户销售货物或者应税劳务,应当向销售地主管税务机关申报纳税;非固定业户到外县(市)销售货物或者应税劳务,未向销售地主管税务机关申报纳税的,由其机构所在地或者居住地主管税务机关补征税款。

(4)进口货物,应当由进口人或其代理人向报关地海关申报纳税。

## 四、纳税申报

本部分在这里只做理论阐述,关于申报表的格式以及申报表的具体填制,详见《纳税实务配套实训——增值税实训》。

### (一)增值税一般纳税人纳税申报办法

国家税务总局制定了以下增值税一般纳税人纳税申报办法:

1. 凡增值税一般纳税人(以下简称纳税人)均按本办法进行纳税申报。

2. 纳税申报资料:

(1)《增值税纳税申报表》2 份及其两个附表和《固定资产进项税额抵扣情况表》。

(2)附报资料:

①已开具的增值税专用发票和普通发票存根联;

②符合抵扣条件并且在本期申报抵扣的增值税专用发票抵扣联;

③海关进口货物完税凭证的复印件;

④运输发票复印件(如果取得的运输发票数量较多,经县级国家税务局批准,可只附报单份票面金额在一定数额以上的运输发票复印件);

⑤收购凭证的存根联或报查联;

⑥收购农产品的普通发票复印件;

⑦主管税务机关要求报送的其他资料。

经营规模大的纳税人,如上述附报资料很多,报送确有困难的,经县级国家税务局批准,由主管国家税务机关(以下简称税务机关)派人到企业审核。

3. 对确实不具备复印条件地区的一般纳税人,经县级国家税务局批准,可不报运输发票复印件。

4. 对增值税专用发票计算机交叉稽核试点地区的一般纳税人,应严格按规定逐票填写《增值税专用发票使用明细表》;对增值税专用发票计算机交叉稽核试点地区以外的一般纳税人,每月专用发票用票量特别大,金额又较小,逐笔登记确有困难的,经县级国家税务局批准,对整本专用发票中每单张票面销售额均在 1 000 元以下的,可按整本专用发票汇总登记《增值税专用发票使用明细表》。

5. 纳税人填写《增值税专用发票使用明细表》后,不再填写增值税专用发票计算机交叉稽核工作所要求填写的《月份专用发票存根联汇总清单》及《月份专用发票抵扣联汇总清单》。

6. 一般纳税人每月普通发票用票量特别大,金额又较小,逐笔登记确有困难的,经县级国家税务局批准,对整本普通发票中每单张票面销售额均在 1 000 元以下的,可按整本普通发票汇总登记《增值税普通发票使用明细表》。

一般纳税人应按普通发票填开的顺序逐票填写《增值税普通发票使用明细表》,一张表格不够,可以在另一张表格内填写,直到一本普通发票登记完毕。如果一本普通发票登记完毕,《增值税普通发票使用明细表》有空格的,应将空格部分用线划掉。

7. 一般纳税人要按照《税收征收管理法实施细则》第二十三条的规定报关资料,即:“账簿、会计凭证、报表、完税凭证及其他有关纳税资料应当保存 10 年。但是,法律、行政法规另有规定的除外。”

## 增值税纳税申报表

### （适用于增值税一般纳税人）

根据《中华人民共和国增值税暂行条例》第二十二条和第二十三条的规定制定本表。纳税人不论有无销售额，均应按主管税务机关核定的纳税期限按期填报本表，并于次月1日起15内，向当地税务机关申报。

税款所属时间：自　　年　月　日至　　年　月　日　填表日期：　　年　月　日　金额单位：元至角分

| 纳税人识别号 | | | 所属行业 | | |
|---|---|---|---|---|---|
| 纳税人名称 | （公章） | 法定代表人姓名 | | 注册地址 | | 营业地址 | |
| 开户银行及账号 | | 企业登记注册类型 | | 电话号码 | |

| | 项目 | 栏次 | 一般货物及劳务 | | 即征即退货物及劳务 | |
|---|---|---|---|---|---|---|
| | | | 本月数 | 本年累计 | 本月数 | 本年累计 |
| 销售额 | （一）按适用税率征税货物及劳务销售额 | 1 | | | | |
| | 其中：应税货物销售额 | 2 | | | | |
| | 应税劳务销售额 | 3 | | | | |
| | 纳税检查调整的销售额 | 4 | | | | |
| | （二）按简易征收办法征税货物销售额 | 5 | | | | |
| | 其中：纳税检查调整的销售额 | 6 | | | | |
| | （三）免、抵、退办法出口货物销售额 | 7 | | | — | — |
| | （四）免税货物及劳务销售额 | 8 | | | — | — |
| | 其中：免税货物销售额 | 9 | | | — | — |
| | 免税劳务销售额 | 10 | | | — | — |
| 税款计算 | 销项税额 | 11 | | | | |
| | 进项税额 | 12 | | | | |
| | 上期留抵税额 | 13 | | — | | — |
| | 进项税额转出 | 14 | | | | |
| | 免抵退货物应退税额 | 15 | | | — | — |
| | 按适用税率计算的纳税检查应补缴税额 | 16 | | | — | — |
| | 应抵扣税额合计 | 17 = 12 + 13 - 14 - 15 - 16 | | — | | — |
| | 实际抵扣税额 | 18（如17 < 11，则为17，否则为11） | | | | |
| | 应纳税额 | 19 = 11 - 18 | | | | |
| | 期末留抵税额 | 20 = 17 - 18 | | — | | — |
| | 简易征收办法计算的应纳税额 | 21 | | | | |
| | 按简易征收办法计算的纳税检查应补缴税额 | 22 | | | — | — |
| | 应纳税额减征额 | 23 | | | | |
| | 应纳税额合计 | 24 = 19 + 21 - 23 | | | | |

续 表

| | | | | | | |
|---|---|---|---|---|---|---|
| 税款缴纳 | 期初未缴税额(多缴为负数) | 25 | | | | |
| | 实收出口开具专用缴款书退税额 | 26 | | | — | — |
| | 本期已缴税额 | 27 = 28 + 29 + 30 + 31 | | | | |
| | ①分次预缴税额 | 28 | | — | | |
| | ②出口开具专用缴款书预缴税额 | 29 | | — | — | — |
| | ③本期缴纳上期应纳税额 | 30 | | | | |
| | ④本期缴纳欠缴税额 | 31 | | | | |
| | 期末未缴税额(多缴为负数) | 32 = 24 + 25 + 26 − 27 | | | | |
| | 其中:欠缴税额(≥0) | 33 = 25 + 26 − 27 | | — | | — |
| | 本期应补(退)税额 | 34 = 24 − 28 − 29 | | — | | — |
| | 即征即退实际退税额 | 35 | — | — | | |
| | 期初未缴查补税额 | 36 | | | — | — |
| | 本期入库查补税额 | 37 | | | — | — |
| | 期末未缴查补税额 | 38 = 16 + 22 + 36 − 37 | | | — | — |

| 授权声明 | 如果你已委托代理人申报,请填写下列资料:<br>为代理一切税务事宜,现授权 (地址)为本纳税人的代理申报人,任何与本申报表有关的往来文件,都可寄予此人。<br>授权人签字: | 申报人声明 | 此纳税申报表是根据《中华人民共和国增值税暂行条例》的规定填报的,我相信它是真实的、可靠的、完整的。<br>声明人签字: |
|---|---|---|---|

以下由税务机关填写:

收到日期: 接收人: 主管税务机关盖章:

## (二)增值税小规模纳税人申报办法

**1. 小规模纳税人应提供主表《增值税小规模纳税人纳税申报表》2 份**

**2. 纳税人应提供其他资料:**

(1)《增值税纳税申报表》附列资料(表一)

(2)推行税控收款机的纳税人需报送税控收款机 IC 卡

增值税纳税申报表

（适用小规模纳税人）

纳税人识别号：

纳税人名称（公章）： 金额单位：元（列至角分）

税款所属期： 年 月 日至 年 月 日 填表日期： 年 月 日

| | 项目 | 栏次 | 本期数 | 本年累计 |
|---|---|---|---|---|
| 一、计税依据 | （一）应征增值税货物及劳务不含税销售额 | 1 | | |
| | 其中：税务机关代开的增值税专用发票不含税销售额 | 2 | | |
| | 税控器具开具的普通发票不含税销售额 | 3 | | |
| | （二）销售使用过的应税固定资产不含税销售额 | 4 | | |
| | 其中：税控器具开具的普通发票不含税销售额 | 5 | | |
| | （三）免税货物及劳务销售额 | 6 | | |
| | 其中：税控器具开具的普通发票销售额 | 7 | | |
| | （四）出口免税货物销售额 | 8 | | |
| | 其中：税控器具开具的普通发票销售额 | 9 | | |
| 二、税款计算 | 本期应纳税额 | 10 | | |
| | 本期应纳税额减征额 | 11 | | |
| | 应纳税额合计 | 12 = 10 - 11 | | |
| | 本期预缴税额 | 13 | | — |
| | 本期应补（退）税额 | 14 = 12 - 13 | | — |

| 纳税人或代理人声明： | |
|---|---|
| 此纳税申报表是根据国家税收法律的规定填报的，我确定它是真实的、可靠的、完整的。 | 如纳税人填报，由纳税人填写以下各栏：<br>办税人员（签章）： 财务负责人（签章）：<br>法定代表人（签章）： 联系电话： |
| | 如委托代理人填报，由代理人填写以下各栏：<br>代理人名称： 经办人（签章）：<br>联系电话： |

受理人： 受理日期： 年 月 日 受理税务机关（签章）：

注：本表为 A3 竖式一式三份，一份纳税人留存，一份主管税务机关留存、一份征收部门留存

# 模块八 增值税专用发票使用规定

专用发票，是增值税一般纳税人（以下简称一般纳税人）销售货物或者提供应税劳务开具的发票，是购买方支付增值税额并可按照增值税有关规定据以抵扣增值税进项税额的凭证。

一般纳税人应通过增值税防伪税控系统（以下简称防伪税控系统）使用专用发票。使用，

包括领购、开具、缴销、认证纸质专用发票及其相应的数据电文。

防伪税控系统,是指经国务院同意推行的,使用专用设备和通用设备、运用数字密码和电子存储技术管理专用发票的计算机管理系统。专用设备,是指金税卡、IC 卡、读卡器和其他设备。通用设备,是指计算机、打印机、扫描器具和其他设备。

## 一、专用发票的联次

专用发票由基本联次或者基本联次附加其他联次构成,基本联次为三联:发票联、抵扣联和记账联。发票联,作为购买方核算采购成本和增值税进项税额的记账凭证;抵扣联,作为购买方报送主管税务机关认证和留存备查的凭证;记账联,作为销售方核算销售收入和增值税销项税额的记账凭证。其他联次用途,由一般纳税人自行确定。

## 二、专用发票最高开票限额管理规定

最高开票限额,是指单份专用发票开具的销售额合计数不得达到的上限额度。

最高开票限额由一般纳税人申请,税务机关依法审批。最高开票限额为十万元及以下的,由区县级税务机关审批;最高开票限额为一百万元的,由地市级税务机关审批;最高开票限额为一千万元及以上的,由省级税务机关审批。防伪税控系统的具体发行工作由区县级税务机关负责。

税务机关审批最高开票限额应进行实地核查。批准使用最高开票限额为十万元及以下的,由区县级税务机关派人实地核查;批准使用最高开票限额为一百万元的,由地市级税务机关派人实地核查;批准使用最高开票限额为一千万元及以上的,由地市级税务机关派人实地核查后将核查资料报省级税务机关审核。

一般纳税人申请最高开票限额时,需填报《最高开票限额申请表》。

## 三、办理初始发行规定

一般纳税人领购专用设备后,凭《最高开票限额申请表》、《发票领购簿》到主管税务机关办理初始发行。初始发行,是指主管税务机关将一般纳税人的下列信息载入空白金税卡和 IC 卡的行为。

(1)企业名称;

(2)税务登记代码;

(3)开票限额;

(4)购票限量;

(5)购票人员姓名、密码;

(6)开票机数量;

(7)国家税务总局规定的其他信息。

一般纳税人发生上列第一、三、四、五、六、七项信息变化,应向主管税务机关申请变更发行;发生第二项信息变化,应向主管税务机关申请注销发行。

## 四、领购专用发票规定

一般纳税人凭《发票领购簿》、IC 卡和经办人身份证明领购专用发票。

但一般纳税人有下列情形之一的,不得领购开具专用发票:

(1)会计核算不健全,不能向税务机关准确提供增值税销项税额、进项税额、应纳税额数据及其他有关增值税税务资料的。上列其他有关增值税税务资料的内容,由省、自治区、直辖市和计划单列市国家税务局确定。

(2)有《税收征管法》规定的税收违法行为,拒不接受税务机关处理的。

(3)有下列行为之一,经税务机关责令限期改正而仍未改正的:

①虚开增值税专用发票;

②私自印制专用发票;

③向税务机关以外的单位和个人买取专用发票;

④借用他人专用发票;

⑤未按规定开具专用发票;

⑥未按规定保管专用发票和专用设备;

⑦未按规定申请办理防伪税控系统变更发行;

⑧未按规定接受税务机关检查。

有上列情形的,如已领购专用发票,主管税务机关应暂扣其结存的专用发票和IC卡。

> 有下列情形之一的,为未按规定保管专用发票和专用设备:
>
> (1)未设专人保管专用发票和专用设备;
>
> (2)未按税务机关要求存放专用发票和专用设备;
>
> (3)未将认证相符的专用发票抵扣联、《认证结果通知书》和《认证结果清单》装订成册;
>
> (4)未经税务机关查验,擅自销毁专用发票基本联次。

## 五、开具专用发票规定

一般纳税人销售货物或者提供应税劳务,应向购买方开具专用发票。

商业企业一般纳税人零售的烟、酒、食品、服装、鞋帽(不包括劳保专用部分)、化妆品等消费品不得开具专用发票。

增值税小规模纳税人(以下简称小规模纳税人)需要开具专用发票的,可向主管税务机关申请代开。

销售免税货物不得开具专用发票,法律、法规及国家税务总局另有规定的除外。

**1. 专用发票应按下列要求开具:**

(1)项目齐全,与实际交易相符;

(2)字迹清楚,不得压线、错格;

(3)发票联和抵扣联加盖财务专用章或者发票专用章;

(4)按照增值税纳税义务的发生时间开具。

对不符合上列要求的专用发票,购买方有权拒收。

**2. 汇总开具专用发票**

一般纳税人销售货物或者提供应税劳务可汇总开具专用发票。汇总开具专用发票的,同时使用防伪税控系统开具《销售货物或者提供应税劳务清单》,并加盖财务专用章或者发票专用章。

**3. 专用发票的作废处理规定**

一般纳税人在开具专用发票当月，发生销货退回、开票有误等情形，收到退回的发票联、抵扣联符合作废条件的，按作废处理；开具时发现有误的，可即时作废。

作废专用发票须在防伪税控系统中将相应的数据电文按“作废”处理，在纸质专用发票（含未打印的专用发票）各联次上注明“作废”字样，全联次留存。

同时具有下列情形的，为作废条件：

（1）收到退回的发票联、抵扣联时间未超过销售方开票当月；

（2）销售方未抄税并且未记账；抄税是报税前用 IC 卡或者 IC 卡和软盘抄取开票数据电文。

（3）购买方未认证或者认证结果为“纳税人识别号认证不符”、“专用发票代码、号码认证不符”。

**4.《申请单》的开具规定**

一般纳税人取得专用发票后，发生销货退回、开票有误等情形但不符合作废条件的，或者因销货部分退回及发生销售折让的，购买方应向主管税务机关填报《开具红字增值税专用发票申请单》（以下简称《申请单》）。

主管税务机关对一般纳税人填报的《申请单》进行审核后，出具《开具红字增值税专用发票通知单》（以下简称《通知单》）。

购买方必须暂依《通知单》所列增值税税额从当期进项税额中转出，未抵扣增值税进项税额的可列入当期进项税额，待取得销售方开具的红字专用发票后，与留存的《通知单》一并作为记账凭证。属于本规定第十四条第四款所列情形的，不作进项税额转出。

销售方凭购买方提供的《通知单》开具红字专用发票，在防伪税控系统中以销项负数开具。

**5. 按期报税规定**

一般纳税人开具专用发票应在增值税纳税申报期内向主管税务机关报税，在申报所属月份内可分次向主管税务机关报税。

报税，是纳税人持 IC 卡或者 IC 卡和软盘向税务机关报送开票数据电文。

**6. 专用发票认证规定**

用于抵扣增值税进项税额的专用发票应经税务机关认证相符（国家税务总局另有规定的除外）。认证相符的专用发票应作为购买方的记账凭证，不得退还销售方。

认证，是税务机关通过防伪税控系统对专用发票所列数据的识别、确认。

认证相符，是指纳税人识别号无误，专用发票所列密文解译后与明文一致。

**7. 不得抵扣进项税额的专用发票**

经认证，有下列情形之一的，不得作为增值税进项税额的抵扣凭证，税务机关退还原件，购买方可要求销售方重新开具专用发票。

（1）无法认证。无法认证，是指专用发票所列密文或者明文不能辨认，无法产生认证结果。

（2）纳税人识别号认证不符。纳税人识别号认证不符，是指专用发票所列购买方纳税人识别号有误。

（3）专用发票代码、号码认证不符。专用发票代码、号码认证不符，是指专用发票所列密文解译后与明文的代码或者号码不一致。

**8. 暂不得抵扣进项税额的专用发票**

经认证，有下列情形之一的，暂不得作为增值税进项税额的抵扣凭证，税务机关扣留原件，查明原因，分别情况进行处理。

(1)重复认证。重复认证，是指已经认证相符的同一张专用发票再次认证。

(2)密文有误。密文有误，是指专用发票所列密文无法解译。

(3)认证不符。认证不符，是指纳税人识别号有误，或者专用发票所列密文解译后与明文不一致。

(4)列为失控专用发票。列为失控专用发票，是指认证时的专用发票已被登记为失控专用发票。

**项目二小结**

| 主要构成 | 主要内容 |
| --- | --- |
| 增值税的基本原理 | 概念、特点、类型(消费型)、计税方法(间接计算) |
| 征税范围 | 销售货物(含视同销售货物的8项行为)、进口货物、提供加工、修理修配劳务 |
| 纳税义务人 | 一般纳税人、小规模纳税人认定标准 |
| 税率与征收率 | 一般纳税人适用基本税率(17%)、低税率(13%)；小规模纳税人适用3%征收率；出口货物适用零税率。 |
| 一般纳税人应纳税额的计算 | 应纳税额=销项税额－进项税额(1)销项税额=销售额×税率，销售额=收取的全部价款+价外费用，不含收取的销项税额，销售额=含税销售额÷(1+增值税税率)；销售额的确定是本项目的重点之一。(2)进项税额，进项税额的抵扣必须获得合法的增值税扣税凭证，但并不是纳税人支付的所有的进项税额都可以抵扣，注意四种不得抵扣进项税额的情形。 |
| 小规模纳税人应纳税额的计算 | 应纳税额=销售额×征收率(3%)，销售额=含税销售额÷(1+征收率) |
| 三种特殊销售行为 | 兼营不同税率应税项目、兼营增值税应税项目与非应税项目、混合销售行为 |
| 进口货物应纳税额的计算 | 应纳税额=组成的计税价格×增值税税率<br>组成的计税价格=关税完税价格+关税+消费税 |
| 出口货物退免税 | 出口货物退免税政策；生产企业出口货物免抵退税的计算，外贸企业出口货物先征后退的计算。 |
| 纳税申报 | 一般纳税人纳税申报，小规模纳税人纳税申报 |

# 项目三　消费税纳税实务

【知识目标】

(1)识记消费税的法律规定和征税范围;

(2)识记消费税的计税依据和计算方法。

【能力目标】

(1)能够正确进行消费税纳税申报;

(2)能够正确进行消费税退免税申报。

## 模块一　消费税基础知识

### 一、消费税的概念

消费税是对在我国境内从事生产、委托加工和进口应税消费品的单位和个人就其应税消费品征收的一种税。现行消费税法的基本规范,是2008年11月5日经国务院第34次常务会议修订通过并颁布,自2009年1月1日起施行的《中华人民共和国消费税暂行条例》,以及2008年12月15日财政部、国家税务总局第51号令颁布的《中华人民共和国消费税暂行条例实施细则》。

### 二、我国消费税的特点

**1. 征收范围具有选择性**

我国仅选择部分消费品征收消费税,而不是对所有消费品都征收消费税,因而属于特别消费税。我国消费税目前共设置14个税目,只有消费税税目税率表上列举的应税消费品才征收消费税,没有列举的则不应征收消费税。

**2. 征税环节具有单一性**

消费税的最终负担人是消费者,但是,为了加强源泉控制,防止税款流失,消费税的纳税环节主要确定在产制环节或进口环节。也就是说,应税消费品在生产环节或进口环节征税之后,除个别消费品的纳税环节为零售环节外,再继续转销该消费品不再征收消费税。

**3. 平均税率水平比较高且税负差异大**

消费税属于国家运用税收杠杆对某些消费品进行特殊调节的税种。为了有效体现国家政策,消费税的平均税率水平一般定得比较高,并且不同征税项目的税负差异较大。我国现行消费税是同增值税相互配合而设置的。这种办法在对某些需要特殊调节的消费品在征收增值税的同时,再征收一道消费税,从而形成了一种交叉调节的间接税体系。

**4. 征收方法具有灵活性**

消费税在征收方法上,既可以采用对消费品制定单位税额,依消费品的数量实行从量定额的征收方法，也可以采用对消费品制定比例税率，依消费品的价格实行从价定率的征收方法。目前，只对卷烟和白酒两类消费品既采用从价征收，又同时采用从量征收。

消费税实质是对过度消耗资源和危害生态环境的商品（如汽油、柴油、汽车、轮胎）、过度消费不利于人类健康的商品（如烟、酒）以及只有少数富人才能消费得起的商品（如贵重首饰）等征收的一种税。注意：对上述应税消费品既征收增值税，又征收消费税。

## 三、消费税纳税义务人

在中华人民共和国境内生产、委托加工和进口消费税暂行条例规定的消费品的单位和个人，以及国务院确定的销售消费税暂行条例规定的消费品的其他单位和个人，为消费税的纳税人，应当依照消费税暂行条例缴纳消费税。

单位，是指企业、行政单位、事业单位、军事单位、社会团体及其他单位。

个人，是指个体工商户及其他个人。

在中华人民共和国境内，是指生产、委托加工和进口属于应当缴纳消费税的消费品的起运地或者所在地在境内。

## 四、消费税征税范围

### （一）生产应税消费品

生产应税消费品的销售是消费税征收的主要环节，在生产销售环节征税以后，货物在流通环节无论再转销多少次，不用再缴纳消费税。但卷烟除外，自 2009 年 5 月 1 日起，在卷烟批发环节加收一道从价消费税。

### （二）委托加工应税消费品

委托加工应税消费品是指委托方提供原料和主要材料，受托方只收取加工费和代垫部分辅助材料加工的应税消费品。由受托方提供原材料或其他情形的一律不能视同加工应税消费品。

委托加工应税消费品，由受托方在向委托方交货时代收代缴消费税。但是，纳税人委托个体经营者或者个人加工应税消费品，一律于委托方收回后在委托方所在地缴纳消费税。

### （三）进口应税消费品

单位和个人进口货物属于消费税征税范围的，在进口环节也要缴纳消费税。进口环节缴纳的消费税由海关代征。

### （四）零售应税消费品

经国务院批准，自 1995 年 1 月 1 日起，金银首饰消费税由生产销售环节征收改为零售环节征收。

对既销售金银首饰，又销售非金银首饰的生产、经营单位，应将两类商品划分清楚，分别核算销售额。凡划分不清楚或不能分别核算的并在生产环节销售的，一律从高适用税率征收消费税；在零售环节销售的，一律按金银首饰征收消费税。金银首饰与其他产品组成成套消费品销售的，应按销售额全额征收消费税。

金银首饰连同包装物销售的，无论包装是否单独计价，也无论会计上如何核算，均应并入金银首饰的销售额，计征消费税。

带料加工的金银首饰，应按受托方销售同类金银首饰的销售价格确定计税依据征收消费税。没有同类金银首饰销售价格的，按照组成计税价格计算纳税。

纳税人采用以旧换新（含翻新改制）方式销售的金银首饰，应按实际收取的不含增值税的全部价款确定计税依据征收消费税。

## 五、税目与税率

### （一）税目

现行消费税共设置了14个税目，有的税目还进一步划分了若干子目。消费税属于价内税，并实行单一环节征收，一般在应税消费品的生产、委托加工和进口环节缴纳，在以后的批发、零售等环节中，由于价款中已包含消费税，因此不必再缴纳消费税。

**1. 烟**

凡是以烟叶为原料加工生产的产品，不论使用何种辅料，均属于本税目的征收范围。包括卷烟（进口卷烟、白包卷烟、手工卷烟和未经国务院批准纳入计划的企业及个人生产的卷烟）、雪茄烟和烟丝。

**2. 酒及酒精**

酒是酒精度在1度以上的各种酒类饮料。酒精又名乙醇，是指用蒸馏或合成方法生产的酒精度在95度以上的无色透明液体。酒类包括粮食白酒、薯类白酒、黄酒、啤酒、果啤和其他酒。酒精包括各种工业酒精、医用酒精和食用酒精。

对饮食业、商业、娱乐业举办的啤酒屋（啤酒坊）利用啤酒生产设备生产的啤酒，应当征收消费税。

**3. 化妆品**

本税目征收范围包括各类美容、修饰类化妆品、高档护肤类化妆品和成套化妆品。

美容、修饰类化妆品是指香水、香水精、香粉、口红、指甲油、胭脂、眉笔、唇笔、蓝眼油、眼睫毛以及成套化妆品。

舞台、戏剧、影视演员化妆用的上妆油、卸装油、油彩不属于本税目的征收范围。

高档护肤类化妆品征收范围另行制定。

**4. 贵重首饰及珠宝玉石**

凡以金、银、白金、宝石、珍珠、钻石、翡翠、珊瑚、玛瑙等高贵稀有物质以及其他金属、人造宝石等制作的各种纯金银首饰及镶嵌首饰和经采掘、打磨、加工的各种珠宝玉石。对出国人员免税商店销售的金银首饰征收消费税。

**5. 鞭炮、焰火**

各种鞭炮、焰火。体育上用的发令纸、鞭炮药引线，不按本税目征收。

**6. 成品油**

本税目包括汽油、柴油、石脑油、溶剂油、航空煤油、润滑油、燃料油7个子目。

（1）汽油。汽油是指用原油或其他原料加工生产的辛烷值不小于66的可用作汽油发动机燃料的各种轻质油。含铅汽油是指铅含量每升超过0.013克的汽油。汽油分为车用汽油和航空汽油。以汽油、汽油组分调和生产的甲醇汽油、乙醇汽油也属于本税目征收范围。

(2)柴油。柴油是指用原油或其他原料加工生产的凝点或倾点在－50℃～30℃的可用作柴油发动机燃料的各种轻质油和以柴油组分为主、经调和精制可用作柴油发动机燃料的非标油。以柴油、柴油组分调和生产的生物柴油也属于本税目征收范围。

(3)石脑油。石脑油又叫化工轻油,是以原油或其他原料加工生产的用于化工原料的轻质油。石脑油的征收范围包括除汽油、柴油、航空煤油、溶剂油以外的各种轻质油。非标汽油、重整生成油、拔头油、戊烷原料油、轻裂解料、重裂解料、加氢裂化尾油、芳烃抽余油均属轻质油,属于石脑油征收范围。

(4)溶剂油。溶剂油是用原油或其他原料加工生产的用于涂料、油漆、食用油、印刷油墨、皮革、农药、橡胶、化妆品生产和机械清洗、胶粘行业的轻质油。橡胶填充油、溶剂油原料,属于溶剂油征收范围。

(5)航空煤油

航空煤油也叫喷气燃料,是用原油或其他原料加工生产的用作喷气发动机和喷气推进系统燃料的各种轻质油。

(6)润滑油。润滑油是用原油或其他原料加工生产的用于内燃机、机械加工过程的润滑产品。润滑油分为矿物性润滑油、植物性润滑油、动物性润滑油和化工原料合成润滑油。

(7)燃料油。燃料油也称重油、渣油,是用原油或其他原料加工生产,主要用作电厂发电、锅炉用燃料、加热炉燃料、冶金和其他工业炉燃料。腊油、船用重油、常压重油、减压重油、180CTS燃料油、7号燃料油、糠醛油、工业燃料、4～6号燃料油等油品的主要用途是作为燃料燃烧,属于燃料油征收范围。

**7. 汽车轮胎**

包括的汽车轮胎是指用于各种汽车、挂车、专用车和其他机动车上的内、外轮胎。不包括农用拖拉机、收割机、手扶拖拉机的专用轮胎。自2001年1月1日起,子午线轮胎免征消费税,翻新轮胎停止征收消费税。

**8. 小汽车**

汽车是指由动力驱动,具有四个或四个以上车轮的非轨道承载的车辆。

本税目征收范围包括含驾驶员座位在内最多不超过9个座位(含)的,在设计和技术特性上用于载运乘客和货物的各类乘用车和含驾驶员座位在内的座位数在10～23座(含23座)的在设计和技术特性上用于载运乘客和货物的各类中轻型商用客车。

用排气量小于1.5升(含)的乘用车底盘(车架)改装、改制的车辆属于乘用车征收范围。用排气量大于1.5升的乘用车底盘(车架)或用中轻型商用客车底盘(车架)改装、改制的车辆属于中轻型商用客车征收范围。

含驾驶员人数(额定载客)为区间值的(如8～10人、17～26人)小汽车,按其区间值下限人数确定征收范围。

电动汽车不属于本税目征收范围。车身长度大于7米(含),并且座位在10～23座(含)以下的商用客车,不属于中轻型商用客车征税范围,不征收消费税。沙滩车、雪地车、卡丁车、高尔夫车不属于消费税征收范围,不征收消费税。

**9. 摩托车**

包括轻便摩托车和摩托车两种。对最大设计车速不超过50*km*/h,发动机汽缸总工作容量不超过 50ml 的三轮摩托车不征收消费税。

**10. 高尔夫球及球具**

高尔夫球及球具是指从事高尔夫球运动所需的各种专用装备,包括高尔夫球、高尔夫球杆及高尔夫球包(袋)等。

高尔夫球是指重量不超过 45.93 克、直径不超过 42.67 毫米的高尔夫球运动比赛、练习用球;高尔夫球杆是指被设计用来打高尔夫球的工具,由杆头、杆身和握把三部分组成;高尔夫球包(袋)是指专用于盛装高尔夫球及球杆的包(袋)。

本税目征收范围包括高尔夫球、高尔夫球杆、高尔夫球包(袋)。高尔夫球杆的杆头、杆身和握把属于本税目的征收范围。

**11. 高档手表**

高档手表是指销售价格(不含增值税)每只在 10 000 元(含)以上的各类手表。

本税目征收范围包括符合以上标准的各类手表。

**12. 游艇**

游艇是指长度大于 8 米小于 90 米,船体由玻璃钢、钢、铝合金、塑料等多种材料制作,可以在水上移动的水上浮载体。按照动力划分,游艇分为无动力艇、帆艇和机动艇。

本税目征收范围包括艇身长度大于 8 米(含)小于 90 米(含),内置发动机,可以在水上移动,一般为私人或团体购置,主要用于水上运动和休闲娱乐等非牟利活动的各类机动艇。

**13. 木制一次性筷子**

木制一次性筷子,又称卫生筷子,是指以木材为原料经过锯段、浸泡、旋切、刨切、烘干、筛选、打磨、倒角、包装等环节加工而成的各类一次性使用的筷子。

本税目征收范围包括各种规格的木制一次性筷子。未经打磨、倒角的木制一次性筷子属于本税目征税范围。

**14. 实木地板**

实木地板是指以木材为原料,经锯割、干燥、刨光、截断、开榫、涂漆等工序加工而成的块状或条状的地面装饰材料。实木地板按生产工艺不同,可分为独板(块)实木地板、实木指接地板、实木复合地板三类;按表面处理状态不同,可分为未涂饰地板(白坯板、素板)和漆饰地板两类。

本税目征收范围包括各类规格的实木地板、实木指接地板、实木复合地板及用于装饰墙壁、天棚的侧端面为榫、槽的实木装饰板。未经涂饰的素板也属于本税目征税范围。

(二)税率

消费税采用比例税率和定额税率两种形式,以适应不同应税消费品的实际情况。具体见表 3—1《消费税税目、税率(税额)》

**表 3-1 消费税税目、税率(税额)**

| 税 目 | 税 率 |
| --- | --- |
| 一、烟 | |
| 1. 卷烟 | |
| (1)甲类卷烟 | 56%加 0.003 元/支 |
| (2)乙类卷烟 | 36%加 0.003 元/支 |

续 表

| 税 目 | 税 率 |
|---|---|
| (3)批发环节 | 5% |
| 2. 雪茄烟 | 36% |
| 3. 烟丝 | 30% |
| 二、酒及酒精 | |
| 1. 白酒 | 20%加0.5元/500克（或者500毫升） |
| 2. 黄酒 | 240元/吨 |
| 3. 啤酒 | |
| (1)甲类啤酒 | 250元/吨 |
| (2)乙类啤酒 | 220元/吨 |
| 4. 其他酒 | 10% |
| 5. 酒精 | 5% |
| 三、化妆品 | 30% |
| 四、贵重首饰及珠宝玉石 | |
| 1. 金银首饰、铂金首饰和钻石及钻石饰品 | 5% |
| 2. 其他贵重首饰和珠宝玉石 | 10% |
| 五、鞭炮、焰火 | 15% |
| 六、成品油 | |
| 1. 汽油 | |
| (1)含铅汽油 | 1.40元/升 |
| (2)无铅汽油 | 1.00元/升 |
| 2. 柴油 | 0.80元/升 |
| 3. 航空煤油 | 0.80元/升 |
| 4. 石脑油 | 1.00元/升 |
| 5. 溶剂油 | 1.00元/升 |
| 6. 润滑油 | 1.00元/升 |
| 7. 燃料油 | 0.80元/升 |
| 七、汽车轮胎 | 3% |
| 八、摩托车 | |
| 1. 气缸容量(排气量,下同)在250毫升(含250毫升)以下的 | 3% |
| 2. 气缸容量在250毫升以上的 | 10% |
| 九、小汽车 | |
| 1. 乘用车 | |
| (1)气缸容量(排气量,下同)在1.0升(含1.0升)以下的 | 1% |
| (2)气缸容量在1.0升以上至1.5升(含1.5升)的 | 3% |
| (3)气缸容量在1.5升以上至2.0升(含2.0升)的 | 5% |
| (4)气缸容量在2.0升以上至2.5升(含2.5升)的 | 9% |
| (5)气缸容量在2.5升以上至3.0升(含3.0升)的 | 12% |
| (6)气缸容量在3.0升以上至4.0升(含4.0升)的 | 25% |
| (7)气缸容量在4.0升以上的 | 40% |
| 2. 中轻型商用客车 | 5% |

续　表

| 税　目 | 税　率 |
| --- | --- |
| 十、高尔夫球及球具 | 10% |
| 十一、高档手表 | 20% |
| 十二、游艇 | 10% |
| 十三、木制一次性筷子 | 5% |
| 十四、实木地板 | 5% |

说明：自2009年5月1日起，经国务院批准，调整烟产品消费税政策如下：

（1）甲类卷烟，即每标准条（200支，下同）调拨价格在70元（不含增值税）以上（含70元）的卷烟，生产环节（含进口）的税率调整为56%。

（2）乙类卷烟，即每标准条调拨价格在70元（不含增值税）以下的卷烟，生产环节（含进口）的税率调整为36%。

（3）卷烟的从量定额税率不变，即0.003元/支。

（4）将雪茄烟生产环节（含进口）的税率调整为36%。

（5）在卷烟批发环节加征一道从价税，在中华人民共和国境内从事卷烟批发业务的单位和个人，批发销售的所有牌号规格的卷烟，按其销售额（不含增值税）征收5%的消费税。纳税人应将卷烟销售额与其他商品销售额分开核算，未分开核算的，一并征收消费税。纳税人销售给纳税人以外的单位和个人的卷烟于销售时纳税。纳税人之间销售的卷烟不缴纳消费税。卷烟批发企业的机构所在地，总机构与分支机构不在同一地区的，由总机构申报纳税。卷烟消费税在生产和批发两个环节征收后，批发企业在计算纳税时不得扣除已含的生产环节的消费税税款。

# 模块二　消费税应纳税额的计算

按照现行消费税法的基本规定，消费税应纳税额的计算分为从价定率、从量定额和复合计税三种计算方法。

## 一、从价定率计算方法

在消费税按从价定率方法计算时，其计算公式如下：

应纳消费税额＝应税消费品的销售额×适用税率

### （一）销售额的确定

销售额是纳税人销售应税消费品向购买方收取的全部价款和价外费用，但不包括向购买方收取的销项税额。

价外费用，包括价外向购买方收取的手续费、补贴、基金、集资费、返还利润、奖励费、违约金、滞纳金、延期付款利息、赔偿金、代收款项、代垫款项、包装费、包装物租金、储备费、优质费、运输装卸费以及其他各种性质的价外收费。但下列项目不包括在内：

（1）同时符合以下条件的代垫运输费用：

①承运部门的运输费用发票开具给购买方的；

②纳税人将该项发票转交给购买方的。

（2）同时符合以下条件代为收取的政府性基金或者行政事业性收费：

①由国务院或者财政部批准设立的政府性基金，由国务院或者省级人民政府及其财政、价格主管部门批准设立的行政事业性收费；

②收取时开具省级以上财政部门印制的财政票据；

③所收款项全额上缴财政。

其他价外费用，无论是否属于纳税人的收入，均应并入销售额计算征税。

实行从价定率办法计算应纳税额的应税消费品连同包装物销售的，无论包装物是否单独计价，也不论在会计上如何核算，均应并入应税消费品的销售额中征收消费税。只收取押金，不作价随同产品销售，其押金则不应并入应税消费品的销售额中征税。但对因逾期未收回的包装物不再退还的和已收取一年以上的押金，应并入应税消费品的销售额，按应税消费品的适用税率征收消费税。对既作价随同应税消费品销售，又另外收取的包装物押金，凡纳税人在规定的期限内不予退还的，均应并入应税消费品的销售额，按照应税消费品的适用税率征收消费税。

对销售除啤酒、黄酒外的其他酒类产品而收取的包装物押金，无论是否返还以及会计上如何核算，均应并入当期销售额征税。对销售啤酒、黄酒所收取的押金，按上述一般押金的规定处理。

纳税人采用以旧换新(含翻新改制)方式销售的金银首饰，应按实际收取的不含增值税的全部价款确定计税依据征收消费税。

纳税人销售的应税消费品，以外汇结算销售额的，其销售额的人民币折合率可以选择结算的当天或者当月 1 日的国家外汇牌价(原则上为中间价)。纳税人应在事先确定采取何种折合率，确定后 1 年内不得变更。

注意：价外费用和包装物押金都是包含增值税的，并入销售额时，需要换算为不含税销售额。白酒生产企业向商业销售单位收取的“品牌使用费”是随着应税白酒的销售而向购货方收取的，属于应税白酒销售价款的组成部分，因此，不论企业采取何种方式或以何种名义收取价款，均应并入白酒的销售额中缴纳消费税。

### (二)含增值税销售额的换算

应税消费品在缴纳消费税的同时，还应缴纳增值税。应税消费品的销售额，不包括应向购货方收取的增值税税款。如果纳税人应税消费品的销售额中包含增值税税款，或者因不得开具增值税专用发票而发生价款和增值税税款合并收取的，在计算消费税时，应将含增值税的销售额换算为不含增值税税款的销售额。其换算公式为：

应税消费品的销售额 = 含增值税的销售额 ÷ (1 + 增值税税率或征收率)

在使用换算公式时，应根据纳税人的具体情况分别使用增值税税率或征收率。如果消费税的纳税人同时又是增值税一般纳税人的，应适用 17% 的增值税税率；如果消费税的纳税人是增值税小规模纳税人的，应适用 3% 的征收率。

**【例 3-1】**某汽车生产企业为增值税一般纳税人，2011 年 4 月 6 日向某大型商场销售汽车 10 辆，开具增值税专用发票，取得不含增值税销售额 500 万元，增值税额 85 万元；4 月 20 日向某单位销售汽车 4 辆，开具普通发票，取得含增值税销售额 234 万元。该汽车生产企业 4 月应缴纳的消费税额为(汽车适用消费税税率 9%)为多少?

解析：

(1)汽车的应税销售额 = 500 + 234 ÷ (1 + 17%) = 700(万元)

(2)应缴纳的消费税额 = 700 × 9% = 63(万元)

| 计算消费税时,会计处理 | | |
|---|---|---|
| 借:营业税金及附加 | 630 000 | |
| 贷:应交税费——应交消费税 | | 630 000 |

思考:上例中,销售汽车时增值税怎样进行会计处理?

## 二、从量定额计算方法

按从量定额办法计算消费税应纳税额的计算公式为:

应纳税额 = 应税消费品销售数量 × 单位税额

### (一)销售数量的确定

实行从量定额征税的消费品,计税依据为应税消费品的销售数量,具体规定为:

(1)销售自产应税消费品的,为应税消费品的销售数量。

(2)自产自用应税消费品,用于其他方面的(用于连续生产应税消费品的除外),为应税消费品的移送使用数量。

(3)委托加工应税消费品的,为纳税人收回的应税消费品数量。

(4)进口的应税消费品,为海关核定的应税消费品进口征税数量。

**【例 3-2】**某啤酒厂 2011 年 3 月份销售啤酒 400 吨,(每吨出厂价格 3 000 元)3 月应纳消费税税额为多少?

解析:啤酒应纳消费税的计算实行从量定额计算办法,每吨出厂价格 3 000 元,属于甲类啤酒。

(1)适用单位税额 250 元

(2)应纳税额 = 销售数量 × 单位税额 = 400 × 250 = 100 000(元)

| 销售啤酒时 | | |
|---|---|---|
| 借:银行存款或应收账款等 | 1 404 000 | |
| 贷:主营业务收入 | | 1 200 000 |
| 应交税费——应交增值税——销项税额 | | 204 000 |
| 计算消费税时 | | |
| 借:营业税金及附加 | 100 000 | |
| 贷:应交税费——应交消费税 | | 100 000 |

### (二)计量单位的换算标准

按照消费税税法的规定,黄酒、啤酒是以吨为税额单位;成品油是以升为税额单位的。但是,在实际销售过程中,一些纳税人会把吨或升这两个计量单位混用,为了规范不同产品的计量单位,以准确计算应纳税额,吨与升两个计量单位的换算标准为:

**表 3-2 吨、升换算**

| 1 | 黄酒 | 1 吨 = 962 升 |
|---|---|---|
| 2 | 啤酒 | 1 吨 = 988 升 |
| 3 | 汽油 | 1 吨 = 1 388 升 |

续 表

| | | |
|---|---|---|
| 4 | 柴油 | 1 吨 =1 176 升 |
| 5 | 航空煤油 | 1 吨 =1 246 升 |
| 6 | 石脑油 | 1 吨 =1 385 升 |
| 7 | 溶剂油 | 1 吨 =1 282 升 |
| 8 | 润滑油 | 1 吨 =1 126 升 |
| 9 | 燃料油 | 1 吨 =1 015 升 |

## 三、复合计算方法

复合计税方法是从量定额和从价定率相结合的一种计税方法。目前白酒和卷烟实施复合计税方法。其计算公式如下：

应纳税额 = 销售额 × 比例税率 + 销售数量 × 定额税率

生产销售、进口、委托加工、自产自用卷烟、白酒从量定额计税依据分别为实际销售数量、海关核定的进口征税数量、委托方收回数量、移送使用数量。

**【例 3 -3】**某酒厂为增值税一般纳税人 2011 年 4 月自制白酒 5 吨，对外售出 4 吨，收到不含税销售额 200 000 元，另收取包装物押金（单独核算）2 340 元。则该酒厂 4 月份应纳消费税税额为多少？

解析：除黄酒、啤酒外的其他酒类产品收取的包装物押金应并入应税消费品的销售额中征收消费税。

应税消费品的销售额 =200 000 +2 340 ÷（1 +17%）=202 000（元）

应纳税额 = 销售额 × 比例税率十销售数量 × 定额税率

=202 000 ×20% +4 ×2 000 ×0.5 =44 400（元）

思考：上例如何进行会计处理？

## 四、特殊规定

### （一）计税依据的特殊规定

（1）卷烟从价定率计税办法的计税依据为调拨价格或核定价格。调拨价格是指卷烟生产企业通过卷烟交易市场与购货方签订的卷烟交易价格。计税调拨价格由国家税务总局按照中国烟草交易中心和各省烟草交易（订货）会 2000 年各牌号、规格卷烟的调拨价格确定。核定价格是指由税务机关按其零售价倒算一定比例的办法核定计税价格。核定价格的计算公式为：

某牌号规格卷烟消费税计税价格 = 该牌号规格卷烟市场零售价格 ÷（1 +56%）

不进入省和省以上烟草交易场所交易、没有调拨价格的卷烟，消费税计税价格由省国家税务局按照下列公式核定：

没有调拨价格的某牌号规格卷烟计税价格 = 该牌号规格卷烟市场零售价格 ÷（1 +35%）

实际销售价格高于计税价格和核定价格的卷烟，按实际销售价格征收消费税；实际销售价格低于计税价格和核定价格的卷烟，按计税价格或核定价格征收消费税。

非标准条包装卷烟应当折算成标准包装卷烟的数量，依其实际销售收入计算确定其折算成标准条包装后的实际销售价格，并确定适用的比例税率。

（2）纳税人通过自设的非独立核算门市部销售的自产应税消费品，应当按照门市部实际对外销售额或者销售数量征收消费税。

**【例3-4】**某汽车生产企业为增值税一般纳税人，2010年9月份将生产的某型号汽车20辆，以每辆出厂价50 000元（不含增值税）给自设非独立核算的门市部，门市部又以每辆70 200元零售给消费者。汽车生产企业9月份应缴纳消费税税额为多少？（汽车适用消费税税率5%）

应纳税额＝销售额×税率＝70 200÷（1+17%）×20×5%＝60 000（元）

（3）纳税人用于换取生产资料和消费资料、投资入股和抵偿债务等方面的应税消费品，应当以纳税人同类应税消费品的最高销售价格作为计税依据计算消费。

**【例3-5】**某摩托车厂2011年4月以自产摩托车（气缸容量为110毫升）50辆换取某钢厂生产的钢材50吨，每吨钢材4 000元。该厂生产的同一型号摩托车销售价格分别为3 500元/辆、4 000元/辆和4 500元/辆（以上价格不含增值税），计算用于换取钢材摩托车应纳消费税税额。摩托车适用的消费税税率为3%。

某摩托车厂应纳税额＝销售额×税率＝4 500×50×3%＝6 750（元）

（4）兼营不同税率应税消费品的税务处理。纳税人生产销售应税消费品，如果不是单一经营某一税率的产品，而是经营多种不同税率的产品，这就是兼营行为。纳税人兼营不同税率的应税消费品，应当分别核算不同税率应税消费品的销售额、销售数量。未分别核算销售额、销售数量，或者将不同税率的应税消费品组成成套消费品销售的，从高适用税率。

**【例3-6】**某酒厂既生产税率为20%的粮食白酒，又生产税率为10%的其他酒，如汽酒、药酒等。对于这种情况税法规定，该厂应分别核算白酒与其他酒的销售额，然后按各自适用的税率计税；如不分别核算各自的销售额，其他酒也按白酒的税率计算纳税。如果该酒厂还生产白酒与其他酒小瓶装礼品套酒，就是税法所指的成套消费品，应按全部销售额以白酒的税率20%计算应纳消费税额，而不能以其他酒10%的税率计算其中任何一部分的应纳税额了。

| 注意：将不同税率的应税消费品组成成套消费品销售的，即使分别核算销售额、销售数量，也要从高适用税率。 |
|---|

### （二）外购应税消费品已纳税款的扣除

由于某些应税消费品是用外购已缴纳消费税的应税消费品连续生产出来的，在对这些连续生产出来的应税消费品计算征税时，应按当期生产领用数量计算准予扣除外购的应税消费品已纳的消费税税款。准予扣除外购已税消费品已纳税额的应税消费品有：

（1）外购已税烟丝生产的卷烟；

（2）外购已税化妆品生产的化妆品；

（3）外购已税珠宝玉石生产的贵重首饰及珠宝玉石；

（4）外购已税鞭炮焰火生产的鞭炮焰火；

（5）外购已税汽车轮胎（内胎或外胎）生产的汽车轮胎；

（6）外购已税摩托车生产的摩托车；（如用外购两轮摩托车改装三轮摩托车）

(7)外购已税石脑油为原料生产的应税消费品;

(8)外购已税木制一次性筷子为原料生产的木制一次性筷子;

(9)外购已税润滑油为原料生产的润滑油;

(10)外购已税杆头、杆身和握把为原料生产的高尔夫球杆;

(11)外购已税实木地板为原料生产的实木地板。

当期准予扣除外购应税消费品已纳消费税税款,在计税时按当期生产领用数量计算,计算公式如下:

当期准予扣除的外购应税消费品已纳税款 = 当期准予扣除的外购应税消费品买价 × 外购应税消费品适用税率

当期准予扣除的外购应税消费品买价 = 期初库存的外购应税消费品的买价 + 当期购进的应税消费品的买价 - 期末库存的外购应税消费品的买价

**【例 3-7】**某卷烟厂,2011 年 3 月初库存外购已税烟丝 10 万元,当月又外购已税烟丝 30 万元(不含增值税),月末库存烟丝 20 万元,其余被当月生产卷烟领用。3 月准予扣除的外购烟丝已纳的消费税税款为多少?(烟丝适用的消费税税率为 30%)

解析:

(1)当月准予扣除的外购烟丝买价 = 10 + 30 - 20 = 20(万元)

(2)当月准予扣除的外购烟丝已纳消费税税款 = 20 × 30% = 6(万元)

> 注意:
>
> (1)对自己不生产应税消费品,而只是购进后再销售应税消费品的工业企业,其销售的化妆品、鞭炮焰火和珠宝玉石,凡不能构成最终消费品直接进入消费品市场,而需进一步生产加工的,应当征收消费税,同时允许扣除上述外购应税消费品的已纳税款。
>
> (2)允许扣除已纳税款的应税消费品只限于从工业企业购进的应税消费品和进口环节已缴纳消费税的应税消费品,对从境内商业企业购进应税消费品的已纳税款不允许扣除。
>
> (3)外购已税消费品的买价是指购货发票上注明的销售额(不包括增值税税款)。
>
> (4)纳税人用外购的已税珠宝、玉石原料生产的改在零售环节征收消费税的金银首饰(镶嵌首饰),在计税时一律不得扣除外购珠宝、玉石的已纳税款。

## 五、特殊形式应纳消费税税额的计算

### (一)自产自用应税消费品应纳税额的计算

自产自用,就是纳税人生产应税消费品后,不是用于直接对外销售,而是用于自己连续生产应税消费品,或用于其他方面。

**1. 用于连续生产应税消费品**

根据消费税暂行条例规定,纳税人自产自用的应税消费品,用于连续生产应税消费品的,不纳税。所谓"纳税人自产自用的应税消费品,用于连续生产应税消费品的",是指作为生产最终应税消费品的直接材料、并构成最终产品实体的应税消费品。例如,卷烟厂生产出烟丝,烟丝已是应税消费品,卷烟厂再用生产出的烟丝连续生产卷烟,这样,用于连续生产卷烟的烟丝就不缴纳消费税,只对生产的卷烟征收消费税。

**2. 用于其他方面的规定**

纳税人自产自用的应税消费品，除用于连续生产应税消费品外，凡用于其他方面的，于移送使用时纳税。“用于其他方面的”是指纳税人将自产的应税消费品用于生产非应税消费品、在建工程、管理部门、非生产机构、提供劳务，以及用于馈赠、赞助、集资、广告、样品、职工福利、奖励等方面。

**3. 组成计税价格及税额的计算**

纳税人自产自用的应税消费品，凡用于其他方面，应当纳税的，按照纳税人生产的同类消费品的销售价格计算纳税。“同类消费品的销售价格”是指纳税人当月销售的同类消费品的销售价格，如果当月同类消费品各期销售价格不同，应按销售数量加权平均计算；但销售价格明显偏低又无正当理由或无销售价格的，不得列入加权平均计算；如果当月无销售或者当月未完结，应按照同类消费品上月或最近月份的销售价格计算纳税。

没有同类消费品销售价格的，按照组成计税价格计算纳税。

(1)实行从价定率办法计算纳税的组成计税价格计算公式：

组成计税价格 =(成本 + 利润)÷(1 - 比例税率)

应纳税额 = 组成计税价格 × 比例税率

(2)实行复合计税办法计算纳税的组成计税价格计算公式：

组成计税价格 =(成本 + 利润 + 自产自用数量 × 定额税率)÷(1 - 比例税率)

应纳税额 = 组成计税价格 × 比例税率 + 自产自用数量 × 定额税率

上述公式中所说的“成本”，是指应税消费品的产品生产成本。

上述公式中所说的“利润”，是指根据应税消费品的全国平均成本利润率计算的利润。应税消费品全国平均成本利润率由国家税务总局确定。具体规定见表 3 - 3。

**表 3 - 3 平均成本利润率**

单位:%

| 货物名称 | 利润率 | 货物名称 | 利润率 |
|---|---|---|---|
| 1. 甲类卷烟 | 10 | 11. 贵重首饰及珠宝玉石 | 6 |
| 2. 乙类卷烟 | 5 | 12. 汽车轮胎 | 5 |
| 3. 雪茄烟 | 5 | 13. 摩托车 | 6 |
| 4. 烟丝 | 5 | 14. 高尔夫球及球具 | 10 |
| 5. 粮食白酒 | 10 | 15. 高档手表 | 20 |
| 6. 薯类白酒 | 5 | 16. 游艇 | 10 |
| 7. 其他酒 | 5 | 17. 木制一次性筷子 | 5 |
| 8. 酒精 | 5 | 18. 实木地板 | 5 |
| 9. 化妆品 | 5 | 19. 乘用车 | 8 |
| 10. 鞭炮、焰火 | 5 | 20. 中轻型商用客车 | 5 |

**【例 3 - 8】**某化妆品厂将新试制的一批化妆品作为福利发给本厂职工，该批化妆品无同类产品销售价格，生产成本为 5 000 元。计算该化妆品厂应纳消费税额。(化妆品消费税税率为 30%，成本利润率为 5%)

解析：

组成计税价格 =[5 000 ×(1 +5%)]÷(1 -30%)=7 500(元)

应纳税额 =7 500 ×30% =2 250(元)

| 思考：该笔业务要缴纳增值税吗？如果缴纳，增值税销项税额是多少？ |
| --- |

## (二)委托加工应税消费品应纳税额的计算

**1. 委托加工的应税消费品确定**

委托加工的应税消费品，是指由委托方提供原料和主要材料，受托方只收取加工费和代垫部分辅助材料加工的应税消费品。对于由受托方提供原材料生产的应税消费品，或者受托方先将原材料卖给委托方，然后再接受加工的应税消费品，以及由受托方以委托方名义购进原材料生产的应税消费品，无论纳税人在财务上是否作销售处理，都不得作为委托加工应税消费品，而应当按照销售自制应税消费品缴纳消费税。

**2. 代收代缴消费税的规定**

委托加工应税消费品，由受托方在向委托方交货时代收代缴消费税。但是，纳税人委托个体经营者或者个人加工应税消费品，一律于委托方收回后在委托方所在地缴纳消费税。

**3. 组成计税价格的计算**

委托加工的应税消费品，按照受托方的同类消费品的销售价格计算纳税；没有同类消费品销售价格的，按照组成计税价格计算纳税。组成计税价格计算公式为：

(1)实行从价定率办法计算纳税的组成计税价格计算公式：

组成计税价格 =(材料成本 + 加工费)÷(1 - 消费税税率)

(2)实行复合计税办法计算纳税的组成计税价格计算公式：

组成计税价格 =(材料成本 + 加工费 + 委托加工数量 × 定额税率)÷(1 - 比例税率)

“材料成本”是指委托方所提供加工材料的实际成本。凡未提供材料成本或所在地主管税务机关认为不合理的，税务机关有权重新核定其材料成本。

“加工费”是指受托方加工应税消费品向委托方收取的全部费用(包括代垫辅助材料的实际成本，不包括增值税税金)。

**【例 3 -9】**某鞭炮企业 2009 年 4 月受托为某单位加工一批鞭炮，委托单位提供的原材料金额为 30 万元，收取委托单位不含增值税的加工费 4 万元，鞭炮企业当地无加工鞭炮的同类产品市场价格。计算鞭炮企业应代收代缴的消费税。

解析：

(1)鞭炮的适用税率 15%。

(2)组成计税价格 =(30 +4)÷(1 -15%)=40(万元)。

(3)应代收代缴消费税 =40 ×15% =6(万元)。

**4. 委托加工收回的应税消费品已纳税额的扣除**

委托加工的应税消费品因为已由受托方代收代缴消费税，因此，委托方收回货物后用于连续生产应税消费品的，其已纳税款准予按照规定从连续生产的应税消费品应纳消费税税额中抵扣。按照国家税务总局的规定，从 1995 年 6 月 1 日起，下列连续生产的应税消费品准予从应纳消费税税额中按当期生产领用数量计算扣除委托加工收回的应税消费品已纳消费税税款：

(1)以委托加工收回的已税烟丝为原料生产的卷烟;

(2)以委托加工收回的已税化妆品为原料生产的化妆品;

(3)以委托加工收回的已税珠宝玉石为原料生产的贵重首饰及珠宝玉石;

(4)以委托加工收回的已税鞭炮焰火为原料生产的鞭炮焰火;

(5)以委托加工收回的已税汽车轮胎(内胎或外胎)生产的汽车轮胎;

(6)以委托加工收回的已税摩托车生产的摩托车;

(7)以委托加工收回的已税石脑油为原料生产的应税消费品;

(8)以委托加工收回的已税木制一次性筷子为原料生产的木制一次性筷子;

(9)以委托加工收回的已税润滑油为原料生产的润滑油;

(10)以委托加工收回的已税杆头、杆身和握把为原料生产的高尔夫球杆;

(12)以委托加工收回的已税实木地板为原料生产的实木地板。

上述当期准予扣除委托加工收回的应税消费品已纳消费税税款的计算公式是:

当期准予扣除的委托加工应税消费品已纳税款 = 期初库存的委托加工应税消费品已纳税款 + 当期收回的委托加工应税消费品已纳税款—期末库存的委托加工应税消费品已纳税款

需要说明的是,纳税人用委托加工收回的已税珠宝、玉石原料生产的改在零售环节征收消费税的金银首饰,在计税时一律不得扣除委托加工收回的珠宝、玉石原料的已纳消费税税款。

需要注意的是,委托加工的应税消费品,受托方在交货时已代收代缴消费税,委托方收回后直接销售的,不再征收消费税。

### (三)进口应税消费品应纳税额的计算

进口的应税消费品,于报关进口时缴纳消费税,并由海关代征;纳税人进口应税消费品,按照关税征收管理的相关规定,应当自海关填发税款缴款书之日起 15 日内缴纳消费税税款。进口的应税消费品按照组成计税价格和规定的税率计算应纳税额。其计算公式如下:

**1. 实行从价定率计征应纳税额的计算**

组成计税价格 =(关税完税价格 + 关税)÷(1 - 消费税比例税率)

应纳消费税税额 = 组成计税价格 × 消费税比例税率

公式中所称“关税完税价格”,是指海关核定的关税计税价格。

**【例 3 - 10】**某外贸公司 2011 年 4 月从国外进口一批高档手表,已知该批高档手表的关税完税价格为 100 万元,按规定应缴纳关税 20 万元,消费税税率为 20%。进口环节应缴纳的消费税为多少?

解析:

(1)组成计税价格 =(100 + 20)÷(1 - 20%)= 150(万元)

(2)应纳消费税额 = 150 × 20% = 30(万元)

思考:该外贸公司进口环节应缴纳的增值税是多少?

**2. 实行从量定额计征应纳税额的计算**

应纳税款 = 应税消费品数量 × 消费税定额税率

**【例 3 - 11】**某进出口公司进口啤酒 38 000 升,经海关审核关税完税价格为 16 720 美元,折合人民币 138 780 元。已知啤酒的关税税率为 3 元/升。消费税税率为:进口完税价格≥3 000

元/吨,按当时汇率即为360美元/吨的250元/吨,进口完税价格<360美元/吨的220元/吨。计算进口啤酒应纳消费税税额。

解析:

(1)关税税额=商品进口数量×从量关税税率

=38 000升×3元/升=114 000(元)

(2)进口啤酒数量=38 000升÷988升/吨=38.46吨

(3)计算完税价格单价:16 720÷38.46吨=434.74美元/吨

关税完税价格单价≥360美元/吨,消费税税率为:250元/吨

(4)应纳消费税税额=38.46吨×250元/吨=9 615(元)

思考:该公司进口啤酒应纳增值税是多少?

解答:组成的计税价格=关税完税价格+关税+消费税

=138 780+114 000+9 615=262 395(元)

应纳增值税=262 395×17%=44 607(元)

**3. 实行复合计税办法应纳税额的计算**

组成计税价格=(关税完税价格+关税+进口数量×消费税定额税率)÷(1-消费税比例税率)

应纳税额=组成计税价格×消费税比例税率+应税消费品进口数量×消费税定额税率

进口环节消费税除国务院另有规定者外,一律不得给予减税、免税。

**【例3-12】**某烟草公司2010年8月进口100标准箱卷烟,关税完税价格共计160万元人民币,进口卷烟关税税率为20%,定额税率为150元/箱。该烟草公司进口卷烟应纳消费税是多少?

解析:

(1)应缴纳进口环节关税=160×20%=32(万元)

(2)消费税定额税每箱150元,一标准箱为250条。

确定进口卷烟比例税率(因为卷烟消费税税率有两个,36%和56%,因此在判断进口卷烟适用的消费税税率时,先按照较低的那一个税率,也就是36%的税率来判断每一标准条的计税价格。)

每标准条进口卷烟按税率36%确定的计税价格:

[(1 600 000+320 000)÷100+150]÷(1-36%)÷250=120.94元>70元,适用税率56%。

(3)应纳消费税的计算:

组成计税价格=((160+32+150×100÷10 000)÷(1-56%)

=439.77(万元)

应纳税额=439.77×56%+150×100÷10 000

=247.77(万元)

## 五、税额减征

消费税一般没有减免税规定,但国家从节省资源、减少污染、保护环境等方面考虑,对生产

销售达到低污染排放值的小轿车、越野车和小客车减征30%的消费税,计算公式为:

减征税额 = 按法定税率计算的消费税税额 × 30%

应征税额 = 按法定税率计算的消费税税额 - 减征税额

或 = 按法定税率计算的消费税税额 × (1 - 30%)

低污染排放限值是指相当于欧盟指令94/12/EC、96/69/EC排放标准(简称"欧洲Ⅱ号标准")。

**【例3-13】**某小轿车生产企业为增值税一般纳税人,2011年4月份生产并销售小轿车600辆,每辆含税销售价格11.7万元,适用消费税税率9%,经审查,该企业生产的小轿车已达到减征消费税的国家标准。请计算该企业4月份应缴纳消费税。

(1)销售额 = 11.7 ÷ (1 + 17%) × 600 = 6 000(万元)

(2)应纳税额 = 6 000 × 9% × (1 - 30%) = 378(万元)

# 模块三 出口应税消费品退(免)税的计算

纳税人出口应税消费品与已纳增值税出口货物一样,国家都是给予退(免)税优惠的。出口应税消费品同时涉及退(免)增值税和消费税。

## 一、出口退税率的规定

计算出口应税消费品应退消费税的税率或单位税额,依据《消费税暂行条例》所附消费税税目税率(税额)表执行。这是退(免)消费税与退(免)增值税的一个重要区别。当出口的货物是应税消费品时,其退还增值税要按规定的退税率计算,其退还消费税则按该应税消费品所适用的消费税税率计算。企业应将不同消费税税率的出口应税消费品分开核算和申报,凡划分不清适用税率的,一律从低适用税率计算应退消费税税额。

## 二、出口应税消费品退(免)税政策

出口应税消费品退(免)消费税在政策上分为以下三种情况:

### (一)出口免税并退税

适用这个政策的是:有出口经营权的外贸企业购进应税消费品直接出口,以及外贸企业受其他外贸企业委托代理出口应税消费品。这里需要重申的是,外贸企业只有受其他外贸企业委托,代理出口应税消费品才可办理退税,外贸企业受其他企业(主要是非生产性的商贸企业)委托,代理出口应税消费品是不予退(免)税的。这个政策限定与前述出口货物退(免)增值税的政策规定是一致的。

### (二)出口免税但不退税

适用这个政策的是:有出口经营权的生产性企业自营出口或生产企业委托外贸企业代理出口自产的应税消费品,依据其实际出口数量免征消费税,不予办理退还消费税。这里,免征消费税是指对生产性企业按其实际出口数量免征生产环节的消费税。不予办理退还消费税,是指因已免征生产环节的消费税,该应税消费品出口时,已不含有消费税,所以也无须再办理退还消费税了。这项政策规定与前述生产性企业自营出口或委托代理出口自产货物退(免)增值税的规定是不一样的。其政策区别的原因是,消费税仅在生产企业的生产环节征收,生产环节免税了,出口的应税消费品就不含有消费税了;而增值税却在货物销售的各个环节征收,生产企业出口货物时,已纳的增值税就需退还。

(三)出口不免税也不退税

适用这个政策的是:除生产企业、外贸企业外的其他企业,具体是指一般商贸企业,这类企业委托外贸企业代理出口应税消费品一律不予退(免)税。

## 三、出口应税消费品退税额的计算

外贸企业从生产企业购进货物直接出口或受其他外贸企业委托代理出口应税消费品的应退消费税税款,分两种情况处理:

(1)属于从价定率计征消费税的应税消费品,应依照外贸企业从工厂购进货物时征收消费税的价格计算应退消费税税款,其公式为:

应退消费税税款 = 出口货物的工厂销售额 × 税率

上述公式中"出口货物的工厂销售额"不包含增值税。对含增值税的价格应换算为不含增值税的销售额。

(2)属于从量定额计征消费税的应税消费品,应以货物购进和报关出口的数量计算应退消费税税款,其公式为:

应退消费税税款 = 出口数量 × 单位税额

**【例3-14】**某外贸企业从生产企业购买20吨啤酒出口,取得增值税专用发票,发票上注明的金额为100 000元,税额为17 000元,出口价格为110 000元。请你计算该外贸企业出口应退消费税税额。

解析:

啤酒消费税实行从量定额征收,所以

应退消费税税款 = 出口数量 × 单位税额

因为100 000 ÷ 20 = 5 000(元/吨),该啤酒属甲类啤酒,单位税额为250元/吨。

应退消费税税款 = 20 × 250 = 5 000(元)

思考:该外贸企业除了退消费税外,还退增值税吗?

解答:退增值税,假设出口退税率为15%,则

出口退还增值税 = 100 000 × 15% = 15 000(元)

**【例3-15】**某外贸企业从生产企业购进化妆品出口,增值税专用发票上注明的金额为100 000元,税额为17 000元,出口价格为110 000元。请你计算该外贸企业出口应退消费税税额。

解析:

化妆品消费税实行从价定率征收,消费税税率为30%。

应退消费税税款 = 出口货物的工厂销售额 × 税率

= 100 000 × 30% = 30 000(元)

注意:除了退消费税外,还退增值税,假设退税率为13%,则出口退还增值税 = 100 000 × 13% = 13 000(元)

### 四、出口应税消费品办理退(免)税后的管理

出口的应税消费品办理退税后,发生退关,或者国外退货进口时予以免税的,报关出口者必须及时向其所在地主管税务机关申报补缴已退的消费税税款。

纳税人直接出口的应税消费品办理免税后发生退关或国外退货,进口时已予以免税的,经所在地主管税务机关批准,可暂不办理补税,待其转为国内销售时,再向其主管税务机关申报补缴消费税。

## 模块四　消费税纳税申报

### 一、纳税义务发生时间与纳税期限

(一)纳税义务发生时间

消费税纳税义务发生时间,以货款结算方式或行为发生时间分别确定。

**1. 纳税人销售的应税消费品,其纳税义务的发生时间为:**

(1)纳税人采取赊销和分期收款结算方式的,其纳税义务的发生时间,为销售合同规定的收款日期的当天;

(2)纳税人采取预收款结算方式的,其纳税义务的发生时间,为发出应税消费品的当天;

(3)纳税人采取托收承付和委托银行收款方式销售的应税消费品,其纳税义务的发生时间,为发出应税消费品并办妥托收手续的当天;

(4)纳税人采取其他结算方式的,其纳税义务的发生时间,为收讫销售款或者取得索取销售款的凭据的当天。

**2. 纳税人自产自用的应税消费品,其纳税义务的发生时间,为移送使用的当天。**

**3. 纳税人委托加工的应税消费品,其纳税义务的发生时间,为纳税人提货的当天。**

**4. 纳税人进口的应税消费品,其纳税义务的发生时间,为报关进口的当天。**

(二)纳税期限

消费税的纳税期限分别为1日、3日、5日、10日、15日或者1个月。纳税人的具体纳税期限,由主管税务机关根据纳税人应纳税额的大小分别核定;不能按照固定期限纳税的,可以按次纳税。

纳税人以1个月为一期纳税的,自期满之日起15日内申报纳税,以1日、3日、5日、10日或者15日为一期纳税的,自期满之日起5日内预缴税款,于次月1日起15日内申报纳税并结清上月应纳税款。

进口货物,自海关填发税款缴纳证的次日起15日内缴纳。

### 二、纳税地点与纳税申报

(一)纳税地点

(1)纳税人销售的应税消费品,以及自产自用的应税消费品,除国家另有规定的外,应当向纳税人核算地主管税务机关申报纳税。

(2)委托加工的应税消费品,由受托方向所在地主管税务机关解缴代收的消费税税款。个体经营者受托加工的应税消费品,由委托方在收回应税消费品后,向所在地主管税务机关申报纳税。

(3)进口的应税消费品,由进口人或者其代理人向报关地海关申报纳税。

(4)纳税人到外县(市)销售或委托外县(市)代销自产应税消费品的,于应税消费品销售后,回纳税人核算地或所在地缴纳消费税。

(5)纳税人的总机构与分支机构不在同一县(市)的应在生产应税消费品的分支机构所在地缴纳消费税;但经国家税务总局及所属税务分局批准,纳税人分支机构应纳消费税税款,也可由总机构汇总向总机构所在地主管税务机关缴纳。

(6)纳税人销售的应税消费品,如因质量等原因由购买者退回的,经所在地主管税务机关审核批准后,可退还已征收的消费税税款,但不可以自行抵减应纳税款。

## (二)纳税申报

消费税纳税人应按有关规定及时办理纳税申报,并应如实填写《消费税纳税申报表》。具体申报表格式及填制方法在此不详细阐述,详见《纳税实务配套实训——消费税实训》。

另外,国家税务总局对一些特别的应税消费品专门制订了申报表的格式,例如《国家税务总局关于烟类应税消费品消费税征收管理有关问题的通知》,制订了烟类消费税的申报表格式,详见《纳税实务配套实训——消费税实训》。

**消费税纳税申报表**

填表日期:　　年　月　日

纳税人识别号:　　　　　　　　　　　　金额单位:元(列至角分)

<table>
<tr><td rowspan="2">应税消费品名称</td><td rowspan="2">适用税目</td><td rowspan="2">应税销售额(数量)</td><td rowspan="2">适应税率(单位税额)</td><td colspan="4">当期准予扣除外购应税消费品买价(数量)</td><td rowspan="2">外购应税消费品适应税率(单位税率)</td></tr>
<tr><td>合计</td><td>期初库存外购应税消费品买价(数量)</td><td>当期购进外购应税消费品买价(数量)</td><td>期末库存外购应税消费品买价(数量)</td></tr>
<tr><td>1</td><td>2</td><td>3</td><td>4</td><td>5 = 6 + 7 − 8</td><td>6</td><td>7</td><td>8</td><td>9</td></tr>
<tr><td>合计</td><td></td><td></td><td></td><td></td><td></td><td></td><td></td><td></td></tr>
<tr><td></td><td></td><td></td><td></td><td></td><td></td><td></td><td></td><td></td></tr>
<tr><td></td><td></td><td></td><td></td><td></td><td></td><td></td><td></td><td></td></tr>
<tr><td colspan="4">应纳消费税</td><td rowspan="2">当期准予扣除外购应税消费品已纳税款</td><td colspan="4">当期准予扣除委托加工应税消费品已纳税款</td></tr>
<tr><td colspan="3">本期</td><td>累计</td><td>合计</td><td>期初库存委托加工应税消费品已纳税款</td><td>当期收回委托加工应税消费品已纳税款</td><td>期末库存委托加工应税消费品已纳税款</td></tr>
<tr><td colspan="3">15 = 3 × 4 − 10 或<br>3 × 4 − 11 或<br>3 × 4 − 10 − 11</td><td>16</td><td>10 = 5 × 9</td><td>11 = 12 + 13 − 14</td><td>12</td><td>13</td><td>14</td></tr>
<tr><td colspan="3">已纳消费税</td><td colspan="6">本期应补(退)税金额</td></tr>
</table>

续　表

| 本期 | 累计 | 合计 | 上期结算税金额 | 补交本年欠税 | 补交以前年度欠税 |
|---|---|---|---|---|---|
| 17 | 18 | 19 = 15 − 17 + 20 + 21 + 22 | 20 | 21 | 22 |
| | | | | | |

<table>
<tr><td rowspan="2">截至上年底累计欠税额</td><td colspan="2">本年度新欠税额</td></tr>
<tr><td>本期</td><td>累计</td></tr>
<tr><td>23</td><td>24</td><td>25</td></tr>
<tr><td></td><td></td><td></td></tr>
</table>

<table>
<tr><td colspan="2">如纳税人填报，由纳税人填写以下各栏</td><td colspan="4">如委托代理人填报，由代理人填写以下各栏</td><td>备注</td></tr>
<tr><td rowspan="3">会计主管（签章）</td><td rowspan="3">纳税人（公章）</td><td>代理人名称</td><td></td><td colspan="2" rowspan="2">代理人（公章）</td><td rowspan="3"></td></tr>
<tr><td>代理人地址</td><td></td></tr>
<tr><td>经办人</td><td></td><td>电话</td><td></td></tr>
<tr><td colspan="7">以下由税务机关填写</td></tr>
<tr><td>收到申报表日期</td><td colspan="3"></td><td>接收人</td><td colspan="2"></td></tr>
</table>

填表说明：

1. 表中第 2 栏“适用税目”必须按照《中华人民共和国消费税暂行条例》规定的税目填写。
2. 本表一式三联，第一联纳税人留存，第二联由主管税务机关留存，第三联税务机关作税收会计原始凭证。

## 项目三小结

| 主要构成 | 主要内容 |
|---|---|
| 消费税基础知识 | 概念、特点、纳税义务人、征税范围、税目、税率 |
| 计税方法 | 从价计征、从量计征、复合计征，计税依据 |
| 应纳消费税的一般计算 | (1)生产应税消费品：①直接对外销售②自产自用(用于其它方面)<br>(2)委托加工应税消费品①代扣代缴税款的规定②组成计税价格的计算<br>(3)进口应税消费品，组成计税价格的计算<br>(4)零售应税消费品，仅限于金银首饰，从价计征。 |
| 已纳消费税扣除的计算 | (1)外购应税消费品已纳税额的扣除<br>(2)委托加工收回的应税消费品已纳税额的扣除 |
| 出口应税消费品退免税规定 | (1)出口应税消费品退免税规定<br>(2)外贸企业出口应税消费品应退税额的计算 |
| 纳税申报 | 消费税纳税申报表的填制 |

# 项目四　营业税纳税实务

【知识目标】

(1)识记营业税的法律规定和基本内容;

(2)识记营业税的征税范围;

(3)识记营业税9个税目应纳税额的计算方法。

【能力目标】

(1)能够正确进行营业税纳税申报;

(2)能够区分现行营业税与增值税征收范围。

## 模块一　营业税基础知识

### 一、营业税的概念

营业税是对在我国境内提供应税劳务、转让无形资产或销售不动产的单位和个人所取得的营业额征收的一种流转税。

现行我国营业税法的基本规范,是2008年11月5日国务院第34次常务会议修订通过的《中华人民共和国营业税暂行条例》和2008年12月15日财政部、国家税务总局第52号令发布的《中华人民共和国营业税暂行条例实施细则》(以下简称《营业税暂行条例》)。

现行的营业税的征税范围为增值税征税范围之外的所有经营业务。也就是说,一项经营业务,要么缴纳增值税,要么缴纳营业税;如果征收了增值税,就不征收营业税,反之亦然。

营业税与其他商品劳务税相比,营业税具有以下特点:

**1. 征收范围广**

营业税的征税范围包括:交通运输、建筑安装、金融保险、邮电通讯、文化体育、娱乐、服务、转让无形资产和销售不动产。凡是在我国境内经营这些业务,并取得经营收入的单位和个人,不论其经济性质和经营方式,是盈利还是亏损,除税法另有规定外,都必须依法缴纳营业税。它是我国现行课征范围较广的一个税种。

**2. 按行业设计税目税率**

营业税一般是按行业设计税目税率。如对交通运输业、建筑安装业、邮电通讯业、文化体育业等这些与广大人民群众日常生活休戚相关,并且是国家鼓励和发展的行业,按3%税率计征;对服务业、转让无形资产和销售不动产则按5%的税率计征;另外,对娱乐业则实行5%~20%的幅度比例税率。由于娱乐业在全国各地的消费水平差别很大,由各个省根据当地实际情况来确定适用税率。

**3. 具有收入的稳定性**

营业收入一经取得,纳税人就发生纳税义务。在社会主义市场经济的条件下,第三产业发展越来越快,营业税的征收范围越来越广,可见营业税的收入是稳定的,而且稳中有长,这对保证国家的财政收入具有重要作用。

**4. 一般以营业全额为计税依据**

营业税属传统商品劳务税,计税依据为营业额全额,税额不受成本、费用高低影响,对于保证财政收入的稳定具有十分重要的作用。

## 二、营业税纳税义务人

### (一)纳税人的一般规定

在中华人民共和国境内提供应税劳务、转让无形资产或者销售不动产的单位和个人,为营业税的纳税人。

(1)上述应税劳务是指属于交通运输业、建筑业、金融保险业、邮电通信业、文化体育业、娱乐业、服务业税目征收范围的劳务。

加工和修理修配劳务属于增值税的征税范围,因此不属于营业税的应税劳务。

(2)提供应税劳务、转让无形资产或者销售不动产,是指有偿提供应税劳务、有偿转让无形资产或者有偿转让不动产所有权的行为(以下称应税行为)。有偿,是指取得货币、货物或者其他经济利益。

单位或者个体工商户聘用的员工为本单位或者雇主提供的劳务,不包括在内,不属于营业税纳税人,属于个人所得税纳税人(个人所得税纳税实务阐述)。

(3)在中华人民共和国境内是指:

①提供或者接受应税劳务的单位或者个人在境内;

②所转让的无形资产(不含土地使用权)的接受单位或者个人在境内;

③所转让或者出租土地使用权的土地在境内;

④所销售或者出租的不动产在境内。

单位,是指企业、行政单位、事业单位、军事单位、社会团体及其他单位。个人,是指个体工商户和其他个人。

### (二)营业税纳税人的具体规定

(1)单位以承包、承租、挂靠方式经营的,承包人、承租人、挂靠人(以下统称承包人)发生应税行为,承包人以发包人、出租人、被挂靠人(以下统称发包人)名义对外经营并由发包人承担相关法律责任的,以发包人为纳税人;否则以承包人为纳税人。

(2)中央铁路运营业务的纳税人为铁道部,合资铁路运营业务的纳税人为合资铁路公司,地方铁路运营业务的纳税人为地方铁路管理机构,基建临管线运营业务的纳税人为基建临管线管理机构。

(3)除上述两条的规定外,负有营业税纳税义务的单位为发生应税行为并收取货币、货物或者其他经济利益的单位,但不包括单位依法不需要办理税务登记的内设机构。

### (三)营业税的扣缴义务人

为加强税收的源泉控制、简化征税手续、减少税款流失,《营业税暂行条例》规定了扣缴义

务人,这些单位和个人直接负有代扣代缴税款的义务。主要包括:

(1)中华人民共和国境外的单位或者个人在境内提供应税劳务、转让无形资产或者销售不动产,在境内未设有经营机构的,以其境内代理人为扣缴义务人;在境内没有代理人的,以受让方或者购买方为扣缴义务人。

(2)委托金融机构发放贷款的,其应纳税款以受托发放贷款的金融机构为扣缴义务人;金融机构接受其他单位或个人的委托,为其办理委托贷款业务时,如果将委托方的资金转给经办机构,由经办机构将资金贷给使用单位或个人,由最终将贷款发放给使用单位或个人并取得贷款利息的经办机构代扣委托方应纳的营业税。

(3)纳税人提供建筑业应税劳务时应按照下列规定确定营业税扣缴义务人:

建筑业工程实行总承包、分包方式的,以总承包人为扣缴义务人。但纳税人提供建筑业应税劳务,符合以下情形之一的,无论工程是否实行分包,税务机关可以建设单位和个人作为营业税的扣缴义务人:

①纳税人从事跨地区(包括省、市、县,下同)工程提供建筑业应税劳务的;

②纳税人在劳务发生地没有办理税务登记或临时税务登记的。

(4)单位或者个人进行演出,由他人售票的,其应纳税款以售票者为扣缴义务人,演出经纪人为个人的,其办理演出业务的应纳税款也以售票者为扣缴义务人。

(5)个人转让专利权、非专利技术、商标权、著作权、商誉的,其应纳税款以受让者为扣缴义务人。

## 三、营业税税目、税率

### (一)税目

现行营业税共有9个税目。

**1. 交通运输业**

交通运输业包括陆路运输、水路运输、航空运输、管道运输和装卸搬运五大类。

凡与运营业务有关的各项劳务活动,均属交通运输业的税目征收范围,包括通用航空业务,航空地面服务,打捞,理货,港务局提供的引航、系解缆、搬家、停泊、移泊等劳务及引水员交通费、过闸费、货物港务费等。

对远洋运输企业从事程租、期租业务和航空运输企业从事湿租业务取得的收入,按"交通运输业"税目征收营业税。

**2. 建筑业**

建筑业是指建筑安装工程作业等,包括建筑、安装、修缮、装饰和其他工程作业等项内容。

(1)建筑是指新建、改建、扩建。各种建筑物、构筑物的工程作业。但自建自用建筑物,其自建行为不是建筑业税目的征税范围。出租或投资入股的自建建筑物,也不是建筑业的征税范围。

(2)安装是指生产设备、动力设备、起重设备、运输设备、传动设备、医疗实验设备及其他各种设备的装配、安置工程作业。

(3)修缮是指对建筑物、构筑物进行修补、加固、养护、改善,使之恢复原来的使用价值或延长其使用期限的工程作业。

(4)装饰是指对建筑物、构筑物进行修饰,使之美观或具有特定用途的工程作业。

(5)其他工程作业是指除建筑、安装、修缮、装饰工程作业以外的各种工程作业,如代办电信工程、水利工程、道路修建、疏浚、钻井(打井)、拆除建筑物、平整土地、搭脚手架、爆破等工程作业。

(6)管道煤气集资费(初装费)业务。管道煤气集资费(初装费),是用于管道煤气工程建设和技术改造,在报装环节一次性向用户收取的费用。

**3. 金融保险业**

金融保险业是指经营金融、保险的业务。

(1)金融是指经营货币资金融通活动的业务,包括贷款、融资租赁、金融商品转让、金融经纪业和其他金融业务。

贷款是指将资金有偿贷与他人使用(包括以贴现、押汇方式)的业务。以货币资金投资但收取固定利润或保底利润的行为,也属于这里所称的贷款业务。

融资租赁,也称金融租赁,是指经中国人民银行或对外贸易经济合作部(现商务部)批准可从事融资租赁业务的单位所从事的具有融资性质和所有权转移特点的设备租赁业务。

金融商品转让,是指转让外汇、有价证券或非货物期货的所有权的行为,包括股票转让、债券转让、外汇转让、其他金融商品转让。

金融经纪业务和其他金融业务,指受托代他人经营金融活动的中间业务,如委托业务、代理业务、咨询业务等。

(2)保险是指将通过契约形式集中起来的资金,用以补偿被保险人的经济利益的活动。

(3)对我国境内外资金融机构从事离岸银行业务,属于在我国境内提供应税劳务的,征收营业税。离岸银行业务是指银行吸收非居民的资金,服务于非居民的金融活动,包括外汇存款、外汇贷款、同业外汇拆借、国际结算、发行大额可转让存款证、外汇担保、咨询、鉴证业务以及国家外汇管理局批准的其他业务。

**4. 邮电通信业**

邮电通信业是指专门办理信息传递的业务,包括邮政、电信。

(1)邮政是指传递实物信息的业务,包括传递函件或包件(含快递业务)、邮汇、报刊发行、邮务物品销售、邮政储蓄及其他邮政业务。

(2)电信是指用各种电传设备传输电信号而传递信息的业务,包括电报、电传、电话、电话机安装、电信物品销售及其他电信业务。

**5. 文化体育业**

文化体育业包括文化业和体育业。

(1)文化业是指经营文化活动的业务,包括表演、播映、经营游览场所和各种展览、培训活动,举办文学、艺术、科技讲座、讲演、报告会,图书馆的图书和资料的借阅业务等。

| 注意:广告播映属于服务业。 |
|---|

(2)体育业是指举办各种体育比赛和为体育比赛或体育活动提供场所的业务。

**6. 娱乐业**

娱乐业是指为娱乐活动提供场所和服务的业务,包括经营歌厅、舞厅、卡拉 OK 歌舞厅、音乐茶座、台球、高尔夫球、保龄球场、网吧、游艺场等娱乐场所,以及娱乐场所为顾客进行娱乐活动提供服务的业务。娱乐场所为顾客提供的饮食服务及其他各种服务也按照娱乐业征税。

**7. 服务业**

(1)服务业是指利用设备、工具、场所、信息或技能为社会提供服务的业务,包括代理业、旅店业、饮食业、旅游业、仓储业、租赁业、广告业和其他服务业。

(2)对远洋运输企业从事光租业务和航空运输企业从事干租业务取得的收入,按“服务业”税目中的“租赁业”项目征收营业税。

(3)自2002年1月1日起,福利彩票机构发行销售福利彩票取得的收入不征收营业税。对福利彩票机构以外的代销单位销售福利彩票取得的手续费收入应按规定征收营业税。

(4)双方签订承包、租赁合同(协议,下同),将企业或企业部分资产出包、租赁,出包、出租者向承包、承租方收取的承包费、租赁费(承租费,下同)按“服务业”税目征收营业税。

(5)单位和个人在旅游景点经营索道取得的收入按“服务业”税目“旅游业”项目征收营业税。

**8. 转让无形资产**

转让无形资产是指转让无形资产的所有权或使用权的行为,包括转让土地使用权、转让商标权、转让专利权、转让非专利技术、出租电影拷贝、转让著作权和转让商誉。

自2003年1月1日起,以无形资产投资入股,参与接受投资方的利润分配、共同承担投资风险的行为,不征收营业税。在投资后转让其股权的也不征收营业税。

**9. 销售不动产**

销售不动产是指有偿转让不动产所有权的行为,包括销售建筑物或构筑物和销售其他土地附着物。在销售不动产时连同不动产所占土地的使用权一并转让的行为,比照销售不动产征收营业税。(使用权呢?)

自2003年1月1日起,以不动产投资入股,参与接受投资方利润分配、共同承担投资风险的行为,不征营业税。在投资后转让其股权的也不征收营业税。

单位或者个人将不动产或者土地使用权无偿赠送其他单位或者个人,视同发生应税行为按规定征收营业税;

单位或者个人自己新建(以下简称自建)建筑物后销售,其所发生的自建行为,视同发生应税行为按规定征收营业税。实际上按建筑业、销售不动产征收两道营业税。

(二)税率

(1)交通运输业、建筑业、邮电通信业、文化体育业,税率为3%。

(2)服务业、金融保险业、销售不动产、转让无形资产,税率为5%。

(3)娱乐业执行5% ~20%的幅度税率,具体适用的税率,由各省、自治区、直辖市人民政府根据当地的实际情况在税法规定的幅度内决定。

表4-1 营业税税目税率

| 税目 | 税率 |
|---|---|
| 一、交通运输业 | 3% |
| 二、建筑业 | 3% |
| 三、金融保险业 | 5% |

续 表

| 税 目 | 税 率 |
| --- | --- |
| 四、邮电通信业 | 3% |
| 五、文化体育业 | 3% |
| 六、娱乐业 | 5% ~20% |
| 七、服务业 | 5% |
| 八、转让无形资产 | 5% |
| 九、销售不动产 | 5% |

# 模块二 营业税应纳税额的计算

纳税人提供应税劳务、转让无形资产或者销售不动产，按照营业额和规定的税率计算应纳税额。应纳税额计算公式：

应纳税额 = 营业额 × 税率

## 一、营业额一般规定

纳税人的营业额为纳税人提供应税劳务、转让无形资产或者销售不动产收取的全部价款和价外费用。

价外费用，包括收取的手续费、补贴、基金、集资费、返还利润、奖励费、违约金、滞纳金、延期付款利息、赔偿金、代收款项、代垫款项、罚息及其他各种性质的价外收费。

但不包括同时符合以下条件代为收取的政府性基金或者行政事业性收费：

(1) 由国务院或者财政部批准设立的政府性基金，由国务院或者省级人民政府及其财政、价格主管部门批准设立的行政事业性收费；

(2) 收取时开具省级以上财政部门印制的财政票据；

(3) 所收款项全额上缴财政。

## 二、营业税应纳税额的具体计算

### (一) 交通运输业应纳税额的计算

交通运输业的营业额为纳税人运输行为的收入总额，包括运输企业实际取得的客运收入、货运收入、装卸搬运收入及其他运输业务收入和运输票价中包含的保险费收入和各种建设基金。

但纳税人将承揽的运输业务分给其他单位或者个人的，以其取得的全部价款和价外费用扣除其支付给其他单位或者个人的运输费用后的余额为营业额。

**【例 4 -1】**某运输公司 2010 年 10 月取得客运收入 100 000 元，其中含 1% 的保险费用；货运收入 200 000 元。试计算该公司应纳的营业税。

解析：该公司 10 月份与营业额包括客运收入和货运收入两部分。按税法规定，客运收入中的保险费是营业额中的组成部分，不予扣除。其营业税税率税率为 3%。

应纳税额 = 300 000 × 3% = 9 000(元)

| 借:营业税金及附加 | 9 000 | |
| --- | --- | --- |
| 贷:应交税费——应交营业税 | | 9 000 |

**【例4-2】**某汽车运输公司载运货物自我国境内运往俄罗斯,全程运费56万元,到境外改由俄罗斯运输公司运到目的地,付给其运费23万元,取得合法有效凭证。试计算该公司应纳的营业税。

解析:

应纳税额 = (560 000 - 230 000) × 3% = 9 900(元)

**【例4-3】**某运输公司2011年4月运营售票收入总额为600万元,从中支付联运业务的金额为100万元,取得对方开具的发票。计算该应缴纳的营业税税额。

解析:

应纳税额 = (售票收入总额 - 联运业务支出) × 适用税率

= (600 - 100) × 3% = 15(万元)

### (二)建筑业应纳税额的计算

建筑业的营业额为承接建筑、安装、修缮、装饰和其他工程作业向建设单位收取的工程价款及工程价款之外的各种费用之和。具体有以下特殊规定:

(1)纳税人提供建筑业劳务(不含装饰劳务)的,其营业额应当包括工程所用原材料、设备及其他物资和动力价款在内,但不包括建设方提供的设备的价款。

> 注意:对工程所用原材料、其他物资和动力无论是建设单位提供还是纳税人提供,都要并入营业额缴纳营业税;对工程所用的设备要区分是建设单位提供还是纳税人外购,如果是纳税人外购则并入营业额缴纳营业税,如果属于建设单位提供则不需要并入营业额。

(2)建筑安装企业由于自身的原因,向建筑单位支付的工程质量罚款和延误工期损失,不得从工程收入中扣除。

(3)纳税人将建筑工程分包给其他单位的,以其取得的全部价款和价外费用扣除其支付给其他单位的分包款后的余额为营业额。

**【例4-4】**某建筑安装公司2010年承建办公楼一幢,工程总造价2 500万元。该公司为总承包人,将土建工程转包给某工程队,付转包费830万元,其他工程自己施工。该工程提前竣工,建设单位付给建筑公司提前竣工奖10万元,该公司又将其中的4万元付给工程队,取得发票。试计算建筑公司应纳的营业税。

解析:建筑公司应纳营业税 = (2 500 - 830 + 10 - 4) × 3% = 50.28(万元)

**【例4-5】**某建筑安装公司2010年10月承揽一项水塔的建筑安装工程,建设方提供设备价款为400 000元,工程价款为250 000元。请计算该公司应缴纳的营业税税额。

解析:因为设备是由建设方提供的,不并入营业额征收营业税。

应纳税额 = 250 000 × 3% = 7 500(元)

**【例4-6】**某建筑公司承包工程一项,建设方提供原材料及其他物资60万元和动力20万元,并于2010年10月完工,验收合格,取得建筑业务收入280万元,该公司应缴纳的营业税税额?

解析:对工程所用原材料、其他物资和动力无论是建设单位提供还是纳税人提供,都要并入营业额缴纳营业税。

应纳税额 = [(60 + 20) + 280] × 3% = 10.8(万元)

### (三)金融保险业应纳税额的计算

(1)贷款业务的营业额为贷款利息收入、各种加息、罚息等。注意不扣除借款利息支出。

(2)纳税人融资租赁业务,以其向承租者收取的全部价款和价外费用(包括残值)减去出租方承担的出租货物的实际成本后的余额,以直线法折算出本期的营业额。计算方法为:

本期营业额 = (应收取的全部价款和价外费用 − 实际成本) × (本期天数 ÷ 总天数)

实际成本 = 货物购入原价 + 关税 + 增值税 + 消费税 + 运杂费 + 安装费 + 保险费 + 支付给境外的外汇借款利息支出和人民币借款利息

(3) 外汇、有价证券、期货等金融商品买卖业务,以卖出价减去买入价后的余额为营业额。

卖出价是指卖出原价,不得扣除卖出过程中支付的各种费用和税金;买入价是指购进原价,不包括购进过程中支付的各种费用和税金,但买入价应依照财务会计制度规定,以股票、债券的购入价减去股票、债券持有期间取得的股票、债券红利收入。

所称外汇、有价证券、期货等金融商品买卖业务,是指纳税人从事的外汇、有价证券、非货物期货和其他金融商品的买卖业务。货物期货不缴纳营业税(属于增值税征税范围)。

(4)金融经纪业和其他金融业务的计税营业额为金融机构收取的手续费。

(5)保险业务营业额为纳税人经营保险业务向对方收取的全部价款,即向被保险人收取的全部保险费。保险企业开展无赔偿奖励业务的,以向投保人实际收取的保费为营业额(即:保险企业的无赔偿奖励支出不可从营业额中扣除)。

(6)纳税人以人民币以外的货币结算营业额的,其营业额的人民币折合率可以选择营业额发生的当天或者当月 1 日的人民币汇率中间价。纳税人应当在事先确定采用何种折合率,确定后 1 年内不得变更。

**【例 4−7】**某工商银行 2011 年第一季度发生下列业务:取得人民币贷款利息收入 200 万元,外汇贷款利息收入 90 万元,同时支付境外的借款利息为 70 万元;转让某种债券的收入 120 万元,买入价为 100 万元;销售黄金 15 万元,其购入价 12 万元。试计算工行应纳的营业税。

解析:销售金银应缴纳增值税,不缴纳营业税。自 2009 年 1 月 1 日起,外汇转贷业务营业额不再扣除借款利息支出。

应纳营业税 = 200 × 5% + 90 × 5% + (120 − 100) × 5% = 10 + 4.5 + 1 = 15.5(万元)

**【例 4−8】**某保险公司 2011 年 4 月取得财产保险费收入 40 万元;取得初保业务全部保费收入 80 万元,付给分保人保费为 30 万元。试计算该保险公司应纳的营业税。

解:该保险公司应纳营业税 = (40 + 80) × 5% = 6(万元)

### (四)邮电通信业应纳税额的计算

邮电通信业的营业额包括邮政业务营业额和电信业务营业额。

邮政业务营业额是指提供传递函件或包件、邮汇、报刊发行、邮政物品销售、邮政储蓄和其他邮政业务取得的收入。

电信业务营业额是指提供电报、电话、电传、电话机安装、电信物品销售、其他电信业务的收入。

邮电通信业的营业额大多数情况下以其取得的收入全额确定。但下列业务有特殊规定：

(1)邮政电信单位与其他单位合作,共同为用户提供邮政电信业务及其他服务并由邮政电信单位统一收取价款的,以全部收入减去支付给合作方价款后的余额为营业额。

(2)中国移动通信集团公司通过手机短信公益特服号“8858”为中国儿童少年基金会接受捐款业务,以全部收入减去付给中国儿童少年基金会的价款后的余额为营业额。

**【例4-9】**某邮局2011年4月直接取得报刊发行收入20万元,邮政储蓄业务收入10万元,信封、信纸销售收入2万元,其他邮政业务收入5万元。计算该应缴纳的营业税税额。

解析：

应纳税额=(报刊发行收入+邮政储蓄业务收入+信封、信纸销售收入+其他邮政业务收入)×适用税率=(20+10+2+5)×3%=1.11(万元)

**【例4-10】**某市电信部门2011年4月份发生下列业务:长途话费收入150万元;市内电话收入200万元;电话咨询服务收入80万元;宽带收入50万元。试计算该电信局4月应纳的营业税。

解析:应纳营业税=(150+200+80+50)×3%=14.4(万元)

### (五)文化体育业应纳税额的计算

文化体育业的计税营业额是指纳税人经营文化业、体育业取得的全部收入。

单位或个人进行演出,以全部票价收入或者包场收入减去付给提供演出场所的单位、演出公司或者经纪人的费用后的余额为营业额。

**【例4-11】**由经纪人李祥安排,某演出团体到A市租借某剧院进行演出,由该剧院代办售票,共得票价收入15万元,支付场地租金1.5万元,支付给经纪人李祥1.4万元。演出团体应纳营业税?剧院呢?经纪人呢?

解析：

演出团体应纳税额税=(150 000-15 000-14 000)×3%=3 630(元)

剧院按“服务业—租赁业”缴纳营业税：

剧院租金收入应纳税额=15 000×5%=750(元)

经纪人按“服务业—代理业”缴纳营业税：

经纪人应纳税额=14 000×5%=700(元)

### (六)娱乐业应纳税额的计算

娱乐业的营业额为经营娱乐业收取的全部价款和价外费用,包括门票收费、台位费、点歌费、烟酒、饮料、茶水、鲜花、小吃等收费及经营娱乐业的其他各项收费。

**【例4-12】**某歌舞厅2011年4月份取得门票收入50 000元,点歌、自唱收入100 000元,台位收入30 000元,酒类及饮料收入20 000元,该地娱乐业营业税税率16%。该歌舞厅4月份应纳营业税额如下：

解析：

应纳税额=(50 000+100 000+30 000+20 000)×16%=32 000(元)

### (七)服务业应纳税额的计算

服务业的营业额为纳税人提供代理业、旅店业、饮食业、旅游业、租赁业、仓储业、广告业或其他服务业的应税劳务向对方收取的全部价款和价外费用。

具体应注意以下几种情况：

(1)纳税人从事旅游业务的，以其取得的全部价款和价外费用扣除替旅游者支付给其他单位或者个人的住宿费、餐费、交通费、旅游景点门票和支付给其他接团旅游企业的旅游费后的余额为营业额。

(2)广告代理业的营业额为代理者向委托方收取的全部价款和价外费用减去付给广告发布者的广告发布费后的余额。

(3)对经过国家版权局注册登记，在销售时一并转让著作权、所有权的计算机软件征收营业税。计算机软件产品是指记载有计算机程序及其有关文档的存储介质(包括软盘、硬盘、光盘等)。

(4)从事物业管理的单位，以与物业管理有关的全部收入减去代业主支付的水、电、燃气以及代承租者支付的水、电、燃气、房屋租金的价款后的余额为营业额。

(5)纳税人从事无船承运业务，以其向委托人收取的全部价款和价外费用扣除其支付的海运费以及报关、港杂、装卸费用后的余额为计税营业额申报缴纳营业税。

**【例4-13】**某旅游公司组团在境内旅游，共收取旅游费10万元，支付途中交通费1万元，安排旅客住食支付房费2万元、餐费4万元，支付景点门票费和其他代付费用1万元。试计算该旅游公司应纳的营业税。

解：应纳税额=(10-1-2-4-1)×5%=0.1(万元)

**【例4-14】**某广告公司2011年4月取得自营广告收入80万元，支付其他单位设计及制作费30万元，支付广告者的发布费20万元。试计算该广告公司应纳的营业税。

解析：

应纳税额=(80-20)×5%=3(万元)

**【例4-15】**某公司2011年4月1日，以经营租赁方式出租设备，月收租金12 000元；又以融资租赁方式出租设备，租赁期限10年，收取全部租赁费9 900 000元，该设备残值500 000元，设备价款8 000 000元。试计算该公司4月份应纳的营业税。

解析：

经营租赁应纳营业税额=12 000×5%=600(元)

融资租赁应纳营业税额=(9 900 000+500 000-8 000 000)×(1÷120)×5%

=20 000×5%=1 000(元)

### (八)转让无形资产应纳税额的计算

单位和个人转让无形资产，以其向购买方收取的全部价款及价外费用为营业额；但转让受让的土地使用权，以全部收入减去土地使用权的受让原价后的余额为营业额；转让抵债所得的土地使用权，以全部收入减去抵债时土地使用权作价后的余额为营业额。

**【例4-16】**甲企业2010年10月将自己的一项专利权转让给乙企业，乙企业付给甲企业20 000元。甲企业在该项专利的研制、开发过程中共耗资8 000元。试计算甲企业应纳营业税额。

解析：

应纳营业税=20 000×5%=1 000(元)

【例4-17】甲企业2011年3月把抵债所得的土地使用权转让给乙企业，价款为500 000元，甲企业抵债时土体使用权作价400 000元。试计算甲企业应纳营业税额。

解析：

应纳营业税 =（500 000 - 400 000）×5% =5 000（元）

（九）销售不动产应纳税额的计算

单位和个人销售不动产的，以其向购买方收取的全部价款及价外费用为营业额。

但单位和个人销售或转让其购置的不动产的，以全部收入减去不动产的购置原价后的余额为营业额；单位和个人销售抵债所得的不动产的，以全部收入减去抵债时该项不动产作价后的余额为营业额。

《财政部、国家税务总局关于调整个人住房转让营业税政策的通知》（财税［2011］12号）规定，自2011年1月28日起，个人将购买不足5年的住房对外销售，全额征收营业税。个人将购买超过5年（含5年）的非普通住房对外销售，按照其销售收入减去购买房屋的价款后的差额征收营业税。个人将购买超过5年（含5年）的普通住房对外销售的，免征营业税。

## 三、营业额特别规定

对于纳税人提供劳务、转让无形资产或销售不动产价格明显偏低而无正当理由的，或者视同发生应税行为而无营业额的，税务机关可按下列顺序确定其营业额：

（1）按纳税人最近时期发生同类应税行为的平均价格核定；

（2）按其他纳税人最近时期发生同类应税行为的平均价格核定；

（3）按下列公式核定：

营业额 = 营业成本或者工程成本 ×（1 + 成本利润率）÷（1 - 营业税税率）

公式中的成本利润率，由省、自治区、直辖市税务局确定。

【例4-18】某大酒店2011年4月营业额明显偏低，该月的营业成本10万元，成本利润率25%。试计算该酒店应纳的营业税。

解：营业额 =100 000 ×（1 +25%）÷（1 -5%）=131 579（元）

应纳税额 =131 579 ×5% =6 579（元）

【例4-19】某建筑公司2010年10月发生如下业务：自建同一规格和标准的楼房两栋，建筑总成本3 000万元，成本利润率为20%，该公司将其中一栋自用，另一栋对外销售，取得销售收入2 400万元，当月应纳营业税？

解析：自建自用行为不征收营业税，自建自售则按建筑业、销售不动产行为各征收一道税。

建筑业营业税 =3 000 ×50% ×（1 +20%）÷（1 -3%）×3% =55.67（万元）

销售不动产营业税 =2 400 ×5% =120（万元）

共缴纳营业税 =55.67 +120 =175.67（万元）

## 四、营业额的其他主要规定

（1）纳税人的营业额计算缴纳营业税后因发生退款减除营业额的，应当退还已缴纳营业税税款或者从纳税人以后的应缴纳营业税税额中减除。

（2）纳税人发生应税行为，如果将价款与折扣额在同一张发票上注明的，以折扣后的价款为营业额;如果将折扣额另开发票的,不论其在财务上如何处理,均不得从营业额中扣除。

(3)单位和个人提供应税劳务、转让无形资产和销售不动产时,因受让方违约而从受让方取得的赔偿金收入,应并入营业额中征收营业税。

(4)单位和个人因财务会计核算办法改变,将已缴纳过营业税的预收性质的价款逐期转为营业收入时,允许从营业额中减除。

(5)纳税人提供应税劳务向对方收取的全部价款和价外费用,按相关规定可以扣除部分金额后确定营业额的,其扣除的金额应提供下列相关的合法有效凭证:

①支付给境内单位或者个人的款项,且该单位或者个人发生的行为属于营业税或者增值税征收范围的,以该单位或者个人开具的发票为合法有效凭证;

②支付的行政事业性收费或者政府性基金,以开具的财政票据为合法有效凭证;

③支付给境外单位或者个人的款项,以该单位或者个人的签收单据为合法有效凭证,税务机关对签收单据有疑义的,可以要求其提供境外公证机构的确认证明;

④国家税务总局规定的其他合法有效凭证。

# 模块三　特殊经营行为应纳税额的计算

## 一、兼营不同税目的应税行为

税法规定,纳税人兼营不同税目应税行为的,应当分别核算不同税目的营业额,然后按各自的适用税率计算应纳税额;未分别核算的,将从高适用税率计算应纳税额。

纳税人兼营免税、减税项目的,应当分别核算免税、减税项目的营业额;未分别核算营业额的,不得免税、减税。

**【例 4-20】**某公园 2010 年 10 月取得营业收入 300 000 元,其中门票收入 250 000 元,附设卡拉 OK 舞厅收入 50 000 元(该地娱乐业营业税税率 20%)。试计算该公园本月应纳的营业税。

解析:门票收入营业税额 = 250 000 × 3% = 7 500(元)

歌舞厅收入营业税额 = 50 000 × 20% = 10 000(元)

本月合计应纳营业税额 = 7 500 + 10 000 = 17 500(元)

若该公园本月经营收入未分别核算营业额,那么按高税率 20% 纳税。

该公园应纳营业税额为:300 000 × 20% = 60 000(元)

## 二、混合销售行为

一项销售行为如果既涉及营业税的应税劳务又涉及增值税货物,属于混合销售行为。对于发生的混合销售行为,税法规定:从事货物的生产、批发或零售的企业、企业性单位及个体经营者的混合销售行为,视同销售货物,征收增值税,不征收营业税;其他单位和个人的混合销售行为,视同提供应税劳务,应当征收营业税。

**【例 4-21】**泰丰酒店 2010 年 11 月份承办筵席收入 100 000 元,销售烟、酒、饮料收入50 000 元。

问:泰丰酒店如何纳税?

解析:此属混合销售行为,该企业以应税劳务为主,故各项收入应一并征收营业税。

应纳营业税额 =(100 000 +50 000)×5% =7 500(元)

需要指出的是,纳税人的下列混合销售行为,应当分别核算应税劳务的营业额和货物的销售额,其应税劳务的营业额缴纳营业税,货物销售额不缴纳营业税,缴纳增值税;未分别核算的,由主管税务机关核定其应税劳务的营业额:

(1)提供建筑业劳务的同时销售自产货物的行为;

(2)财政部、国家税务总局规定的其他情形。

具体规定是:

(1)纳税人以签订建设工程施工总包或分包合同(包括建筑、安装、装饰、修缮等工程总包和分包合同,下同)方式开展经营活动时,销售自产货物、提供增值税应税劳务并同时提供建筑业劳务(包括建筑、安装、修缮、装饰、其他工程作业,下同),同时符合以下条件的,对销售自产货物和提供增值税应税劳务取得的收入征收增值税,提供建筑业劳务收入(不包括按规定应征收增值税的自产货物和增值税应税劳务收入)征收营业税:

①具备建设行政部门批准的建筑业施工(安装)资质;

②签订建设工程施工总包或分包合同中单独注明建筑业劳务价款。

凡不同时符合以上条件的,对纳税人取得的全部收入征收增值税,不征收营业税。

以上所称建筑业劳务收入,以签订的建设工程施工总包或分包合同上注明的建筑业劳务价款为准。

纳税人通过签订建设工程施工合同,销售自产货物、提供增值税应税劳务的同时,将建筑业劳务分包或转包给其他单位和个人的,对其销售的货物和提供的增值税应税劳务征收增值税;同时,签订建设工程施工总承包合同的单位和个人,应扣缴提供建筑业劳务的单位和个人取得的建筑业劳务收入的营业税。

(2)扣缴分包人营业税的规定。不论签订建设工程施工合同的总承包人是销售自产货物、提供增值税应税劳务并提供建筑业劳务的单位和个人,还是仅销售自产货物、提供增值税应税劳务不提供建筑业劳务的单位和个人,均应当扣缴分包人或转包人(以下简称分包人)的营业税。

①如果分包人是销售自产货物、提供增值税应税劳务并提供建筑业劳务的单位和个人,总承包人在扣缴建筑业营业税时的营业额为除自产货物、增值税应税劳务以外的价款。

②除本条第一款规定以外的分包人,总承包人在扣缴建筑业营业税时的营业额为分包额。

(3)自产货物是指:

①金属结构件,包括活动板房、钢结构房、钢结构产品、金属网架等产品;

②铝合金门窗;

③玻璃幕墙;

④机器设备、电子通信设备;

⑤国家税务总局规定的其他自产货物。

(4)纳税人是指从事货物生产的单位或个人。

纳税人销售自产货物、提供增值税应税劳务并同时提供建筑业劳务,应向营业税应税劳务发生地地方税务局提供其机构所在地主管国家税务局出具的纳税人属于从事货物生产的单位或个人的证明，营业税应税劳务发生地地方税务局根据纳税人持有的证明按本规定征收营业税。

**【例4-22】**在项目二增值税纳税实务中的"【例2-40】某企业集团(具有建筑资质)将自己生产的建筑材料销售给建筑方，该企业集团同时为该建筑方提供建筑劳务，合同规定材料款为6 000万元(含税)，建筑劳务款为3 000万元。则该混合销售行为，如何纳税？

解析：增值税=6 000÷1.17×17%，3 000万元不征增值税，征收营业税。"

那么应纳营业税=3 000×3%=90(万元)

## 三、兼营非应税劳务行为

纳税人兼营应税行为和货物或者非应税劳务的，应当分别核算应税行为的营业额和货物或者非应税劳务的销售额，其应税行为营业额缴纳营业税，货物或者非应税劳务销售额不缴纳营业税；未分别核算的，由主管税务机关核定其应税行为营业额。

**【例4-23】**在项目二增值税纳税实务中的"【例2-41】某商厦主要从事货物销售，还从事快餐业务，货物销售与快餐业务的营业收入、成本、费用均分别核算。2010年12月取得货物零售收入300万元；取得快餐营业收入30万元。

解析：该企业的货物销售与快餐业务属两项经营业务，两项业务之间无必然的联系，且分别核算货物销售与快餐业务的营业收入、成本、费用。因此货物销售收入300万元应计算缴纳增值税；快餐业务的营业收入30万元应计算缴纳营业税。"

增值税=300÷(1+17%)×17%=43.59(万元)

营业税=30×5%=1.5(万元)

如果这两项收入没有分别核算，由国家税务机关核定货物销售额缴纳增值税，地方税务机关核定营业税应税劳务营业额缴纳营业税。

## 四、营业税与增值税征税范围的划分

### (一)邮电业务征税

(1)集邮商品的生产征收增值税。邮政部门(含集邮公司)销售集邮商品，应当征收营业税；邮政部门以外的其他单位与个人销售集邮商品，征收增值税。集邮是指收集和保存各种邮票以及与邮政相联系的其他邮品的活动。

(2)邮政部门发行报刊，征收营业税；其他单位和个人发行报刊，征收增值税。报刊发行是指邮政部门代出版单位收订、投递和销售各种报纸、杂志的业务。

(3)电信单位自己销售电信物品，并为客户提供有关的电信劳务服务的，征收营业税；对单纯销售无线寻呼机、移动电话等不提供有关的电信劳务服务的，征收增值税。电信物品是指电信业务专用或通用的物品，如无线寻呼机、移动电话、电话机及其他电信器材等。

### (二)建筑业务征税

基本建设单位和从事建筑安装业务的企业附设的工厂、车间生产的水泥预制构件、其他构件或建筑材料，用于本单位或本企业的建筑工程的，应在移送使用时征收增值税。但对其在建筑现场制造的预制构件,凡直接用于本单位或本企业建筑工程的,征收营业税,不征收增值税。

(三)服务业务征税

**1. 代购代销的征税**

代购代销货物本身的经营活动属于购销货物,在其经营过程中,货物实现了有偿转让,应属增值税的征收范围。

营业税对代购代销货物征税,不是针对货物有偿转让这个过程的经营业务,而是对代理者为委托方提供的代购或代销货物的劳务行为征税。

(1)所谓代购货物,是指受托方按照协议或委托方的要求,从事商品的购买,并按发票购进价格与委托方结算(原票转交)。如果受托方在代购货物后按原价与委托方结算,则只需就货物销售征收增值税,而没有征收营业税问题了。但受托方在这个过程中提供了劳务,就需要取得经济利益。因此,受托方要按购进额收取一定的手续费,这就是受托方为委托方提供劳务而取得的报酬,也就是营业税规定要征税的范围。

例如,某机械厂委托金属材料公司代购钢材,事先预付一笔周转金 50 万元,该金属材料公司代购钢材后按实际购进价格向工厂结算,并将销货方开具给委托方的增值税专用发票原票转交,共计支付价税合计金额 46 万元,另扣 5% 的手续费 2. 3 万元,并单独开具发票收取,收取的 2. 3 万元手续费即为营业税征收范围。

如果该公司将增值税专用发票不转交工厂,先购进钢材,增值税专用发票自留,并照原购进发票的原价,另外用本公司的增值税专用发票填开给机械厂,同时再按原协议收取手续赞。这种情况下,金属材料公司的所谓代购钢材行为,变成了自营钢材行为,所收取的手续费属于销售货物时所收取的价外费用,应当并入货物的销售额征收增值税。

由此可见,代购货物行为,凡同时具备以下条件的,不论企业的财务和会计账务如何处理,均应征收营业税:第一,受托方不垫付资金;第二,销货方将增值税专用发票开具给委托方,并由受托方将该项发票转交给委托方;第三,受托方按代购实际发生的销售额和增值税税额与委托方结算货款,并另收取手续费。

(2)所谓代销,是指受托方按委托方的要求销售委托方的货物,并收取手续费的经营活动。仅就销售货物环节而言,它与代购一样也属增值税的征收范围。但受托方提供了劳务,就要取得一定的报酬,因而,要收取一定的手续费。营业税是对受托方提供代销货物业务的劳务所取得的手续费征税。掌握代销货物的关键,是受托方以委托方的名义,从事销售委托方的货物的活动,对代销货物发生的质量问题以及法律责任,都由委托方负责。

**2. 其他与增值税的划分**

服务业税目中,所列举的经营行为,多数属混合销售。如不能明确掌握服务业的征税范围和混合销售的处理规定,在税收实际工作中,就必然出现偏差。

除前面已说过的代理业务外,旅店、饮食、旅游等业务,根据混合销售规定的处理原则,比较容易确定征税范围。如饮食行业,在提供饮食的同时,附带也提供香烟等货物,就应按饮食业征收营业税。另外一种经营形式是饮食业自制食品,既可对内又可对外销售货物的兼营情况。如某饭店在大门口设一独立核算的柜台,既对店内的顾客提供自制食品(如月饼、生日蛋糕、快餐等),又对外销售,这种情况属于兼营行为。在划分混合销售或是兼营行为时,都要严格区分两者的概念,才能正确划分营业税与增值税的征税范围。

在其他服务业中，情况也比较复杂。如某照相馆在照结婚纪念照的同时，附带也提供镜框、相册等货物，此种混合销售行为，就应按其他服务业征收营业税。这是因为这项销售业务是以提供劳务为主，同时附带销售货物，这种情况下的混合销售行为，应当征收营业税。

燃气公司和生产、销售货物或提供增值税应税劳务的单位，在销售货物或提供增值税应税劳务时，代有关部门向购买方收取的集资费，包括管道煤气集资款（初装费）、手续费、代收款等，属于增值税价外收费，应征收增值税，不征收营业税。

随汽车销售提供的汽车按揭服务和代办服务业务征收增值税，单独提供按揭、代办服务业务并不销售汽车的，应征收营业税。

（四）商业企业向货物供应方收取的部分费用征税

自2004年7月1日起，对商业企业向供货方收取的与商品销售量、销售额无必然联系，且商业企业向供货方提供一定劳务的收入。例如，进场费、广告促销费、上架费、展示费、管理费等，不属于平销返利，不冲减当期增值税进项税额，应按营业税的适用税目税率（5%）征收营业税。

商业企业向供货方收取的各种收入，一律不得开具增值税专用发票。

思考：商业企业向供货方收取的与商品销售量、销售额有直接联系的返还收入，如何进行税务处理呢？该问题在项目二——增值税纳税实务中已阐述。

# 模块四　营业税税收优惠

## 一、《营业税暂行条例》规定的免税项目

（1）托儿所、幼儿园、养老院、残疾人福利机构提供的育养服务、婚姻介绍、殡葬服务。

（2）残疾人员个人为社会提供的劳务。

（3）学校和其他教育机构提供的教育劳务，学生勤工俭学提供的劳务。学校和其他教育机构是指普通学校以及经地、市级以上人民政府或者同级政府的教育行政部门批准成立、国家承认其学员学历的各类学校。

（4）农业机耕、排灌、病虫害防治、植保、农牧保险以及相关技术培训业务，家禽、牲畜、水生动物的配种和疾病防治。

（5）纪念馆、博物馆、文化馆、美术馆、展览馆、书画院、图书馆、文物保护单位举办文化活动的门票收入，宗教场所举办文化、宗教活动的门票收入。

## 二、国务院规定的减征或免征营业税的主要项目

（1）保险公司开展的1年期以上返还性人身保险业务的保费收入免征营业税。

（2）对单位和个人从事技术转让、技术开发业务和与之相关的技术咨询、技术服务业务取得的收入，免征营业税。

（3）个人转让著作权，免征营业税。

（4）将土地使用权转让给农业生产者用于农业生产，免征营业税。

(5)工会疗养院(所)可视为“其他医疗机构”,免征营业税。

(6)凡经中央及省级财政部门批准纳入预算管理或财政专户管理的行政事业性收费、基金,无论是行政单位收取的,还是由事业单位收取的,均不征收营业税。

(7)立法机关、司法机关、行政机关的收费,同时具备下列条件的,不征收营业税:一是国务院、省级人民政府或其所属财政、物价部门以正式文件允许收费,而且收费标准符合文件规定的;二是所收费用由立法机关、司法机关、行政机关自己直接收取的。

(8)社会团体按财政部门或民政部门规定标准收取的会费,不征收营业税。

(9)对从原高校后勤管理部门剥离出来而成立的进行独立核算并有法人资格的高校后勤经济实体(以下简称高校后勤实体),经营学生公寓和教师公寓及为高校教学提供后勤服务而获得的租金和服务性收入,免征营业税;但利用学生公寓或教师公寓等高校后勤服务设施向社会人员提供服务而获得的租金和其他各种服务性收入,应按现行规定计征营业税。

对社会性投资建立的为高校学生提供住宿服务并按高教系统统一收费标准收取租金的学生公寓,其取得的租金收入,免征营业税;但利用学生公寓向社会人员提供住宿服务而取得的租金收入,应按现行规定计征营业税。

对设置在校园内的实行社会化管理和独立核算的食堂,向师生提供餐饮服务获得的收入免征营业税,向社会提供餐饮服务获得的收入应按现行规定计征营业税。

(10)对住房公积金管理中心用住房公积金在指定的委托银行发放个人住房贷款取得的收入,免征营业税。

(11)对按政府规定价格出租的公有住房和廉租住房暂免征收营业税,对个人出租住房,不区分用途,在减按3%税率的基础上再减半征收营业税。

(12)对于从事国际航空运输业务的外国企业或我国香港、澳门、台湾地区的企业从我国大陆运载旅客、货物、邮件的运输收入,在国家另有规定之前,应按4.65%的综合计征率计算征税。

(13)中国人民保险公司和中国进出口银行办理的出口信用保险业务,不作为境内提供保险,为非应税劳务,不征收营业税。

(14)保险公司的摊回分保费用不征营业税。

(15)人民银行对金融机构的贷款业务,不征收营业税。人民银行对企业贷款或委托金融机构贷款的业务应当征收营业税。

(16)金融机构往来业务暂不征收营业税。金融机构往来是指金融企业联行、金融企业与人民银行及同业之间的资金往来业务取得的利息收入、不包括相互之间提供的服务。

(17)对电影放映单位放映电影取得的票价收入按收入全额征收营业税后,对电影发行单位向放映单位收取的发行收入不再征收营业税,但对电影发行单位取得的片租收入仍应按全额征收营业税。

(18)对金融机构的出纳长款收入,不征收营业税。

(19)企业集团或集团内的核心企业(以下简称企业集团)委托企业集团所属财务公司代理统借统还贷款业务,从财务公司取得的用于归还金融机构的利息不征收营业税;财务公司承担此项统借统还委托贷款业务,从贷款企业收取贷款利息不代扣代缴营业税。

(20)对非营利性医疗机构按照国家规定的价格取得的医疗服务收入,免征营业税。

(21)保险企业取得的追偿款不征收营业税。所称追偿款,是指发生保险事故后,保险公司按照保险合同的约定向被保险人支付赔款,并从被保险人处取得对保险标的价款进行追偿的权利而追回的价款。

(22)个人向他人无偿赠与不动产,包括继承、遗产处分及其他无偿赠与不动产等三种情况可以免征营业税。但在办理营业税免税申请手续时,纳税人应区分不同情况向税务机关提交相关证明材料:

①属于继承不动产的,继承人应当提交公证机关出具的"继承权公证书"、房产所有权证和个人无偿赠与不动产登记表;

②属于遗嘱人处分不动产的,遗嘱继承人或者受遗赠人须提交公证机关出具的"遗嘱公证书"和"遗嘱继承权公证书"或"接受遗赠公证书"、房产所有权证以及个人无偿赠与不动产登记表;

③属于其他情况无偿赠与不动产的,受赠人应当提交房产所有人"赠与公证书"和受赠人"接受赠与公证书",或持双方共同办理的"赠与合同公证书",以及房产所有权证和个人无偿赠与不动产登记表。

上述证明材料必须提交原件,税务机关应当认真审核,资料齐全并且填写正确规范的,在提交的个人无偿赠与不动产登记表上签字盖章后退提交人,将有关公证证书复印件留存,同时办理营业税免税手续。

(23)按照现行营业税政策的有关规定,公司从事金融资产处置业务时,出售、转让股权不征收营业税;出售、转让债权或将其持有的债权转为股权不征收营业税。

### 三、起征点

对于经营营业税应税项目的个人,营业税规定了起征点。营业额达到或超过起征点即照章全额计算纳税,营业额低于起征点则免予征收营业税。税法规定的起征点如下:

(1)按期纳税的(除另有规定外)为月营业额1 000 ~5 000元;

(2)按次纳税的(除另有规定外)为每次(日)营业额100元。

各省、自治区、直辖市人民政府所属地方税务机关可以在规定的幅度内,根据当地实际情况确定本地区适用的起征点,并报财政部、国家税务总局备案。

## 模块五 营业税纳税申报

### 一、纳税义务发生时间

营业税的纳税义务发生时间为纳税人收讫营业收入款项或者取得索取营业收入款项凭据的当天。签订书面合同的为书面合同确定的付款日期的当天;未签订书面合同或者书面合同未确定付款日期的,为应税行为完成的当天。某些特殊项目具体规定如下:

(1)转让土地使用权或者销售不动产,采用预收款方式的,其纳税义务发生时间为收到预收款的当天。

纳税人提供建筑业或者租赁业劳务,采取预收款方式的,其纳税义务发生时间为收到预收款的当天。

(2)单位或者个人自己新建建筑物后销售,其自建行为的纳税义务发生时间,为其销售自建建筑物并收讫营业额或者取得索取营业额凭据的当天。

(3)纳税人将不动产或者土地使用权无偿赠送其他单位或者个人的,其纳税义务发生时间为不动产所有权、土地使用权转移的当天。

(4)会员费、席位费和资格保证金纳税义务发生时间为会员组织收讫会员费、席位费、资格保证金和其他类似费用款项或者取得索取这些款项凭据的当天。

(5)扣缴税款义务发生时间为扣缴义务人代纳税人收讫营业收入款项或者取得索取营业收入款项凭据的当天。

(6)纳税人提供建筑业应税劳务,施工单位与发包单位签订书面合同,如合同明确规定付款(包括提供原材料、动力及其他物资,不含预收工程价款)日期的,按合同规定的付款日期为纳税义务发生时间;合同未明确付款(同上)日期的,其纳税义务发生时间为纳税人收讫营业收入款项或者取得索取营业收入款项凭据的当天。

上述预收工程价款是指工程项目尚未开工时收到的款项。对预收工程价款,其纳税义务发生时间为工程开工后,主管税务机关根据工程形象进度按月确定的纳税义务发生时间。

(7)电信部门销售有价电话卡的纳税义务发生时间,为售出电话卡并取得售卡收入或取得索取售卡收入凭据的当天。

(8)单位和个人提供应税劳务、转让专利权、非专利技术、商标权、著作权和商誉时,向对方收取的预收性质的价款(包括预收款、预付款、预存费用、预收定金等,下同),其营业税纳税义务发生时间以按照财务会计制度的规定,该项预收性质的价款被确认为收入的时间为准。

## 二、纳税期限

(1)营业税的纳税期限,分别为 5 日、10 日、15 日、1 个月或者 1 个季度。纳税人的具体纳税期限,由主管税务机关根据纳税人应纳税额的大小分别核定;不能按照固定期限纳税的,可以按次纳税。

纳税人以 1 个月或 1 个季度为一期纳税的,自期满之日起 15 日内申报纳税;以 5 日、10 日或者 15 日为一期纳税的,自期满之日起 5 日内预缴税款,于次月 1 日起 15 日内申报纳税并结清上月应纳税款。

(2)扣缴义务人的解缴税款期限,比照上述规定执行。

(3)银行、财务公司、信托投资公司、信用社、外国企业常驻代表机构的纳税期限为 1 个季度。自纳税期满之日起 15 日内申报纳税。

(4)保险业的纳税期限为 1 个月。

## 三、纳税地点

营业税的纳税地点原则上采取属地征收的方法,就是纳税人在经营行为发生地缴纳应纳税款。具体规定如下:

(1)纳税人提供应税劳务,应当向应税劳务发生地的主管税务机关申报纳税。纳税人从事运输业务的,应当向其机构所在地主管税务机关申报纳税。

(2)纳税人转让土地使用权,应当向土地所在地主管税务机关申报纳税。纳税人转让其他无形资产,应当向其机构所在地的主管税务机关申报纳税。

(3)单位和个人出租土地使用权、不动产的营业税纳税地点为土地、不动产所在地;单位和个人出租物品、设备等动产的营业税纳税地点为出租单位机构所在地或个人居住地。

(4)纳税人销售不动产,应当向不动产所在地主管税务机关申报纳税。

(5)纳税人提供的应税劳务发生在外县(市),应向应税劳务发生地的主管税务机关申报纳税;如未向应税劳务发生地申报纳税的,由其机构所在地或者居住地主管税务机关补征税款。

(6)纳税人承包的工程跨省、自治区、直辖市的,向其机构所在地主管税务机关申报纳税。

(7)各航空公司所属分公司,无论是否单独计算盈亏,均应作为纳税人向分公司所在地主管税务机关缴纳营业税。

(8)纳税人在本省、自治区、直辖市范围内发生应税行为,其纳税地点需要调整的,由省、自治区、直辖市人民政府所属税务机关确定。

(9)建筑业纳税人及扣缴义务人应按照下列规定确定建筑业营业税的纳税地点:

①纳税人提供建筑业应税劳务,其营业税纳税地点为建筑业应税劳务的发生地。

②纳税人从事跨省工程的,应向其机构所在地主管地方税务机关申报纳税。

③纳税人在本省、自治区、直辖市和计划单列市范围内提供建筑业应税劳务的,其营业税纳税地点需要调整的,由省、自治区、直辖市和计划单列市税务机关确定。

④扣缴义务人代扣代缴的建筑业营业税税款的解缴地点为该工程建筑业应税劳务发生地。

⑤扣缴义务人代扣代缴跨省工程的,其建筑业营业税税款的解缴地点为被扣缴纳税人的机构所在地。

⑥纳税人提供建筑业劳务,应按月就其本地和异地提供建筑业应税劳务取得的全部收入向其机构所在地主管税务机关进行纳税申报,就其本地提供建筑业应税劳务取得的收入缴纳营业税;同时,自应申报之月(含当月)起6个月内向机构所在地主管税务机关提供其异地建筑业应税劳务收入的完税凭证,否则,应就其异地提供建筑业应税劳务取得的收入向其机构所在地主管税务机关缴纳营业税。

⑦上述本地提供的建筑业应税劳务是指独立核算纳税人在其机构所在地主管税务机关税收管辖范围内提供的建筑业应税劳务;上述异地提供的建筑业应税劳务是指独立核算纳税人在其机构所在地主管税务机关税收管辖范围以外提供的建筑业应税劳务。

(10)在中华人民共和国境内的电信单位提供电信业务的营业税纳税地点为电信单位机构所在地。

(11)在中华人民共和国境内的单位提供的设计(包括在开展设计时进行的勘探、测量等业务,下同)、工程监理、调试和咨询等应税劳务的,其营业税纳税地点为单位机构所在地。

(12)在中华人民共和国境内的单位通过网络为其他单位和个人提供培训、信息和远程调试、检测等服务的,其营业税纳税地点为单位机构所在地。

## 四、纳税申报

纳税人应按《营业税暂行条例》有关规定及时办理纳税申报,并如实填写营业税纳税申报表(见表4-2)。

国家税务总局按提供应税劳务的不同,制订了不同的营业税纳税申报表,具体申报表见《纳税实务配套实训——营业税实训》。

**表4-2 营业税纳税申报表**

填表日期： 年 月 日

纳税人识别号：□□□□□□□□□□□□□□□ 金额单位：元（列至角分）

| 纳税人名称 | | | | | | | | 税款所属时期 | | | |
|---|---|---|---|---|---|---|---|---|---|---|---|
| 项目 | 经营项目 | 营业额 | | | | | 税率 | 本期 | | | |
| | | 全部收入 | 不征税项目 | 减除项目 | 减免税项目 | 应税营业额 | | 应纳税额 | 减免税额 | 已纳税额 | 应补（退）税额 |
| 1 | 2 | 3 | 4 | 5 | 6 | 7=3-4-5-6 | 8 | 9=7*8 | 10=6*8 | 11 | 12 |
| | | | | | | | | | | | |
| | | | | | | | | | | | |
| | | | | | | | | | | | |
| | | | | | | | | | | | |
| 合计 | | | | | | | | | | | |

| 如纳税人填报，由纳税人填写以下各栏 | | 如委托代理人填报，由代理人填写，由代理人填写以下各栏 | | | | 备注 |
|---|---|---|---|---|---|---|
| 会计主管<br>（签章） | 纳税人<br>（签章） | 代理人名称 | | | 代理人<br>（签章） | |
| | | 地址 | | | | |
| | | 经办人 | | 电话 | | |
| 以下由税务机关填写 | | | | | | |
| 收到申报表日期 | | | | | 接收人 | |

填表说明：

1. 本表适用于营业税纳税义务人填报。
2. “全部收入”，系指纳税人的全部收入。
3. “不征税项目”，系指税法规定的不属于营业税征税范围的营业额。
4. “减除项目”，系指税法规定允许从营业收入中扣除的项目的营业额。
5. “减免税项目”，系指税法规定的减免税项目的营业额。

## 项目四小结

| 主要构成 | 主要内容 |
|---|---|
| 营业税基础知识 | 概念、纳税义务人、营业税9个税目、营业税税率 |
| 营业税应纳税额的计算 | 应纳税额=营业额×税率<br>提供7项应税劳务、销售不动产、转让无形资产应纳税额的具体计算 |
| 特殊经营行为的税务处理 | 兼营不同税目的应税行为、兼营应税劳务与货物或非应税劳务行为、混合销售行为、营业税与增值税征税范围的划分 |
| 税收优惠 | 起征点、税收优惠规定 |
| 纳税申报 | 营业税分不同应税劳务进行纳税申报 |

# 项目五　城市维护建设税纳税实务

【知识目标】

(1)识记城市维护税和教育费附加的税(费)率;

(2)识记城市维护建设税和教育费附加的计税依据和计算方法。

【能力目标】

(1)能够正确进行城市维护建设税纳税申报;

(2)能够正确进行教育费附加纳税申报。

## 模块一　城市维护建设税基础知识

### 一、城市维护建设税的概念

城市维护建设税是对从事工商经营,缴纳增值税、消费税、营业税的单位和个人征收的一种税。

我国现行的城市维护建设税法的基本规范,是1985年2月8日国务院令[1985]19号发布《中华人民共和国城市维护建设税暂行条例》。

### 二、城市维护建设税的特点

**1. 税款专款专用**

与其他税种不同,城市维护建设税要求保证用于城市公用事业和公共设施的维护和建设。

**2. 属于一种附加税**

城市维护建设税是以纳税人实际缴纳的增值税、消费税、营业税税额为计税依据,随"三税"同时征收,其本身没有特定的课税对象,其征管方法也完全比照"三税"的有关规定办理。

**3. 根据城镇规模设计不同的比例税率**

城市维护建设税的负担水平,是根据纳税人所在城镇的规模设计的。例如,纳税人所在地在城市市区的,税率为7%;在县城、建制镇的税率为5%。

**4. 征收范围较广**

城市维护建设税以增值税、消费税、营业税额作为税基,从这个意义上看,城市维护建设税几乎是对所有纳税人的征税,因此,它的征税范围比其他任何税种的征税范围都要广。

### 三、城市维护建设税纳税义务人

城建税的纳税义务人,是指负有缴纳增值税、消费税和营业税"三税"义务的单位和个人,包括国有企业、集体企业、私营企业、股份制企业、其他企业和行政单位、事业单位、军事单位、社会团体、其他单位,以及个体工商户及其他个人。

自2010年12月1日起，外商投资企业、外国企业及外籍个人适用国务院1985年发布的《中华人民共和国城市维护建设税暂行条例》。对外资企业2010年12月1日（含）之后发生纳税义务的增值税、消费税、营业税（以下简称“三税”）征收城市维护建设税和教育费附加；对外资企业2010年12月1日之前发生纳税义务的“三税”，不征收城市维护建设税和教育费附加。

### 四、税率

城建税的税率，是指纳税人应缴纳的城建税税额与纳税人实际缴纳的“三税”税额之间的比率。城建税按纳税人所在地的不同，设置了三档地区差别比例税率，即：

（1）纳税人所在地为市区的，税率为7%；

（2）纳税人所在地为县城、建制镇的，税率为5%；

（3）纳税人所在地不在市区、县城或者建制镇的，税率为1%。

城建税的适用税率，应当按纳税人所在地的规定税率执行。但是，对下列两种情况，可按缴纳“三税”所在地的规定税率就地缴纳城建税：

（1）由受托方代扣代缴、代收代缴“三税”的单位和个人，其代扣代缴、代收代缴的城建税按受托方所在地适用税率执行。

（2）流动经营等无固定纳税地点的单位和个人，在经营地缴纳“三税”的，其城建税的缴纳按经营地适用税率执行。

### 五、城市维护建设税的税收优惠

城建税不单独减免，因城建税具附加税性质，当主税发生减免时，城建税相应发生税收减免。城建税的税收减免主要有以下几种情况：

（1）城建税按减免后实际缴纳的“三税”税额计征，即随“三税”的减免而减免。

（2）对于因减免税而需进行“三税”退库的，城建税也可同时退库。

（3）海关对进口产品代征的增值税、消费税，不征收城建税。

（4）对“三税”实行先征后返、先征后退、即征即退办法的，除另有规定外，对随“三税”附征的城市维护建设税和教育费附加，一律不予退（返）还。

## 模块二　城市维护建设税应纳税额的计算

### 一、城市维护建设税的计税依据

城建税的计税依据，是指纳税人实际缴纳的“三税”税额。纳税人违反“三税”有关税法而加收的滞纳金和罚款，不作为城建税的计税依据，但纳税人在被查补“三税”和被处以罚款时，应同时对其偷漏的城建税进行补税并征收滞纳金和罚款。

城建税以“三税”税额为计税依据并同时征收，如果要免征或者减征“三税”，也就要同时免征或者减征城建税。但对出口产品退还增值税、消费税的，不退还已缴纳的城建税。

自2005年1月1日起，经国家税务总局正式审核批准的当期免抵的增值税税额应纳入城市维护建设税和教育费附加的计征范围,分别按规定的税(费)率征收城市维护建设税和教育费附加。2005 年 1 月 1 日前,已按免抵的增值税税额征收的城市维护建设税和教育费附加不再退还,未征的不再补征。

## 二、城市维护建设税应纳税额的计算

城市维护建设税的应纳税额是按纳税人实际缴纳的"三税"税额计算的,其计算公式为:

应纳税额 = 实际缴纳的增值税、消费税、营业税 × 适用税率

**【例 5-1】**某县城一企业 2011 年 5 月实际缴纳增值税 80 000 元,缴纳消费税 100 000 元, 缴纳营业税 20 000 元,进口货物缴纳进口增值税 5 000 元,计算该企业应缴城市维护建设税。

解析:

应纳税额 =(实际缴纳的增值税 + 实际缴纳的消费税 + 实际缴纳的营业税)× 适用税率

= (80 000 + 100 000 + 20 000) × 5%

= 10 000(元)

| | | |
|---|---|---|
| 借:营业税金及附加 | 10 000 | |
| 　　贷:应交税费——应交城建税 | | 10 000 |

由于城建税法实行纳税人所在地差别比例税率,所以在计算应纳税额时应十分注意根据纳税人所在地来确定适用税率。

# 模块三　城市维护建设税纳税申报

## 一、纳税环节

城建税的纳税环节,实际就是纳税人缴纳"三税"的环节。纳税人只要发生"三税"的纳税义务,就要在同样的环节,分别计算缴纳城建税。

## 二、纳税地点

城建税以纳税人实际缴纳的增值税、消费税、营业税税额为计税依据,分别与"三税"同时缴纳。所以,纳税人缴纳"三税"的地点,就是该纳税人缴纳城建税的地点。但是,下列情况的纳税地点为:

(1)代扣代缴、代收代缴"三税"的单位和个人,同时也是城市维护建设税的代扣代缴、代收代缴义务人,其城建税的纳税地点在代扣代收地。

(2)跨省开采的油田,下属生产单位与核算单位不在一个省内的,其生产的原油,在油井所在地缴纳增值税,其应纳税款由核算单位按照各油井的产量和规定税率,计算汇拨各油井缴纳。所以,各油井应纳的城建税,应由核算单位计算,随同增值税一并汇拨油井所在地,由油井在缴纳增值税的同时,一并缴纳城建税。

(3)对管道局输油部分的收入,由取得收入的各管道局于所在地缴纳营业税。所以,其应纳城建税,也应由取得收入的各管道局于所在地缴纳营业税时一并缴纳。

(4)对流动经营等无固定纳税地点的单位和个人,应随同“三税”在经营地按适用税率缴纳。

## 三、纳税期限

由于城建税是由纳税人在缴纳“三税”时同时缴纳的,所以其纳税期限分别与“三税”的纳税期限一致。

由于增值税、消费税由国家税务局征收管理,而城市维护建设税由地方税务局征收管理,因此,在缴税入库的时间上不一定完全一致。

## 四、纳税申报

纳税人应按照有关税法的规定,如实填写《城市维护建设税纳税申报表》。见表5-1。

**表5-1　附加税(费)纳税申报表**

纳税人名称:(公章)

税款所属期限:自　　年　月　日至　　年　月　日

纳税人识别号□□□□□□□□□□□□□□□　　　　填表日期:　　年　月　日

金额单位:元(列至角分)

<table>
<tr><td colspan="2" rowspan="2">计税依据(计征依据)</td><td>计税金额(计征金额)</td><td>税率(征收率)</td><td>本期应纳税额</td><td>本期已缴税额</td><td>本期应补(退)税额</td></tr>
<tr><td>1</td><td>2</td><td>3=1×2</td><td>4</td><td>5=3-4</td></tr>
<tr><td rowspan="4">城市维护建设税</td><td>增值税</td><td></td><td></td><td></td><td></td><td></td></tr>
<tr><td>消费税</td><td></td><td></td><td></td><td></td><td></td></tr>
<tr><td>营业税</td><td></td><td></td><td></td><td></td><td></td></tr>
<tr><td>合计</td><td></td><td></td><td></td><td></td><td></td></tr>
<tr><td rowspan="4">教育费附加</td><td>增值税</td><td></td><td>3%</td><td></td><td></td><td></td></tr>
<tr><td>消费税</td><td></td><td>3%</td><td></td><td></td><td></td></tr>
<tr><td>营业税</td><td></td><td>3%</td><td></td><td></td><td></td></tr>
<tr><td>合计</td><td></td><td>—</td><td></td><td></td><td></td></tr>
<tr><td colspan="2" rowspan="6">纳税人或代理人声明:<br>此纳税申报表是根据国家税收法律的规定填报的,我确信它是真实的、可靠的、完整的。</td><td colspan="5">如纳税人填报,由纳税人填写以下各栏</td></tr>
<tr><td>经办人(签章)</td><td>会计主管(签章)</td><td></td><td>法定代表人(签章)</td><td></td></tr>
<tr><td colspan="5">如委托代理人填报,由代理人填写以下各栏</td></tr>
<tr><td>代理人名称</td><td colspan="2"></td><td colspan="2" rowspan="3">代理人(公章)</td></tr>
<tr><td>经办人(签章)</td><td colspan="2"></td></tr>
<tr><td>联系电话</td><td colspan="2"></td></tr>
</table>

以下由税务机关填写

受理人　　　　　　　　受理日期　　　　　　　　受理税务机关(签章)

# 模块四 教育费附加的有关规定

## 一、教育费附加概述

教育费附加是对缴纳增值税、消费税、营业税的单位和个人,就其实际缴纳的税额为计算依据征收的一种附加费。

教育费附加是为加快地方教育事业,扩大地方教育经费的资金而征收的一项专用基金。国务院于 1986 年 4 月 28 日颁布了《征收教育费附加的暂行规定》,决定从同年 7 月 1 日起开始在全国范围内征收教育费附加。

## 二、教育费附加的征收范围及计征依据

教育费附加对缴纳增值税、消费税、营业税的单位和个人征收,以其实际缴纳的增值税、消费税和营业税为计征依据,分别与增值税、消费税和营业税同时缴纳。

## 三、教育费附加计征比率

现行教育费附加征收比率为 3%。

## 四、教育费附加的计算

教育费附加的计算公式为:

应纳教育费附加 = 实际缴纳的增值税、消费税、营业税 × 征收比率

**【例 5-2】**市区某一家企业 2011 年 5 月份实际缴纳增值税 80 000 元,缴纳消费税 100 000 元,缴纳营业税 20 000 元。计算该企业应缴纳的教育费附加。

应纳教育费附加 =(实际缴纳的增值税 + 实际缴纳的消费税 + 实际缴纳的营业税)× 征收比率 =(80 000 + 100 000 + 20 000)× 3% = 200 000 × 3% = 6 000(元)

## 五、教育费附加的减免规定

(1)对海关进口的产品征收的增值税、消费税,不征收教育费附加。

(2)对由于减免增值税、消费税和营业税而发生退税的,可同时退还已征收的教育费附加。但对出口产品退还增值税、消费税的,不退还已征的教育费附加。

**项目五小结**

| 主要构成 | 主要内容 |
|---|---|
| 城建税、教育费附加基础知识 | 概念、特点、纳税义务人、税率。城建税的税率有 7%、5%、1%,教育费附加征收比率为 3%。 |
| 城建税应纳税额的计算 | 应纳税额 = 纳税人实际缴纳的增值税、消费税、营业税 × 税率 |
| 教育费附加的计算 | 应纳教育费附加 = 纳税人实际缴纳的增值税、消费税、营业税 × 3% |

# 项目六　关税纳税实务

【知识目标】

(1)识记关税的法律规定和基本内容；

(2)识记进口关税的计税依据和计算方法；

(3)识记出口关税的计税依据和计算方法。

【能力目标】

(1)能够正确计算企业进出口应缴纳的关税；

(2)能够按照关税征管要求及时缴纳关税。

## 模块一　关税基础知识

### 一、关税的概念

关税是海关依法对进出关境的货物和物品征收的一种税。

国境是一个主权国家全面行使主权的境域，包括领土、领海和领空；关境又称税境或海关境域，是一个国家关税法令完全施行的境域。一般情况下，一个国家的国境与关境是一致的，但当一个国家在国境内设立自由港、自由贸易区、保税区、保税仓库等，这些区域就进出口关税而言处在关境之外，这时，该国家的关境就小于国境。如我国的香港、澳门特别行政区为单独关境区；当几个国家结成关税同盟，成员国之间相互取消关税，对外实行共同的关税税则时，就其成员国而言，关境就大于国境，如欧洲联盟。

### 二、关税征税对象

关税的征税对象，是进出我国国境或关境的货物和物品。货物是指贸易性商品，物品包括入境旅客随身携带的行李物品、各种运输工具上服务人员携带进口的自用物品、个人邮递物品、馈赠物品及其他方式入境的个人物品。

### 三、关税纳税义务人

进口货物的收货人、出口货物的发货人、进出境物品的所有人，是关税的纳税义务人。进出口货物的收发货人，指依法取得对外贸易经营权并发生进出口业务的法人或其他社会团体；进出境物品的所有人包括该物品的所有人和推定为所有人的人。例如：对于携带进境的物品，推定其携带人为所有人、对分离运输的行李，推定相应的进出境旅客为所有人；对以邮递或其他运输方式进出境的物品，推定其收发件人或委托人为所有人。

## 四、关税税则、税目和税率

### (一)关税税则、税目

关税税则又称海关税则。它是一国对进出口商品计征关税的规章和对进出口的应税与免税商品加以系统分类的一览表。海关凭以征收关税,是关税政策的具体体现。

海关税则一般包括两个部分:一部分是海关课征关税的规章条例及说明;另一部分是关税税目税率表。

关税税率表主要包括:税则号列(简称税号)、货品分类目录、税率三部分。

### (二)关税税率

1951 年,我国税则曾采用过从量税,而后则采用从价税。自 1997 年 10 月 1 日起,我国对 35 个税号采用了从量税、复合税和滑准税。从 2001 年起,有 52 个税目实行从量税、复合税、滑准税。

从量税是指以进口商品的重量、长度、容量、面积等计量单位为计税依据。从量税的单位税额是固定的,不受商品进口价格的影响。

复合税是指对某种进口商品同时使用从价和从量计征关税的一种方法,目前我国对录像机、放像机、摄像机、数字照相机和摄录一体机实行复合税。

滑准税是指一种关税税率随进口商品价格呈反向变动的一种税。进口商品的价格越高,则进口关税税率越低;进口商品的价格越低,则进口关税税率越高。目前我国对新闻纸实行滑准税。

改革开放后,我国多次调整、降低了一些商品的税率。2010 年是国务院批准海关恢复征税 30 周年。30 年来,海关累计征税 7.43 万亿元,占同期中央本级财政收入的比重保持在 30% 左右。2001 年入世以后,中国政府按照入世承诺连续下调了进口关税税率,目前关税的算术平均税率为 9.8%,比改革开放初期(1992 年)的 42.5% 下降了 77%,比入世前下降了 36%。如果考虑贸易结构因素,我加权关税水平仅为 3% 左右,已经接近发达国家关税水平。

**1. 进口货物关税税率**

进口关税设普通税率和优惠税率。对原产于与我国未订有关税互惠协议的国家或者地区的进口货物,按照普通税率征税;对原产于与我国订有关税互惠协议的国家或者地区的进口货物,按照优惠税率征税。我国加入 WTO 之后,从 2002 年 1 月 1 日起,我国进口税则设有普通税率、最惠国税率、协定税率、特惠税率、关税配额税率等。

最惠国税率:适用原产于与我国共同适用最惠国待遇条款的世界贸易组织成员国或地区的进口货物;或原产于与我国签订有相互给予最惠国待遇条款的双边贸易协定的国家或地区的进口货物。

协定税率:适用原产于我国参加的含有关税优惠条款的区域性贸易协定的有关缔约方的进口货物。

特惠税率:适用原产于与我国签订有特殊优惠关税协定的国家或地区的进口货物。

普通税率:适用原产于上述国家或地区以外的国家或地区的进口货物。

按照普通税率征税的进口货物,经国务院关税税则委员会特别批准,可以适用最惠国税率。适用最惠国税率、协定税率、特惠税率的国家或者地区名单,由国务院关税税则委员会决定。

关税配额税率:对于进口的货物,关税配额内的,适用关税配额税率;关税配额外的,其进口商品适用较高的配额外税率。

暂定税率:我国对部分进口的原材料、零部件等实行暂定税率。暂定税率优先适用于最惠国税率,按照普通税率征税的进口货物不适用于暂定税率。

**2. 出口货物税率**

我国对绝大部分出口货物不征收出口关税,只对少数产品征收出口关税。现行税则仅对鳗鱼苗、部分有色金属矿砂及其精矿、虾、栗、生漆、钨矿砂、山羊板皮和锑及生丝等36种商品征收出口关税。但对上述范围内的23种商品实行0~20%暂定税率,其中16种商品为零关税,6种商品税率为10%以下,与进口暂定税率一样,出口暂定税率优先适用于出口税则中规定的出口税率。事实上我国真正征收出口关税的商品只有20种,其税率都很低。

**3. 特别关税**

特别关税包括报复性关税、反倾销关税、反补贴关税、保障性关税。

报复性关税是指对从给本国出口货物以歧视待遇的国家进口的货物,为了报复他国而课征的一种高税率关税。

反倾销关税是进口国为了保护本国的工农业和国内市场,维护本国的经济利益,对外国倾销的商品,在一般进口税以外附加征收的关税。

反补贴关税是对直接或间接接受了出口津贴或补贴的外国商品以低于正常价格进口时所征收的税率比一般税率高的加重关税。

《中华人民共和国反倾销条例》和《中华人民共和国反补贴条例》规定,进口产品经初裁确定倾销或补贴成立,并由此对国内产业造成损害的,可以采取临时反倾销或反补贴措施。临时采取的反倾销或反补贴措施,实施期限为决定公告之日起,不超过4个月;特殊情况下,可延长至9个月。而终裁确定征收的反倾销税和反补贴税,征收期限一般不超过5年。

保障性关税是指当某类商品量剧增对我国的相关产业带来巨大威胁或损害时,按照世界贸易组织有关规则,在一定时期内提高该项商品的进口关税或采取限制数量措施,保护国内相关产业不受损害。

征收特别关税的货物、适用国别、税率、期限和征收办法,由国务院关税税则委员会决定并公布,由海关总署负责实施。

## 五、关税减免

### (一)法定减免税

法定减免税是根据海关法和进出口关税条例的法定条文规定的减免税。符合税法规定可予减免税货物进出口货物,纳税人无须提出申请,海关可按规定直接予以减免。海关对法定减免税货物一般不进行后续管理。享受法定减免税的货物主要有:

1. 关税税额在人民币50元以下的一票货物。
2. 无商业价值的广告品和货样。
3. 外国政府、国际组织无偿赠送的物资。

4. 中华人民共和国缔结或者参加的国际条约规定减征、免征关税的货物、物品，海关应当按照规定予以减免关税。

5. 进出境运输工具装载的途中必需的燃料、物料和饮食用品。

6. 在海关放行前遭受损坏的货物，可以根据海关认定的受损程度减征关税。

7. 因故退还的我国出口货物，经海关审查核实，可以免征进口关税。但是，已征收的出口关税，不予退还。

8. 因故退还的境外进口货物，经海关审查核实，可以免征出口关税。但是，已征收的进口关税，不予退还。

9. 经海关核准暂时进境或者暂时出境并在六个月内复运出境或者复运进境的货样、展览品、施工机械、工程车辆、工程船舶、供安装设备时使用的仪器和工具、电视或者电影摄制器械、盛装货物的容器以及剧团服装道具，在货物收发货人向海关缴纳相当于税款的保证金或者提供担保后，准予暂时免征关税。

10. 为境外厂商加工、装配成品和为制造外销产品而进口的原材料、辅料、零件、部件、配套件和包装物料，海关按照实际加工出口的成品数量免征进口关税；或者对进口料、件先征进口关税，再按照实际加工出口的成品数量予以退税。

11. 有下列情况之一的进口货物，海关可以酌情减免关税：

(1)在境外运输途中或者在起卸时，遭受损坏或者损失的；

(2)起卸后海关放行前，因不可抗力遭受损坏或者损失的；

(3)海关查验时已经破漏、损坏或者腐烂，经证明不是保管不慎造成的。

12. 承运人或者保险公司免费补偿或者更换的相同货物，进出口时不征收关税。被免费更换的原进口货物不退运出境或者原出口货物不退运进境的，海关应当对原进出口货物重新按照规定征收关税。

13. 法律规定的其他免征或者减征关税的货物。

### (二)特定减免税

特定减免税亦称政策性减免税，是指在法定减免税以外，国家按照国际通行规则和我国的实际情况，由国务院或国务院授权的机关颁布法规、规章特别规定的减免。如对进口科技教育用品、残疾人专用品、扶贫慈善性捐赠物资、加工贸易产品等减免关税。特定减免税货物一般有地区、企业和用途的限制，海关需要进行后续管理，并进行减免税统计。

### (三)临时减免税

临时减免税是指在以上两项减免税以外，由国务院根据《海关法》对某个单位、某类商品、某个项目或某批进出口货物的特殊情况，给予特别照顾，一案一批，专文下达的减免税。一般有单位、品种、期限、金额和数量等限制，不能比照执行。

随着我国加入世界贸易组织，国家对减免税进行了严格的控制，对临时性减免税一般不再办理，对特定减免税也在逐步规范、清理，对不符合国际惯例的税收优惠政策将逐步予以废止。

# 模块二 关税的计算

## 一、关税完税价格

进出口货物的完税价格是海关以进出口货物的实际成交价格为基础审查确定。成交价格不能确定时,完税价格由海关依法估定。实际成交价格是一般贸易项下进口或出口货物的买方为购买该项货物向卖方实际支付或应当支付的价格。纳税人申报的价格经海关审核并接受以后才能作为完税价格。

### (一)一般进口货物的完税价格

**1. 以成交价格为基础的完税价格**

根据《海关法》的规定,进口货物的完税价格包括货物的货价、货物运抵我国境内输入地点起卸前的运输及其相关费用、保险费。我国境内输入地为入境海关地,包括内陆河、江口岸,一般为第一口岸。货物的货价以成交价格为基础。进口货物的成交价格,是指卖方向中华人民共和国境内销售该货物时买方为进口该货物向卖方实付、应付的,并按照《完税价格办法》规定调整后的价款总额,包括直接支付的价款和间接支付的价款。

(1)进口货物成交价格的确定

进口货物的成交价格应当符合下列条件:

①对买方处置或者使用该货物不予限制,但法律、行政法规规定实施的限制、对货物转售地域的限制和对货物价格无实质性影响的限制除外;

②该货物的成交价格没有因搭售或者其他因素的影响而无法确定;

③卖方不得从买方直接或者间接获得因该货物进口后转售、处置或者使用而产生的任何收益,或者虽有收益但能够按照《完税价格办法》有关规定进行调整;

④买卖双方没有特殊关系,或者虽有特殊关系但未对成交价格产生影响。

(2)对实付或应付价格进行调整的规定

下列费用或价值未包括在进口货物的实付或应付价格中的,应当计入完税价格:

①由买方负担的除购货佣金以外的佣金和经纪费;

"购货佣金"是指买方为购买进口货物向自己的采购代理人支付的劳务费用。

"经纪费"是指买方为购买进口货物向代表买卖双方利益的经纪人支付的佣金。

②由买方负担的在审查确定完税价格时与该货物视为一体的容器的费用;

③由买方负担的包装材料费用和包装劳务费用;

④与该货物的生产和向中华人民共和国境内销售有关的,由买方以免费或者以低于成本的方式提供并可以按适当比例分摊的料件、工具、模具、消耗材料及类似货物的价款,以及在境外开发、设计等相关服务的费用;

⑤作为该货物向中华人民共和国境内销售的条件,买方必须支付的、与该货物有关的特许权使用费;"特许权使用费"是指买方为获得与进口货物相关的、受著作权保护的作品、专利、商标、专有技术和其他权利的使用许可而支付的费用。但是在估定完税价格时,进口货物在境内的复制权费不计入该货物的实付或应付价格中。

⑥卖方直接或者间接从买方获得的该货物进口后转售、处置或者使用的收益。

《完税价格办法》规定计入或者不计入完税价格的成本、费用、税收，应当以客观、可量化的数据为依据。如果没有客观量化的数据资料，完税价格由海关按《完税价格办法》规定的方法进行估定。

下列税收、费用，若能与该货物实付或应付价格区分的，不计入该货物的完税价格：

a. 厂房、机械、设备等货物进口后进行建设、安装、装配、维修和技术服务的费用；

b. 进口货物运抵境内输入地点起卸后的运输及其相关费用、保险费；

c. 进口关税及国内税收。

**2. 进口货物海关估价方法**

进口货物的成交价格不符合条件的，或者成交价格不能确定的，海关经了解有关情况，并与纳税义务人进行价格磋商后，依次以下列价格估定该货物的完税价格：

(1)与该货物同时或者大约同时向境内销售的相同货物的成交价格；

(2)与该货物同时或者大约同时向境内销售的类似货物的成交价格；

(3)与该货物进口的同时或者大约同时，将该进口货物、相同或者类似进口货物在第一级销售环节销售给无特殊关系买方最大销售总量的单位价格，但应当扣除下列项目：

①同等级或者同种类货物在境内第一级销售环节销售时通常的利润和一般费用以及通常支付的佣金；

②进口货物运抵境内输入地点起卸后的运输及其相关费用、保险费；

③进口关税及国内税收。

(4)按照下列各项合计计算的价格：

生产该货物所使用的料件成本和加工费用，向境内销售同等级或者同种类货物通常的利润和一般费用，该货物运抵境内输入地点起卸前的运输费、保险费及其相关费用；

(5)以合理方法估定的价格。

### (二)特殊进口货物完税价格的确定

**1. 运往境外修理的货物**

运往境外修理的机械器具、运输工具或者其他货物，出境时已向海关报明并在海关规定的期限内复运进境的，应当以境外修理费和料件费审查确定完税价格。

**【例 6-1】**某企业将一年前进口的设备运往国外厂家修理，原进口价格为 100 万元，复运进境时同类货物价格为 105 万元，修理费为 2 万元，料件费为 6 万元，境外运输费和保险费共计 2 万元，则复运进境时应纳关税为多少？（进口关税税率 15%）

应纳关税 = (2 + 6) × 15% = 1.2(万元)

**2. 运往境外加工的货物**

出境时已向海关报明并在海关规定的期限内复运进境的，应当以境外加工费和料件费以及复运进境的运输及其相关费用和保险费审查确定完税价格。

注意：运往境外加工的货物和运往境外修理的货物的区别在于对境外运输费和保险费的处理方式不同。

**3. 租赁和租借方式进境的货物**

租赁和租借方式进境的货物，以海关审查确定进境货物的租金作为完税价格。如租赁进境的货物是一次性支付租金,则可以海关审定进口货物的成交价格作为完税价格。

**4. 暂时进境的货物**

对于经海关批准的暂时进境的货物,应当按照一般进口货物估价方法,估定完税价格。

**5. 留购的进口货样**

对于境内留购的的进口货样、展览品和广告陈列品,以海关审定的留购价格为完税价格。

**6. 应予以补税的减免税货物**

减免税进口的货物需补税时,应以海关审定的该货物原进口时的价格,扣除折旧部分价值作为完税价格,其计算公式如下:

完税价格 = 海关审定的该货物原进口时的价格 ×[1—申请补税时实际已使用的时间(月)÷(监管年限 ×12)]

**【例 6 -2】**某公司承担国家重点工程项目,经批准免税进口了一套设备,使用 2 年后项目完工。完工后该公司将设备出售给国内另一家企业,该设备原进口时的价格(到岸价格)为 280 万元 ,海关规定的监管年限为 5 年,关税税率为 10% ,该公司应补缴的关税为:

完税价格 = 海关审定的该货物原进口时的价格 ×[1 - 申请补税时实际已使用的时间(月)÷(监管年限 ×12)] =280 ×[1 -24 ÷(5 ×12)] =168(万元)

应补关税 =168 ×10% =16.8(万元)

**7. 以其他方式进口的货物**

以易货贸易、寄售、捐赠、赠送等其他方式进口的货物,应当按照一般进口货物估价办法的规定,估定完税价格。

### (三)行李和邮递物品进口税

海关对入境旅客行李物品,个人邮递物品以及其他个人进口自用物品征收的进口税,简称行邮物品进口税。其中包含在进口环节征收的增值税、消费税。课税对象包括入境旅客、运输工具、服务人员携带的应税行李物品、个人邮递物品、馈赠物品以及以其他方式入境的个人物品等。

《入境旅客行李物品和个人邮递物品进口税税率表》由国务院关税税则委员会审定后,海关总署对外公布实施。

进口税采用从价计征,以完税价格乘以进口税税率为应纳进口税税额。完税价格由海关参照该项物品的境外正常零售平均价格确定。纳税人应当在海关放行应税个人自用物品之前缴纳税款。

### (四)出口货物完税价格的确定

**1. 以成交价格为基础的完税价格**

出口货物的完税价格由海关以该货物的成交价格以及该货物运至境内输出地点装载前的运输费、保险费及其相关费用为基础审查确定。但出口关税不计入完税价格。

出口货物的完税价格 = 离岸价格 ÷(1 + 出口关税税率)

离岸价格不包含离境口岸至境外口岸之间的运输、保险费。

出口货物的成交价格,是指该货物出口时卖方为出口该货物应当向买方直接收取和间接收取的价款总额。出口货物的成交价格中含有支付给境外的佣金,如与货物的离岸价格分列应当扣除;未分列则不予扣除。

**2. 出口货物海关估价方法**

出口货物的成交价格不能确定时,完税价格由海关依次使用下列方法估定:

(1)与该货物同时或者大约同时向同一国家或地区销售出口的相同商品的成交价格;

(2)与该货物同时或者大约同时向同一国家或地区销售出口的类似商品的成交价格;

(3)根据境内生产相同或类似商品的成本、储运和保险费用、利润及其他杂费计算所得的价格;

(4)按照合理方法估定的价格。

### (五)进出口货物关税完税价格中运输费、保险费及相关费用的计算

**1. 以一般陆运、海运、空运方式进口的货物**

在进口货物的运输及相关费用、保险费的计算中,陆运进口货物,应计算至该货物运抵境内的第一口岸,如果运输及相关费用、保险费支付至目的地口岸,则应计算至目的地口岸。海运进口货物,应计算至该货物运抵境内的卸货口岸;如果该货物的卸货口岸是内河(江)口岸,则应计算至内河(江)口岸。空运进口货物,应计算至该货物运抵境内的第一口岸;如果该货物的目的地为境内的第一口岸外的其他口岸,则应计算至目的地口岸。

陆运、海运和空运进口货物的运费和保险费,应当按照实际支付的费用计算。如果进口货物的运费无法确定或未实际发生,海关应当按照该货物进口同期运输行业公布的运费率(额)计算运费;按照“货价加运费”两者总额的3‰计算保险费。

**2. 以其他方式进口的货物**

邮运进口的货物,应当以邮费作为运输及相关费用、保险费;以境外边境口岸价格条件成交的铁路或公路运输进口货物,海关应当按照货价的1%计算运输及其相关费用、保险费;作为进口货物的自驾进口的运输工具,海关在审定关税价格时,可以不另行计入运费。

**3. 出口货物**

出口货物的销售价格若包含离境口岸至境外口岸之间的运输、保险费,该运输、保险费应当扣除

### (六)完税价格的审定

1. 海关为审查申报价格的真实性和准确性,可以查阅、复制与进出口货物有关的合同、发票、账册、结付汇凭证、单据、业务函电、录音录像制品和其他反映买卖双方关系及交易活动的资料。

海关对纳税义务人申报的价格有怀疑并且所涉关税数额较大的,经直属海关关长或者其授权的隶属海关关长批准,凭海关总署统一格式的协助查询账户通知书及有关工作人员的工作证件,可以查询纳税义务人在银行或者其他金融机构开立的单位账户的资金往来情况,并向银行业监督管理机构通报有关情况。

2. 海关对纳税义务人申报的价格有怀疑的,应当将怀疑的理由书面告知纳税义务人,要求其在规定的期限内书面作出说明、提供有关资料。

纳税义务人在规定的期限内未作说明、未提供有关资料的,或者海关仍有理由怀疑申报价格的真实性和准确性的,海关可以不接受纳税义务人申报的价格,并按照一般进口货物海关估

价方法估定完税价格。

3. 海关审查确定进出口货物的完税价格后，纳税义务人可以以书面形式要求海关就如何确定其进出口货物的完税价格作出书面说明，海关应当向纳税义务人作出书面说明。

## 二、关税的计算

### （一）关税应纳税额的计算公式

**1. 从价计征应纳税额计算公式**

应纳税额 = 完税价格 × 关税税率

**2. 从量计征税应纳税额计算公式**

应纳税额 = 应税进（出）口货物数量 × 单位税额

**3. 复合计征应纳税额的计算公式**

应纳税额 = 完税价格 × 关税税率 + 应税进（出）口货物数量 × 单位税额

**4. 滑准税应纳税额计算公式**

关税税额 = 应税进（出）口货物数量 × 单位完税价格 × 滑准税税率

### （二）关税的计算

**1. 进口货物应纳关税的计算示例**

**【例 6－3】**某企业进口商品一批，支付境外的买价 215 万元，支付境外的采购代理人的购货佣金 5 万元，境外的经纪费 5 万元，支付运抵我国海关地前的运输费 18 万元，保险费和装卸费 12 万元，支付海关地再运往该企业的运输费用 6 万元，装卸费和保险费共计 2 万元，请计算该企业在进口环节应缴纳的关税。（关税税率为 10%）

解析：

应纳关税 = 进口货物的完税价格 × 适用的税率 =（215 + 5 + 18 + 12）× 10% = 25（万元）

**【例 6－4】**某企业从国外进口一批电子零件，申报成交价格为 620 万元，而海关审定价格为 800 万元。另外，该企业承担了该批零件的包装材料费 50 万元；同时，该企业支付给出口方零件进口后的技术服务费用 100 万元。已知电子零件的进口关税税率为 15%。

要求：请计算该企业进口电子零件应缴纳的关税。

解析：

（1）成交价格不合理，应采用 800 万元的海关审定价格。

（2）由买方负担的 50 万元包装材料费，应该计入进口完税价格。

（3）进口后的技术服务费 100 万元属于进口后费用，不计入完税价格。

（4）应缴纳的关税 =（800 + 50）× 15% = 127.5（万元）

**【例 6－5】**某企业海运一批金银首饰海关审定价值为 6 991 万元，运输、保险费无法确定，海关按同类货物同程运输费估定运费为 9 万元，请计算进口环节应纳的关税、消费税和增值税。（关税税率为 15%，消费税税率为 5%）

解析：

（1）按照《海关法》的有关规定，如果进口货物的运费无法确定或者未实际发生，海关应该按照该货物进口同期运输行业公布的运费率计算；按："货物加运费"两者总额的 3‰计算保险费。

完税价格 =（6 991 + 9）×（1 + 3‰）= 7 021（万元）

关税 = 7 021 × 15% = 1 053.15（万元）

（2）由于金银首饰属于零售环节缴纳消费税的应税消费品，所以进口环节不征消费税。

（3）进口环节增值税 =（7 021 + 1 053.15）× 17% = 1 372.61（万元）

**2. 出口货物应纳关税的计算示例**

**【例 6 - 6】**某外贸企业出口产品一批，离岸价格为 110 万元，请计算出口关税（关税税率为 10%）。

完税价格 = 110 ÷（1 + 10%）= 100（万元）

应纳关税 = 100 × 10% = 10（万元）

# 模块三　关税的征收管理

## 一、关税缴纳

进口货物的纳税义务人应当自运输工具申报进境之日起 14 日内，出口货物的纳税义务人除海关特准外，应当在货物运抵海关监管区后、装货的 24 小时以前，向货物的进出境地海关申报。海关根据税则归类、进口税率表和完税价格计算缴纳关税及进口环节代征税，并填发税款缴款书。纳税人应当自海关填发税款缴款书之日起 15 日内（星期日和法定节假日除外）向指定银行缴纳税款。纳税义务人未按期缴纳税款的，从滞纳税款之日起，按日加收滞纳税款万分之五的滞纳金。

纳税人因不可抗力或者在国家税收政策调整的情形下，不能按期缴纳税款的，经海关总署批准，可以延期缴纳税款，但是最长不得超过 6 个月。

## 二、关税的强制执行

纳税人未按期缴纳税款的，即为关税滞纳。《海关法》赋予海关对滞纳关税的纳税人强制执行的权利，强制措施有下列两种情况：

（一）征收关税滞纳金

滞纳金从关税缴纳期限届满滞纳税款之日起，至纳税人缴纳关税之日止，按日加收滞纳税款万分之五的滞纳金。如遇周末、节假日不予扣除。计算公式为

关税滞纳金金额 = 滞纳关税税额 × 滞纳金征收比例 × 滞纳天数

（二）强制征收

如纳税人自海关填发缴款书之日起 3 个月仍未缴纳税款，经海关关长批准，海关可采取强制扣缴和变价抵缴等强制措施。

## 三、关税退还

关税退还是关税纳税人按海关核定的税额缴纳关税后，因某种原因的出现，海关将多征的

税款退还给原纳税人的一种行政行为。按《海关法》的有关规定,海关多征的税款,海关发现后应当立即退还。

根据规定有下列情形之一的,纳税人自缴纳税款之日起1年内,书面声明理由,连同原缴税凭证及相关资料向海关申请退税并加计银行同期存款利息,逾期不予受理:

(1)因海关误证,多纳税款的;

(2)海关核准免验进口的货物,在完税后发现有短卸情形,经海关审查认可的;

(3)已征出口关税的货物,因故未装运出口申报退关,经海关查明属实的。

对已征进口关税的进口货物和已征出口关税的出口货物,因货物品质或者规格原因(非其他原因)原状复运出境或进境的,经海关查验属实的,也应退还已征关税。海关应当自受理退税申请之日起30日内查实并通知纳税人办理退还手续;纳税人应当自收到通知之日起3个月内办理有关退税手续。按照其他有关法律、行政法规规定应当退还关税的,海关应当按照有关法律和行政法规的规定退税。

## 四、关税补征和追征

关税补征和追征是海关在关税纳税人按海关核定的税额缴纳关税后,发现实际征收的税额少于应当征收的税额(称短征关税)时,责令纳税人补缴所差税款的一种行政行为。由于纳税人违反海关规定造成短征关税的称为追征;非因纳税人违反海关规定造成短征关税的称为补征。

进出口货物放行后,海关发现少征或者漏征税款的,应当自缴纳税款或者货物放行之日起1年内,向纳税人补征税款。但因纳税人违反规定造成少征或者漏征税款的,海关可以自缴纳税款或者货物放行之日起3年内追征税款,并从缴纳税款或者货物放行之日起按日加收少征或漏征税款万分之五的滞纳金。

**项目六小结**

| 主要结构 | 主要内容 |
|---|---|
| 关税基础知识 | 概念、征税对象、纳税义务人、关税税则、税目、税率、关税减免(法定减免、特定减免、临时减免) |
| 关税完税价格 | (1)一般进口货物的完税价格(2)特殊进口货物的完税价格<br>(3)出口货物的完税价格(4)进出口货物完税价格中的运输及相关费用、保险费的计算 |
| 应纳税额的计算 | (1)从价税应纳税额的计算(2)从量税应纳税额的计算<br>(3)复合税应纳税额的计算 |
| 征收管理 | 关税申报、关税缴纳 |

# 项目七　资源税纳税实务

【知识目标】

(1)识记资源税法规和基本内容;

(2)识记资源税的计税依据和计算方法。

【能力目标】

(1)能够正确计算资源税应纳税额;

(2)能够正确进行资源税纳税申报。

## 模块一　资源税基础知识

### 一、资源税的概念

资源税是对在中华人民共和国境内开采应税矿产品和生产盐的单位和个人征收的一种税,属于对自然资源占用课税的范畴。

现行资源税的基本规范,是1993年12月25日国务院颁布的《中华人民共和国资源税暂行条例》(以下简称《资源税暂行条例》)。

### 二、纳税义务人

资源税的纳税义务人是指在中华人民共和国境内开采应税资源的矿产品或者生产盐的单位和个人。包括:国有企业、集体企业、私营企业、股份制企业、外商投资企业、外国企业及其他企业、行政单位、事业单位、军事单位、社会团体、其他单位、个体经营者、其他个人。

中外合作开采石油、天然气,按照现行规定只征收矿区使用费,暂不征收资源税。因此,中外合作开采石油、天然气的企业不是资源税的纳税义务人。

收购未税矿产品的单位为资源税的扣缴义务人。规定资源税的扣缴义务人,主要是针对零星、分散、不定期开采的情况,为了加强管理,避免漏税,由扣缴义务人在收购矿产品时代扣代缴资源税。

收购未税矿产品的单位是指独立矿山、联合企业和其他单位。独立矿山是指只有采矿或只有采矿和选矿,独立核算,自负盈亏的单位,其生产的原矿和精矿主要用于对外销售。联合企业是指采矿、选矿、冶炼(或加工)连续生产的企业或采矿、冶炼(或加工)连续生产的企业,其采矿单位,一般是该企业的二级或二级以下核算单位。其他单位也包括收购未税矿产品的个体户在内。

### 三、资源税计税方法

由于资源税的课税对象主要为计量单位标准的矿产资源,因此我国在对资源征税时,往往采用从量定额的征收方法,不仅计算简单,而且便于管理。但是采取定额征收的方法,对于资源开采中的级差收入的征税政策不能体现出来,尤其当资源价格波动比较大时,不能做到随价格提高而相应提高资源税额,不利于资源的合理开采和利用。因此我国现行资源税的计税方法有进一步调整的空间。

财政部、国家税务总局关于印发《新疆原油、天然气资源税改革若干问题的规定》的通知([财税[2010]54号)规定:自2010年6月1日起,在新疆开采原油、天然气缴纳资源税的纳税人,原油、天然气资源税实行从价计征,税率为5%。资源税计税方法的改革今后将逐步向全国推开。

## 四、税目与单位税额、税率

资源税采取从量定额的办法征收,实施"普遍征收,级差调节"的原则。普遍征收是指对在我国境内开发的一切应税资源产品征收资源税;级差调节是指运用资源税对因资源贮存状况、开采条件等客观存在的差别而产生的资源级差收入,通过实施差别税额标准进行调节。资源条件好的,税额高一些;资源条件差的,税额低一些。

资源税税目、税额包括7大类,主要是根据资源税应税产品和纳税人开采资源的行业特点设置的。见表7-1。

表7-1 资源税税目税额幅度表

| 税 目 | 税额幅度 |
|---|---|
| 一、原油 | 14~30元/吨 |
| 二、天然气 | 7~15元/千立方米 |
| 三、煤炭 | 0.3~5元/吨 |
| 四、其他非金属矿原矿 | 0.5~20元/吨或者立方米 |
| 五、黑色金属矿原矿 | 2~30元/吨 |
| 六、有色金属矿原矿 | 0.4~30元/吨 |
| 七、盐 | |
| 固体盐 | 10~60元/吨 |
| 液体盐 | 2~10元/吨 |

自2010年6月1日起,在新疆开采原油、天然气缴纳资源税的纳税人,原油、天然气资源税实行从价计征,税率为5%。

《资源税税目税额幅度表》中所列部分税目的征税范围限定如下:

(1)原油,是指开采的天然原油,不包括人造石油。

(2)天然气,是指专门开采或与原油同时开采的天然气,暂不包括煤矿生产的天然气。

(3)煤炭,是指原煤,不包括洗煤、选煤及其他原煤的加工产品。

(4)其他非金属矿原矿,是指上列产品和井矿盐以外的非金属矿原矿。

(5)固体盐,是指海盐原盐、湖盐原盐和井矿盐。液体盐,是指卤水。

纳税人在开采主矿产品的过程中伴采的其他应税矿产品,凡未单独规定适用税额的,一律按主矿产品或视同主矿产品税目征收资源税。

未列举名称的其他非金属矿原矿和其他有色金属矿原矿，由省、自治区、直辖市人民政府决定征收或暂缓征收资源税，并报财政部和国家税务总局备案。

独立矿山、联合企业收购未税矿产品的单位，按照本单位应税产品税额标准，依据收购的数量代扣代缴资源税。

其他收购单位收购的未税矿产品，按税务机构核定的应税产品税额标准，依据收购的数量代扣代缴资源税。

注意：上述应征资源税产品，生产企业除了缴纳资源税外，还需要缴纳增值税，增值税的计算在项目二已经阐述。

## 五、税收优惠

### （一）减税、免税项目

（1）开采原油过程中用于加热、修井的原油，免税。

（2）纳税人开采或者生产应税产品过程中，因意外事故或者自然灾害等原因遭受重大损失的，由省、自治区、直辖市人民政府酌情决定减税或者免税。

（3）自2007年2月1日起，北方海盐资源税暂减按每吨15元征收，南方海盐、湖盐、井矿盐资源税暂减按每吨10元征收，液体盐资源税暂减按每吨2元征收。

（4）国务院规定的其他减税、免税项目。

纳税人的减税、免税项目，应当单独核算课税数量；未单独核算或者不能准确提供课税数量的，不予减税或者免税。

（5）从2007年1月1日起，对地面抽采煤层气暂不征收资源税。煤层气是指赋存于煤层及其围岩中与煤炭资源伴生的非常规天然气，也称煤矿瓦斯。

（6）自2010年6月1日起，在新疆开采原油、天然气缴纳资源税的纳税人，有下列情形之一的，免征或者减征资源税：

①油田范围内运输稠油过程中用于加热的原油、天然气，免征资源税。

②稠油、高凝油和高含硫天然气资源税减征40%。稠油，是指地层原油粘度大于或等于50毫帕/秒或原油密度大于或等于0.92克/立方厘米的原油。高凝油，是指凝固点大于40℃的原油。高含硫天然气，是指硫化氢含量大于或等于30克/立方米的天然气。

③三次采油资源税减征30%。三次采油，是指二次采油后继续以聚合物驱、三元复合驱、泡沫驱、二氧化碳驱、微生物驱等方式进行采油。

上述所列项目的标准或条件如需要调整，由财政部、国家税务总局根据国家有关规定标准及实际情况的变化作出调整。

纳税人开采的原油、天然气，同时符合上述第②③款规定的减税情形的，纳税人只能选择其中一款执行，不能叠加适用。

### （二）出口应税产品不退（免）资源税

资源税规定仅对在中国境内开采或生产应税产品的单位和个人征收，进口的矿产品和盐不征收资源税。由于对进口应税产品不征收资源税，相应地对出口应税产品也不免征或退还已纳资源税。

# 模块二 资源税应纳税额的计算

## 一、资源税的计税依据

### (一)从量定额计征的计税依据

资源税实行从量定额计征的,以课税数量为计税依据,确定资源税课税数量的基本办法为:

**1. 通常情况课税数量的确定**

(1)纳税人开采或者生产应税产品销售的,以销售数量为课税数量。

(2)纳税人开采或者生产应税产品自用的,以自用(非生产用)数量为课税数量。

**2. 特殊情况课税数量的确定**

(1)纳税人不能准确提供应税产品销售数量或移送使用数量的,以应税产品的产量或主管税务机关确定的折算比,换算成的数量为课税数量。

(2)原油中的稠油、高凝油与稀油划分不清或不易划分的,一律按原油的数量课税。

(3)对于连续加工前无法正确计算原煤移送使用量的煤炭,可按加工产品的综合回收率,将加工产品实际销量和自用量折算成原煤数量,以此作为课税数量。

(4)金属和非金属矿产品原矿,因无法准确掌握纳税人移送使用原矿数量的,可将其精矿按选矿比折算成原矿数量,以此作为课税数量。

选矿比 = 精矿数量/耗用原矿数量

(5)纳税人以自产的液体盐加工固体盐,按固体盐税额征税,以加工的固体盐数量为课税数量。纳税人以外购的液体盐加工成固体盐,其加工固体盐所耗用液体盐的已纳税额准予抵扣。

对于纳税人开采或者生产不同税目应税产品的,应当分别核算;不能准确提供不同税目应税产品的课税数量的,从高适用税额。

### (二)从价定率计征的计税依据

资源税实行从价定率计征的,以销售额为计税依据。销售额按照《中华人民共和国增值税暂行条例》及其实施细则的有关规定确定,即《项目二增值税纳税实务》所阐述的销售额。

## 二、资源税应纳税额的计算

资源税应纳税额计算公式为:

应纳税额 = 课税数量 × 单位税额

或者应纳税额 = 销售额 × 税率

代扣代缴应纳税额 = 收购未税矿产品的数量 × 适用的单位税额

**【例 7 - 1】**山东某油田 2010 年 9 月份销售原油 8 万吨,其适用的单位税额为 16 元/吨。该油田本月应纳资源税税额是多少?

解析:

应纳税额 = 课税数量 × 单位税额 = 8 万吨 × 16 元/吨 = 128 万元

【例7－2】某铁矿山2011年3月销售铁矿石6万吨，另外自用入选铁精矿的铁矿石原矿14万吨，按规定该矿属于重点矿山，适用20元/吨的单位税额。计算该铁矿本月应纳资源税税额。

解析：

应纳税额＝课税数量×单位税额＝（6万吨＋14万吨）×20元/吨＝400万元

【例7－3】某铜矿山2010年10月销售铜矿石原矿40 000吨，移送入选精矿6 000吨，选矿比为20%，该矿山铜矿按规定适用1.2元/吨单位税额。计算该矿山本月应纳资源税税额。

解析：

（1）外销铜矿石原矿的应纳税额

应纳税额＝课税数量×单位税额＝40 000吨×1.2元/吨＝48 000元

| | |
|---|---|
| 借：营业税及附加 | 48 000 |
| 　　贷：应交税费——应交资源税 | 48 000 |

（2）因无法准确掌握入选精矿石的原矿数量，按选矿比计算的应纳税额：

应纳税额＝入选精矿/选矿比×单位税额＝6 000吨/20%×1.2元/吨＝36 000元

| | |
|---|---|
| 借：生产成本 | 36 000 |
| 　　贷：应交税费——应交资源税 | 36 000 |

（3）合计应纳税额：

应纳税额＝原矿应纳税额＋精矿应纳税额＝48 000元＋36 000元＝84 000元

【例7－4】一家开采铁矿石的矿山2010年10月共生产销售铁矿石原矿2万吨，在开采铁矿石的过程中还开采销售了伴生矿锰矿石3 000吨，铬矿石2 000吨。同时假设这座矿山在另一采矿点还开采并销售了瓷土6 000吨。这家矿山开采的矿石全部用于对外销售，已知该矿山铁矿石原矿的每吨税额为16元，锰矿石、铬矿石和瓷土原矿的单位税额分别是2元/吨、3元/吨和3元/吨。计算该矿山在分别核算或未分别核算情况下应纳的资源税额。

解析：

（1）该矿山正常情况下10月应纳的资源税额为：

20 000吨×16元/吨＋3 000吨×2元/吨＋2 000吨×3元/吨＋6 000吨×3元/吨＝350 000元

（2）假设该矿山未按要求分别核算铁矿石及其两种伴生矿的课税数量，只知道它们的总量为25 000吨，另知其瓷土矿的销量为6 000吨，按照资源税从高适用税额的规定，那么该矿山10月份应纳的资源税额为：

25 000吨×16元/吨＋6 000吨×3元/吨＝418 000元

【例7－5】新疆某油田2011年3月份开采销售原油1万吨，销售油田开采天然气200万立方米。该油田原油不含税售价为每吨5 000元，天然气不含税售价为每万立方米2 000元；该油田3月份应纳资源税是多少？

解析：

新疆原油、天然气资源税由过去从量计征，调整为按产品销售额的5%计征。该油田本月应纳资源税＝（10 000×5 000＋200×2 000）×5%＝2 520 000（元）

# 模块三 资源税纳税申报

## 一、纳税义务发生时间与纳税期限

### (一)纳税义务发生时间

**1. 纳税人销售应税产品,其纳税义务发生时间为:**

(1)纳税人采取分期收款结算方式的,其纳税义务发生时间,为销售合同规定的收款日期的当天。

(2)纳税人采取预收货款结算方式的,其纳税义务发生时间,为发出应税产品的当天。

(3)纳税人采取其他结算方式的,其纳税义务发生时间,为收讫销售款或者取得索取销售款凭据的当天。

**2. 纳税人自产自用应税产品的纳税义务发生时间,为移送使用应税产品的当天。**

**3. 扣缴义务人代扣代缴税款的纳税义务发生时间,为支付首笔货款或者开具应支付货款凭据的当天。**

### (二)纳税期限

纳税期限是纳税人发生纳税义务后缴纳税款的期限。资源税的纳税期限为1日、3日、5日、10日、15日或者1个月,纳税人的纳税期限由主管税务机关根据实际情况具体核定。不能按固定期限计算纳税的,可以按次计算纳税。

纳税人以1个月为一期纳税的,自期满之日起10日内申报纳税;以1日、3日、5日、10日或者15日为一期纳税的,自期满之日起5日内预缴税款,于次月1日起10日内申报纳税并结清上月税款。

## 二、纳税地点与纳税申报

### (一)纳税地点

(1)凡是缴纳资源税的纳税人,都应当向应税产品的开采或者生产所在地主管税务机关缴纳税款。

(2)如果纳税人在本省、自治区、直辖市范围内开采或者生产应税产品,其纳税地点需要调整的,由所在地省、自治区、直辖市税务机关决定。

(3)如果纳税人应纳的资源税属于跨省开采,其下属生产单位与核算单位不在同一省、自治区、直辖市的,对其开采的矿产品一律在开采地纳税,其应纳税款由独立核算、自负盈亏的单位,按照开采地的实际销售量(或者自用量)及适用的单位税额计算划拨。

(4)扣缴义务人代扣代缴的资源税,也应当向收购地主管税务机关缴纳。

### (二)纳税申报

填写《资源税纳税申报表》,申报表格式见表7-1。

**表7－1 资源税纳税申报表**

纳税人识别号□□□□□□□□□□□□□□□

纳税人名称：(公章)

税款所属期限：自 年 月 日至 年 月 日

填表日期： 年 月 日 金额单位：元(列至角分)

<table>
<tr><td colspan="2">产品名称</td><td>课税单位</td><td>课税数量</td><td>单位税额</td><td>本期应纳税额</td><td>本期已纳税额</td><td rowspan="2">备注</td></tr>
<tr><td colspan="2">1</td><td>2</td><td>3</td><td>4</td><td>5＝3×4</td><td>6</td></tr>
<tr><td rowspan="6">应纳税项目</td><td></td><td></td><td></td><td></td><td></td><td></td><td></td></tr>
<tr><td></td><td></td><td></td><td></td><td></td><td></td><td></td></tr>
<tr><td></td><td></td><td></td><td></td><td></td><td></td><td></td></tr>
<tr><td></td><td></td><td></td><td></td><td></td><td></td><td></td></tr>
<tr><td></td><td></td><td></td><td></td><td></td><td></td><td></td></tr>
<tr><td></td><td></td><td></td><td></td><td></td><td></td><td></td></tr>
<tr><td rowspan="4">减免税项目</td><td></td><td></td><td></td><td></td><td></td><td></td><td></td></tr>
<tr><td></td><td></td><td></td><td></td><td></td><td></td><td></td></tr>
<tr><td></td><td></td><td></td><td></td><td></td><td></td><td></td></tr>
<tr><td></td><td></td><td></td><td></td><td></td><td></td><td></td></tr>
<tr><td colspan="2" rowspan="6">纳税人或代理人声明：<br>此纳税申报表是根据国家税收法律的规定填报的，我确信它是真实的、可靠的、完整的。</td><td colspan="6">如纳税人填报，由纳税人填写以下各栏</td></tr>
<tr><td colspan="2">经办人(签章)</td><td colspan="2">会计主管(签章)</td><td colspan="2">法定代表人(签章)</td></tr>
<tr><td colspan="6">如委托代理人填报，由代理人填写以下各栏</td></tr>
<tr><td colspan="2">代理人名称</td><td colspan="2"></td><td colspan="2" rowspan="3">代理人(公章)</td></tr>
<tr><td colspan="2">经办人(签章)</td><td colspan="2"></td></tr>
<tr><td colspan="2">联系电话</td><td colspan="2"></td></tr>
</table>

以下由税务机关填写

受理人 受理日期 受理税务机关(签章)

**填表说明：**

一、本表适用于资源税纳税人填报。

二、本表有关内容按以下要求填写：

1. 纳税人识别号：填写办理税务登记时，由税务机关确定的税务登记号。
2. 纳税人名称：填写企业全称或业户字号，无字号的填业主姓名，并要工商登记或主管部门批准的名称。
3. "课税单位"栏，填写课税数量的单位，如：吨、立方米、千立方米等。

## 项目七小结

| 主要结构 | 主要内容 |
|---|---|
| 资源税基础知识 | 概念、纳税义务人、税目、单位税额、税率、税收优惠 |
| 计税方法 | 除在新疆开采石油、天然气实行从价计征外，其他实行从量计征 |
| 应纳税额的计算 | 从量定额计征应纳税额＝课税数量×单位数额<br>从价定率计征应纳税额＝销售额×税率 |
| 纳税申报 | 纳税义务发生时间、纳税期限、纳税地点、纳税申报 |

# 项目八　土地增值税纳税实务

【知识目标】

(1)识记土地增值税法规和基本内容;

(2)识记土地增值税的计税依据和计算方法。

【能力目标】

(1)能够正确计算土地增值税应纳税额;

(2)能够正确进行土地增值税纳税申报。

## 模块一　土地增值税基础知识

### 一、土地增值税的概念

土地增值税是对转让国有土地使用权、地上建筑物及其附着物(以下简称转让房地产)并取得收入的单位和个人,就其转让房地产所取得的增值额征收的一种税。

开征土地增值税的目的,在于合理配置土地资源,提高土地使用效益,改善城市设施和人民生活居住条件;调节转让房地产的过高收益,抑制房地产的投机,保护正当的房地产开发,规范房地产市场的交易秩序,以及对带动相关产业的发展有着积极作用。

现行土地增值税的基本规范,是1993年12月13日国务院颁布的《中华人民共和国土地增值税暂行条例》。

### 二、纳税义务人

土地增值税的纳税人是有偿转让国有土地使用权、地上建筑物和其他附着物产权并取得收入的单位和个人。单位是指各类企业单位、事业单位、国家机关和社会团体及其他组织,个人包括个体经营者。

### 三、征税范围

(一)征税范围的规定

土地增值税的征税范围包括:

**1. 转让国有土地使用权**

国有土地,是指按国家法律规定属于国家所有的土地。

**2. 地上的建筑物及其附着物连同国有土地使用权一并转让**

地上的建筑物,是指建于土地上的一切建筑物,包括地上地下的各种附属设施。附着物,是指附着于土地上的不能移动或一经移动即遭损坏的物品。

## (二)征税范围的判定标准

**1. 土地增值税是对转让国有土地使用权及其地上建筑物和附着物的行为征税**

转让的土地,其使用权是否为国家所有,是判定是否属于土地增值税征税范围的标准之一。

根据我国现行法律的规定,城市的土地属于国家所有,农村和城市郊区的土地除法律规定以外,属于集体所有。属于国家所有的土地,其土地使用权在转让时,按照《土地增值税暂行条例》规定,属于土地增值税的征税范围。而农村集体所有的土地不得自行转让,自行转让是一种违法行为,只有根据有关法律规定,由国家征用以后变为国家所有时,才能进行转让。对于目前违法将集体土地转让给其他单位和个人的情况,应在有关部门处理、补办土地征用或出让手续变为国家所有之后,再纳入土地增值税的征税范围。

**2. 土地增值税是对国有土地使用权及其地上的建筑物和附着物的转让行为征税**

土地使用权、地上的建筑物及其附着物的产权是否发生转让是判定是否属于土地增值税征税范围的标准之二。这里有两层含义:

(1)土地增值税的征税范围不包括国有土地使用权出让所取得的收入。国有土地使用权出让,是指国家以土地所有者的身份将土地使用权在一定年限内让与土地使用者,并由土地使用者向国家支付土地使用权出让金的行为,属于土地买卖的一级市场。土地使用权出让的出让方是国家,国家凭借土地的所有权向土地使用者收取土地的租金。出让的目的是实行国有土地的有偿使用制度,合理开发、利用、经营土地,因此,土地使用权的出让不属于土地增值税的征税范围。而国有土地使用权的转让是指土地使用者通过出让等形式取得土地使用权后,将土地使用权再转让的行为,包括出售、交换和赠与,它属于土地买卖的二级市场。土地使用权转让,其地上的建筑物、其他附着物的所有权随之转让。土地使用权的转让,属于土地增值税的征税范围。

(2)土地增值税的征税范围不包括未转让土地使用权、房产产权的行为。是否发生房地产权属(指土地使用权和房产产权)的变更,是确定是否纳入征税范围的一个标准,凡土地使用权、房产产权未转让的(如房地产的出租),不征收土地增值税。

**3. 土地增值税是对转让房地产并取得收入的行为征税**

是否取得收入是判定是否属于土地增值税征税范围的标准之三。

土地增值税的征税范围不包括房地产的权属虽转让,但未取得收入的行为。如房地产的继承,尽管房地产的权属发生了变更,但权属人并没有取得收入,因此也不征收土地增值税。

需要强调的是,无论是单独转让国有土地使用权,还是房屋产权与国有土地使用权一并转让的,只要取得收入,均属于土地增值税的征税范围,应对之征收土地增值税。

## (三)对具体情况的判定

**1. 以出售方式转让国有土地使用权、地上的建筑物及附着物**

这种情况因其同时符合上述三个标准,所以属于土地增值税的征税范围。这里又分为三种情况:

(1)出售国有土地使用权的,是指土地使用者仅对土地进行通水、通电、通路和平整地面等土地开发,而不进行房地产开发,即所谓“将生地变熟地”,然后直接将空地出售出去,属于土地增值税的征税范围。

(2)取得国有土地使用权后,不仅对土地进行开发,还要对房屋进行开发、建造然后出售的,这种情况即是通常所说的房地产开发。这种行为在现实生活中被称作卖房,但按照国家有关房地产法律和法规的规定,卖房的同时,土地使用权也随之发生了转让。由于这种情况既发生了产权的转让又取得了收入,所以应属于土地增值税的征税范围。

(3)存量房地产的买卖,是指已经建成并已投入使用的房地产,其房屋所有人将房屋产权和土地使用权一并转让给其他单位和个人。这种行为按照国家有关的法律和法规,应当到相关部门办理房产产权和土地使用权的变更手续;原土地使用权属于无偿划拨的,还应到土地管理部门补交土地出让金。这种情况既发生了产权的转让又取得了收入,应属于土地增值税的征税范围。

**2. 以继承、赠与方式转让房地产的**

(1)房地产的继承是指房产的原产权所有人、取得土地使用权的土地使用人死亡以后,由其继承人依法继承死者房产产权和土地使用权的民事法律行为。这种行为虽然发生了房地产的权属变更,但房产产权、土地使用权的原所有人并没有因为权属的转移变更而取得收入。因此,这种房地产的继承不属于土地增值税的征税范围。

(2)房地产的赠与是指房产所有人、土地使用权所有人将自己所拥有的房地产无偿地赠与其他人的民事法律行为。"赠与"包括以两种情况:

①房产、土地使用权所有人将房屋产权、土地使用权赠与直系亲属或承担直接赡养义务人的;

②房产、土地使用权所有人通过中华人民共和国境内非营利的社会团体、国家机关将房屋产权、土地使用权赠与教育、民政和其他社会福利、公益事业的。

房地产的赠与虽发生了房地产的权属变更,但作为房产、土地使用权的所有人并没有因为权属的转让而取得收入。因此,房地产的赠与不属于土地增值税的征税范围。

**3. 房地产的出租**

房地产的出租是指房产产权的所有人、按照法律规定取得土地使用权的土地使用人,将房产、土地使用权租赁给承租人使用,向承租人收取租金的行为。房地产的出租,出租人虽取得了收入,但没有发生房产产权、土地使用权的转移。因此,不属于土地增值税的征税范围。

**4. 房地产的抵押**

房地产的抵押是指房地产的产权所有人、取得土地使用权的土地使用人作为债务人或第三人向债权人提供不动产作为清偿债务的担保而不转移权属的法律行为。房地产的抵押包括两种情况:

(1)对房地产的抵押,在抵押期间不征收土地增值税;

(2)房地产抵押期满后,视该房地产是否发生产权转移而确定是否征收土地增值税;抵押期满偿还债务本息的,不征收土地增值税;抵押期满不能偿还债务的,以房地产抵债而发生房地产产权转移的,应属于土地增值税的征税范围。

**5. 房地产的交换**

房地产的交换是指一方将房地产与另一方的房地产进行交换的行为。由于这种情况已造成了权属关系的变化,又使得交换双方都取得了一定的实物收入,按《土地增值税暂行条例》规定,它属于土地增值税的征税范围。但个人之间互换自有居住用房地产的,经税务机关核实,可以免征土地增值税。

**6. 以房地产进行投资、联营**

以房地产进行投资、联营的，投资、联营的一方以土地（房地产）作价入股进行投资或作为联营条件，将土地使用权（房产产权）转让到所投资、联营的企业时，暂免征收土地增值税。对投资、联营企业将上述房地产再转让的，应征收土地增值税。

对于以土地（房地产）作价入股进行投资或联营的，凡所投资、联营的企业从事房地产开发的，或者房地产开发企业以其建造的商品房进行投资和联营的，征收土地增值税。

**7. 合作建房**

对于一方出地，一方出资金，双方合作建房，建成后分房自用的，暂免征收土地增值税；建成后转让的，应征收土地增值税。

**8. 企业兼并转让房地产**

企业兼并时，被兼并企业将房地产转让到兼并企业中的，暂免征收土地增值税。

**9. 房地产的代建房行为**

房地产的代建房行为是指房地产开发公司代客户进行房地产的开发，并于完成后向客户收取代建收入的行为。对于房地产开发公司来说，虽然取得了收入，但没有发生房地产权属的变更，其收入属于劳务收入性质，故不属于土地增值税的征税范围。

**10. 房地产的重新评估**

这主要是指国有企业在清产核资时对房地产进行重新评估而使其升值的情况。这种情况房地产虽然有增值，但没有发生房地产权属的变更，不属于土地增值税的征税范围。

## 四、税率

土地增值税采用四级超率累进税率，最低税率为30%，最高税率为60%，具体税率规定如下：

（1）增值额未超过扣除项目金额50%的部分，税率为30%；

（2）增值额超过扣除项目金额50%、未超过扣除项目金额100%的部分，税率为40%；

（3）增值额超过扣除项目金额100%、未超过扣除项目金额200%的部分，税率为50%；

（4）增值额超过扣除项目金额200%以上的部分，税率为60%。

超率累进税率见表8－1。

**表8－1 土地增值税四级超率累进税率表**

| 级数 | 增值额与扣除项目金额的比例 | 税率(%) | 速算扣除系数(%) |
|---|---|---|---|
| 1 | 不超过50%的部分（含50%） | 30 | 0 |
| 2 | 超过50%～100%的部分（含100%） | 40 | 5 |
| 3 | 超过100%～200%的部分(含200%) | 50 | 15 |
| 4 | 超过200%的部分 | 60 | 35 |

# 模块二 土地增值税应纳税额的计算

计算土地增值税应纳税额，是要对纳税人转让房地产所取得的增值额征税，增值额是指纳税人转让房地产的收入减除按税法规定的扣除项目金额后的余额，是计算土地增值税的本质所在。

## 一、应税收入的确定

纳税人转让房地产取得的收入，是指纳税人转让房地产的取得的全部价款及有关的经济利益，包括货币收入、实物收入和其他收入。

### (一)货币收入

货币收入是指纳税人转让房地产而取得的现金、银行存款、支票、银行本票、汇票等各种信用票据和国库券、金融债券、企业债券、股票等有价证券。这些收入其实质都是转让方因转让土地使用权、房屋产权而向取得方收取的价款。货币收入一般较易确定。

### (二)实物收入

实物收入是指纳税人转让房地产而取得的各种实物形态的收入，如钢材、水泥等动产，或房屋、土地等不动产等。实物收入的价值不太容易确定，对这些实物形态的财产需要进行估价。

### (三)其他收入

其他收入是指纳税人转让房地产取得的无形资产收入或具有财产价值的权利，如专利权、商标权、著作权、专有技术使用权、土地使用权、商誉权等。这类收入的价值一般需要进行专门的评估才能确定。

## 二、扣除项目的确定

要计算增值额，首先必须确定扣除项目。税法准予纳税人从转让收入额减除的扣除项目包括如下几项：

### (一)取得土地使用权所支付的金额

取得土地使用权所支付的金额是指纳税人为取得土地使用权所支付的地价款和按国家统一规定缴纳的有关费用。

### (二)房地产开发成本

房地产开发成本，是指纳税人房地产开发项目实际发生的成本，包括土地征用及拆迁补偿费、前期工程费、建筑安装工程费、基础设施费、公共配套设施费、开发间接费用。

### (三)房地产开发费用

房地产开发费用，是指与房地产开发项目有关的销售费用、管理费用和财务费用。根据现行财务会计制度的规定，这三项费用作为期间费用，直接计入当期损益，不按成本核算对象进行分摊。故作为土地增值税扣除项目的房地产开发费用，不按纳税人房地产开发项目实际发生的费用进行扣除，而应区分以下两种情况分别计算扣除：

(1)财务费用中的利息支出,凡能够按转让房地产项目计算分摊并提供金融机构证明的,允许据实扣除,但最高不能超过按商业银行同类同期贷款利率计算的金额。其他房地产开发费用,按上述(一)、(二)项规定计算的金额之和的百分之五以内计算扣除。

即:允许扣除的房地产开发费用 = 利息 +(取得土地使用权所支付的金额 + 房地产开发成本)×5% 以内

(2)凡不能按转让房地产项目计算分摊利息支出或不能提供金融机构证明的,房地产开发费用按上述(一)、(二)项规定计算的金额之和的百分之十以内计算扣除。

即:允许扣除的房地产开发费用 =(取得土地使用权所支付的金额 + 房地产开发成本)×10% 以内

上述计算扣除的具体比例,由各省、自治区、直辖市人民政府规定。

| 财政部、国家税务总局还对扣除项目金额中利息支出的计算问题作了两点专门规定:一是利息的上浮幅度按国家的有关规定执行,超过上浮幅度的部分不允许扣除;二是对于超过贷款期限的利息部分和加罚的利息不允许扣除。 |
|---|

**【例 8-1】**某房地产开发企业开发项目支付的地价款和缴纳的费用为 300 万元,开发成本为 500 万元,按商业银行同类同期贷款利率计算的银行贷款利息为 40 万元,能够提供金融机构的证明,请计算房地产的开发费用为多少?(当地政府规定的扣除比例为 5%)

允许扣除的房地产的开发费用 = 40 + (500 + 300) ×5% = 80(万元)

在【例 8-1】中,该房地产企业不能按转让房地产项目计算分摊利息支出或不能提供金融机构贷款证明,当地政府规定的扣除比例为 9%,则允许扣除的房地产开发费用 = (500 + 300) ×9% = 72(万元)

### (四)与转让房地产有关的税金

与转让房地产有关的税金是指在转让房地产时缴纳的营业税、城市维护建设税、印花税。因转让房地产缴纳的教育费附加,也可视同税金予以扣除。房地产开发企业的印花税已列入管理费用中,不予单独计算扣除;其他纳税人缴纳的印花税(按产权转移书据所载金额的 0.5‰贴花)允许在此扣除。

### (五)其他扣除项目

对从事房地产开发的纳税人可按上述(一)、(二)项规定计算的金额之和,加计 20% 的扣除。应特别指出的是:此条优惠只适用于从事房地产开发的纳税人,除此之外的其他纳税人不适用,但对于取得土地使用权或房屋产权未开发即转让的,不允许加计 20% 扣除。

### (六)旧房及建筑物的评估价格

旧房及建筑物的评估价格是指在转让已使用的房屋及建筑物时,由政府批准设立的房地产评估机构评定的重置成本价乘以成新度折扣率后的价格。评估价格须经当地税务机关确认。

上述重置成本价,指对旧房及建筑物,按转让时的价格及人工费用计算,建造同样面积、同样层次、同样结构、同样建设标准的新房及建筑物所需花费的成本费用。成新度折扣率,是指按旧房的新旧程度作一定比例的折扣。例如:一幢房屋已使用近 8 年,建造时造价为 800 万元,该房有七成新,按转让时的重置成本为 1 500 万元,则该房的评估价格为:1 500 ×70% = 1 050(万元)。

另外,转让旧房的,应按房屋及建筑物的评估价格、取得土地使用权所支付的地价款和按国家统一规定缴纳的有关费用及在转让环节缴纳的税金作为扣除项目金额计征土地增值税。相反,对取得土地使用权时未支付地价款或不能提供已支付的地价款凭据的,在计征土地增值税时不允许扣除。

## 三、增值额的确定

增值额是指纳税人转让房地产所取得的收入减除按税法规定的扣除项目金额后的余额。

用公式表示为:

增值额 = 转让房地产所取得的收入总额 - 扣除项目金额

在计算土地增值税时,准确核算增值额是非常重要的,因为土地增值税是以增值额与扣除项目金额的比率大小来选择适用的税率而计算征收的,增值额与扣除项目金额的比率越大,适用的税率越高,缴纳的税款越多。在实际房地产交易活动中,有些纳税人不能准确提供房地产转让价格或扣除项目金额,致使增值额不准确,直接影响应纳税额的计算和缴纳。因此,纳税人有下列情形之一的,按照房地产评估价格计算征收:

(1)隐瞒、虚报房地产成交价格的;

(2)提供扣除项目金额不实的;

(3)转让房地产的成交价格低于房地产评估价格,又无正当理由的。

上述所说的"房地产评估价格",是指由政府批准设立的房地产评估机构根据相同地段、同类房地产进行综合评定的价格,评估价格须经当地税务机关确认。

## 四、土地增值税应纳税额的计算

土地增值税按照纳税人转让房地产所取得的增值额和规定的税率计算征收。土地增值税的计算公式是:

应纳税额 = $\sum$(每级距的土地增值额 × 适用税率)

或者应纳税额 = 增值额 × 适用税率 - 扣除项目金额 × 速算扣除系数

【**例 8-2**】某市房地产开发公司 2010 年发生以下业务:

(1)1 月份通过竞拍取得市区一处土地的使用权,支付土地出让金 600 万元,缴纳相关费用 140 万元;

(2)以上述土地开发建设普通标准住宅楼和综合楼,普通标准住宅楼和综合楼占地面积比例为 1:3;

(3)住宅楼开发成本 3 000 万元,开发费用中分摊到住宅楼利息支出 300 万元,包括加罚利息 40 万元;

(4)综合楼开发成本 3 400 万元(未包括装修费用 600 万元),无法提供金融机构证明利息支出具体数额;

(5)建成后的普通标准住宅楼全部销售,收入总额 6 500 万元,综合楼销售 50%,收入 5 000 万元;

(6)综合楼未销售部分与他人联营开设一商场,共同承担经营风险,当年收到分红 250 万元。

其他相关资料:该房地产公司所在省规定,按土地增值税暂行条例规定的最高限额计算扣除房地产开发费用,营业税税率为5%,城建税税率为7%,教育费附加税率为3%。

根据上述资料和税法有关规定,回答下列问题:

(1)公司住宅楼部分计算土地增值税时准予扣除的项目合计金额是多少?

(2)公司住宅楼部分应缴纳的土地增值税是多少?

(3)公司综合楼部分计算土地增值税时准予扣除的项目合计金额是多少?

(4)公司综合楼部分应缴纳的土地增值税是多少?

解析:

(1)准予扣除项目

应扣除的土地使用权的金额=(600+140)×1÷4=185(万元)

应扣除的开发成本的金额=3 000(万元)

应扣除的开发费用和其他扣除项目

=(300-40)+(185+3 000)×5%+(185+3 000)×20%=1 056.25(万元)

转让环节的税金=6 500×5%×(1+7%+3%)=357.5(万元)

准予扣除项目合计=185+3 000+1 056.25+357.5=4 598.75(万元)

(2)增值额=6 500-4 598.75=1 901.25(万元)

增值率=1 901.25÷4 598.75×100%=41.34%,适用30%的税率。

应纳土地增值税=1 901.25×30%=570.38(万元)

| | | |
|---|---|---|
| 借:营业税金及附加 | 5 703 800 | |
| 贷:应交税费——应交土地增值税 | | 5 703 800 |

(3)房地产开发企业开发的房产与他人联营开设一商场,共同承担经营风险,应当征收土地增值税。

应扣除的土地使用权的金额=(600+140)×3÷4=555(万元)

应扣除的开发成本的金额=3 400+600=4 000(万元)

应扣除的税金=5 000×5%×(1+7%+3%)=275(万元)(以不动产对外投资,共担风险的,不缴纳营业税)

应扣除的开发费用和其他扣除项目=(555+4 000)×10%+(555+4 000)×20%

=1 366.5(万元)

准予扣除的项目合计=555+4 000+275+1 366.5=6 196.50(万元)

(4)收入总额=5 000×2=10 000(万元)

增值额=10 000-6 196.50=3 803.5(万元)

增值率=3 803.5÷6 196.50×100%=61.38%,适用税率40%,速算扣除数5%。

应缴纳土地增值税=3 803.5×40%-6 196.50×5%=1 211.58(万元)

## 模块三 土地增值税税收优惠

### 一、建造普通标准住宅的税收优惠

纳税人建造普通标准住宅出售,增值额未超过扣除项目金额20%的,免征土地增值税。

普通标准住宅是指按所在地一般民用住宅标准建造的居住用住宅,不包括高级公寓、高级别墅、度假村等。纳税人建造普通标准住宅出售,增值额未超过扣除项目金额20%的,免征土地增值税;增值额超过扣除项目金额20%的,应就其全部增值额按规定计税。

对于纳税人既建普通标准住宅又搞其他房地产开发的,应分别核算增值额。不分别核算增值额或不能准确核算增值额的,其建造的普通标准住宅不能适用这一免税规定。

### 二、国家征用、收回的房地产的税收优惠

因国家建设需要依法征用、收回的房地产,免征土地增值税。这里所称的"因国家建设需要依法征用、收回的房地产",是指因城市实施规划、国家建设的需要而被政府批准征用的房产或收回的土地使用权。因城市实施规划、国家建设的需要而搬迁,由纳税人自行转让原房地产的,比照有关规定免征土地增值税。

### 三、个人转让房地产的税收优惠

个人因工作调动或改善居住条件而转让原自用住房,经向税务机关申报核准,凡居住满五年或五年以上的,免予征收土地增值税;居住满三年未满五年的,减半征收土地增值税。居住未满三年的,按规定计征土地增值税。

## 模块四　土地增值税纳税申报

### 一、纳税地点

土地增值税的纳税人应到房地产所在地主管税务机关办理纳税申报,并在税务机关核定的期限内缴纳土地增值税。

上述所称"房地产所在地"是指房地产的坐落地。纳税人转让房地产坐落在两个或两个以上地区的,应按房地产所在地分别申报纳税。

在现实工作中,由于纳税人的性质不同则纳税地点的确定也是不同的:

**1. 纳税人是法人的**

当转让的房地产坐落地与其机构所在地或经营所在地一致时,则在办理税务登记时的税务机关申报纳税,反之,则应在房地产坐落地所管辖的税务机关申报纳税。

**2. 纳税人是自然人的**

当转让的房地产坐落地与其居住所在地一致时,则在住所所在地税务机关申报纳税,反之,则应在办理过户手续所在地税务机关申报纳税。

### 二、纳税申报

土地增值税的纳税人应在转让房地产合同签定后的7日内,到房地产所在地主管税务机关办理纳税申报,同时向税务机关提供房屋及建筑物产权、土地使用权证,土地转让、房产买卖合同,房地产评估报告及其他与转让房地产有关的资料。

纳税人因经常发生房地产转让而难以在每次转让后申报的,经税务机关审核同意后,可以

定期进行纳税申报，具体期限由税务机关根据情况确定。

纳税人在项目全部竣工结算前转让房地产取得的收入，由于涉及成本确定或其他原因，而无法据以计算土地增值税的，可以预征土地增值税，待该项目全部竣工、办理结算后再进行清算，多退少补。具体办法由各省、自治区、直辖市地方税务局根据当地情况制定。

《土地增值税纳税申报表》见表8－1。

**表8－1 土地增值税纳税申报表(一)**

(从事房地产开发的纳税人适用)

税款所属时间： 年 月 日　　　　填表日期： 年 月 日

金额单位：元(列至角分)　　　　面积单位：平方米

<table>
<tr><td>计算机代码</td><td colspan="3"></td><td colspan="2">纳税人名称</td><td colspan="2"></td></tr>
<tr><td>项目名称</td><td colspan="3"></td><td colspan="2">项目地址</td><td colspan="2"></td></tr>
<tr><td>业　别</td><td></td><td>登记注册类型</td><td></td><td>纳税人地址</td><td></td><td>邮政编码</td><td></td></tr>
<tr><td>开户银行</td><td></td><td>银行账号</td><td></td><td>主管部门</td><td></td><td>电　话</td><td></td></tr>
<tr><td colspan="4">项　目</td><td>行次</td><td colspan="3">金　额</td></tr>
<tr><td colspan="4">一、转让房地产收入总额 1＝2＋3</td><td>1</td><td colspan="3"></td></tr>
<tr><td rowspan="2">其中</td><td colspan="3">货币收入</td><td>2</td><td colspan="3"></td></tr>
<tr><td colspan="3">实物收入及其他收入</td><td>3</td><td colspan="3"></td></tr>
<tr><td colspan="4">二、扣除项目金额合计 4＝5＋6＋13＋16＋20</td><td>4</td><td colspan="3"></td></tr>
<tr><td colspan="4">1. 取得土地使用权所支付的金额</td><td>5</td><td colspan="3"></td></tr>
<tr><td colspan="4">2. 房地产开发成本 6＝7＋8＋9＋10＋11＋12</td><td>6</td><td colspan="3"></td></tr>
<tr><td rowspan="6">其中</td><td colspan="3">土地征用及拆迁补偿费</td><td>7</td><td colspan="3"></td></tr>
<tr><td colspan="3">前期工程费</td><td>8</td><td colspan="3"></td></tr>
<tr><td colspan="3">建筑安装工程费</td><td>9</td><td colspan="3"></td></tr>
<tr><td colspan="3">基础设施费</td><td>10</td><td colspan="3"></td></tr>
<tr><td colspan="3">公共配套设施费</td><td>11</td><td colspan="3"></td></tr>
<tr><td colspan="3">开发间接费用</td><td>12</td><td colspan="3"></td></tr>
<tr><td colspan="4">3. 房地产开发费用 13＝14＋15</td><td>13</td><td colspan="3"></td></tr>
<tr><td rowspan="2">其中</td><td colspan="3">利息支出</td><td>14</td><td colspan="3"></td></tr>
<tr><td colspan="3">其他房地产开发费用</td><td>15</td><td colspan="3"></td></tr>
<tr><td colspan="4">4. 与转让房地产有关的税金等 16＝17＋18＋19</td><td>16</td><td colspan="3"></td></tr>
<tr><td rowspan="3">其中</td><td colspan="3">营业税</td><td>17</td><td colspan="3"></td></tr>
<tr><td colspan="3">城市维护建设税</td><td>18</td><td colspan="3"></td></tr>
<tr><td colspan="3">教育费附加</td><td>19</td><td colspan="3"></td></tr>
<tr><td colspan="4">5. 财政部规定的其他扣除项目</td><td>20</td><td colspan="3"></td></tr>
<tr><td colspan="4">三、增值额 21＝1－4</td><td>21</td><td colspan="3"></td></tr>
<tr><td colspan="4">四、增值额与扣除项目金额之比(％)22＝21÷4</td><td>22</td><td colspan="3"></td></tr>
</table>

续表

<table>
<tr><td colspan="4">五、适用税率(%)</td><td>23</td><td></td></tr>
<tr><td colspan="4">六、速算扣除系数(%)</td><td>24</td><td></td></tr>
<tr><td colspan="4">七、应缴土地增值税税额 25 = 21 × 23 - 4 × 24</td><td>25</td><td></td></tr>
<tr><td colspan="4">八、已缴土地增值税税额</td><td>26</td><td></td></tr>
<tr><td colspan="4">九、应补(退)土地增值税税额 27 = 25 - 26</td><td>27</td><td></td></tr>
<tr><td colspan="4">十、累计欠税余额</td><td>28</td><td></td></tr>
<tr><td colspan="4">十一、欠缴滞纳金</td><td>29</td><td></td></tr>
<tr><td>纳税人声明</td><td>我单位所申报的各种税(费)款真实、准确,如有虚假内容,愿承担法律责任。<br>办税员:<br>法定代表人(负责人): (章)<br>年 月 日</td><td>授权人声明</td><td>现委托________为我单位纳税申报代理人。<br>委托合同号码:<br>授权人(法定代表人):<br>年 月 日</td><td>代理人声明</td><td>本纳税申报是按照国家税法和税务机关规定填报的,我确信其真实、合法。<br>代理人:<br>代理机构(公章)<br>年 月 日</td></tr>
<tr><td colspan="6">以下由税务机关填写</td></tr>
<tr><td colspan="3">受理人:<br>(征税专用章)<br>受理日期: 年 月 日</td><td colspan="3">稽核人员:<br>稽核日期: 年 月 日</td></tr>
</table>

## 项目八小结

| 主要结构 | 主要内容 |
|---|---|
| 土地增值税基础知识 | 概念、纳税义务人、征税范围、税率(超率累进税率) |
| 增值额的计算 | 增值额 = 收入总额 - 扣除项目金额<br>扣除项目金额的确定(尤其是房地产开发费用的确定以及房地产公司的加计扣除) |
| 应纳税额的计算 | 应纳税额 = 增值额 × 适用税率 - 扣除项目金额 × 速算扣除系数 |
| 纳税申报 | 纳税义务发生时间、纳税期限、纳税地点、纳税申报 |

# 项目九　房产税、城镇土地使用税和耕地占用税纳税实务

【知识目标】

(1)识记房产税、城镇土地使用税和耕地占用税的基本内容;

(2)识记房产税、城镇土地使用税和耕地占用税的计税依据和计算方法。

【能力目标】

(1)能够正确计算房产税、城镇土地使用税和耕地占用税应纳税额;

(2)能够正确进行房产税、城镇土地使用税纳税申报。

## 模块一　房产税纳税实务

### 一、房产税的概念

房产税是以房产为征税对象,依据房产的余值或房产的租金收入,向房产所有人征收的一种税。现行房产税的基本规范,是1986年9月15日国务院颁布的《中华人民共和国房产税暂行条例》。

### 二、纳税义务人

房产税以在征税范围内的房屋产权所有人为纳税人。其中:

(1)产权属于全民所有的,由经营管理的单位缴纳。

(2)产权出典的,由承典人缴纳。

(3)产权所有人、承典人不在房产所在地的,或者产权未确定及租典纠纷未解决的,由房产代管人或者使用人缴纳。

(4)无租使用其他房产的问题。纳税单位和个人无租使用房产管理部门、免税单位及纳税单位的房产,应由使用人代为缴纳房产税。

综上所述,房地产的纳税义务人包括:产权所有人、经营管理单位、承典人、房产代管人或者使用人。

### 三、征税对象

房产税的征税对象是房产。所谓房产,是指有屋面和围护结构(有墙或两边有柱),能够遮风避雨,可供人们在其中生产、学习、工作、娱乐、居住或贮藏物质的场所。

房地产开发企业建造的商品房,在出售前,不征收房产税;但对出售前房地产开发企业已使用或出租、出借的商品房应按规定征收房产税。

## 四、征税范围

房产税在城市、县城、建制镇和工矿区征收。

(1)城市是指国务院批准设立的市。

(2)县城是指县人民政府所在地的地区。

(3)建制镇是指经省、自治区、直辖市人民政府批准设立的建制镇。

(4)工矿区是指工商业比较发达、人口比较集中、符合国务院规定的建制镇标准但尚未设立建制镇的大中型工矿企业所在地。开征房产税的工矿区须经省、自治区、直辖市人民政府批准。

注意:房产税的征税范围不包括农村。

## 五、计税依据

房产税的计税依据是房产的计税价值或房产的租金收入。按照房产计税价值征税的,称为从价计征;按照房产租金收入计征的,称为从租计征。

房产自用的,房产税从价计征;房产出租的,房产税从租计征。

(一)从价计征

《房产税暂行条例》规定,房产税依照房产原值一次减除10% ~30%后的余值计算缴纳。各地扣除比例由当地省、自治区、直辖市人民政府确定。

**1. 房产原值的确定**

(1)房产原值是指纳税人按照会计制度规定,在账簿"固定资产"科目中记载的房屋原价。因此,凡按会计制度规定在账簿中记载有房屋原价的,应以房屋原价按规定减除一定比例后作为房产余值计征房产税;没有记载房屋原价的,按照上述原则,并参照同类房屋,确定房产原值,按规定计征房产税。

(2)房产原值应包括与房屋不可分割的各种附属设备或一般不单独计算价值的配套设施。

(3)纳税人对原有房屋进行改建、扩建的,要相应增加房屋的原值。

**2. 房产余值的确定**

房产余值是房产的原值减除规定比例后的剩余价值。

另外,还应注意下面三个问题:

(1)对投资联营的房产,在计征房产税时应予以区别对待。对于以房产投资联营,投资者参与投资利润分红,共担风险的,按房产余值作为计税依据计征房产税;对以房产投资,收取固定收入,不承担联营风险的,实际是以联营名义取得房产租金,由出租方按租金收入计缴房产税。

(2)自2009年12月1日起,融资租赁的房产,由承租人自融资租赁合同约定开始日的次月起依照房产余值缴纳房产税。合同未约定开始日的,由承租人自合同签订的次月起依照房产余值缴纳房产税。

(二)从租计征

《房产税暂行条例》规定,房产出租的,以房产租金收入为房产税的计税依据。

所谓房产的租金收入，是房屋产权所有人出租房产使用权所得的报酬，包括货币收入和实物收入。

如果是以劳务或者其他形式为报酬抵付房租收入的，应根据当地同类房产的租金水平，确定一个标准租金额从租计征。

纳税人对个人出租房屋的租金收入申报不实或申报数与同一地段同类房屋的租金收入相比明显不合理的，税务部门可以按照《中华人民共和国税收征收管理法》的有关规定，采取科学合理的方法核定其应纳税款。具体办法由各省、自治区、直辖市地方税务机关结合当地实际情况制定。

## 六、税率

我国现行房产税采用的是比例税率。由于房产税的计税依据分为从价计征和从租计征两种形式，所以房产税的税率也有两种：一种是按房产原值一次减除10% ~30%后的余值计征的，税率为1.2%；另一种是按房产出租的租金收入计征的，税率为12%。从2001年1月1日起，对个人按市场价格出租的居民住房，用于居住的，可暂减按4%的税率征收房产税。

## 七、房产税应纳税额的计算

房产税的计税依据有两种，与之相适应的应纳税额计算也分为两种：一是从价计征的计算；二是从租计征的计算。

### （一）从价计征的计算

从价计征是按房产的原值减除一定比例后的余值计征，其公式为：

应纳税额 = 应税房产原值 ×（1 - 扣除比例）× 1.2%

如前所述，房产原值是“固定资产”科目中记载的房屋原价；减除一定比例是省、自治区、直辖市人民政府规定的10% ~30%的减除比例；计征的适用税率为1.2%。

**【例9-1】**某企业的2009年经营用房原值为6 000万元，按照当地规定允许减除30%后余值计税，请计算其应纳房产税税额。

解析：

应纳税额 = 6 000 ×（1 - 30%）×1.2% = 50.40（万元）

注意：房产税实行按年计算、分期缴纳的征收方法，该企业2009年应纳房产税50.40万元，若该企业2010年房产未发生变化，则该企业2010年应纳房产税仍为50.40万元。企业在计算出应纳房产税时，会计分录为：

| | | |
|---|---|---|
| 借：管理费用 | 50.40 | |
| 　贷：应交税费——应交房产税 | | 50.40 |

企业在上交房产税时，会计分录为：

| | | |
|---|---|---|
| 借：应交税费——应交房产税 | 50.40 | |
| 　贷：银行存款 | | 50.40 |

### （二）从租计征的计算

从租计征是按房产的租金收入计征，其公式为：

应纳税额 = 租金收入 ×12%（或4%）

【例9－2】某公司2009年1—12月份出租房屋10间，年租金收入为100 000元。请计算其应纳房产税税额。

解析：

应纳税额 = 100 000 ×12% = 12 000（元）

【例9－3】张某将自己的住房出租给李某居住，2010年租金收入为12 000元，请计算张某2010年应纳房产税税额。

解析：

应纳税额 = 12 000 ×4% = 480（元）

## 八、房产税的税收优惠

目前，房产税的税收优惠政策主要有：

(1)国家机关、人民团体、军队自用的房产免征房产税。但上述免税单位的出租房产以及非自身业务使用的生产、营业用房，不属于免税范围。

(2)由国家财政部门拨付事业经费的单位自用的房产免征房产税。如学校、医疗卫生单位、托儿所、幼儿园、敬老院、文化、体育、艺术这些实行全额或差额预算管理的事业单位所有的，本身业务范围内使用的房产免征房产税。

上述单位所属的附属工厂、商店、招待所等不属于单位公务、业务的用房，应照章纳税。

(3)宗教寺庙、公园、名胜古迹自用的房产免征房产税。宗教寺庙、公园、名胜古迹中附设的营业单位，如影剧院、饮食部、茶社、照相馆等所使用的房产及出租的房产，不属于免税范围，应照章纳税。

(4)个人所有非营业用的房产免征房产税。个人所有的非营业用房，主要是指居民住房，不分面积多少，一律免征房产税。

为了抑制房价过快增长，打击炒作行为，对第(4)规定国务院率先在重庆、上海进行改革试点，从2011年1月28日起进行对部分个人住房征收房产税。

对个人拥有的营业用房或者出租的房产，不属于免税房产，应照章纳税。

(5)对行使国家行政管理职能的中国人民银行总行(含国家外汇管理局)所属分支机构自用的房产，免征房产税。

(6)经财政部批准免税的其他房产。

这类免税房产，情况特殊，范围较小，是根据实际情况确定的。主要有：

①损坏不堪使用的房屋和危险房屋，经有关部门鉴定，在停止使用后，可免征房产税。

②纳税人因房屋大修导致连续停用半年以上的，在房屋大修期间免征房产税，免征税额由纳税人在申报缴纳房产税时自行计算扣除，并在申报表附表或备注栏中作相应说明。

纳税人房屋大修停用半年以上需要免征房产税的，应在房屋大修前向主管税务机关报送相关的证明材料，以备税务机关查验。具体报送材料由各省、自治区、直辖市和计划单列市地方税务局确定。

③在基建工地为基建工地服务的各种工棚、材料棚、休息棚和办公室、食堂、茶炉房、汽车房等临时性房屋，在施工期间，一律免征房产税。但工程结束后，施工企业将这种临时性房屋交还

或估价转让给基建单位的，应从基建单位接收的次月起，照章纳税。

④为鼓励利用地下人防设施，暂不征收房产税。

⑤对高校后勤实体免征房产税。

⑥对非营利性医疗机构、疾病控制机构和妇幼保健机构等卫生机构自用的房产，免征房产税。

⑦老年服务机构自用的房产。

⑧向居民供热并向居民收取采暖费的供热企业的生产用房，暂免征收房产税。这里的"供热企业"不包括从事热力生产但不直接向居民供热的企业。

对于免征房产税的"生产用房"，是指上述企业为居民供热所使用的厂房。对既向居民供热，又向非居民供热的企业，可按向居民供热收取的收入占其总供热收入的比例划分征免税界限；对于兼营供热的企业，可按向居民供热收取的收入占其生产经营总收入的比例划分征免税界限。

## 九、房产税纳税申报

### （一）纳税义务发生时间

（1）纳税人将原有房产用于生产经营，从生产经营之月起，缴纳房产税。

（2）纳税人自行新建房屋用于生产经营，从建成之次月起，缴纳房产税。

（3）纳税人委托施工企业建设的房屋，从办理验收手续之次月起，缴纳房产税。

（4）纳税人购置新建商品房，自房屋交付使用之次月起，缴纳房产税。

（5）纳税人购置存量房，自办理房屋权属转移、变更登记手续，房地产权属登记机关签发房屋权属证书之次月起，缴纳房产税。

（6）纳税人出租、出借房产，自交付出租、出借房产之次月起，缴纳房产税。

（7）房地产开发企业自用、出租、出借本企业建造的商品房，自房屋使用或交付之次月起，缴纳房产税。

### （二）纳税期限

房产税实行按年计算、分期缴纳的征收方法，具体纳税期限由省、自治区、直辖市人民政府确定。

### （三）纳税地点

房产税在房产所在地缴纳。房产不在同一地方的纳税人，应按房产的坐落地点分别向房产所在地的税务机关纳税。

### （四）纳税申报

房产税的纳税人应按照条例的有关规定，及时办理纳税申报，并如实填写《房产税纳税申报表》。

**房产税(城市房地产税)纳税申报表附表**

纳税人识别号□□□□□□□□□□□□□□□

纳税人名称:(公章)

税款所属期限:自　年　月　日至　年　月　日　填表日期:　年　月　日　金额单位:元(列至角分)

| 项目 | 房产增减月份 | 房产原值 | 税法规定的免税房产原值 | 从租计税的房产原值 | 从价计税的房产原值 | 计税房产余值 | 税率 | 从价计税房产全年应纳税额(从价计税房产全年应冲抵税额) | 核定缴纳次数 | 本期应纳税额 | 本期已缴税额 |
|---|---|---|---|---|---|---|---|---|---|---|---|
|  | 1 | 2 | 3 | 4 | 5=2-3-4 | 6=5×(1-30%) | 7 | 8 | 9 | 10 | 11 |
| 年初房产原值(评估值)房产税申报计算 | —— |  |  |  |  |  |  |  |  |  |  |
|  | —— |  |  |  |  |  |  |  |  |  |  |
|  | —— |  |  |  |  |  |  |  |  |  |  |
|  | —— |  |  |  |  |  |  |  |  |  |  |
| 小计 | —— |  |  |  |  |  |  |  |  |  |  |
| 年内房产原值(评估值)增减房产税申报计算 |  |  |  |  |  |  |  |  | —— |  |  |
|  |  |  |  |  |  |  |  |  | —— |  |  |
|  |  |  |  |  |  |  |  |  | —— |  |  |
|  |  |  |  |  |  |  |  |  | —— |  |  |
| 小计 | —— |  |  |  |  |  |  |  |  |  |  |
| 合计 | —— |  |  |  |  |  |  |  |  |  |  |

以下由税务机关填写:

受理人　　受理日期　　受理日期　　受理税务机关(签章)

# 模块二　城镇土地使用税纳税实务

## 一、城镇土地使用税的概念

城镇土地使用税是以城镇土地为征税对象,对拥有土地使用权的单位和个人征收的一种税。开征城镇土地使用税,是为了合理利用城镇土地,调节土地级差收入,提高土地使用效益,加强土地管理。

现行的城镇土地使用税的基本规范,是国务院 2006 年 12 月 31 日发布《国务院关于修改〈中华人民共和国城镇土地使用税暂行条例〉的决定》,重新修订的《中华人民共和国城镇土地使用暂行条例》,从 2007 年 1 月 1 日起施行。

## 二、纳税义务人

在城市、县城、建制镇、工矿区范围内使用土地的单位和个人，为城镇土地使用税的纳税人，应当依照规定缴纳土地使用税。

单位，包括国有企业、集体企业、私营企业、股份制企业、外商投资企业、外国企业以及其他企业和事业单位、社会团体、国家机关、军队以及其他单位；个人，包括个体工商户以及其他个人。

城镇土地使用税的纳税人通常包括以下几类：

(1)拥有土地使用权的单位和个人；

(2)拥有土地使用权的单位和个人不在土地所在地的，其土地的实际使用人和代管人为纳税人；

(3)土地使用权未确定或权属纠纷未解决的，其实际使用人为纳税人；

(4)土地使用权共有的，共有各方都是纳税人，由共有各方分别纳税。

例如：几个人或几个单位共同拥有一块土地的使用权，这块土地的城镇土地使用税的纳税人应是对这块土地拥有使用权的每一个人或每一个单位，他们应以其实际使用的土地面积占总面积的比例，分别计算缴纳土地使用税。

## 三、征税范围

城镇土地使用税的征税范围，包括在城市、县城、建制镇和工矿区内的国家所有和集体所有的土地。

上述城镇土地使用税的征税范围中，城市的土地包括市区和郊区的土地，县城的土地是指县人民政府所在地的城镇的土地，建制镇的土地是指镇人民政府所在地的土地。

| 建立在城市、县城、建制镇和工矿区以外的工矿企业则不需缴纳城镇土地使用税。 |
|---|

## 四、税率

城镇土地使用税采用定额税率，即采用有幅度的差别税额，按大、中、小城市和县城、建制镇、工矿区分别规定每平方米土地使用税年应纳税额。具体标准如下：

(1)大城市 1.5 元至 30 元。

(2)中等城市 1.2 元至 24 元。

(3)小城市 0.9 元至 18 元。

(4)县城、建制镇、工矿区 0.6 元至 12 元。

大、中、小城市以公安部门登记在册的非农业正式户口人数为依据，按照国务院颁布的《城市规划条例》中规定的标准划分。人口在 50 万以上者为大城市；人口在 20 万至 50 万之间者为中等城市；人口在 20 万以下者为小城市。

就城镇土地使用税税率需要说明以下三点：

(1)各省、自治区、直辖市人民政府，应当在上述规定的税额幅度内，根据市政建设状况、经济繁荣程度等条件，确定所辖地区的适用税额幅度。

(2)市、县人民政府应当根据实际情况，将本地区土地划分为若干等级，在省、自治区、直辖市人民政府确定的税额幅度内，制定相应的适用税额标准，报省、自治区、直辖市人民政府批准执行。

(3)经省、自治区、直辖市人民政府批准,经济落后地区土地使用税的适用税额标准可以适当降低,但降低额不得超过上述规定最低税额的30%。经济发达地区土地使用税的适用税额标准可以适当提高,但须报经财政部批准。

土地使用税规定幅度税额主要考虑到我国各地区存在着悬殊的土地级差收益,同一地区内不同地段的市政建设情况和经济繁荣程度也有较大的差别。把土地使用税税额定为幅度税额,拉开档次,而且每个幅度税额的差距规定了20倍。这样,各地政府在划分本辖区不同地段的等级,确定适用税额时,有选择余地,便于具体划分和确定。幅度税额还可以调节不同地区、不同地段之间的土地级差收益,尽可能地平衡税负。

## 五、城镇土地使用税计税依据

城镇土地使用税以纳税人实际占用的土地面积为计税依据,土地面积计量标准为每平方米。即税务机关根据纳税人实际占用的土地面积,按照规定的税额计算应纳税额,向纳税人征收土地使用税。

纳税人实际占用的土地面积按下列办法确定:

(1)凡有由省、自治区、直辖市人民政府确定的单位组织测定土地面积的,以测定的面积为准。

(2)尚未组织测量,但纳税人持有政府部门核发的土地使用证书的,以证书确认的土地面积为准。

(3)尚未核发出土地使用证书的,应由纳税人申报土地面积,据以纳税,待核发土地使用证以后再作调整。

## 六、城镇土地使用税应纳税额的计算

城镇土地使用税的应纳税额可以通过纳税人实际占用的土地面积乘以该土地所在地段的适用税额求得。其计算公式为:

全年应纳税额 = 实际占用应税土地面积(平方米) × 适用税额

**【例9-4】**设在某城市的一企业使用土地面积为10万平方米,经税务机关核定,该土地为应税土地,每平方米年税额为4元。请计算其全年应纳的土地面积使用税税额。

年应纳土地使用税税额 = 100 000 × 4 = 400 000(元)。

企业应按规定计算出应缴纳的土地使用税,作如下会计分录:

| | | |
|---|---|---|
| 借:管理费用 | 400 000 | |
| 贷:应交税费——应交土地使用税 | | 400 000 |

企业按照规定的纳税期限缴纳税款时,作如下会计分录:

| | | |
|---|---|---|
| 借:应交税金——应交土地使用税 | 400 000 | |
| 贷:银行存款 | | 400 000 |

## 七、城镇土地使用税的税收优惠

下列土地免缴土地使用税:

(1)国家机关、人民团体、军队自用的土地。

(2)由国家财政部门拨付事业经费的单位自用的土地。

(3)宗教寺庙、公园、名胜古迹自用的土地。

以上单位的生产、经营用地和其他用地,不属于免税范围,应按规定缴纳土地使用税,如公园、名胜古迹中附设的营业单位如影剧院、饮食部、茶社、照相馆等使用的土地。

(4)市政街道、广场、绿化地带等公共用地。

(5)直接用于农、林、牧、渔业的生产用地。

这部分土地是指直接从事于种植养殖、饲养的专业用地,不包括农副产品加工场地和生活办公用地。

(6)经批准开山填海整治的土地和改造的废弃土地,从使用的月份起免缴土地使用税5年至10年。

具体免税期限由各省、自治区、直辖市地方税务局在《城镇土地使用税暂行条例》规定的期限内自行确定。

(7)对非营利性医疗机构、疾病控制机构和妇幼保健机构等卫生机构自用的土地,免征城镇土地使用税。对营利性医疗机构自用的土地自2000年起免征城镇土地使用税3年。

(8)企业办的学校、医院、托儿所、幼儿园,其用地能与企业其他用地明确区分的,免征城镇土地使用税。

(9)企业厂区(包括生产、办公及生活区)以内的绿化用地,应照章征收城镇土地使用税,厂区以外的公共绿化用地和向社会开放的公园用地,暂免征收城镇土地使用税。

(10)免税单位无偿使用纳税单位的土地(如公安、海关等单位使用铁路、民航等单位的土地),免征城镇土地使用税。

纳税单位无偿使用免税单位的土地,纳税单位应照章缴纳城镇土地使用税。纳税单位与免税单位共同使用、共有使用权土地上的多层建筑,对纳税单位可按其占用的建筑面积占建筑总面积的比例计征城镇土地使用税。

(11)对行使国家行政管理职能的中国人民银行总行(含国家外汇管理局)所属分支机构自用的土地,免征城镇土地使用税。

(12)向居民供热并向居民收取采暖费的供热企业生产占地暂免征收城镇土地使用税。

"供热企业"包括专业供热企业、兼营供热企业、单位自供热及为小区居民供热的物业公司等,不包括从事热力生产但不直接向居民供热的企业。

对于免征城镇土地使用税的"生产占地",是指上述企业为居民供热所使用的土地。对既向居民供热,又向非居民供热的企业,可按向居民供热收取的收入占其总供热收入的比例划分征免税界限;对于兼营供热的企业,可按向居民供热收取的收入占其生产经营总收入的比例划分征免税界限。

(13)由财政部另行规定免税的能源、交通、水利设施用地和其他用地。

## 八、城镇土地使用税纳税申报

### (一)纳税期限

城镇土地使用税实行按年计算、分期缴纳的征收方法,具体纳税期限由省、自治区、直辖市人民政府确定。

## (二)纳税义务发生时间

(1)纳税人购置新建商品房,自房屋交付使用之次月起,缴纳城镇土地使用税。

(2)纳税人购置存量房,自办理房屋权属转移、变更登记手续,房地产权属登记机关签发房屋权属证书之次月起,缴纳城镇土地使用税。

(3)纳税人出租、出借房产,自交付出租、出借房产之次月起,缴纳城镇土地使用税。

(4)房地产开发企业自用、出租、出借本企业建造的商品房,自房屋使用或交付之次月起,缴纳城镇土地使用税。

(5)纳税人新征用的耕地,自批准征用之日起满一年时开始缴纳土地使用税。

(6)纳税人新征用的非耕地,自批准征用次月起缴纳土地使用税。

## (三)纳税地点

城镇土地使用税在土地所在地缴纳。

纳税人使用的土地不属于同一省、自治区、直辖市管辖的,由纳税人分别向土地所在地的税务机关缴纳土地使用税;在同一省、自治区、直辖市管辖范围内,纳税人跨地区使用的土地,其纳税地点由各省、自治区、直辖市地方税务局确定。

## (四)纳税申报

城镇土地使用税的纳税人应按照条例的有关规定及时办理纳税申报,并如实填写《城镇土地使用税申报表》。

**城镇土地使用税纳税申报表**

纳税人识别号□□□□□□□□□□□□□□□

纳税人名称:(公章)

税款所属期限:自　　年　月　日至　　年　月　日

填表日期:　年　月　日　　　　金额单位:元(列至角分)

| 土地等级 | 应税面积 | 单位税额 | 本期应纳税额 | 本期已缴税额 | 本期应补(退)税额 |
|---|---|---|---|---|---|
| 1 | 2 | 3 | 4 | 5 | 6 = 4 - 5 |
| | | | | | |
| | | | | | |
| | | | | | |
| 合计 | | —— | | | |

<table>
<tr><td rowspan="6">纳税人或代理人声明:<br>此纳税申报表是根据国家税收法律的规定填报的,我确信它是真实的、可靠的、完整的。</td><td colspan="6">如纳税人填报,由纳税人填写以下各栏</td></tr>
<tr><td>经办人(签章)</td><td></td><td>会计主管(签章)</td><td></td><td>法定代表人(签章)</td><td></td></tr>
<tr><td colspan="6">如委托代理人填报,由代理人填写以下各栏</td></tr>
<tr><td>代理人(公章)</td><td colspan="2"></td><td colspan="3" rowspan="3">代理人(公章)</td></tr>
<tr><td>经办人(签章)</td><td colspan="2"></td></tr>
<tr><td>联系电话</td><td colspan="2"></td></tr>
</table>

以下由税务机关填写

| 受理人 | | 受理日期 | | 受理税务机关(签章) | |
|---|---|---|---|---|---|

# 模块三　耕地占用税纳税实务

## 一、耕地占用税的概念

耕地占用税是对占用耕地建房或从事其他非农业建设的单位和个人,就其实际占用的耕地面积征收的一种税。耕地占用税在纳税人获准占用耕地的环节一次性征收,它属于对特定土地资源占用课税。

现行耕地占用税法的基本规范,是2007年12月1日,国务院第511号令,重新颁布的《中华人民共和国耕地占用税暂行条例》。

## 二、纳税义务人

耕地占用税的纳税义务人,是占用耕地建房或从事非农业建设的单位和个人。

单位,包括国有企业、集体企业、私营企业、股份制企业、外商投资企业、外国企业以及其他企业和事业单位、社会团体、国家机关、军队以及其他单位;个人,包括个体工商户以及其他个人。

## 三、征税范围

耕地占用税的征税范围包括纳税人为建房或从事其他非农业建设而占用的国家所有和集体所有的耕地。

所谓"耕地"是指种植农业作物的土地,包括菜地、园地。其中,园地包括花圃、苗圃、茶园、果园、桑园和其他种植经济林木的土地。

占用鱼塘及其他农用土地建房或从事其他非农业建设,也视同占用耕地,必须依法征收耕地占用税。占用已开发从事种植、养殖的滩涂、草场、水面和林地等从事非农业建设,由省、自治区、直辖市本着有利于保护土地资源和生态平衡的原则,结合具体情况确定是否征收耕地占用税。

此外,在占用之前三年内属于上述范围的耕地或农用土地,也视为耕地。

## 四、计税依据

耕地占用税以纳税人占用耕地的面积为计税依据,以平方米为计量单位。

## 五、税率

我国耕地占用税在税率设计上采用了地区差别定额税率,具体规定如下:

(1)人均耕地不超过1亩的地区(以县级行政区域为单位,下同),每平方米为10~50元;

(2)人均耕地超过1亩但不超过2亩的地区,每平方米为8~40元;

(3)人均耕地超过2亩但不超过3亩的地区,每平方米6~30元;

(4)人均耕地超过3亩以上的地区,每平方米5~25元。

经济特区、经济技术开发区和经济发达、人均耕地特别少的地区,适用税额可以适当提高,但最多不得超过上述规定税额的50%(见表9-4)。

表9-4 各省、自治区、直辖市耕地占用税平均税额

| 地区 | 每平方米/平均税额(元) |
| --- | --- |
| 上海 | 45 |
| 北京 | 40 |
| 天津 | 35 |
| 江苏、浙江、福建、广东 | 30 |
| 辽宁、湖北、湖南 | 25 |
| 河北、安徽、江西、山东、河南、重庆、四川 | 22.5 |
| 广西、海南、贵州、云南、陕西 | 20 |
| 山西、吉林、黑龙江 | 17.5 |
| 内蒙古、西藏、甘肃、青海、宁夏、新疆 | 12.5 |

## 六、耕地占用税应纳税额计算

耕地占用税以纳税人实际占用的耕地面积为计税依据，以每平方米土地为计税单位，按适用的定额税率计税。其计算公式为：

应纳税额 = 实际占用耕地面积(平方米) × 适用定额税率

【例9-5】假设某市一家企业新占用20 000平方米耕地用于工业建设，所占耕地适用的定额税率为15元/平方米。计算该企业应纳的耕地占用税。

应纳税额 = 20 000 × 15 = 300 000(元)

企业按照规定计算的耕地占用税，借记“在建工程”，贷记“银行存款”科目，不通过“应交税费”科目核算。

借：在建工程　　300 000

　贷：银行存款　　300 000

## 七、税收优惠

(一)免征耕地占用税

(1)军事设施占用耕地。

(2)学校、幼儿园、养老院、医院占用耕地。

(二)减征耕地占用税

1. 铁路线路、公路线路、飞机场跑道、停机坪、港口、航道占用耕地，减按每平方米2元的税额征收耕地占用税。

2. 农村居民占用耕地新建住宅，按照当地适用税额减半征收耕地占用税。

免征或者减征耕地占用税后，纳税人改变原占地用途，不再属于免征或者减征耕地占用税情形的，应当按照当地适用税额补缴耕地占用税。

## 八、纳税申报

耕地占用税由地方税务机关负责征收。土地管理部门在通知单位或者个人办理占用耕地

手续时，应当同时通知耕地所在地同级地方税务机关。获准占用耕地的单位或者个人应当在收到土地管理部门的通知之日起30日内缴纳耕地占用税。土地管理部门凭耕地占用税完税凭证或者免税凭证和其他有关文件发放建设用地批准书。

纳税人临时占用耕地，应当依照本条例的规定缴纳耕地占用税。纳税人在批准临时占用耕地的期限内恢复所占用耕地原状的，全额退还已经缴纳的耕地占用税。

占用林地、牧草地、农田水利用地、养殖水面以及渔业水域滩涂等其他农用地建房或者从事非农业建设的，比照本条例的规定征收耕地占用税。建设直接为农业生产服务的生产设施占用前款规定的农用地的，不征收耕地占用税。

**耕地占用税纳税申报表**

申报日期：　年　月　日　　　　金额：元（列至角分）；面积：平方米

| | | | | | | | |
|---|---|---|---|---|---|---|---|
| 用地单位（纳税人） | 名称 | | 联系人 | | 联系电话 | | |
| | 地址 | | 税款所属日期 | | | | |
| | 开户银行及账号 | | | | 经济性质 | | |
| 土地座落 | | | | | | | |
| 征用土地面积 | | | 批准日期及文号 | | | | |
| 建设项目性质 | | | 规划用途 | | | | |
| 计税土地性质 | 水田 | 旱地 | 菜地 | 园地 | 鱼塘 | 其他 | 合计 |
| 分项面积 | | | | | | | |
| 计税面积 | | 其中：公路计税面积 | | 计征税额 | | | |
| 批准减免税额 | | | 批准减免申请书编号 | | | | |
| 应征税额 | 人民币（大写） | | | | | ¥ | |
| 保证金金额 | | 保证金收据号码 | | | 微机流水号 | | |
| 滞纳金申报 | 逾期缴款金额 | 应缴款期限 | | 逾期天数 | | 应纳滞纳金 | |
| | | | | | | | |

纳税申报人签字（盖章）：

（以上由耕地占用税纳税人填写）

| 土地管理部门意见 | 财政（税务）部门受理意见 | |
|---|---|---|
| | 受理编号 | |
| （单位盖章）<br>年　月　日 | 处理意见：<br>经办人：　　审核人：<br>年　月　日 | |

项目九小结

| 主要结构 | 主要内容 |
|---|---|
| 房产税、城镇土地使用税、耕地占用税基础知识 | 概念、纳税义务人、征税范围、税率(房产税比例税率、城镇土地使用税定额税率——有幅度差别的定额税率,耕地占用税定额税率)、税收优惠 |
| 应纳税额的计算 | 房产税:从价计征应纳税额=房屋原值×(1-扣除比例)×1.2%,从租计征应纳税额=租金×12%<br>城镇土地使用税全年应纳税额=实际占用应税土地面积(平方米)×适用税额<br>耕地占用税应纳税额=实际占用应税耕地面积(平方米)×适用税额 |
| 纳税申报 | 纳税义务发生时间、纳税期限、纳税地点、纳税申报 |

# 项目十　车辆购置税和车船税纳税实务

【知识目标】

(1)识记车辆购置税和车船税的基本内容;

(2)识记车辆购置税和车船税的计税依据和计算方法。

【能力目标】

(1)能够正确计算车辆购置税和车船税应纳税额;

(2)能够正确进行车辆购置税和车船税纳税申报。

## 模块一　车辆购置税纳税实务

### 一、车辆购置税的概念

车辆购置税是以在中华人民共和国境内购置规定的车辆(以下简称应税车辆)为征税对象,在特定环节向车辆购置者征收的一种税。

现行的车辆购置税的基本规范,是国务院于2000年10月22日颁布的《中华人民共和国车辆购置税暂行条例》,自2001年1月1日起施行。车辆购置税实行一次征收制度,购置已征车辆购置税的车辆,不再征收车辆购置税。

### 二、纳税义务人

车辆购置税的纳税人是指在我国境内购置应税车辆的单位和个人。

购置,包括购买、进口、自产、受赠、获奖或者以其他方式取得并自用应税车辆的行为。

单位,包括国有企业、集体企业、私营企业、股份制企业、外商投资企业、外国企业以及其他企业和事业单位、社会团体、国家机关、部队以及其他单位。

个人,包括个体工商户以及其他个人。

### 三、征税征税范围

车辆购置税的征收范围包括汽车、摩托车、电车、挂车、农用运输车。

具体征收范围依照本条例所附《车辆购置税征收范围表》执行,车辆购置税以列举的车辆作为征税对象,未列举的车辆不纳税。车辆购置税征收范围的调整,由国务院决定并公布。

表 10－1　车辆购置税征收范围表

| 应税车辆 | 具体范围 | 注　释 |
|---|---|---|
| 汽　车 | 各类汽车 | |
| 摩托车 | 轻便摩托车 | 最高设计时速不大于 50km/h，发动机汽缸总排量不大于 $50cm^3$ 的两个或者三个车轮的机动车 |
| | 二轮摩托车 | 最高设计车速大于 50km/h，或者发动机汽缸总排量大于 $50cm^3$ 的两个车轮的机动车 |
| | 三轮摩托车 | 最高设计车速大于 50km/h，或者发动机汽缸总排量大于 $50\ cm^3$，空车重量不大于 400kg 的三个车轮的机动车 |
| 电　车 | 无轨电车 | 以电能为动力，由专用输电电缆线供电的轮式公共车辆 |
| | 有轨电车 | 以电能为动力，在轨道上行驶的公共车辆 |
| 挂　车 | 挂车 | 无动力设备，独立承载，由牵引车辆牵引行驶的车辆 |
| | 半 挂 车 | 无动力设备，与牵引车辆共同承载，由牵引车辆牵引行驶的车辆 |
| 农用运输车 | 三轮农用运输车 | 柴油发动机，功率不大于 7.4kw，载重量不大于 500kg，最高车速不大于 40km/h 的三个车轮的机动车 |
| | 四轮农用运输车 | 柴油发动机，功率不大于 28kw，载重量不大于 1 500kg，最高车速不大于 50km/h 的四个车轮的机动车 |

## 四、税率

车辆购置税的税率为 10%。车辆购置税税率的调整，由国务院决定并公布。

## 五、计税依据

车辆购置税的计税依据根据不同情况，按照下列规定确定：

(1)纳税人购买自用的应税车辆的计税价格，为纳税人购买应税车辆而支付给销售者的全部价款和价外费用，不包括增值税税款。

(2)纳税人进口自用的应税车辆的计税价格的计算公式为：

计税价格＝关税完税价格＋关税＋消费税

(3)国家税务总局参照应税车辆市场平均交易价格，规定不同类型应税车辆的最低计税价格。纳税人购买自用或者进口自用应税车辆，申报的计税价格低于同类型应税车辆的最低计税价格，又无正当理由的，按照最低计税价格征收车辆购置税。

(4)纳税人自产、受赠、获奖或者以其他方式取得并自用的应税车辆的计税价格，由主管税务机关参照上述第(3)条规定的最低计税价格核定。

(5)国家税务总局对以下几种特殊情形应税车辆的最低计税价格规定如下：

①对已缴纳并办理了登记注册手续的车辆，其底盘和发动机同时发生更换，其最低计税价格按同类型新车最低计税价格的 70% 计算。

②免税、减税条件消失的车辆，其最低计税价格的确定方法为：

最低计税价格＝同类型新车最低计税价格×(1－已使用年限×10%)×100%

免税条件消失的车辆，自初次办理纳税申报之日起，使用年限未满 10 年的，计税依据为最新核发的同类型车辆最低计税价格按每满 1 年扣减 10%，未满 1 年的计税依据为最新核发的同类型车辆最低计税价格;使用年限10年(含)以上的,计税依据为0。

③进口旧车、因不可抗力因素导致受损的车辆、库存超过3年的车辆、行驶8万公里以上的试验车辆、国家税务总局规定的其他车辆,凡纳税人能出具有效证明的,计税依据为其提供的统一发票或有效凭证注明的价格。不能够提供证明的,计税依据按最低计税价格。

(6)纳税人以外汇结算应税车辆价款的,按照申报纳税之日中国人民银行公布的人民币基准汇价,折合成人民币计算应纳税额。

## 六、车辆购置税应纳税额的计算

车辆购置税实行从价定率的方法计算应纳税额,计算公式为:

应纳税额 = 计税依据 × 税率

### (一)购买自用应税车辆应纳税额的计算

在应纳税额的计算当中,应注意以下费用的计税规定:

(1)购买者随购买车辆支付的工具件、零部件价款和车辆装饰费应作为购车价款的一部分,并入计税依据中征收车辆购置税。

(2)关于代收款项的征税规定。凡使用代收单位(受托方)票据收取的款项,应视作代收单位价外收费,购买者支付的价费款,应并入计税依据中一并征税;凡使用委托方票据收取,受托方只履行代收义务和收取代收手续费的款项,不并入车辆购置税计税依据,不征收车辆购置税。

(3)销售单位开给购买者的各种发票金额中包含增值税税款,因此,计算车辆购置税时,应换算为不含增值税的计税价格。

(4)购买者支付的控购费,是政府部门的行政性收费,不属于销售者的价外费用范围,不应并入计税价格计税。

**【例10-1】**王某2011年3月份从某汽车有限公司购买一辆小汽车供自己使用,支付了含增值税税款在内的款项117 000元,另支付代收临时牌照费550元、代收保险费1 000元,支付购买工具件和零配件价款3 000元,车辆装饰费1 300元。所支付的款项均由该汽车有限公司开具"机动车销售统一发票"和有关票据。请计算王某应纳车辆购置税。

解析:

(1)计税依据 = (117 000 + 550 + 1 000 + 3 000 + 1300) ÷ (1 + 17%) = 105 000(元)

(2)应纳税额 = 105 000 × 10% = 10 500(元)

### (二)进口自用应税车辆应纳税额的计算

纳税人进口自用应税车辆应纳税额的计算公式为:

应纳税额 = (关税完税价格 + 关税 + 消费税) × 税率

**【例10-2】**某单位进口一辆轿车自用,关税完税价格为30万元,关税为15万元,进口消费税为18万元,进口增值税为10.71万元。该单位应当缴纳的车辆购置税是多少?

解析:

应纳税额 = (30 + 15 + 18) × 10% = 6.3万元

| 借:固定资产 | 63 000 | |
|---|---|---|
| 　贷:银行存款 | | 63 000 |

思考：该轿车作为固定资产入账的账面原值是多少？

解答：30 + 15 + 18 + 10.71 + 6.3 = 80.01 万元（注意：进口自用轿车征收消费税，故进口增值税不得抵扣。）

### （三）其他自用的应税车辆应纳税额的计算

纳税人自产自用、受赠使用、获奖使用和以其他方式取得并自用应税车辆的，凡不能取得该型车辆的购置价格，或者低于最低计税价格的，以国家税务总局核定的最低计税价格作为计税依据计算征收车辆购置税：

应纳税额 = 最低计税价格 × 税率

**【例 10 －3】**某客车制造厂将自产的一辆某型号的客车，用于本厂后勤服务，该厂在办理车辆上牌落籍前，出具该车的发票，注明金额 65 000 元，并按此金额向主管税务机关申报纳税。经审核，国家税务总局对该车同类型车辆核定的最低计税价格为 80 000 元。计算该车应纳车辆购置税。

应纳税额 = 80 000 × 10% = 8 000（元）

### （四）减税、免税条件消失车辆应纳税额的计算

对减税、免税条件消失的车辆，纳税人应按现行规定，在办理车辆过户手续前或者办理变更车辆登记注册手续前向税务机关缴纳车辆购置税。

应纳税额 = 同类型新车最低计税价格 ×（1 － 已使用年限 × 10%）× 100% × 税率

## 七、税收优惠

车辆购置税的免税、减税，按照下列规定执行：

（1）外国驻华使馆、领事馆和国际组织驻华机构及其外交人员自用的车辆，免税；

（2）中国人民解放军和中国人民武装警察部队列入军队武器装备订货计划的车辆，免税；

（3）设有固定装置的非运输车辆，免税；

（4）有国务院规定予以免税或者减税的其他情形的，按照规定免税或者减税。

根据现行政策规定，上述“其他情形”的车辆，目前主要有以下几种：

①防汛部门和森林消防部门用于指挥、检查、调度、报汛（警）、联络的设有固定装置的指定型号的车辆。

②回国服务的留学人员用现汇购买 1 辆自用国产小汽车。

③长期来华定居专家 1 辆自用小汽车。

注意：免税、减税车辆因转让、改变用途等原因不再属于免税、减税范围的，应当在办理车辆过户手续前或者办理变更车辆登记注册手续前缴纳车辆购置税。

## 八、纳税申报

### （一）纳税期限

纳税人购买自用应税车辆的，应当自购买之日起 60 日内申报纳税；进口自用应税车辆的，应当自进口之日起 60 日内申报纳税；自产、受赠、获奖或者以其他方式取得并自用应税车辆的，

应当自取得之日起60日内申报纳税。

这里的“购买之日”是指纳税人购车发票上注明的销售日期；“进口之日”是指纳税人报关进口的当天。

### （二）纳税地点

车辆购置税由国家税务局征收。纳税人购置应税车辆，应当向车辆登记注册地的主管税务机关申报纳税；购置不需要办理车辆登记注册手续的应税车辆，应当向纳税人所在地的主管税务机关申报纳税。

### （三）纳税环节

纳税人应当在向公安机关车辆管理机构办理车辆登记注册前，缴纳车辆购置税。车辆购置税税款应当一次缴清。

### （四）纳税申报

车辆购置税实行一车一申报制度。纳税人在办理纳税申报时应如实填写《车辆购置税纳税申报表》，同时提供车主身份证明、车辆价格证明、车辆合格证明及税务机关要求提供的其他资料的原件和复印件，经车购办审核后，由税务机关保存有关复印件。

**表10－2　车辆购置税纳税申报表**

填表日期：　　年　月　日　　　　行业代码：　　　　注册类型代码：

纳税人名称：　　　　　　　　　　金额单位：元

| 纳税人证件名称 | | | 证件号码 | | |
|---|---|---|---|---|---|
| 联系电话 | | 邮政编码 | | 地址 | |
| 车辆基本情况 | | | | | |
| 车辆类别 | 1. 汽车、2. 摩托车、3. 电车、4. 挂车、5. 农用运输车 | | | | |
| 生产企业名称 | | | 机动车销售统一发票（或有效凭证）价格 | | |
| 厂牌型号 | | | 关税完税价格 | | |
| 发动机号码 | | | 关税 | | |
| 车辆识别代号（车架号码） | | | 消费税 | | |
| 购置日期 | | | 免（减）税条件 | | |
| 申报计税价格 | 计税价格 | 税率 | 免税、减税额 | 应纳税额 | |
| 1 | 2 | 3 | 4＝2×3 | 5＝1×3或2×3 | |
| | | 10% | | | |
| | | | | | |
| 申报人声明 | | | 授权声明 | | |
| 此纳税申报表是根据《中华人民共和国车辆购置税暂行条例》的规定填报的，我相信它是真实的、可靠的、完整的。<br>声明人签字： | | | 如果你已委托代理人申报，请填写以下资料：<br>为代理一切税务事宜，现授权（　　），地址（　　）为本纳税人的代理申报人，任何与本申报表有关的往来文件，都可寄予此人。<br>授权人签字： | | |

# 模块二　车船税纳税实务

## 一、车船税的概念

车船税是以车船税法规定的车船为征税对象，向拥有车船的单位和个人征收的一种税。

现行的车船税基本规范，是2006年12月29日国务院颁布的《中华人民共和国车船税暂行条例》，并于2007年1月1日实施，实施时间截止到2011年12月31日止。2011年2月25日第十一届全国人民代表大会常务委员会第十九次会议通过《中华人民共和国车船税法》，自2012年1月1日起施行。在这里，我们着重阐述《车船税法》。

## 二、纳税义务人

在中华人民共和国境内属于车船税法所附《车船税税目税额表》规定的车辆、船舶（以下简称车船）的所有人或者管理人，为车船税的纳税人，应当缴纳车船税。

## 三、税目、税额

车船税的税目、税额依照《车船税税目税额表》执行。见表10－3。

**表10－3　车船税税目税额表**

| 税目 | | 计税单位 | 年基准税额 | 备注 |
|---|---|---|---|---|
| 乘用车［按发动机汽缸容量（排气量）分档］ | 1.0升（含）以下的 | 每辆 | 60元至360元 | 核定载客人数9人（含）以下 |
| | 1.0升以上至1.6升（含）的 | | 300元至540元 | |
| | 1.6升以上至2.0升（含）的 | | 360元至660元 | |
| | 2.0升以上至2.5升（含）的 | | 660元至1 200元 | |
| | 2.5升以上至3.0升（含）的 | | 1 200元至2 400元 | |
| | 3.0升以上至4.0升（含）的 | | 2 400元至3 600元 | |
| | 4.0升以上的 | | 3 600元至5 400元 | |
| 商用车 | 客　车 | 每辆 | 480元至1 440元 | 核定载客人数9人以上，包括电车 |
| | 货　车 | 整备质量每吨 | 16元至120元 | 包括半挂牵引车、三轮汽车和低速载货汽车等 |
| 挂车 | | 整备质量每吨 | 按照货车税额的50%计算 | |
| 其他车辆 | 专用作业车 | 整备质量每吨 | 16元至120元 | 不包括拖拉机 |
| | 轮式专用机械车 | | 16元至120元 | |
| 摩托车 | | 每辆 | 36元至180元 | |
| 船舶 | 机动船舶 | 净吨位每吨 | 3元至6元 | 拖船、非机动驳船分别按照机动船舶税额的50%计算 |
| | 游艇 | 艇身长度每米 | 600元至2 000元 | |

车辆的具体适用税额由省、自治区、直辖市人民政府依照本法所附《车船税税目税额表》规定的税额幅度和国务院的规定确定。

船舶的具体适用税额由国务院在本法所附《车船税税目税额表》规定的税额幅度内确定。

## 四、应纳税额的计算

车船税应纳税额的计算公式为：

(1)乘用车、客车(包括电车)、摩托车的应纳税额 = 辆数 × 适用年税额

(2)货车、挂车、专用作业车、轮式专用机械车的应纳税额 = 整备质量吨数 × 适用年税额

车辆自重尾数在 0.5 吨以下(含 0.5 吨)的，按照 0.5 吨计算；超过 0.5 吨的，按照 1 吨计算。

(3)机动船舶的应纳税额 = 净吨位数 × 适用年税额

机动船舶净吨位尾数在 0.5 吨以下(含 0.5 吨)的不予计算，超过 0.5 吨的按照 1 吨计算。1 吨以下的小型车船，一律按照 1 吨计算。

(4)拖船和非机动驳船的应纳税额 = 净吨位数 × 适用年税额 × 50%

拖船按照发动机功率每 2 马力折合净吨位 1 吨计算。

(5)游艇的应纳税额 = 艇身长度米数 × 适用年税额

(6)购置的新车船，购置当年的应纳税额自纳税义务发生的当月起按月计算。计算公式为：应纳税额 = (年应纳税额/12) × 应纳税月份数

**【例 10－4】**某运输公司拥有载货汽车 15 辆(货车载重净吨位全部为 10 吨)，乘人大客车 20 辆，小客车 10 辆。计算该公司应纳车船税。(注：载货汽车每吨年税额 80 元，乘人大客车每辆年税额 500 元，小客车每辆年税额 400 元)

解析：

(1)载货汽车应纳税额 = 15 × 10 × 80 = 12 000(元)

(2)乘人汽车应纳税额 = 20 × 500 + 10 × 400 = 14 000(元)

(3)全年应纳车船税额 = 12 000 + 14 000 = 26 000(元)

**【例 10－5】**某航运公司拥有机动船 30 艘(其中净吨位为 600 吨的 12 艘，2 000 吨的 8 艘，5 000 吨的 10 艘)，600 吨的单位税额 3 元、2 000 吨的单位税额 4 元、5 000 吨的单位税额 5 元。请计算该航运公司年应纳车船税税额。

解析：

该公司年应纳车船税税额为：

12 × 600 × 3 + 8 × 2 000 × 4 + 10 × 5 000 × 5 = 21 600 + 64 000 + 250 000 = 335 600(元)

## 五、税收优惠

### (一)下列车船免征车船税

(1)捕捞、养殖渔船；

(2)军队、武装警察部队专用的车船；

(3)警用车船；

(4)依照法律规定应当予以免税的外国驻华使领馆、国际组织驻华代表机构及其有关人员

的车船。

（二）特别规定

(1)对节约能源、使用新能源的车船可以减征或者免征车船税；对受严重自然灾害影响纳税困难以及有其他特殊原因确需减税、免税的，可以减征或者免征车船税。具体办法由国务院规定，并报全国人民代表大会常务委员会备案。

(2)省、自治区、直辖市人民政府根据当地实际情况，可以对公共交通车船，农村居民拥有并主要在农村地区使用的摩托车、三轮汽车和低速载货汽车定期减征或者免征车船税。

## 六、纳税申报

（一）纳税期限

车船税纳税义务发生时间为取得车船所有权或者管理权的当月。车船税按年申报缴纳。具体申报纳税期限由省、自治区、直辖市人民政府规定。

（二）纳税地点

车船税由地方税务机关负责征收。车船税的纳税地点为车船的登记地或者车船税扣缴义务人所在地。依法不需要办理登记的车船，车船税的纳税地点为车船的所有人或者管理人所在地。

（三）纳税申报

从事机动车第三者责任强制保险业务的保险机构为机动车车船税的扣缴义务人，应当在收取保险费时依法代收车船税，并出具代收税款凭证。

**表10－4　车船税纳税申报表**

填表日期：　　年　月　日

纳税人识别号：□□□□□□□□□□□□□□□　　　　金额单位：元(列至角元)

| 纳税人名称 | | | | | | 税款所属时期 | | |
|---|---|---|---|---|---|---|---|---|
| 车船类别 | 计税标准 | 数量 | 单位税额 | 全年应缴税额 | 车缴纳次数 | 本期 | | |
| | | | | | | 应纳税额 | 已纳税额 | 应补(退)税额 |
| 1 | 2 | 3 | 4 | 5＝3×4 | 6 | 7＝5÷6 | 8 | 9＝7－8 |
| | | | | | | | | |
| | | | | | | | | |
| | | | | | | | | |
| | | | | | | | | |
| | | | | | | | | |
| 合计 | | | | | | | | |
| 如纳税人填报，由纳税人填写以下各栏 | | | | 如委托代理人填报，由代理人填写以下各栏 | | | | 备注 |

续　表

<table>
<tr><td rowspan="3">会计主管<br>（签章）</td><td rowspan="3">纳税人<br>（公章）</td><td>代理人名称</td><td></td><td rowspan="2" colspan="2">代理人<br>（公章）</td><td rowspan="3">备注</td></tr>
<tr><td>代理人地址</td><td></td></tr>
<tr><td>经办人姓名</td><td></td><td>电话</td><td></td></tr>
<tr><td colspan="7">以下由税务机关填写</td></tr>
<tr><td>收到申报表日期</td><td colspan="2"></td><td colspan="2">接收人</td><td colspan="2"></td></tr>
</table>

### （四）其他管理规定

公安、交通运输、农业、渔业等车船登记管理部门、船舶检验机构和车船税扣缴义务人的行业主管部门应当在提供车船有关信息等方面，协助税务机关加强车船税的征收管理。

车辆所有人或者管理人在申请办理车辆相关登记、定期检验手续时，应当向公安机关交通管理部门提交依法纳税或者免税证明。公安机关交通管理部门核查后办理相关手续。

**项目十小结**

| 主要结构 | 主要内容 |
| --- | --- |
| 车辆购置税、车船税基础知识 | 概念、纳税义务人、征税范围、税率（车辆购置税比例税率 10%、车船税定额税率）、税收优惠 |
| 应纳税额的计算 | 车辆购置税应纳税额 = 计税依据 × 税率（10%）<br>（1）购买自用应税车辆的计税依据<br>（2）进口自用应税车辆的计税依据<br>（3）其他自用应税车辆的计税依据<br>车船税应纳税额 = 计税依据 × 适用年税额<br>计税依据为：辆数、自重吨位、净吨位、长度（米数） |
| 纳税申报 | 纳税义务发生时间、纳税期限、纳税地点、纳税申报 |

# 项目十一　印花税和契税纳税实务

【知识目标】

(1)识记印花税和契税的基本内容；

(2)识记印花税和契税的计税依据和计算方法。

【能力目标】

(1)能够正确计算印花税和契税应纳税额；

(2)能够正确进行印花税和契税纳税申报。

## 模块一　印花税纳税实务

### 一、印花税的概念

印花税是以对单位和个人在我国境内书立、领受应税凭证的行为为征税对象而征收的一种税。

我国现行的印花税法的基本规范，是 1988 年 8 月 6 日国务院发布并于同年 10 月 1 日实施的《中华人民共和国印花税暂行条例》，以及财政部、国家税务总局 1988 年 9 月 29 日颁布的《中华人民共和国印花税暂行条例施行细则》。

### 二、纳税义务人

在中华人民共和国境内书立、使用、领受应税凭证的单位和个人，都是印花税的纳税义务人，应当按照规定缴纳印花税。

下列凭证为应纳税凭证：

(1)购销、加工承揽、建设工程承包、财产租赁、货物运输、仓储保管、借款、财产保险、技术合同或者具有合同性质的凭证；

(2)产权转移书据；

(3)营业账簿；

(4)权利、许可证照；

(5)经财政部确定征税的其他凭证。

上述所称单位和个人，是指国内各类企业、事业、机关、团体、部队以及中外合资企业、合作企业、外资企业、外国公司企业和其他经济组织及其在华机构等单位和个人。

纳税义务人按照书立、使用、领受应税凭证的不同，可以分别确定为立合同人、立据人、立账簿人、领受人和使用人等。

(一)立合同人

立合同人是指合同的当事人。所谓当事人，是指对凭证有直接权利义务关系的单位和个人,但不包括合同的担保人、证人、鉴定人。各类合同的纳税人是立合同人。当事人的代理人有代理纳税的义务,他与纳税人负有同等的税收法律义务和责任。

(二)立据人

产权转移书据的纳税人是立据人。是指土地、房屋权属转移过程中买卖双方的当事人。

(三)立账簿人

营业账簿的纳税人是立账簿人。所谓立账簿人,指设立并使用营业账簿的单位和个人。例如,企业单位因生产、经营需要,设立了营业账簿,该企业即为纳税人。

(四)领受人

权利、许可证照的纳税人是领受人。领受人,是指领取或接受并持有该项凭证的单位和个人。例如,某人因其发明创造,经申请依法取得国家专利机关颁发的专利证书,该人即为纳税人。

(五)使用人

在国外书立、领受,但在国内使用的应税凭证,其纳税人是使用人。

(六)各类电子应税凭证的签订人

即以电子形式签订的各类应税凭证的当事人。

注意:对应税凭证,凡由两方或两方以上当事人共同书立的,其当事人各方都是印花税的纳税人,应各就其所持凭证的计税金额履行纳税义务。

## 三、税目与税率

(一)税目

印花税的税目,指印花税法明确规定的应当纳税的项目,它具体划定了印花税的征税范围。一般地说,列入税目的就要征税,未列入税目的就不征税。印花税共有13个税目。

**1. 购销合同**

包括供应、预购、采购、购销结合及协作、调剂、补偿、贸易等合同;还包括出版单位与发行单位之间订立的图书、报纸、期刊和音像制品的应税凭证,例如订购单、订数单等。

**2. 加工承揽合同**

包括加工、定做、修缮、修理、印刷、广告、测绘、测试等合同。

**3. 建设工程勘察设计合同**

包括勘察、设计合同。

**4. 建筑安装承包合同**

包括建筑、安装工程承包合同。承包合同包括总承包合同、分包合同和转包合同。

**5. 财产租赁合同**

包括租赁房屋、船舶、飞机、机动车辆、机械、器具、设备等合同,还包括企业、个人出租门店、柜台等签订的合同。

**6. 货物运输合同**

包括民用航空、铁路运输、海上运输、公路运输和联合运输合同,以及作为合同使用的单据。

**7. 仓储保管合同**

包括仓储、保管合同,以及合同使用的仓单,栈单等。

**8. 借款合同**

指银行及其他金融组织与借款人(不包括银行同业拆借)所签订的合同(包括融资租赁合同),以及只填开借据并作为合同使用、取得银行借款的借据。

**9. 财产保险合同**

包括财产、责任、保证、信用保险合同,以及作为合同使用的单据。其中财产保险合同分为企业财产保险、机动车辆保险、货物运输保险、家庭财产保险和农牧业保险。

**10. 技术合同**

包括技术开发、转让、咨询、服务等合同,以及作为合同使用的单据。

**11. 产权转移书据**

指单位和个人的产权的买卖、继承、赠予、交换、分割等所立的书据。包括财产所有权和版权、商标专用权、专利权、专有技术使用权等转移书据。

**12. 营业账簿**

指单位和个人记载生产经营活动的财务会计核算账簿。按其反映内容的不同,可分为记载资金的账簿和其他账簿。记载资金的账簿是指反映生产经营单位资本金数额增减变化的账簿;其他账簿是指除上述账簿以外的其他有关生产经营活动内容的账簿,包括日记账簿和各明细分类账簿等。但是,对金融系统营业账簿,要结合金融系统财务会计核算的实际情况进行具体分析。

**13. 权利、许可证照**

包括政府部门发给的房屋产权证、工商营业执照、商标注册证、专利证和土地使用证。

(二)税率

印花税税率的设计,遵循"税负从轻,共同负担"的原则,设有比例税率和定额税率两种形式。

**1. 比例税率**

在印花税的13个税目中,各类合同和具有合同性质的凭证、产权转移书据、营业账簿中记载资金的账簿,适用比例税率,共4个档次,分别为0.05‰、0.3‰、0.5‰、1‰。其中,

(1)适用0.05‰税率的为借款合同;

(2)适用0.3‰税率的为购销合同、建筑安装工程承包合同、技术合同;

(3)适用0.5‰税率的为加工承揽合同、建筑工程勘察设计合同、货物运输合同、产权转移书据、营业账簿税目中记载资金的账簿;

(4)适用1‰税率的为财产租赁合同、仓储保管合同、财产保险合同;

(5)现行的股权转让书据适用1‰税率,包括A股和B股。

**2. 定额税率**

在印花税13个税目中,权利、许可证照和营业账簿税目中的其他账簿,适用定额税率,均为按件贴花,税额为5元。

印花税税目、税率见表11-1。

表 11-1　印花税税目税率表

| 税目 | 范围 | 税率 | 纳税义务人 | 说明 |
| --- | --- | --- | --- | --- |
| 1. 购销合同 | 包括供应、预购、采购、购销结合及作、调剂、补偿、易货等合同 | 按购销金额万分之三贴花 | 立合同人 | |
| 2. 加工承揽合同 | 包括加工、定作、修缮、修理、印刷、广告、测绘、测试等合同 | 按加工或承揽收入万分之五贴花 | 立合同人 | |
| 3. 建设工程勘察设计合同 | 包括勘察、设计合同 | 按收到费用万分之五贴花 | 立合同人 | |
| 4. 建筑安装工程承包合同 | 包括建筑、安装工程承包合同 | 按承金额万分之三贴花 | 立合同人 | |
| 5. 财产租赁合同 | 包括租赁房屋、船舶、飞机、机动车辆、机械、器具、设备等合同 | 按租赁金额千分之一贴花。税额不足一元的，按一元贴花 | 立合同人 | |
| 6. 货物运输合同 | 包括民用航空运输、铁路运输、海上运输、内河运输、公路运输和联运的合同 | 按运输费用万分之五贴花 | 立合同人 | 单据作为合同使用的，按合同贴花 |
| 7. 仓储保管合同 | 包括仓储、保管合同 | 按仓储保管费用千分之一贴花 | 立合同人 | 仓单或栈单作为合同使用的，按合同贴花 |
| 8. 借款合同 | 银行及其它金融组织和借款人（不包括银行同业拆借）所签订的借款合同 | 按借款金额万分之零点五贴花 | 立合同人 | 单据作为合同使用的，按合同贴花 |
| 9. 财产保险合同 | 包括财产、责任、保证、信用等保险合同 | 按保险费收入千分之一贴花 | 立合同人 | |
| 10. 技术合同 | 包括技术开发、转让、咨询、服务等合同 | 按所载金额万分之三贴花 | 立合同人 | |
| 11. 产权转移书据 | 包括财产所有权和版权、商标专用权、专利权、专有技术使用权等转移书据 | 按所载金额万分之五贴花 | 立据人 | |
| 12. 营业账簿 | 生产、经营用帐册 | 记载资金的账簿，按实收资本和资本公积的合计金额万分之五贴花。其他账簿按件贴花五元 | 立账簿人 | |
| 13. 权利、许可证照 | 包括政府部门发给的房屋产权证、工商营业执照、商标法注册证、专利证、土地使用证 | 按件贴花五元 | 领受人 | |

## 四、计税依据

### （一）计税依据的一般规定

印花税的计税依据为各种应税凭证上所记载的计税金额。具体规定为：

(1)购销合同的计税依据为合同记载的购销金额。

(2)加工承揽合同的计税依据是加工或承揽收入的金额。具体规定:

①对于由受托方提供原材料的加工、定做合同,凡在合同中分别记载加工费金额和原材料金额的,应分别按“加工承揽合同”、“购销合同”计税,两项税额相加数,即为合同应贴印花;若合同中未分别记载,则应就全部金额依照加工承揽合同计税贴花。

②对于由委托方提供主要材料或原料,受托方只提供辅助材料的加工合同,无论加工费和辅助材料金额是否分别记载,均以辅助材料与加工费的合计数,依照加工承揽合同计税贴花。对委托方提供的主要材料或原料金额不计税贴花。

(3)建设工程勘察设计合同的计税依据为收取的费用。

(4)建筑安装工程承包合同的计税依据为承包金额。

(5)财产租赁合同的计税依据为租赁金额;经计算,税额不足1元的,按1元贴花。

(6)货物运输合同的计税依据为取得的运输费金额(即运费收入),不包括所运货物的金额、装卸费和保险费等。

(7)仓储保管合同的计税依据为收取的仓储保管费用。

(8)借款合同的计税依据为借款金额。

(9)财产保险合同的计税依据为支付(收取)的保险费,不包括所保财产的金额。

(10)技术合同的计税依据为合同所载的价款、报酬或使用费。为了鼓励技术研究开发,对技术开发合同,只就合同所载的报酬金额计税,研究开发经费不作为计税依据。单对合同约定按研究开发经费一定比例作为报酬的,应按一定比例的报酬金额贴花。

(11)产权转移书据的计税依据为所载金额。

(12)营业账簿税目中记载资金的账簿的计税依据为“实收资本”与“资本公积”两项的合计金额。其他账簿的计税依据为应税凭证件数。

(13)权利、许可证照的计税依据为应税凭证件数。

### (二)计税依据的特殊规定

(1)上述凭证以“金额”、“收入”、“费用”作为计税依据的,应当全额计税,不得作任何扣除。

(2)同一凭证,载有两个或两个以上经济事项而适用不同税目税率,如分别记载金额的,应分别计算应纳税额,相加后按合计税额贴花;如未分别记载金额的,按税率高的计税贴花。

(3)按金额比例贴花的应税凭证,未标明金额的,应按照凭证所载数量及国家牌价计算金额;没有国家牌价的,按市场价格计算金额,然后按规定税率计算应纳税额。

(4)应税凭证所载金额为外国货币的,应按照凭证书立当日国家外汇管理局公布的外汇牌价折合成人民币,然后计算应纳税额。

(5)应纳税额不足1角的,免纳印花税;1角以上的,其税额尾数不满5分的不计,满5分的按1角计算。

(6)有些合同,在签订时无法确定计税金额,如技术转让合同中的转让收入,是按销售收入的一定比例收取或是按实现利润分成的;财产租赁合同,只是规定了月(天)租金标准而无租赁期限的。对这类合同,可在签订时先按定额5元贴花,以后结算时再按实际金额计税,补贴印花。

(7)应税合同在签订时纳税义务即已产生,应计算应纳税额并贴花。所以,不论合同是否兑现或是否按期兑现,均应贴花。对已履行并贴花的合同,所载金额与合同履行后实际结算金额不一致的,只要双方未修改合同金额,一般不再办理完税手续。

(8)商品购销活动中,采用以货换货方式进行商品交易签订的合同,是反映既购又销双重经济行为的合同。对此,应按合同所载的购、销合计金额计税贴花。合同未列明金额的,应按合同所载购、销数量依照国家牌价或者市场价格计算应纳税额。

(9)施工单位将自己承包的建设项目,分包或者转包给其他施工单位所签订的分包合同或者转包合同,应按新的分包合同或转包合同所载金额计算应纳税额。

(10)对国内各种形式的货物联运,凡在起运地统一结算全程运费的,应以全程运费作为计税依据,由起运地运费结算双方缴纳印花税;凡分程结算运费的,应以分程的运费作为计税依据,分别由办理运费结算的各方缴纳印花税。

对国际货运,凡由我国运输企业运输的,不论在我国境内、境外起运或中转分程运输,我国运输企业所持的一份运费结算凭证,均按本程运费计算应纳税额;托运方所持的一份运费结算凭证,按全程运费计算应纳税额。由外国运输企业运输进出口货物的,外国运输企业所持的一份运费结算凭证免纳印花税;托运方所持的一份运费结算凭证应缴纳印花税。国际货运运费结算凭证在国外办理的,应在凭证转回我国境内时按规定缴纳印花税。

必须明确的是,印花税票为有价证券,其票面金额以人民币为单位,分为1角、2角、5角、1元、2元、5元、10元、50元、100元9种。

## 五、应纳税额的计算

印花税的应纳税额的计算,应分别按比例税率和定额税率计算确定,其计算公式为:

应纳税额 = 应税凭证计税金额(或计税件数) × 适用税率(额)

**【例11-1】**某企业2010年1月开业,当年发生以下有关业务事项:领受房屋产权证、工商营业执照、土地使用证各一件;与其他企业订立专利技术使用权书据1份,所载金额100万元;订立产品购销合同一份,所载金额为200万元;订立借款合同1份,所载金额为400万元;企业记载资金的账簿,“实收资本”“资本公积”为1 000万元;其他营业账簿10本。请计算该企业2010年应纳的印花税税额。

解析:

(1)企业领受权利、许可证照应纳税额:

应纳税额 = 3 × 5 = 15(元)

(2)企业订立产权转移书据应纳税额

应纳税额 = 1 000 000 × 0.5‰ = 500(元)

(3)企业订立购销合同应纳税额:

应纳税额 = 2 000 000 × 0.3‰ = 600(元)

(4)企业订立借款合同应纳税额:

应纳税额 = 4 000 000 × 0.05‰ = 200(元)

(5)企业记载资金账簿应纳税额:

应纳税额 = 10 000 000 × 0.5‰ = 5 000(元)

(6)企业其他营业账簿应纳税额:

应纳税额 = 10 × 5 = 50(元)

(7)2010 年该年企业应纳印花税税额:

应纳税额 = 15 + 500 + 600 + 200 + 5 000 + 50 = 6 365(元)

| 印花税不通过"应交税费"科目核算 | | |
| --- | --- | --- |
| 借:管理费用 | 6 365 | |
| 贷:银行存款 | | 6 365 |

【例 11 - 2】A 公司向 B 汽车运输公司租入 5 辆载重汽车,双方签订的合同规定,5 辆载重汽车的总价值为 240 万元,租期三个月,租金为 12.8 万元,计算 A 公司应缴纳印花税税额。

解析:按照印花税的有关规定,财产租赁合同的计税依据为租赁金额,适用税率为 1‰,则 A 公司应交纳的印花税税额为:128 000 × 1‰ = 128(元)

【例 11 - 3】某汽车修配厂与机械进出口公司签订购买价值 4 000 万元设备测试合同,为购买此设备向工商银行签订借款 4 000 万元的借款合同。后因故该购销合同作废,改签融资租赁合同,租赁费 2 000 万元。根据上述情况,请计算该厂一共应缴纳印花税税额。

解析:

(1)购销合同的印花税 = 4 000 万元 × 0.3‰ = 12 000 元

(2)借款合同的印花税 = 4 000 万元 × 0.05‰ = 2 000(元)

(3)融资租赁合同,属借款合同,印花税 = 2 000 万元 × 0.05‰ = 1 000(元)

共缴印花税 = 12 000 + 2 000 + 1 000 = 15 000(元)。

【例 11 - 4】某运输公司与某生产企业签订一份运输合同,将一批货物从甲地运往乙地,合同分别记载应收取运输费 50 万元、保险费 15 万元、装卸费 20 万元。运输公司该次运输业务应缴纳印花税税额。

解析:50 万元 × 0.5‰ = 250(元)

【例 11 - 5】A 公司与 B 公司签订了购销合同,由 A 公司向 B 公司提供价值 50 万元的钢材,B 公司向 A 公司提供价值 60 万元的水泥,货物价差由 A 公司付款补足。A、B 两公司共缴纳印花税税额。

解析:以货换货方式

A 公司应缴纳印花税税额 = (500 000 + 600 000) × 0.3‰ = 330(元)

B 公司应缴纳印花税税额 = (500 000 + 600 000) × 0.3‰ = 330(元)。

A、B 两个公司共缴纳印花税税额 = 330 + 330 = 660(元)

## 六、税收优惠

下列凭证免纳印花税:

(1)已缴纳印花税的凭证的副本或者抄本;

(2)财产所有人将财产赠给政府、社会福利单位、学校所立的书据;

(3)国家指定的收购部门与村民委员会、农民个人书立的农副产品收购合同;

(4)无息、贴息贷款合同;

(5)外国政府或者国际金融组织向我国政府及国家金融机构提供优惠贷款所书立的合同;

(6)房地产管理部门与个人签订的用于生活居住的租赁合同;

(7)农牧业保险合同;

(8)下列特殊货运凭证:

①军事物资运输凭证,即附有军事运输命令或使用专用的军事物资运费结算凭证;

②抢险救灾物资运费凭证,即附有县级以上(含县级)人民政府抢险救灾物资运输证明文件的运费结算凭证;

③新建铁路的工程临管线运输凭证,即为新建铁路运输施工所需物料,使用工程临管线专用的运费结算凭证。

## 七、纳税申报

### (一)印花税票

印花税票是缴纳印花税的完税凭证,由国家税务总局负责监制,其票面金额以人民币为单位,分为壹角、贰角、伍角、壹元、贰元、伍元、拾元、伍拾元、壹佰元9种。印花税票为有价证券。

### (二)纳税方法

印花税的纳税办法,根据税额大小、贴花次数以及税收征收管理的需要,分别采用以下三种纳税办法。

**1. 自行贴花办法**

这种办法,一般适用于应税凭证较少或者贴花次数较少的纳税人。纳税人书立、领受或者使用印花税法列举的应税凭证的同时,纳税义务即已产生,应当根据应纳税凭证的性质和适用的税目税率,自行计算应纳税额,自行购买印花税票,自行一次贴足印花税票并加以注销或划销,纳税义务才算全部履行完毕。值得注意的是,纳税人支付了税款并不等于已履行了纳税义务,纳税人必须自行贴花并注销或划销,这样才算完整地完成了纳税义务。这也就是通常所说的“三自”纳税办法。

对已贴花的凭证,修改后所载金额增加的,其增加部分应当补贴印花税票。凡多贴印花税票者,不得申请退税或者抵用。

**2. 汇贴或汇缴办法**

这种办法,一般适用于应纳税额较大或者贴花次数频繁的纳税人。

一份凭证应纳税额超过500元的,应向当地税务机关申请填写缴款书或者完税证,将其中一联粘贴在凭证上或者由税务机关在凭证上加注完税标记代替贴花。这就是通常所说的“汇贴”办法。

同一种类应纳税凭证,需频繁贴花的,纳税人可以根据实际情况自行决定是否采用按期汇总缴纳印花税的方式,汇总缴纳的期限为1个月。采用按期汇总缴纳方式的纳税人应事先告知主管税务机关。缴纳方式一经选定,1年内不得改变。主管税务机关接到纳税人要求按期汇总缴纳印花税的告知后,应及时登记,制定相应的管理办法,防止出现管理漏洞。对采用按期汇总缴纳方式缴纳印花税的纳税人,应加强日常监督、检查。

实行印花税按期汇总缴纳的单位,对征税凭证和免税凭证汇总时,凡分别汇总的,按本期征税凭证的汇总金额计算缴纳印花税;凡确属不能分别汇总的,应按本期全部凭证的实际汇总金额计算缴纳印花税。

**3. 委托代征办法**

这一办法主要是通过税务机关的委托，经由发放或者办理应纳税凭证的单位代为征收印花税税款，税务机关应与代征单位签订代征委托书。所谓发放或者办理应纳税凭证的单位，是指发放权利、许可证照的单位和办理凭证的鉴证、公证及其他有关事项的单位，如按照印花税法规定，工商行政管理机关核发各类营业执照和商标注册证的同时，负责代售印花税票，征收印花税税款，并监督领受单位或个人负责贴花。税务机关委托工商行政管理机关代售印花税票，按代售金额5%的比例支付代售手续费。

印花税法规定，发放或者办理应纳税凭证的单位，负有监督纳税人依法纳税的义务，具体是指对以下纳税事项监督：(1)应纳税凭证是否已粘贴印花；(2)粘贴的印花是否足额；(3)粘贴的印花是否按规定注销。对未完成以上纳税手续的，应督促纳税人当场完成。

## (三)纳税环节

印花税应当在书立或领受时贴花纳税，即在合同签订时、账簿启用时和证照领受时贴花。如果合同是在国外签订，并且不便在国外贴花的，应在将合同带入境时办理贴花纳税手续。

## (四)纳税地点

印花税一般实行就地纳税。对于全国性物质商品订货会(包括展销会、交易会等)上所签订的合同应纳的印花税，由纳税人回其所在地后及时办理贴花完税手续；对地方主办的、不涉及省际关系的订货会、展销会上所签订的合同的印花税，其纳税地点由各省、自治区、直辖市人民政府自行确定。

## (五)纳税申报

印花税的纳税人应按照条例的有关规定及时办理纳税申报，并如实填写《印花税纳税申报表》(见表11－2)。

**表11－2 印花税纳税申报表**

填报日期：　年　月　日　　　　申报流水号

纳税人税务登记号□□□□□□□□□□□□□□□□□□税款所属期

年　月　日至　年　月　日

纳税人电脑编码□□□□□□□□□□□□□□□□□□纳税人分类码

正常申报□　自行补报□　稽查自查申报□　延期申报预缴□　　单位：元(列至角分)

第二联　纳税人存

| 纳税人名称(盖章) | | | 注册地址 | | 注册类型 | |
|---|---|---|---|---|---|---|
| 开户银行 | | 账号 | | 联系电话 | | 邮政编码 | |
| 征收品目 | 计税金额(计税数量) | 税率(单位税额) | 应纳税额 | 购花数量 | | |
| | | | | 面额 | 数量(枚) | 金额 |
| | | | | 壹元 | | |
| | | | | 贰元 | | |

续　表

| | | | | | | |
|---|---|---|---|---|---|---|
| | | | | 伍元 | | |
| | | | | 拾元 | | |
| | | | | 伍拾元 | | |
| | | | | 壹佰元 | | |
| | | | | | | |
| | | | | | | |
| | | | | | | |
| | | | | | | |
| | | | | | | |
| | | | | | | |
| | | | | | | |
| | | | | | | |
| 合计 | | | | | | |

<table>
<tr><td colspan="4">如纳税人填报，由纳税人填写以下各栏</td><td colspan="4">如委托税务代理机构填报，由税务代理机构填写以下各栏</td></tr>
<tr><td colspan="4">纳税人声明：此纳税申报表是根据国家税收法律的规定填报的，我确定它是真实的、可靠的、完整的。<br>声明人：</td><td colspan="4">代理人声明：此纳税申报表是根据国家税收法律的规定填报的，我确定它是真实的、可靠的、完整的。<br>声明人：</td></tr>
<tr><td>主管会计</td><td></td><td>经办人</td><td></td><td>税务代理机构名称（盖章）</td><td></td><td>经办人</td><td></td></tr>
<tr><td colspan="3">受理人：　　　　年　月　日</td><td colspan="4">审核人：　　　　年　月　日</td><td>录入人：　年　月　日</td></tr>
</table>

印花税纳税申报表说明事项：

1. 本表适用于纳税人申报缴纳印花税，购买印花税票请将所需的印花票各面额和数量填好。

2. 对于同一税款所属期而纳税人多次申报的，实行差额申报，即该次申报不包含上次申报信息。

3. 表头说明：

(1)"纳税人税务登记号"指地方税务登记证号。

(2)"纳税人电脑编码"指纳税人在地税计算机征收管理系统的识别号码。

(3)"纳税人分类码"是指征收机关给纳税人档案编的档案管理码。

(4)"申报流水号"是税务机关录入申报资料后计算机生成的顺序号，此号码由税务机关录入人员填写。

4. 主表说明：

(1)"纳税人名称"是指纳税人税务登记的全称。

(2)"注册地址"是指纳税人于工商登记的地址。

(3)"注册类型"是指纳税人于工商登记的企业类型。

(4)"开户银行"是指纳税人用于缴交税款帐号所在的银行。

(5)"帐号"是指纳税人用于缴交税款的帐号。

(6)纳税人按税务机关要求进行正常申报的选正常申报；根据税务机关的自查公告或在正常申报后，发现问题，进行补申报的，选择自查补报（该申报税款不收逾期申报罚款，但加收滞纳金）；纳税人在稽查局发出稽查通知书后就以往税期的税款进行申报的选择被查申报（该申报税款属稽查税款）；纳税人申请延期申报，经税务机关批准后，纳税人根据审批文书填写申报表预缴税款时，选延期申报预缴。延期申报预缴后在规定限期内进行申报的，选正常申报，并就与延期申报预缴额的差额进行申报。

# 模块二 契税纳税实务

## 一、契税的概念

契税是以在中华人民共和国境内转移土地、房屋权属为征税对象,向产权承受人征收的一种财产税。

我国现行的契税基本规范,是1997年7月7日国务院颁布并于同年10月1日起施行的《中华人民共和国契税暂行条例》(以下简称《契税暂行条例》),以及同年10月28日财政部印发的《契税暂行条例实施细则》等。

## 二、契税的征税范围

契税的征税对象是境内转移的土地、房屋权属。土地、房屋权属未发生转移的,不征收契税。契税的征税范围主要包括:

### (一)国有土地使用权出让

国有土地使用权出让是指土地使用者向国家交付土地使用权出让费用,国家将国有土地使用权在一定年限内让与土地使用者的行为。

### (二)土地使用权的转让

土地使用权的转让是指土地使用者以出售、赠与、交换或者其他方式将土地使用权转移给其他单位和个人的行为。土地使用权的转让不包括农村集体土地承包经营权的转移。

### (三)房屋买卖

即以货币为媒介,出卖者向购买者过渡房产所有权的交易行为。以下几种特殊情况,视同买卖房屋:

(1)以房产抵债或实物交换房屋,均视同房屋买卖,应由产权承受人,按房屋现值缴纳契税。

(2)以房产作投资或作股权转让,这种交易业务属房屋产权转移,应办理房屋产权交易和产权变更登记手续,视同房屋买卖,由产权承受方按契税税率计算缴纳契税。但以自有房产作股投入本人独资经营的企业,免纳契税。

(3)买房拆料或翻建新房,应照章征收契税

### (四)房屋赠与

房屋的赠与是指房屋产权所有人将房屋无偿转让给他人所有。房屋的受赠人要按规定缴纳契税。

### (五)房屋交换

房屋交换是指房屋所有者之间互相交换房屋的行为。

### (六)承受国有土地使用权支付的土地出让金

对承受国有土地使用权所应支付的土地出让金,要计征契税。不得因减免土地出让金而减

免契税。

## 三、纳税义务人

在中华人民共和国境内转移土地、房屋权属，承受的单位和个人为契税的纳税人，应当依照规定缴纳契税。

上述所称“土地、房屋权属”，是指土地使用权、房屋所有权；“承受”，是指以受让、购买、受赠、交换等方式取得土地、房屋权属的行为；“单位”，是指企业单位、事业单位、国家机关、军事单位和社会团体以及其他组织；“个人”，是指个体经营者及其他个人。

## 四、契税的税率

契税税率为3%—5%。契税的适用税率，由省、自治区、直辖市人民政府在规定的幅度内按照本地区的实际情况确定，并报财政部和国家税务总局备案。

## 五、契税的计税依据

(1)国有土地使用权出让、土地使用权出售、房屋买卖，为成交价格。

(2)土地使用权赠与、房屋赠与，由征收机关参照土地使用权出售、房屋买卖的市场价格核定。

(3)土地使用权交换、房屋交换，为所交换的土地使用权、房屋的价格的差额。土地使用权交换、房屋交换，交换价格不相等的，由多交付货币、实物、无形资产或者其他经济利益的一方缴纳税款。交换价格相等的，免征契税。土地使用权与房屋所有权之间相互交换，按照前款征税。

(4)以划拨方式取得土地使用权的，经批准转让房地产时，应由房地产转让者补缴契税。其计税依据为补缴的土地使用权出让费用或者土地收益。

上述条款中，成交价格明显低于市场价格并且无正当理由的，或者所交换土地使用权、房屋的价格的差额明显不合理并且无正当理由的，由征收机关参照市场价格核定。

## 六、应纳税额的计算

契税应纳税额依照省、自治区、直辖市人民政府确定的适用税率和税法规定的计税依据计算征收。其计算公式为：

应纳税额 = 计税依据 × 税率

应纳税额以人民币计算。转移土地、房屋权属以外汇结算的，按照纳税义务发生之日中国人民银行公布的人民币市场汇率中间价折合成人民币计算。

**【例11-6】**2006年，王某获得单位奖励房屋一套。王某得到该房屋后又将其与李某拥有的一套房屋进行交换。房地产评估机构奖励王某的房屋价值30万元，李某房屋价值35万元，协商后王某实际向李某支付房屋交换价格差额款5万元。税务机关核定奖励王某的房屋价值28万元。已知当地规定的契税税率为4%。计算王某2006年应交纳的契税。

(1)王某获奖承受房屋权属行为应缴纳的契税税额 = 280 000 × 4% = 11 200(元)

(2)王某房屋交换行为应缴纳的契税税额 = 50 000 × 4% = 2 000(元)

(3)王某2006年实际应缴纳的契税税额总额 = 11 200 + 2 000 = 13 200(元)

【例 11-7】居民甲有两套住房，将一套出售给居民乙，成交价格为 200 000 元；将另一套两室住房与居民丙交换成两处一室住房，并支付给丙换房价款 60 000 元。试计算甲、乙、丙相关行为应缴纳的契税（假定税率为 4%）。

(1) 甲应缴纳契税 = 60 000 × 4% = 2 400（元）

(2) 乙应缴纳契税 = 200 000 × 4% = 8 000（元）

(3) 丙不缴纳契税。

## 七、契税的税收优惠

(1) 国家机关、事业单位、社会团体、军事单位承受土地、房屋用于办公、教学、医疗、科研和军事设施的，免征契税。

(2) 城镇职工按规定第一次购买公有住房的，免征契税。自 2008 年 11 月 1 日起对个人首次购买 90 平方米以下普通住房的，契税税率暂统一下调到 1%。

(3) 因不可抗力灭失住房而重新购买住房的，酌情准予减征或者免征契税。

(4) 财政部规定的其他减征、免征契税的项目：

①土地、房屋被县级以上人民政府征用、占用后，重新承受土地、房屋权属的，是否减征或者免征契税，由省、自治区、直辖市人民政府确定。

②纳税人承受荒山、荒沟、荒丘、荒滩土地使用权，用于农、林、牧、渔业生产的，免征契税。

③依照我国有关法律规定以及我国缔结或参加的双边和多边条约或协定的规定应当予以免税的外国驻华使馆、领事馆、联合国驻华机构及其外交代表、领事官员和其他外交人员承受土地、房屋权属的，经外交部确认，可以免征契税。

经批准减征、免征契税的纳税人改变有关土地、房屋的用途，不再属于规定的减征、免征契税范围的，应当补缴已经减征、免征的税款。

> 继承土地、房屋权属：
>
> (1) 对于《中华人民共和国继承法》规定的法定继承人（包括配偶、子女、父母、兄弟姐妹、祖父母、外祖父母）继承土地、房屋权属，不征契税。
>
> (2) 按照《中华人民共和国继承法》规定，非法定继承人根据遗嘱承受死者生前的土地、房屋权属，属于赠与行为，应征收契税。

## 八、纳税申报

### （一）纳税义务发生时间

契税的纳税义务发生时间，为纳税人签订土地、房屋权属转移合同的当天，或者纳税人取得其他具有土地、房屋权属转移合同性质凭证的当天。

### （二）契税纳税期限

纳税人应当自纳税义务发生之日起 10 日内，向土地、房屋所在地的契税征收机关办理纳税申报，并在契税征收机关核定的期限内缴纳税款。

### （三）纳税地点

契税在土地、房屋所在地的征收机关缴纳。

## (四)纳税申报

填写《契税纳税申报表》,见表 11 -3。

**表 11 -3　契税纳税申报表**

填表日期:　　　年　月　日　　　　　　　　　　　　　　　　　　　　　　单位:元、平方米

| | | | | |
|---|---|---|---|---|
| 承受方 | 名称 | | 识别号 | |
| | 地址 | | 联系电话 | |
| 转让方 | 名称 | | 识别号 | |
| | 地址 | | 联系电话 | |
| 土地、房屋权属转移 | 合同签订时间 | | | |
| | 土地、房屋地址 | | | |
| | 权属转移类别 | | | |
| | 权属转移面积 | | | 平方米 |
| | 成交价格 | | | 元 |
| 适用税率 | | | | |
| 计征税额 | | | | 元 |
| 减免税额 | | | | 元 |
| 应纳税额 | | | | 元 |
| 纳税人员签章 | | | 经办人员签章 | |

(以下部分由征收机关负责填写)

| | | | | | |
|---|---|---|---|---|---|
| 征收机关收到日期 | | 接收人 | | 审核日期 | |
| 审核记录 | | | | | |
| 审核人员签章 | | | 征收机关签章 | | |

(本表 A4 竖式,一式两份:第一联为纳税人保存;第二联由主管征收机关留存。)

填表说明

1. 本表依据《中华人民共和国税收征收管理法》、《中华人民共和国契税暂行条例》设计制定。

2. 本表适用于在中国境内承受土地、房屋权属的单位和个人。纳税人应当在签订土地、房屋权属转移合同或者取得其他具有土地、房屋权属转移合同性质凭证后 10 日内,向土地、房屋所在地契税征收机关填报契税纳税申报表,申报纳税。

3. 本表各栏的填写说明如下:

(1)承受方及转让方名称:承受方、转让方是单位的,应按照人事部门批准或者工商部门注册登记的全称填写;承受方、转让方是个人的,则填写本人姓名。

(2)承受方、转让方识别号:承受方、转让方是单位的,填写税务登记号;没有税务登记号的,填写组织机构代码。承受方、转让方是个人的,填写个人身份证号或护照号。

(3)合同签订时间:指承受方签订土地、房屋转移合同的当日,或其取得其他具有土地、房屋转移合同性质凭证的当日。

(4)权属转移类别:(土地)出让、买卖、赠与、交换、作价入股等行为。

(5)成交价格:土地、房屋权属转移合同确定的价格(包括承受者应交付的货币、实物、无形资产或者其他经济利益,折算成人民币金额)填写。计税价格,是指由征收机关按照《中华人民共和国契税暂行条例》第四条确定的成交价格、差价或者核定价格。

(6)计征税额 = 计税价格 × 税率,应纳税额 = 计征税额 - 减免税额。

## 项目十一小结

| 主要结构 | 主要内容 |
| --- | --- |
| 印花税、契税基础知识 | 概念、纳税义务人、印花税税目、契税的征税范围、税率(印花税税率有比例税率和定额税率,契税税率3~5%) |
| 印花税应纳税额的计算 | 应纳税额 = 应税凭证计税金额 × 适用税率<br>或者 = 应税凭证件数 × 适用税额(适用权利、许可证照,营业账簿中记载资金的账簿) |
| 契税应纳税额的计算 | 应纳税额 = 计税依据 × 税率 |
| 纳税申报 | 纳税义务发生时间、纳税期限、纳税地点、纳税申报 |

# 项目十二　企业所得税纳税实务

【知识目标】

(1)识记企业所得税法规和基本内容;

(2)识记应纳税所得额的计算方法;

(3)识记企业所得税应纳税额的计算方法。

【能力目标】

(1)能够正确计算企业所得税应纳税额;

(2)能够正确进行企业所得税年度纳税申报。

## 模块一　企业所得税基础知识

### 一、企业所得税的概念

企业所得税是对我国境内的企业和其他取得收入的组织的生产经营所得和其他所得征收的所得税。

现行企业所得税法的基本规范,是2007年3月16日第十届全国人民代表大会第五次全体会议通过的《中华人民共和国企业所得税法》和2007年11月28日国务院第197次常务会议通过的《中华人民共和国企业所得税实施条例》,并于2008年1月1日开始施行。从此内外资企业实行统一的企业所得税法。

### 二、纳税义务人

在中华人民共和国境内,企业和其他取得收入的组织(以下统称企业)为企业所得税的纳税义务人,依照《中华人民共和国企业所得税法》的规定缴纳企业所得税。但个人独资企业、合伙企业不属于企业所得税的纳税义务人(属于个人所得税纳税义务人)。

企业所得税的纳税人分为居民企业和非居民企业。结合我国的实际情况,税法采用了“登记注册地标准”和“实际管理机构地标准”相结合的办法,对居民企业和非居民企业作了明确界定,以最大限度的维护我国的税收利益。

(一)居民企业

居民企业是指依法在中国境内成立,或者依照外国(地区)法律成立但实际管理机构在中国境内的企业。这里的企业包括国有企业、集体企业、私营企业、联营企业、股份制企业、外商投资企业、外国企业,以及有生产、经营所得和其他所得的其他组织。其中,实际管理机构是指对企业的生产经营、人员、账务、财产等实施实质性全面管理和控制的机构。

(二)非居民企业

非居民企业是指依照外国(地区)法律成立且实际管理机构不在中国境内,但在中国境内设立机构、场所的，或者在中国境内未设立机构、场所，但有来源于中国境内所得的企业。

上述所称机构、场所是指在中国境内从事生产经营活动的机构、场所，包括：

(1)管理机构、营业机构、办事机构。

(2)工厂、农场、开采自然资源的场所。

(3)提供劳务的场所。

(4)从事建筑、安装、装配、修理、勘探等工程作业的场所。

(5)其他从事生产经营活动的机构、场所。

非居民企业委托营业代理人在中国境内从事生产经营活动的，包括委托单位或者个人经常代其签订合同，或者储存、交付货物等，该营业代理人视为非居民企业在中国境内设立的机构、场所。

## 三、征税对象

### (一)居民企业的征税对象

居民企业应就来源于中国境内、境外的所得作为征税对象。所得，包括销售货物所得、提供劳务所得、转让财产所得、股息红利等权益性投资所得、利息所得、租金所得、特许权使用费所得、接受捐赠所得和其他所得。

### (二)非居民企业的征税对象

(1)非居民企业在中国境内设立机构、场所的，应当就其所设机构、场所取得的来源于中国境内的所得，以及发生在中国境外但与其所设机构、场所有实际联系的所得，缴纳企业所得税。

(2)非居民企业在中国境内未设立机构、场所的，或者虽设立机构、场所但取得的所得与其所设机构、场所没有实际联系的，应当就其来源于中国境内的所得缴纳企业所得税。

上述所称实际联系，是指非居民企业在中国境内设立的机构、场所拥有的据以取得所得的股权、债权，以及拥有、管理、控制据以取得所得的财产。

### (三)所得来源的确定

判断某项所得，究竟来源于中国境内还是境外，按照以下原则确定：

(1)销售货物所得，按照交易活动发生地确定；

(2)提供劳务所得，按照劳务发生地确定；

(3)转让财产所得，不动产转让所得按照不动产所在地确定，动产转让所得按照转让动产的企业或者机构、场所所在地确定，权益性投资资产转让所得按照被投资企业所在地确定；

(4)股息、红利等权益性投资所得，按照分配所得的企业所在地确定；

(5)利息所得、租金所得、特许权使用费所得，按照负担、支付所得的企业或者机构、场所所在地确定，或者按照负担、支付所得的个人的住所地确定；

(6)其他所得，由国务院财政、税务主管部门确定。

## 四、税率

企业所得税实行比例税率，现行企业所得税法规定了基本税率25%和低税率20%两个税率，具体为：

(1)居民企业来源于中国境内和境外的所得,适用税率为25%。

(2)非居民企业在中国境内设立机构、场所的,其所设机构、场所取得的来源于中国境内的所得,以及发生在中国境外但与其所设机构、场所有实际联系的所得,适用税率为25%。

(3)非居民企业在中国境内未设立机构、场所的,或者虽设立机构、场所但取得的所得与其所设机构、场所没有实际联系的,其来源于中国境内的所得,适用税率为20%。但实际征税时适用10%的税率(在模块五税收优惠中阐述)。

**【例12-1】**日本一家企业(A公司)2010年1月份借款给中国境内一家企业(B公司),按照合同约定,2010年12月31日,B公司付给A公司2010年度借款利息100万元。则A公司属于非居民企业,其从中国境内取得的100万元,要向中国缴纳企业所得税,适用的企业所得税税率为20%,但实际征税时适用10%的税率。

在【例12-1】中,如果A公司在中国境内设立机构场所,A公司把款项通过该机构场所转借给B公司,B公司把利息100万元通过该机构场所转给A公司,那么A公司取得的100万元要向中国缴纳企业所得税,适用的企业所得税税率为25%。

# 模块二　应纳税所得额的计算

企业所得税的计税依据,就是企业的应纳税所得额。企业每一纳税年度的收入总额,减除不征税收入、免税收入、各项扣除以及允许弥补的以前年度亏损后的余额,为应纳税所得额。其计算公式是:

应纳税所得额=收入总额-不征税收入-免税收入-各项扣除-允许弥补的以前年度亏损

企业应纳税所得额的计算,以权责发生制为原则。上述所称亏损,是指企业税法的规定将每一纳税年度的收入总额减除不征税收入、免税收入和各项扣除后小于零的数额。

应纳税所得额与会计利润是两个不同的概念,两者既有联系又有区别。应纳税所得额是一个税收概念,是根据企业所得税法按照一定的标准确定的、纳税人在一个时期内的计税所得,即企业所得税的计税依据。而会计利润则是一个会计核算概念,反映的是企业一定时期内生产经营的财务成果,它关系到企业经营成果、投资者的权益以及企业与职工的利益。会计利润是确定应纳税所得的基础,但是不能等同于应纳税所得额。企业按照财务会计制度的规定进行核算得出的会计利润,根据税法规定做相应的调整后,才能作为企业的应纳税所得额。

## 一、收入总额

企业以货币形式和非货币形式从各种来源取得的收入,为收入总额。货币形式,包括现金、存款、应收账款、应收票据、准备持有至到期的债券投资以及债务的豁免等。非货币形式,包括固定资产、生物资产、无形资产、股权投资、存货、不准备持有至到期的债券投资、劳务以及有关权益等。以非货币形式取得的收入,应当按照公允价值确定收入额,公允价值是指按照市场价格确定的价值。

### (一)收入具体构成

(1)销售货物收入,是指企业销售商品、产品、原材料、包装物、低值易耗品以及其他存货取得的收入。

(2)提供劳务收入,是指企业从事建筑安装、修理修配、交通运输、仓储租赁、金融保险、邮电通信、咨询经纪、文化体育、科学研究、技术服务、教育培训、餐饮住宿、中介代理、卫生保健、社区服务、旅游、娱乐、加工以及其他劳务服务活动取得的收入。

(3)转让财产收入,是指企业转让固定资产、生物资产、无形资产、股权、债权等财产取得的收入。

(4)股息、红利等权益性投资收益,是指企业因权益性投资从被投资方取得的收入。股息、红利等权益性投资收益,除国务院财政、税务主管部门另有规定外,按照被投资方作出利润分配决定的日期确认收入的实现。

(5)利息收入,是指企业将资金提供他人使用但不构成权益性投资,或者因他人占用本企业资金取得的收入,包括存款利息、贷款利息、债券利息、欠款利息等收入。利息收入,按照合同约定的债务人应付利息的日期确认收入的实现。

(6)租金收入,是指企业提供固定资产、包装物或者其他有形资产的使用权取得的收入。租金收入,按照合同约定的承租人应付租金的日期确认收入的实现。

(7)特许权使用费收入,是指企业提供专利权、非专利技术、商标权、著作权以及其他特许权的使用权取得的收入。特许权使用费收入,按照合同约定的特许权使用人应付特许权使用费的日期确认收入的实现。

(8)接受捐赠收入,是指企业接受的来自其他企业、组织或者个人无偿给予的货币性资产、非货币性资产。接受捐赠收入,按照实际收到捐赠资产的日期确认收入的实现。

(9)其他收入,是指企业取得的除上述第(1)项至第(8)项规定的收入外的其他收入,包括企业资产溢余收入、逾期未退包装物押金收入、确实无法偿付的应付款项、已作坏账损失处理后又收回的应收款项、债务重组收入、补贴收入、违约金收入、汇兑收益等。

### (二)处置资产收入确认的规定

根据《中华人民共和国企业所得税法实施条例》第二十五条规定,企业处置资产的所得税处理按以下规定执行:该规定自2008年1月1日起执行,对2008年1月1日以前发生的处置资产,2008年1月1日以后尚未进行税务处理的,也按该规定执行。

(1)企业发生下列情形的处置资产:"①将资产用于生产、制造、加工另一产品;②改变资产形状、结构或性能;③改变资产用途(如自建商品房转为自用或经营);④将资产在总机构及其分支机构之间转移;⑤上述两种或两种以上情形的混合;⑥其他不改变资产所有权属的用途。",除将资产转移至境外以外,由于资产所有权属在形式和实质上均不发生改变,可作为内部处置资产,不视同销售确认收入,相关资产的计税基础延续计算。

(2)企业将资产移送他人的下列情形:"①用于市场推广或销售;②用于交际应酬;③用于职工奖励或福利;④用于股息分配;⑤用于对外捐赠;⑥其他改变资产所有权属的用途。",因资产所有权属已发生改变而不属于内部处置资产,应按规定视同销售确定收入。属于企业自制的资产,应按企业同类资产同期对外销售价格确定销售收入;属于外购的资产,可按购入时的价格确定销售收入。

**【例12-2】**2010年某企业将自制产品用于本单位的房屋建设,该产品的成本为10万元,对外销售价格为12万元。则该企业如何处理此笔业务呢?

解析：

该资产处置属于内部资产处置，不视同销售确认收入，相关资产的计税基础延续计算，即为：增加相关资产——房屋的成本，增加金额为120 400。

| 实际上，在会计处理时，会计分录为： | | |
|---|---|---|
| 借：在建工程 | 120 400 | |
| 　　贷：库存商品 | | 100 000 |
| 　　　　应交税费—应交增值税—销项税额 | | 20 400（120 000×17%） |

注意：将自产的货物用于非增值税应税项目，视同销售，要按销售价格计算增值税销项税额。

假设在【例12－2】该自制产品用于股息分配，该如何处理呢？

解析：

因为该资产所有权属已发生改变而不属于内部处置资产，应按规定视同销售确定收入。而该资产属于企业自制的资产，应按企业同类资产同期对外销售价格确定销售收入。

| 实际上，在会计处理时，会计分录为： | | |
|---|---|---|
| 借：应付股利 | 140 400 | |
| 　　贷：主营业务收入 | | 120 000 |
| 　　　　应交税费—应交增值税—销项税额 | | 20 400（120 000×17%） |

## 二、不征税收入和免税收入

### （一）不征税收入

收入总额中的下列收入为不征税收入：

**1. 财政拨款**

财政拨款，是指各级人民政府对纳入预算管理的事业单位、社会团体等组织拨付的财政资金，但国务院和国务院财政、税务主管部门另有规定的除外。

**2. 依法收取并纳入财政管理的行政事业性收费、政府性基金**

行政事业性收费，是指依照法律法规等有关规定，按照国务院规定程序批准，在实施社会公共管理，以及在向公民、法人或者其他组织提供特定公共服务过程中，向特定对象收取并纳入财政管理的费用。

政府性基金，是指企业依照法律、行政法规等有关规定，代政府收取的具有专项用途的财政资金。

**3. 国务院规定的其他不征税收入**

国务院规定的其他不征税收入，是指企业取得的，由国务院财政、税务主管部门规定专项用途并经国务院批准的财政性资金。

财政性资金，是指企业取得的来源于政府及其有关部门的财政补助、补贴、贷款贴息，以及其他各类财政专项资金，包括直接减免的增值税和即征即退、先征后退、先征后返的各种税收。但不包括企业按规定取得的出口退税款。

(二)免税收入

企业的下列收入为免税收入:

**1. 国债利息收入**

国债利息收入,是指企业持有国务院财政部门发行的国债取得的利息收入。

需要说明的是,纳税人转让国债取得的收益以及金融机构代发行国债取得的手续费收入,属于应税收入范围,按规定缴纳企业所得税。

**2. 符合条件的居民企业之间的股息、红利等权益性收益**

符合条件的居民企业之间的股息、红利等权益性投资收益,是指居民企业直接投资于其他居民企业取得的投资收益。

**3. 在中国境内设立机构、场所的非居民企业从居民企业取得与该机构、场所有实际联系的股息、红利等权益性投资收益**

需要说明的是,上述2、3项所称股息、红利等权益性投资收益,不包括连续持有居民企业公开发行并上市流通的股票不足12个月取得的投资收益。

**4. 符合条件的非营利组织的收入**

非营利组织的认定管理办法由国务院财政、税务主管部门会同国务院有关部门制定。符合条件的非营利组织的收入,不包括非营利组织从事营利性活动取得的收入。

## 三、扣除项目

(一)扣除项目的原则

企业申报的扣除项目和金额要真实、合法。所谓真实是指能提供证明有关支出确属已经实际发生;合法是指符合国家税法的规定,若其他法规规定与税收法规规定不一致,应以税收法规的规定为标准。

(二)扣除项目的范围

企业所得税法规定,企业实际发生的与取得收入有关的、合理的支出,包括成本、费用、税金、损失和其他支出,准予在计算应纳税所得额时扣除。有关的支出,是指与取得收入直接相关的支出。合理的支出,是指符合生产经营活动常规,应当计入当期损益或者有关资产成本的必要和正常的支出。

企业发生的支出应当区分收益性支出和资本性支出。收益性支出在发生当期直接扣除;资本性支出应当分期扣除或者计入有关资产成本,不得在发生当期直接扣除。

企业的不征税收入用于支出所形成的费用或者财产,不得扣除或者计算对应的折旧、摊销扣除。

除企业所得税法和本条例另有规定外,企业实际发生的成本、费用、税金、损失和其他支出,不得重复扣除。

**1. 成本**

成本,是指企业在生产经营活动中发生的销售成本、销货成本、业务支出以及其他耗费。

**2. 费用**

费用,是指企业在生产经营活动中发生的销售费用、管理费用和财务费用,已经计入成本的有关费用除外。

**3. 税金**

税金，是指企业发生的除企业所得税和允许抵扣的增值税以外的各项税金及其附加。

**4. 损失**

损失，是指企业在生产经营活动中发生的固定资产和存货的盘亏、毁损、报废损失，转让财产损失，呆账损失，坏账损失，自然灾害等不可抗力因素造成的损失以及其他损失。

企业发生的损失，减除责任人赔偿和保险赔款后的余额，依照国务院财政、税务主管部门的规定扣除。

企业已经作为损失处理的资产，在以后纳税年度又全部收回或者部分收回时，应当计入当期收入。

**5. 其他支出**

其他支出，是指除成本、费用、税金、损失外，企业在生产经营活动中发生的与生产经营活动有关的、合理的支出。

（三）扣除项目的标准

在计算应纳税所得额时，下列项目可按照实际发生额或规定的标准扣除。

**1. 工资薪金支出**

企业发生的合理的工资薪金支出，准予扣除。工资薪金，是指企业每一纳税年度支付给在本企业任职或者受雇的员工的所有现金形式或者非现金形式的劳动报酬，包括基本工资、奖金、津贴、补贴、年终加薪、加班工资，以及与员工任职或者受雇有关的其他支出。

**2. 职工福利费、工会经费、职工教育经费**

企业发生的职工福利费、工会经费、职工教育经费按标准扣除，未超过标准的按实际数扣除，超过标准的只能按标准扣除。

（1）企业发生的职工福利费支出，不超过工资薪金总额14%的部分，准予扣除；超过部分不得扣除。

（2）企业拨缴的工会经费，不超过工资薪金总额2%的部分，准予扣除；超过部分不得扣除。

（3）除国务院财政、税务主管部门另有规定外，企业发生的职工教育经费支出，不超过工资薪金总额2.5%的部分，准予扣除；超过部分，准予在以后纳税年度结转扣除。但软件生产企业发生的职工教育经费中的职工培训费用，可以全额在企业所得税前扣除。

上述计算职工福利费、工会经费、职工教育经费的“工资、薪金总额”，是指企业按照规定实际发放的工资、薪金总和，不包括养老保险费、医疗保险费、失业保险费、工伤保险费、生育保险费等社会保险费和住房公积金。

【例12－3】某企业2010年度工资总额为1 000万元，发生的职工福利费支出为150万元，拨缴的工会经费为15万元，职工教育经费支出为30万元，计算2010年度应纳税所得额时该如何扣除呢？

解析：

（1）职工福利费支出扣除限额为：1 000×14%＝140万元，实际发生150万元，只能扣除140万元，超过部分10万元不得扣除。

（2）工会经费扣除限额为：1 000×2%＝20万元，未超过扣除限额，15万元据实扣除。

(3)职工教育经费支出扣除限额为:1 000 × 2.5% = 25 万元,实际发生 30 万元,只能扣除 25 万元,超过部分 5 万元准予在以后纳税年度结转扣除。

**3. 为职工支付的社会保险费**

(1)企业依照国务院有关主管部门或者省级人民政府规定的范围和标准为职工缴纳的基本养老保险费、基本医疗保险费、失业保险费、工伤保险费、生育保险费等基本社会保险费和住房公积金,准予扣除。

(2)企业为投资者或者职工支付的补充养老保险费、补充医疗保险费,在国务院财政、税务主管部门规定的范围和标准内,准予扣除。

(3)企业依照国家有关规定为特殊工种职工支付的人身安全保险费和国务院财政、税务主管部门规定可以扣除的其他商业保险费,准予扣除。

(4)企业为投资者或者职工支付的商业保险费,不得扣除。

**4. 利息支出**

企业在生产经营活动中发生的下列利息支出,按下列规定扣除:

(1)非金融企业向金融企业借款的利息支出、金融企业的各项存款利息支出和同业拆借利息支出、企业经批准发行债券的利息支出,据实扣除。

(2)非金融企业向非金融企业借款的利息支出,不超过按照金融企业同期同类贷款利率计算的数额的部分,据实扣除;超过部分,不得扣除。

**【例 12-4】**A 企业 2010 年 1 月 1 日从 B 企业拆借资金 200 万元,年利率为 10%,2010 年全年 A 企业向 B 企业共支付利息 20 万元,而同期银行贷款利率为 8%,则 A 企业 2010 年度应纳税所得额就此项利息支出可扣除的金额是多少?

解析:

按照金融企业同期同类贷款利率计算的数额 = 200 × 8% = 16 万元,而实际利息支出为 20 万元,则 A 企业就此项利息支出只能扣除 16 万元,有 4 万元不能税前扣除。

**5. 借款费用**

(1)企业在生产经营活动中发生的合理的不需要资本化的借款费用,准予扣除。

(2)企业为购置、建造固定资产、无形资产和经过 12 个月以上的建造才能达到预定可销售状态的存货发生的借款的,在有关资产购置、建造期间发生的合理的借款费用,应予以资本化,作为资本性支出计入有关资产的成本;有关资产交付使用后发生的借款利息,可在发生当期扣除。

**6. 汇兑损失**

企业在货币交易中,以及纳税年度终了时将人民币以外的货币性资产、负债按照期末即期人民币汇率中间价折算为人民币时产生的汇兑损失,除已经计入有关资产成本以及与向所有者进行利润分配相关的部分外,准予扣除。

**7. 业务招待费**

企业发生的与生产经营活动有关的业务招待费支出,按照发生额的 60% 扣除,但最高不得超过当年销售(营业)收入的 5‰。

**【例 12-5】**乙企业 2010 年度销售收入为 2 000 万元,全年业务招待费发生额为 20 万元(能提供有效凭证),业务招待费该如何扣除呢?

解析：

(1)20×60% =12 万元

(2)2 000×5‰=10 万元

则该企业业务招待费扣除限额为：(1)和(2)当中较小的那一个，即为10万元

只能扣除10万元，有20－10=10万元不能税前扣除。

**8. 广告费和业务宣传费**

企业发生的符合条件的广告费和业务宣传费支出，除国务院财政、税务主管部门另有规定外，不超过当年销售(营业)收入15%的部分，准予扣除；超过部分，准予在以后纳税年度结转扣除。

> 特别规定：
>
> 化妆品制造、医药制造和饮料制造(不含酒类制造，下同)企业发生的广告费和业务宣传费支出，不超过当年销售(营业)收入30%的部分，准予扣除；超过部分，准予在以后纳税年度结转扣除。
>
> 烟草企业的烟草广告费和业务宣传费支出，一律不得在计算应纳税所得额时扣除。

**【例12－6】**丁企业(一般企业)2010年度销售收入净额为1 000万元，其广告支出为160万元，则在计算应纳税所得额时，丁企业当年度广告支出扣除限额为1 000×15% =150万元，有10万元结转到以后年度扣除。

**9. 环境保护专项资金**

企业依照法律、行政法规有关规定提取的用于环境保护、生态恢复等方面的专项资金，准予扣除。上述专项资金提取后改变用途的，不得扣除。

**10. 财产保险费**

企业参加财产保险，按照规定缴纳的保险费，准予扣除。

**11. 固定资产租赁费**

企业根据生产经营活动的需要租入固定资产支付的租赁费，按照以下方法扣除：

(1)以经营租赁方式租入固定资产发生的租赁费支出，按照租赁期限均匀扣除；

(2)以融资租赁方式租入固定资产发生的租赁费支出，按照规定构成融资租入固定资产价值的部分应当提取折旧费用，分期扣除。

**12. 劳动保护支出**

企业发生的合理的劳动保护支出，准予扣除。

**13. 总机构分摊的费用**

非居民企业在中国境内设立的机构、场所，就其中国境外总机构发生的与该机构、场所生产经营有关的费用，能够提供总机构出具的费用汇集范围、定额、分配依据和方法等证明文件，并合理分摊的，准予扣除。

需要注意的是，企业之间支付的管理费、企业内营业机构之间支付的租金和特许权使用费，以及非银行企业内营业机构之间支付的利息，不得扣除。

**14. 公益性捐赠支出**

企业发生的公益性捐赠支出，在年度利润总额12%以内的部分，准予在计算应纳税所得额时扣除。

年度利润总额,是指企业依照国家统一会计制度的规定计算的年度会计利润。

公益性捐赠,是指企业通过公益性社会团体或者县级以上人民政府及其部门,用于《中华人民共和国公益事业捐赠法》规定的公益事业的捐赠。

公益性社会团体,是指同时符合下列条件的基金会、慈善组织等社会团体:

(1)依法登记,具有法人资格;

(2)以发展公益事业为宗旨,且不以营利为目的;

(3)全部资产及其增值为该法人所有;

(4)收益和营运结余主要用于符合该法人设立目的的事业;

(5)终止后的剩余财产不归属任何个人或者营利组织;

(6)不经营与其设立目的无关的业务;

(7)有健全的财务会计制度;

(8)捐赠者不以任何形式参与社会团体财产的分配;

(9)国务院财政、税务主管部门会同国务院民政部门等登记管理部门规定的其他条件。

**【例 12-7】**假设甲企业 2010 年全年利润总额为 200 万元,在该年度公益性捐赠支出 30 万元,甲企业就此项公益性捐赠支出扣除限额为 200×12% =24 万元,有 6 万元不能税前扣除。如果公益性捐赠支出是 10 万元呢?(答案:10 万元可以全部扣除)

| 注意:不是直接捐赠,直接捐赠支出不允许扣除。 |
|---|

**15. 有关资产的费用**

企业转让各类固定资产发生的费用,允许扣除。企业按规定计算的固定资产折旧费、无形资产和递延资产的摊销费,准予扣除。

**16. 资产损失**

企业当期发生的固定资产和流动资产盘亏、毁损净损失,由其提供清查盘存资料经主管理税务机关审核后,准予扣除;企业因存货盘亏、毁损、报废等原因不得从销项税金中抵扣的进项税金,应视同企业财产损失,准予与存货损失一起在所得税前按规定扣除。

应当注意的是,企业发生的损失,减除责任人赔偿和保险赔款后的余额,依照国务院财政、税务主管部门的规定扣除。

**【例 12-8】**某生产企业(一般纳税人)因被盗损失原材料 30 万元,保险公司赔付 4 万元。则该企业就该事项税前准予扣除的金额是多少?

解析:

损失原材料要做进项税额转出 30×17% =5.1 万元,该项损失准予税前扣除的金额为 30+5.1-4=31.1 万元。

**17. 加计扣除的费用**

税法在税收优惠中规定,企业的下列支出,可以在计算应纳税所得额时加计扣除:

(1)开发新技术、新产品、新工艺发生的研究开发费用

研究开发费用的加计扣除,是指企业为开发新技术、新产品、新工艺发生的研究开发费用,未形成无形资产计入当期损益的,在按照规定据实扣除的基础上,按照研究开发费用的 50% 加计扣除;形成无形资产的,按照无形资产成本的 150% 摊销。

(2)安置残疾人员及国家鼓励安置的其他就业人员所支付的工资

企业安置残疾人员所支付的工资的加计扣除,是指企业安置残疾人员的,在按照支付给残疾职工工资据实扣除的基础上,按照支付给残疾职工工资的100%加计扣除。企业安置国家鼓励安置的其他就业人员所支付的工资的加计扣除办法,由国务院另行规定。

**【例12-9】**丙企业2010年研究开发新产品发生有关费用50万元,计入管理费用。则该企业在计算应纳税所得额时如何扣除该费用呢?

解析:

在扣除50万元的基础上,再扣除25万元(50×50%)。

**18. 其他项目**

依照有关法律、行政法规和国家有关税法规定准予扣除的其他项目。如会员费、合理的会议费、差旅费、违约金、诉讼费等。

## 四、不得扣除的项目

在计算应纳税所得额时,下列支出不得扣除:

(1)向投资者支付的股息、红利等权益性投资收益款项。

(2)企业所得税税款。

(3)税收滞纳金。纳税人因违反税法规定而缴纳的税收滞纳金,不得扣除。

(4)罚金、罚款和被没收财物的损失。

纳税人的生产、经营因违反国家法律、法规和规章,被有关部门处以的罚金、罚款,以及被没收财物的损失,不得扣除。

纳税人因违反税法规定,被处以的罚款,不得扣除。

但纳税人逾期归还银行贷款,银行按规定加收的罚息,以及企业间的违约罚款,不属于行政性罚款,允许在税前扣除。

(5)超过规定标准的公益性捐赠支出以及非公益性捐赠支出。

纳税人公益性捐赠支出超出税法规定的部分,以及用于公益性捐赠范围以外的其他捐赠支出,不得扣除。

(6)赞助支出。

赞助支出,是指企业发生的与生产经营活动无关的各种非广告性质支出。

(7)未经核定的准备金支出。

未经核定的准备金支出,是指不符合国务院财政、税务主管部门规定的各项资产减值准备、风险准备等准备金支出。

纳税人的存货跌价准备金、短期投资跌价准备金、长期投资减值准备金、风险准备基金(包括投资风险准备基金),以及国家税收法规规定可提取的准备金之外的任何形式的准备金,不得扣除。

(8)与取得收入无关的其他支出。

## 五、亏损弥补

亏损是指企业依照企业所得税法和暂行条例的规定,将每一纳税年度的收入总额减除不征税收入、免税收入和各项扣除后小于零的数额。企业所得税法规定,纳税人发生年度亏损的,可以用下一纳税年度的所得弥补；下一纳税年度的所得不足弥补的，可以逐年延续弥补，但是延续弥补期最长不得超过5年。5年内不论是盈利或亏损，都作为实际弥补期限计算。而且，企业在汇总计算缴纳企业所得税时，其境外营业机构的亏损不得抵减境内营业机构的盈利。

亏损弥补的含义有两个：一是自亏损年度的下一个年度起连续5年不间断地计算；二是连续发生年度亏损，也必须从第一个亏损年度算起，先亏先补，按顺序连续计算亏损弥补期。

**【例12-10】**某企业2004—2010年度应纳税所得额如下表所示，单位：万元

| 年度 | 2004 | 2005 | 2006 | 2007 | 2008 | 2009 | 2010 |
|---|---|---|---|---|---|---|---|
| 应纳税所得额 | -100 | -30 | 20 | 20 | 20 | 30 | 40 |

如何弥补亏损呢？

解析：

2004年度的亏损额100万元，到2009年时仍未弥补完（-100+20+20+20+30=-10万元），但达到了5年的弥补期限，2009年后，2004年未弥补完的亏损10万元不再弥补。2010年的所得弥补完2005年的亏损后，应纳税所得额为10(40-30)万元。

## 六、应纳税所得额的具体计算

在实际工作中，应纳税所得额的计算一般采用间接计算法。

在间接计算法下，是在会计利润总额的基础上加或减按照税法规定调整的项目金额后，即为应纳税所得额。计算公式为：

应纳税所得额=会计利润总额±纳税调整项目金额

税收调整项目金额包括两方面的内容：一是企业的财务会计处理和税收规定不一致的应予以调整的金额；二是企业按税法规定准予扣除的税收金额。

**【例12-11】**假设某机械制造企业2010年产品销售收入3 000万元，销售成本1 500万元，销售税金及附加12万元，销售费用600万元（含广告费500万元），管理费用500万元（招待费20万元），投资收益25万元系国债利息收入，营业外支出10万元（其中2万元系违反购销合同被供货方处以的违约罚款，8万元系被因环境污染被环保部门处以的罚款）。

要求：计算该企业2010年度应纳税所得额。

解析：

(1)会计利润总额=3 000-1 500-12-600-500+25-10=403(万元)

(2)广告费扣除限额=3 000×15%=450（万元）

广告费调增所得额=500-450=50（万元）

(3)业务招待费扣除限额是下列①和②当中较小的那一个，即为12万元

①20×60%=12(万元)②3 000×5‰=15(万元)

业务招待费调增所得额=20-12=8(万元)

(4)国库券利息收入25万元免缴企业所得税

国库券利息收入调减所得额=25万元

(5)企业间违约罚款2万元可以扣除，但环保部门的行政罚款8万元不得扣除

罚款调增所得额 = 8 万元

(6)应纳税所得额 = 403 + 50 + 8 - 25 + 8 = 444(万元)

**【例 12 - 12】**假设某制药企业，2010 年度生产经营情况如下：

(1)销售收入 4 500 万元;销售成本 2 000 万元;增值税 700 万元(全部抵扣),销售税金及附加 80 万元。

(2)其他业务收入 300 万元。

(3)销售费用 1 500 万元,其中含广告费 1 000 万元、业务宣传费 50 万元。

(4)管理费用 500 万元,其中含业务招待费 50 万元、研究新产品费用 40 万元。

(5)财务费用 100 万元,其中含向非金融机构借款利息 50 万元,年息 10%（银行同期同类贷款利率 6%）。

(6)营业外支出 80 万元,其中含向供货商支付违约金 5 万元,接受工商局罚款 1 万元,通过政府部门向灾区捐赠 70 万元。

要求计算该企业 2010 年度的应纳税所得额。

解析:

(1)计算利润总额

利润总额 = 4 500 + 300 - 2 000 - 80 - 1 500 - 500 - 100 - 80 = 540(万元)

(2)成本、费用、支出调整项目

①销售费用中

广告费业务宣传费税前扣除限额 = (4 500 + 300) × 15% = 720(万元)

广告费业务宣传费超限额 = 1 050 - 720 = 330(万元),需调增所得额。

②管理费用中

业务招待费扣除限额 = 24 万元(因为 50 × 60% = 30 > 4 800 × 5‰ = 24)

业务招待费超限额 = 50 - 24 = 26(万元),需调增所得额。

新产品开发费,根据税法规定,还可按实际发生额的 50% 抵扣应纳税所得额:

40 × 50% = 20(万元),需调减所得额。

③财务费用中利息超标,需调增所得额:50 ÷ 10% × (10% - 6%) = 20(万元)

④营业外支出中

企业间罚款可以列支,但行政罚款 1 万元不得税前扣除,需调增所得额。

公益性捐赠扣除限额 = 利润总额 × 12% = 540 × 12% = 64.8（万元)

捐赠超限额 = 70 - 64.8 = 5.2（万元)

(3)应纳税所得额 = 540 + 330 + 26 - 20 + 20 + 1 + 5.2 = 902.2(万元)

# 模块三 资产的税务处理

企业的各项资产,包括固定资产、生物资产、无形资产、长期待摊费用、投资资产、存货等,以历史成本为计税基础。历史成本,是指企业取得该项资产时实际发生的支出。企业持有各项资产期间资产增值或者减值,除国务院财政、税务主管部门规定可以确认损益外,不得调整该资产的计税基础。

《企业所得税法》及相关法规规定了纳税人资产的税务处理，其目的是要通过对资产的分类，区别资本性支出与收益性支出，确定准予扣除的项目和不准扣除的项目，正确计算应纳税所得额。

在计算应纳税所得额时，企业按照规定计算的固定资产折旧、按照规定计算的无形资产摊销费用、按照规定摊销的长期待摊费用、按照规定计算的使用或者销售存货成本等，准予扣除。

## 一、固定资产的税务处理

固定资产，是指企业为生产产品、提供劳务、出租或者经营管理而持有的、使用时间超过12个月的非货币性资产，包括房屋、建筑物、机器、机械、运输工具以及其他与生产经营活动有关的设备、器具、工具等。

### （一）固定资产计税基础

固定资产按照以下方法确定计税基础：

（1）外购的固定资产，以购买价款和支付的相关税费以及直接归属于使该资产达到预定用途发生的其他支出为计税基础。

（2）自行建造的固定资产，以竣工结算前发生的支出为计税基础。

（3）融资租入的固定资产，以租赁合同约定的付款总额和承租人在签订租赁合同过程中发生的相关费用为计税基础，租赁合同未约定付款总额的，以该资产的公允价值和承租人在签订租赁合同过程中发生的相关费用为计税基础。

（4）盘盈的固定资产，以同类固定资产的重置完全价值为计税基础。

（5）通过捐赠、投资、非货币性资产交换、债务重组等方式取得的固定资产，以该资产的公允价值和支付的相关税费为计税基础。

（6）改建的固定资产，除已足额提取折旧的固定资产的改建支出和租入固定资产的改建支出外，以改建过程中发生的改建支出增加计税基础。

### （二）固定资产折旧的计提

（1）企业应当自固定资产投入使用月份的次月起计提折旧；停止使用的固定资产，应当从停止使用月份的次月起停止计提折旧。

（2）企业应当根据固定资产的性质和使用情况，合理确定固定资产的预计净残值。固定资产的预计净残值一经确定，不得变更。

### （三）固定资产计算折旧的最低年限

除国务院财政、税务主管部门另有规定外，固定资产计算折旧的最低年限如下：

（1）房屋、建筑物，为20年。

（2）飞机、火车、轮船、机器、机械和其他生产设备，为10年。

（3）与生产经营活动有关的器具、工具、家具等，为5年。

（4）飞机、火车、轮船以外的运输工具，为4年。

（5）电子设备，为3年。

### （四）准予扣除的固定资产折旧

在计算应纳税所得额时，企业按照直线法计算的折旧计算的固定资产折旧，准予扣除。

企业的固定资产由于技术进步等原因，确需加速折旧的，经主管税务机关核准，可以缩短折旧年限或者采取加速折旧的方法。具体包括：

(1)由于技术进步，产品更新换代较快的固定资产。

(2)常年处于强震动、高腐蚀状态的固定资产。

采取缩短折旧年限方法的，最低折旧年限不得低于上述(三)规定的折旧年限的60%；采取加速折旧方法的，可以采取双倍余额递减法或者年数总和法。

### (五)不得计提折旧扣除的固定资产

下列固定资产不得计算折旧扣除：

(1)房屋、建筑物以外未投入使用的固定资产。

(2)以经营租赁方式租入的固定资产。

(3)以融资租赁方式租出的固定资产。

(4)已足额提取折旧仍继续使用的固定资产。

(5)与经营活动无关的固定资产。

(6)单独估价作为固定资产入账的土地。

(7)其他不得计算折旧扣除的固定资产。

从事开采石油、天然气等矿产资源的企业，在开始商业性生产前发生的费用和有关固定资产的折耗、折旧方法，由国务院财政、税务主管部门另行规定。

## 二、无形资产的税务处理

无形资产是指企业长期使用、但没有实物形态的资产，包括专利权、商标权、著作权、土地使用权、非专利技术、商誉等。

### (一)无形资产的计税基础

无形资产按照以下方法确定计税基础：

(1)外购的无形资产，以购买价款和支付的相关税费以及直接归属于使该资产达到预定用途发生的其他支出为计税基础。

(2)自行开发的无形资产，以开发过程中该资产符合资本化条件后至达到预定用途前发生的支出为计税基础。

(3)通过捐赠、投资、非货币性资产交换、债务重组等方式取得的无形资产，以该资产的公允价值和支付的相关税费为计税基础。

### (二)准予扣除的无形资产摊销费用

(1)无形资产按照直线法计算的摊销费用，准予扣除。

(2)无形资产的摊销年限不得低于10年。作为投资或者受让的无形资产，有关法律规定或者合同约定了使用年限的，可以按照规定或者约定的使用年限分期摊销。

(3)外购商誉的支出，在企业整体转让或者清算时，准予扣除。

## 三、长期待摊费用的税务处理

在计算应纳税所得额时，企业发生的下列支出作为长期待摊费用，按照下列规定摊销的，准予扣除：

**1. 已足额提取折旧的固定资产的改建支出**

固定资产的改建支出，是指改变房屋或者建筑物结构、延长使用年限等发生的支出。已足额提取折旧的固定资产的改建支出，按照固定资产预计尚可使用年限分期摊销。

**2. 租入固定资产的改建支出**

租入固定资产的改建支出，按照合同约定的剩余租赁期限分期摊销。

**3. 固定资产的大修理支出**

固定资产的大修理支出，是指同时符合下列条件的支出：

(1)修理支出达到取得固定资产时的计税基础 50% 以上；

(2)修理后固定资产的使用年限延长 2 年以上。

固定资产的大修理支出，按照固定资产尚可使用年限分期摊销。

**4. 其他应当作为长期待摊费用的支出**

其他应当作为长期待摊费用的支出，自支出发生月份的次月起，分期摊销，摊销年限不得低于 3 年。

## 四、投资资产的税务处理

投资资产，是指企业对外进行权益性投资和债权性投资形成的资产。投资资产按照以下方法确定成本：

(1)通过支付现金方式取得的投资资产，以购买价款为成本。

(2)通过支付现金以外的方式取得的投资资产，以该资产的公允价值和支付的相关税费为成本。

企业对外投资期间，投资资产的成本在计算应纳税所得额时不得扣除。企业在转让或者处置投资资产时，投资资产的成本，准予扣除。

## 五、存货的税务处理

存货，是指企业持有以备出售的产品或者商品、处在生产过程中的在产品、在生产或者提供劳务过程中耗用的材料和物料等。企业使用或者销售存货，按照规定计算的存货成本，准予在计算应纳税所得额时扣除。

### (一)存货的计税基础

存货按照以下方法确定成本：

(1)通过支付现金方式取得的存货，以购买价款和支付的相关税费为成本。

(2)通过支付现金以外的方式取得的存货，以该存货的公允价值和支付的相关税费为成本。

(3)生产性生物资产收获的农产品，以产出或者采收过程中发生的材料费、人工费和分摊的间接费用等必要支出为成本。

### (二)准予扣除的使用或者销售存货成本

企业使用或者销售的存货的成本计算方法，可以在先进先出法、加权平均法、个别计价法中选用一种。计价方法一经选用,不得随意变更。

## 六、转让资产的税务处理

企业转让以上资产,该项资产的净值,准予在计算应纳税所得额时扣除。资产的净值,是指有关资产的计税基础减除已经按照规定扣除的折旧、折耗、摊销、准备金等后的余额。

## 七、税法规定与会计规定差异的处理

税法规定与会计规定差异的处理,是指企业在财务会计核算中与税法规定不一致的,应当依照税法规定予以调整。即企业在平时进行会计核算时,可以按会计制度的有关规定进行账务处理,但在申报纳税时,对税法规定和会计制度规定有差异的,要按税法规定进行纳税调整。

(1)企业不能提供完整、准确的收入及成本、费用凭证,不能正确计算应纳税所得额的,由税务机关核定其应纳税所得额。

(2)企业依法清算时,以其清算终了后的清算所得为应纳税所得额,按规定缴纳企业所得税。清算所得,是指企业清算时的全部资产可变现价值或交易价格减除资产净值、清算费用以及相关税费后的余额。

投资方企业从被投资企业分得的剩余资产,其中相当于从被清算企业累计未分配利润和累计盈余公积中应分得的部分,应当确认为股利所得;剩余资产减除上述股利所得后的余额,超过或者低于投资成本的部分,应当确认为投资资产转让所得或损失。

**【例12－13】**2000年1月1日,甲公司以货币资金100万元向乙公司投资。2010年12月31日,乙公司清算,甲公司收到乙公司的剩余财产180万元,其中属于从乙公司累计未分配利润和累计盈余公积中分得的金额为60万元。甲公司对此项业务如何进行企业所得税处理呢?

解析:

按照税法规定,甲公司取得的属于累计未分配利润和累计盈余公积的60万元属于股息性质所得,免征所得税(符合条件的居民企业之间的股息、红利等权益性收益属于免税收入)。

180－60－100＝20(万元)

甲公司取得的超过投资成本的20万元应按投资转让所得征收企业所得税,适用25%的企业所得税税率。

(3)企业应纳税所得额是根据税收法规计算出来的,它在数额上与依据财务会计制度计算的利润总额往往不一致。因此,税法规定:对企业按照有关财务会计规定计算的利润总额,要按照税法的规定进行必要调整后,才能作为应纳税所得额计算缴纳所得税。

# 模块四　应纳税额的计算

## 一、居民企业应纳税额的计算

居民企业的应纳税所得额乘以适用税率,减除依照税法关于税收优惠的规定减免和抵免的税额后的余额,为应纳税额。企业所得税的税收优惠在后面的第五节阐述。

居民企业应纳税额,基本计算公式为:

居民企业应纳税额 = 应纳税所得额 × 适用税率 - 减免税额 - 抵免税额

根据计算公式可以看出,居民企业应纳税额的多少,取决于应纳税所得额和适用税率两个因素。

在【例 12-11】中,该企业应纳税额 = 应纳税所得额 × 适用税率
= 444 × 25% = 111(万元)

在【例 12-12】中,该企业应纳税额 = 应纳税所得额 × 适用税率
= 902.2 × 25% = 225.55(万元)

**【例 12-14】**假定某企业为居民企业,2010 年经营业务如下:

(1)取得产品销售收入 5 000 万元,发生产品销售成本 3 800 万元。

(2)材料销售收入 800 万元,材料销售成本 600 万元。

(3)取得购买国债的利息收入 40 万元。

(4)取得直接投资其他居民企业的权益性收益 60 万元(已在投资方所在地按 15% 的税率缴纳了所得税)。

(5)发生销售费用 500 万元(其中广告费 450 万元);管理费用 480 万元(其中业务招待费 25 万元,新技术的研究开发费用为 60 万元);财务费用 90 万元。

(6)销售税金 160 万元(含缴纳的增值税 120 万元)。

(7)营业外收入 80 万元,营业外支出 70 万元(含通过公益性社会团体向贫困山区捐款 50 万元,支付税收滞纳金 10 万元)。

(8)计入成本、费用中的实发工资总额 200 万元、拨缴职工工会经费 5 万元、支出职工福利费 31 万元,发生职工教育经费 7 万元。

要求:计算该企业 2010 年度实际应纳的企业所得税。

解析:

(1)会计利润总额 = 5 000 + 800 - 3 800 - 600 - (160 - 120) - 500 - 480 - 90 + 40 + 60 + 80 - 70 = 400(万元)

(2)国债利息收入免征企业所得税,应调减所得额 40 万元。

(3)取得直接投资其他居民企业的权益性收益属于免税收入,应调减应纳税所得额 60 万元。

(4)广告费扣除标准 = (5 000 + 800) × 15% = 870(万元),实际发生额 450 万元可以全部扣除,不需要调整所得额。

(5)业务招待费扣除限额为 15 万元(因为 25 × 60% = 15 < 5 800 × 5‰ = 29),业务招待费应调增应纳税所得额 = 25 - 15 = 10(万元)

(6)技术开发费可以加计扣除 50%,技术开发费调减所得额 = 60 × 50% = 30(万元)

(7)捐赠扣除标准 = 400 × 12% = 48(万元),捐赠支出调增所得额 = 50 - 48 = 2(万元)

(8)支付税收滞纳金 10 万元不得扣除,税收滞纳金调增所得额 10 万元

(9)工会经费应调增所得额 = 5 - 200 × 2% = 1(万元),职工福利费应调增所得额 = 31 - 200 × 14% = 3(万元),职工教育费应调增所得额 = 7 - 200 × 2.5% = 2(万元)

(10)应纳税所得额 = 400 - 40 - 60 + 10 - 30 + 2 + 10 + 1 + 3 + 2 = 298(万元)

(11)2010 年应缴企业所得税 = 298 × 25% = 74.5(万元)

| 关于企业所得税会计处理,在财务会计中专门有一章——所得税会计,在这里不做阐述。 |
|---|

## 二、境外所得已纳税额的扣除

企业所得税的税额扣除,是指国家对下列企业来自境外所得依法征收所得税时,允许企业将其已在境外缴纳的所得税税额从其应向本国缴纳的所得税税额中扣除。

(1)居民企业来源于中国境外的应税所得。

(2)非居民企业在中国境内设立机构、场所,取得发生在中国境外但与该机构、场所有实际联系的应税所得。

税额扣除,是避免国际间对同一所得重复征税的一项重要措施,它能保证对同一笔所得只征一次税;能比较彻底地消除国际间重复征税,平衡境外投资所得与境内投资所得的税负,有利于国际投资;有利于维护各国的税收管辖权和经济利益。

税额扣除有全额扣除与限额扣除,我国税法实行限额扣除。企业所得税法规定,纳税人来源于中国境外的所得,已在境外缴纳的所得税税额,准予在纳税时从其应纳税额中扣除,但是扣除额不得超过其境外所得依照我国税法规定计算的应纳税额。

"已在境外缴纳的所得税税额",是指企业来源于中国境外的所得依照中国境外税收法律以及相关规定应当缴纳并已经实际缴纳的企业所得税性质的税款。

"境外所得依照我国税法规定计算的应纳税额",是指纳税人的境外所得,依照我国企业所得税法的有关规定,据以计算的应纳税额。该应纳税额即为扣除限额,应当分国(地区)不分项计算,其计算公式是:

抵免限额 = 中国境内、境外所得依照企业所得税法和条例规定计算的应纳税总额 × 来源于某国(地区)的应纳税所得额 ÷ 中国境内、境外应纳税所得总额

实际上,上述公式可以表达为:

抵免限额 = 来源于某国(地区)的应纳税所得额 × 我国企业所得税税率

　　　　 = 来源于某国(地区)的应纳税所得额 × 25%

纳税人来源于境外所得在境外实际缴纳的税款,低于按上述公式计算的扣除限额的,可以从应纳税额中据实扣除;超过扣除限额的,其超过部分不得在本年度的应纳税额中扣除,但可用以后年度税额扣除的余额补扣,补扣期限最长不得超过 5 年。

**【例 12 - 15】**某企业 2010 年境内应纳税所得额为 1 000 万元,适用 25% 的企业所得税税率。另外,该企业分别在 A、B 两国设有分支机构(我国与 A、B 两国已经签订避免双重征税协定),在 A 国分支机构的应纳税所得额为 60 万元,A 国税率为 20%;在 B 国的分支机构的应纳税所得额为 40 万元,B 国税率为 35%。假设该企业在 A、B 两国所得按我国税法计算的应纳税所得额和按 A、B 两国税法计算的应纳税所得额是一致的,两个分支机构在 A、B 两国分别缴纳 12 万元和 14 万元的所得税。计算该企业 2010 年度汇总在我国应缴纳的企业所得税税额。

解析:

(1)该企业按我国税法计算的境内、境外所得的应纳税额:

应纳税额 = (1 000 + 60 + 40) × 25% = 275(万元)

(2)A、B 两国的扣除限额:

A 国扣除限额 = 275 ×［60 ÷（1 000 + 60 + 40）］= 15（万元）

B 国扣除限额 = 275 ×［40 ÷（1 000 + 60 + 40）］= 10（万元）

在 A 国缴纳的所得税为 12 万元，低于扣除限额 15 万元，可全额扣除。

在 B 国缴纳的所得税为 14 万元，高于扣除限额 10 万元，其超过扣除限额的部分 4 万元不能扣除，但可以用以后年度 B 国税额扣除的余额补扣，补扣期限最长不得超过 5 年。

（3）在我国应缴纳的所得税：

应纳税额 = 275 − 12 − 10 = 253（万元）

实际上，上例也可以这样计算：

（1）境内所得应纳税额 = 1 000 × 25% = 250（万元）

（2）A 国扣除限额 = 60 × 25% = 15（万元），在 A 国缴纳的所得税为 12 万元，低于扣除限额，应当向我国补缴所得税 = 15 − 12 = 3（万元）

（3）B 国扣除限额 = 40 × 25% = 10（万元），在 B 国缴纳的所得税为 14 万元，高于扣除限额，不需要向我国补缴所得税。

（4）在我国应缴纳的所得税 = 250 + 3 = 253（万元）

## 三、居民企业核定征收应纳税额的计算

为了加强企业所得税征收管理，规范核定征收企业所得税工作，保障国家税款及时足额入库，维护纳税人合法权益，根据《中华人民共和国企业所得税法》及其实施条例、《中华人民共和国税收征收管理法》及其实施细则的有关规定，核定征收企业所得税的有关规定如下：

### （一）核定征收企业所得税的范围

本办法适用于居民企业纳税人，纳税人具有下列情形之一的，核定征收企业所得税：

（1）依照法律、行政法规的规定可以不设置账簿的。

（2）依照法律、行政法规的规定应当设置但未设置账簿的。

（3）擅自销毁账簿或者拒不提供纳税资料的。

（4）虽设置账簿，但账目混乱或者成本资料、收入凭证、费用凭证残缺不全，难以查账的。

（5）发生纳税义务，未按照规定的期限办理纳税申报，经税务机关责令限期申报，逾期仍不申报的。

（6）申报的计税依据明显偏低，又无正当理由的。

### （二）核定征收的办法

税务机关应根据纳税人具体情况，对核定征收企业所得税的纳税人，核定应税所得率或者核定应纳所得税额。

**1. 具有下列情形之一的，核定其应税所得率：**

（1）能正确核算（查实）收入总额，但不能正确核算（查实）成本费用总额的。

（2）能正确核算（查实）成本费用总额，但不能正确核算（查实）收入总额的。

（3）通过合理方法，能计算和推定纳税人收入总额或成本费用总额的。

纳税人不属于以上情形的，核定其应纳所得税额。

**2. 税务机关采用下列方法核定征收企业所得税：**

（1）参照当地同类行业或者类似行业中经营规模和收入水平相近的纳税人的税负水平

核定。

(2)按照应税收入额或成本费用支出额定率核定。

(3)按照耗用的原材料、燃料、动力等推算或测算核定。

(4)按照其他合理方法核定。

采用前款所列一种方法不足以正确核定应纳税所得额或应纳税额的,可以同时采用两种以上的方法核定。采用两种以上方法测算的应纳税额不一致时,可按测算的应纳税额从高核定。

采用应税所得率方式核定征收企业所得税的,应纳所得税额计算公式如下:

应纳所得税额 = 应纳税所得额 × 适用税率

应纳税所得额 = 应税收入额 × 应税所得率

或:应纳税所得额 = 成本(费用)支出额 ÷ (1 - 应税所得率) × 应税所得率

实行应税所得率方式核定征收企业所得税的纳税人,经营多业的,无论其经营项目是否单独核算,均由税务机关根据其主营项目确定适用的应税所得率。

应税所得率按表 12 - 1 规定的幅度标准确定。

**表 12 - 1　应税所得率规定的幅度标准表**

| 行　业 | 应税所得率(%) |
|---|---|
| 农、林、牧、渔业 | 3 ~ 10 |
| 制造业 | 5 ~ 15 |
| 批发和零售贸易业 | 4 ~ 15 |
| 交通运输业 | 7 ~ 15 |
| 建筑业 | 8 ~ 20 |
| 饮食业 | 8 ~ 25 |
| 娱乐业 | 15 ~ 30 |
| 其他行业 | 10 ~ 30 |

**【例 12 - 16】**某饭店 2010 年度自行申报收入 80 万元,成本费用 76 万元,税务机关审查,认为其收入准确,成本费用无法查实,该行业应税所得率为 12%,则该企业当年应纳税所得额为:80 × 12% = 9.6(万元),应纳税额 = 9.6 × 25% = 2.4(万元)。

在上例中,如果税务机关审查,认为其成本费用准确,收入无法查实,则该企业当年应纳税所得额为:76 ÷ (1 - 12%) × 12% = 10.36(万元),应纳税额 = 10.36 × 25% = 2.59(万元)。

## 四、符合下列条件的非居民企业应纳税额的计算

对于在中国境内未设立机构、场所的,或者虽设立机构、场所但取得的所得与其所设机构、场所没有实际联系的非居民企业的所得,按照下列方法计算应纳税所得额:

(1)股息、红利等权益性投资收益和利息、租金、特许权使用费所得,以收入全额为应纳税所得额。

(2)转让财产所得,以收入全额减除财产净值后的余额为应纳税所得额。

(3)其他所得,参照前两项规定的方法计算应纳税所得额。

财产净值是指财产的计税基础减除已经按照规定扣除的折旧、折耗、摊销、准备金等后的余额。

应纳税额 = 应纳税所得额 × 10%

在【例 12 - 1】中,该日本企业从中国境内取得利息 100 万元,应纳税所得额 = 100 万元,应纳税额 = 100 × 10% = 10 万元

## 五、房地产开发企业所得税预缴税款的处理

1. 房地产开发企业按当年实际利润据实分季(或月)预缴企业所得税的,对开发、建造的住宅、商业用房以及其他建筑物、附着物、配套设施等开发产品,在未完工前采取预售方式销售取得的预售收入,按照规定的预计利润率分季(或月)计算出预计利润额,计入利润总额预缴,开发产品完工、结算计税成本后按照实际利润再行调整。

2. 预计利润率暂按以下规定的标准确定:

(1)非经济适用房开发项目:

①位于省、自治区、直辖市和计划单列市人民政府所在地城区和郊区的,不得低于 20%。

②位于地级市、地区、盟、州城区及郊区的,不得低于 15%。

③位于其他地区的,不得低于 10%。

(2)经济适用房开发项目。经济适用房开发项目符合建设部、国家发展和改革委员会、国土资源部、中国人民银行《关于印发(经济适用房管理办法)的通知》(建住房[2004]77 号)等有关规定的,不得低于 3%。

3. 房地产开发企业按当年实际利润据实预缴企业所得税的,对开发、建造的住宅、商业用房以及其他建筑物、附着物、配套设施等开发产品,在未完工前采取预售方式销售取得的预售收入,按照规定的预计利润率分季(或月)计算出预计利润额,填报在《中华人民共和国企业所得税月(季)度预缴纳税申报表(A 类)》(国税函[2008]44 号文件附件 1)第 4 行"利润总额"内。

4. 房地产开发企业对经济适用房项目的预售收入进行初始纳税申报时,必须附送有关部门批准经济适用房项目开发、销售的文件以及其他相关证明材料。凡不符合规定或未附送有关部门的批准文件以及其他相关证明材料的,一律按销售非经济适用房的规定执行。

5. 本通知适用于从事房地产开发经营业务的居民纳税人。

6. 以上规定自 2008 年 1 月 1 日起执行。已按原预计利润率办理完毕 2008 年一季度预缴的外商投资房地产开发企业,从一季度起按本规定执行。

# 模块五 税收优惠

国家对重点扶持和鼓励发展的产业和项目,给予企业所得税优惠。企业所得税法规定的税收优惠主要有:

## 一、免税收入

免税收入在前面已经阐述,在此不再赘述。

## 二、免征、减征企业所得税优惠

企业的下列所得,可以免征、减征企业所得税:

### (一)从事农、林、牧、渔业项目的所得

**1. 企业从事下列项目的所得,免征企业所得税:**

(1)蔬菜、谷物、薯类、油料、豆类、棉花、麻类、糖料、水果、坚果的种植;

(2)农作物新品种的选育;

(3)中药材的种植;

(4)林木的培育和种植;

(5)牲畜、家禽的饲养;

(6)林产品的采集;

(7)灌溉、农产品初加工、兽医、农技推广、农机作业和维修等农、林、牧、渔服务业项目;

(8)远洋捕捞。

**2. 企业从事下列项目的所得,减半征收企业所得税:**

(1)花卉、茶以及其他饮料作物和香料作物的种植;

(2)海水养殖、内陆养殖。

企业从事国家限制和禁止发展的项目,不得享受本条规定的企业所得税优惠。

### (二)从事国家重点扶持的公共基础设施项目投资经营的所得

国家重点扶持的公共基础设施项目,是指《公共基础设施项目企业所得税优惠目录》规定的港口码头、机场、铁路、公路、城市公共交通、电力、水利等项目。

企业从事前款规定的国家重点扶持的公共基础设施项目的投资经营的所得,自项目取得第一笔生产经营收入所属纳税年度起,第一年至第三年免征企业所得税,第四年至第六年减半征收企业所得税。

企业承包经营、承包建设和内部自建自用本条规定的项目,不得享受本条规定的企业所得税优惠。

### (三)从事符合条件的环境保护、节能节水项目的所得

符合条件的环境保护、节能节水项目,包括公共污水处理、公共垃圾处理、沼气综合开发利用、节能减排技术改造、海水淡化等。项目的具体条件和范围由国务院财政、税务主管部门同国务院有关部门制订,报国务院批准后公布施行。

企业从事前款规定的符合条件的环境保护、节能节水项目的所得,自项目取得第一笔生产经营收入所属纳税年度起,第一年至第三年免征企业所得税,第四年至第六年减半征收企业所得税。

### (四)符合条件的技术转让所得

符合条件的技术转让所得免征、减征企业所得税,是指一个纳税年度内,居民企业技术转让所得不超过500万元的部分,免征企业所得税;超过500万元的部分,减半征收企业所得税。

## 三、非居民企业的税收优惠

非居民企业在中国境内未设立机构、场所的，或者虽设立机构、场所但取得的所得与其所设机构、场所没有实际联系的，应当就其来源于中国境内的所得，减按 10% 的税率征收企业所得税。

并且下列所得可以免征企业所得税：

(1)外国政府向中国政府提供贷款取得的利息所得；

(2)国际金融组织向中国政府和居民企业提供优惠贷款取得的利息所得；

(3)经国务院批准的其他所得。

## 四、小型微利企业税收优惠

符合条件的小型微利企业，减按 20% 的税率征收企业所得税。

符合条件的小型微利企业，是指从事国家非限制和禁止行业，并符合下列条件的企业：

(1)工业企业，年度应纳税所得额不超过 30 万元，从业人数不超过 100 人，资产总额不超过 3 000 万元；

(2)其他企业，年度应纳税所得额不超过 30 万元，从业人数不超过 80 人，资产总额不超过 1 000 万元。

## 五、高新技术企业税收优惠

国家需要重点扶持的高新技术企业，减按 15% 的税率征收企业所得税。

国家需要重点扶持的高新技术企业，是指拥有核心自主知识产权，并同时符合下列条件的企业：

(1)产品(服务)属于《国家重点支持的高新技术领域》规定的范围；

(2)研究开发费用占销售收入的比例不低于规定比例；

(3)高新技术产品(服务)收入占企业总收入的比例不低于规定比例；

(4)科技人员占企业职工总数的比例不低于规定比例；

(5)高新技术企业认定管理办法规定的其他条件。

《国家重点支持的高新技术领域》和高新技术企业认定管理办法由国务院科技、财政、税务主管部门同国务院有关部门制订，报国务院批准后公布施行。

## 六、民族自治地方的税收优惠

民族自治地方的自治机关对本民族自治地方的企业应缴纳的企业所得税中属于地方分享的部分，可以决定减征或者免征。自治州、自治县决定减征或者免征的，须报省、自治区、直辖市人民政府批准。

对民族自治地方内国家限制和禁止行业的企业，不得减征或者免征企业所得税。

## 七、加计扣除税收优惠

企业的下列支出，可以在计算应纳税所得额时加计扣除：

(1)开发新技术、新产品、新工艺发生的研究开发费用;

(2)安置残疾人员及国家鼓励安置的其他就业人员所支付的工资。

加计扣除在前面已经阐述,在此不再赘述。

## 八、创投企业税收优惠

创业投资企业从事国家需要重点扶持和鼓励的创业投资,可以按投资额的一定比例抵扣应纳税所得额。

抵扣应纳税所得额,是指创业投资企业采取股权投资方式投资于未上市的中小高新技术企业2年以上的,可以按照其投资额的70%在股权持有满2年的当年抵扣该创业投资企业的应纳税所得额;当年不足抵扣的,可以在以后纳税年度结转抵扣。

**【例12-17】**甲企业2008年1月1日向乙企业(未上市的中小高新技术企业)投资100万元、股权持有到2009年12月31日。甲企业2009年度可抵扣的应纳税所得额为70万元。

## 九、加速折旧税收优惠

在前面已经阐述,在此不再赘述。

## 十、减计收入税收优惠

企业综合利用资源,生产符合国家产业政策规定的产品所取得的收入,可以在计算应纳税所得额时减计收入。

减计收入,是指企业以《资源综合利用企业所得税优惠目录》规定的资源作为主要原材料,生产国家非限制和禁止并符合国家和行业相关标准的产品取得的收入,减按90%计入收入总额。

## 十一、税额抵免优惠

企业购置用于环境保护、节能节水、安全生产等专用设备的投资额,可以按该专用设备的投资额的10%从企业当年的应纳税额中抵免;当年不足抵免的,可以在以后5个纳税年度结转抵免。

享受上述规定的企业所得税优惠的企业,应当实际购置并自身实际投入使用上述规定的专用设备;企业购置上述专用设备在5年内转让、出租的,应当停止享受企业所得税优惠,并补缴已经抵免的企业所得税税款。

应当注意的是,企业同时从事适用不同企业所得税待遇的项目的,其优惠项目应当单独计算所得,并合理分摊企业的期间费用;没有单独计算的,不得享受企业所得税优惠。

# 模块六 源泉扣缴

## 一、扣缴义务人

1. 对非居民企业在中国境内未设立机构、场所的,或者虽设立机构、场所但取得的所得与其所设机构、场所没有实际联系的所得应缴纳的所得税实行源泉扣缴,以支付人为扣缴义务人。税款由扣缴义务人在每次支付或者到期应支付时,从支付或者到期应支付的款项中扣缴。

上述所称支付人,是指依照有关法律规定或者合同约定对非居民企业直接负有支付相关款项义务的单位或者个人。

上述所称支付,包括现金支付、汇拨支付、转账支付和权益兑价支付等货币支付和非货币支付。

上述所称到期应支付的款项,是指支付人按照权责发生制原则应当计入相关成本、费用的应付款项。

2. 对非居民企业在中国境内取得工程作业和劳务所得应缴纳的所得税,税务机关可以指定工程价款或者劳务费的支付人为扣缴义务人。

## 二、扣缴方法

1. 扣缴义务人扣缴税款时,按前述第六节非居民企业计算方法计算税款。

2. 应当扣缴的所得税,扣缴义务人未依法扣缴或者无法履行扣缴义务的,由企业在所得发生地缴纳。企业未依法缴纳的,税务机关可以从该企业在中国境内其他收入项目的支付人应付的款项中,追缴该企业的应纳税款。

上述所称所得发生地,是指依照《实施条例》第七条规定的原则确定的所得发生地。在中国境内存在多处所得发生地的,由企业选择其中之一申报缴纳企业所得税。

上述所称该企业在中国境内其他收入,是指该企业在中国境内取得的其他各种来源的收入。

3. 税务机关在追缴该企业应纳税款时,应当将追缴理由、追缴数额、缴纳期限和缴纳方式等告知该企业。

4. 扣缴义务人每次代扣的税款,应当自代扣之日起7日内缴入国库,并向所在地的税务机关报送扣缴企业所得税报告表。

# 模块七　特别纳税调整

注:该部分内容可作为知识拓展。

## 一、调整范围

特别纳税调整的范围,是指企业与其关联方之间的业务往来,不符合独立交易原则而减少企业或者其关联方应纳税收入或者所得额的,税务机关有权按照合理方法调整。企业与其关联方共同开发、受让无形资产,或者共同提供、接受劳务发生的成本,在计算应纳税所得额时应当按照独立交易原则进行分摊。

上述所称独立交易原则,是指没有关联关系的交易各方,按照公平成交价格和营业常规进行业务往来遵循的原则。

（一）关联方

关联方是指与企业有下列关联关系之一的企业、其他组织或者个人，具体指：

1. 在资金、经营、购销等方面存在直接或者间接的控制关系。

2. 直接或者间接地同为第三者控制。

3. 在利益上具有相关联的其他关系。

（二）关联企业之间关联业务的税务处理

1. 企业与其关联方共同开发、受让无形资产，或者共同提供、接受劳务发生的成本，在计算应纳税所得额时应当按照独立交易原则进行分摊。

2. 企业与其关联方分摊成本时，应当按照成本与预期收益相配比的原则进行分摊，并在税务机关规定的期限内，按照税务机关的要求报送有关资料。

3. 企业与其关联方分摊成本时违反以上 1、2 规定的，其自行分摊的成本不得在计算应纳税所得额时扣除。

4. 企业可以向税务机关提出与其关联方之间业务往来的定价原则和计算方法，税务机关与企业协商、确认后，达成预约定价安排。

预约定价安排，是指企业就其未来年度关联交易的定价原则和计算方法，向税务机关提出申请，与税务机关按照独立交易原则协商、确认后达成的协议。

5. 企业向税务机关报送年度企业所得税纳税申报表时，应当就其与关联方之间的业务往来，附送年度关联业务往来报告表。

税务机关在进行关联业务调查时，企业及其关联方，以及与关联业务调查有关的其他企业，应当按照规定提供相关资料。相关资料是指：

（1）与关联业务往来有关的价格、费用的制定标准、计算方法和说明等同期资料。

（2）关联业务往来所涉及的财产、财产使用权、劳务等的再销售（转让）价格或者最终销售（转让）价格的相关资料。

（3）与关联业务调查有关的其他企业应当提供的与被调查企业可比的产品价格、定价方式以及利润水平等资料。

（4）其他与关联业务往来有关的资料。

6. 由居民企业或者由居民企业和中国居民控制的设立在实际税负明显低于 25% 的税率水平的国家（地区）的企业，并非由于合理的经营需要而对利润不做分配或者减少分配的，上述利润中应归属于该居民企业的部分，应当计入该居民企业的当期收入。所指控制包括：

（1）居民企业或者中国居民直接或者间接单一持有外国企业 10% 以上有表决权股份，且由其共同持有该外国企业 50% 以上股份。

（2）居民企业，或者居民企业和中国居民持股比例没有达到第（1）项规定的标准，但在股份、资金、经营、购销等方面对该外国企业构成实质控制。

（3）上述所指的实际税负明显偏低是指实际税负明显低于企业所得税法规定的 25% 所得税税率的 50%。

7. 企业从其关联方接受的债权性投资与权益性投资的比例超过规定标准而发生的利息支出，不得在计算应纳税所得额时扣除。企业间接从关联方获得的债权性投资，包括：

(1)关联方通过无关联第三方提供的债权性投资。

(2)无关联第三方提供的、由关联方担保且负有连带责任的债权性投资。

(3)其他间接从关联方获得的具有负债实质的债权性投资。

前述所称权益性投资,是指企业接受的不需要偿还本金和支付利息,投资人对企业净资产拥有所有权的投资。

8. 母子公司间提供服务支付费用有关企业所得税处理:

(1)母公司为其子公司(以下简称子公司)提供各种服务而发生的费用,应按照独立企业之间公平交易原则确定服务的价格,作为企业正常的劳务费用进行税务处理。

母子公司未按照独立企业之间的业务往来收取价款的,税务机关有权予以调整。

(2)母公司向其子公司提供各项服务,双方应签订服务合同或协议,明确规定提供服务的内容、收费标准及金额等,凡按上述合同或协议规定所发生的服务费,母公司应作为营业收入申报纳税;子公司作为成本费用在税前扣除。

(3)母公司向其多个子公司提供同类项服务,其收取的服务费可以采取分项签订合同或协议收取;也可以采取服务分摊协议的方式,即由母公司与各子公司签订服务费用分摊合同或协议,以母公司为其子公司提供服务所发生的实际费用并附加一定比例利润作为向子公司收取的总服务费,在各服务受益子公司(包括盈利企业、亏损企业和享受减免税企业)之间按《中华人民共和国企业所得税法》第四十一条第二款规定合理分摊。

(4)母公司以管理费形式向子公司提取费用,子公司因此支付给母公司的管理费,不得在税前扣除。

(5)子公司申报税前扣除向母公司支付的服务费用,应向主管税务机关提供与母公司签订的服务合同或者协议等与税前扣除该项费用相关的材料。不能提供相关材料的,支付的服务费用不得税前扣除。

## 二、调整方法

税法规定对关联企业所得不实的,调整方法如下:

1. 可比非受控价格法,是指按照没有关联关系的交易各方进行相同或者类似业务往来的价格进行定价的方法。

2. 再销售价格法,是指按照从关联方购进商品再销售给没有关联关系的交易方的价格,减除相同或者类似业务的销售毛利进行定价的方法。

3. 成本加成法,是指按照成本加合理的费用和利润进行定价的方法。

4. 交易净利润法,是指按照没有关联关系的交易各方进行相同或者类似业务往来取得的净利润水平确定利润的方法。

5. 利润分割法,是指将企业与其关联方的合并利润或者亏损在各方之间采用合理标准进行分配的方法。

6. 其他符合独立交易原则的方法。

## 三、核定征收

企业不提供与其关联方之间业务往来资料,或者提供虚假、不完整资料,未能真实反映其关联业务往来情况的，税务机关有权依法核定其应纳税所得额。核定方法有：

1. 参照同类或者类似企业的利润率水平核定。
2. 按照企业成本加合理的费用和利润的方法核定。
3. 按照关联企业集团整体利润的合理比例核定。
4. 按照其他合理方法核定。

企业对税务机关按照前款规定的方法核定的应纳税所得额有异议的，应当提供相关证据，经税务机关认定后，调整核定的应纳税所得额。

### 四、加收利息

企业实施其他不具有合理商业目的的安排而减少其应纳税收入或者所得额的，税务机关有权按照合理方法调整。不具有合理商业目的，是指以减少、免除或者推迟缴纳税款为主要目的。

税务机关依照规定进行特别纳税调整后，除了应当补征税款外，并按照国务院规定加收利息。

应当对补征的税款，自税款所属纳税年度的次年 6 月 1 日起至补缴税款之日止的期间，按日加收利息。加收的利息不得在计算应纳税所得额时扣除。

利息，应当按照税款所属纳税年度中国人民银行公布的与补税期间同期的人民币贷款基准利率加 5 个百分点计算。

企业依照企业所得税法规定，在报送年度企业所得税纳税申报表时，附送了年度关联业务往来报告表的，可以只按规定的人民币贷款基准利率计算利息。

企业与其关联方之间的业务往来，不符合独立交易原则，或者企业实施其他不具有合理商业目的的安排的，税务机关有权在该业务发生的纳税年度起 10 年内，进行纳税调整。

## 模块八　企业所得税纳税申报

### 一、纳税地点

(1)除税收法律、行政法规另有规定外，居民企业以企业登记注册地为纳税地点；但登记注册地在境外的，以实际管理机构所在地为纳税地点。企业注册登记地，是指企业依照国家有关规定登记注册的住所地。

(2)居民企业在中国境内设立不具有法人资格的营业机构的，应当汇总计算并缴纳企业所得税。企业汇总计算并缴纳企业所得税时，应当统一核算应纳税所得额，具体办法由国务院财政、税务主管部门另行制定。

(3)非居民企业在中国境内设立机构、场所的，应当就其所设机构、场所取得的来源于中国境内的所得，以及发生在中国境外但与其所设机构、场所有实际联系的所得，以机构、场所所在地为纳税地点。非居民企业在中国境内设立两个或者两个以上机构、场所的，经税务机关审核批准，可以选择由其主要机构、场所汇总缴纳企业所得税。非居民企业经批准汇总缴纳企业所得税后，需要增设、合并、迁移、关闭机构、场所或者停止机构、场所业务的，应当事先由负责汇总申报缴纳企业所得税的主要机构、场所向其所在地税务机关报告；需要变更汇总缴纳企业所得税的主要机构、场所的，依照前款规定办理。

(4)非居民企业在中国境内未设立机构、场所的，或者虽设立机构、场所但取得的所得与其所设机构、场所没有实际联系的所得，以扣缴义务人所在地为纳税地点。

除国务院另有规定外，企业之间不得合并缴纳企业所得税。

## 二、纳税期限

企业所得税按年计征，分月或者分季预缴，年终汇算清缴，多退少补。

企业所得税的纳税年度，自公历每年1月1日起至12月31日止。企业在一个纳税年度的中间开业，或者由于合并、关闭等原因终止经营活动，使该纳税年度的实际经营期不足12个月的，应当以其实际经营期为一个纳税年度。企业清算时，应当以清算期间作为一个纳税年度。

自年度终了之日起5个月内，向税务机关报送年度企业所得税纳税申报表，并汇算清缴，结清应缴应退税款。

企业在年度中间终止经营活动的，应当自实际经营终止之日起60日内，向税务机关办理当期企业所得税汇算清缴。

## 三、纳税申报

按月或按季预缴的，应当自月份或者季度终了之日起15日内，向税务机关报送预缴企业所得税纳税申报表，预缴税款。

企业在报送企业所得税纳税申报表时，应当按照规定附送财务会计报告和其他有关资料。

企业应当在办理注销登记前，就其清算所得向税务机关申报并依法缴纳企业所得税。

依照企业所得税法缴纳的企业所得税，以人民币计算。所得以人民币以外的货币计算的，应当折合成人民币计算并缴纳税款。企业所得以人民币以外的货币计算的，预缴企业所得税时，应当按照月度或者季度最后一日的人民币汇率中间价，折合成人民币计算应纳税所得额。年度终了汇算清缴时，对已经按照月度或者季度预缴税款的，不再重新折合计算，只就该纳税年度内未缴纳企业所得税的部分，按照纳税年度最后一日的人民币汇率中间价，折合成人民币计算应纳税所得额。

经税务机关检查确认，企业少计或者多计前款规定的所得的，应当按照检查确认补税或者退税时的上一个月最后一日的人民币汇率中间价，将少计或者多计的所得折合成人民币计算应纳税所得额，再计算应补缴或者应退的税款。

企业在纳税年度内无论盈利或者亏损，都应当依照企业所得税法规定的期限，向税务机关报送预缴企业所得税纳税申报表、年度企业所得税纳税申报表、财务会计报告和税务机关规定应当报送的其他有关资料。

## 四、申报填写方法

一般企业需要填制《中华人民共和国企业所得税年度纳税申报表(A类)》及11个附表。这里只列出主表，其他附表的格式以及主表和附表的填制方法，详见《纳税实务配套实训——企业所得税实训》。

表 12－2　中华人民共和国企业所得税年度纳税申报表(A 类)

税款所属期间：　　年　月　日至　　年　月　日

纳税人名称：

纳税人识别号：□□□□□□□□□□□□□□□□□□□　　金额单位：元(列至角分)

| 类别 | 行次 | 项目 | 金额 |
|---|---|---|---|
| 利润总额计算 | 1 | 一、营业收入(填附表一) | |
| | 2 | 减：营业成本(填附表二) | |
| | 3 | 营业税金及附加 | |
| | 4 | 销售费用(填附表二) | |
| | 5 | 管理费用(填附表二) | |
| | 6 | 财务费用(填附表二) | |
| | 7 | 资产减值损失 | |
| | 8 | 加：公允价值变动收益 | |
| | 9 | 投资收益 | |
| | 10 | 二、营业利润 | |
| | 11 | 加：营业外收入(填附表一) | |
| | 12 | 减：营业外支出(填附表二) | |
| | 13 | 三、利润总额(10＋11－12) | |
| 应纳税所得额计算 | 14 | 加：纳税调整增加额(填附表三) | |
| | 15 | 减：纳税调整减少额(填附表三) | |
| | 16 | 其中：不征税收入 | |
| | 17 | 免税收入 | |
| | 18 | 减计收入 | |
| | 19 | 减、免税项目所得 | |
| | 20 | 加计扣除 | |
| | 21 | 抵扣应纳税所得额 | |
| | 22 | 加：境外应税所得弥补境内亏损 | |
| | 23 | 纳税调整后所得(13＋14－15＋22) | |
| | 24 | 减：弥补以前年度亏损(填附表四) | |
| | 25 | 应纳税所得额(23－24) | |
| 应纳税额计算 | 26 | 税率(25%) | |
| | 27 | 应纳所得税额(25×26) | |
| | 28 | 减：减免所得税额(填附表五) | |
| | 29 | 减：抵免所得税额(填附表五) | |
| | 30 | 应纳税额(27－28－29) | |
| | 31 | 加：境外所得应纳所得税额(填附表六) | |

续 表

| 类别 | 行次 | 项目 | 金额 |
| --- | --- | --- | --- |
| 应纳税额计算 | 32 | 减:境外所得抵免所得税额(填附表六) | |
| | 33 | 实际应纳所得税额(30+31-32) | |
| | 34 | 减:本年累计实际已预缴的所得税额 | |
| | 35 | 其中:汇总纳税的总机构分摊预缴的税额 | |
| | 36 | 汇总纳税的总机构财政调库预缴的税额 | |
| | 37 | 汇总纳税的总机构所属分支机构分摊的预缴税额 | |
| | 38 | 合并纳税(母子体制)成员企业就地预缴比例 | |
| | 39 | 合并纳税企业就地预缴的所得税额 | |
| | 40 | 本年应补(退)的所得税额(33-34) | |
| 附列资料 | 41 | 以前年度多缴的所得税额在本年抵减额 | |
| | 42 | 以前年度应缴未缴在本年入库所得税额 | |

| 纳税人公章: | 代理申报中介机构公章: | 主管税务机关受理专用章: |
| --- | --- | --- |
| 经办人:<br>申报日期: 年 月 日 | 经办人及执业证件号码:<br>代理申报日期: 年 月 日 | 受理人:<br>受理日期: 年 月 日 |

## 项目十二小结

| 企业所得税纳税义务人 | 居民企业 | 非居民企业 |
| --- | --- | --- |
| 征税对象及企业所得税税率 | 居民企业应就来源于中国境内、境外的所得作为征税对象。税率为25%。 | (1)非居民企业在中国境内设立机构、场所的,应当就其所设机构、场所取得的来源于中国境内的所得,以及发生在中国境外但与其所设机构、场所有实际联系的所得,缴纳企业所得税。税率为25%。<br>(2)非居民企业在中国境内未设立机构、场所的,或者虽设立机构、场所但取得的所得与其所设机构、场所没有实际联系的,应当就其来源于中国境内的所得缴纳企业所得税。法定税率为20%,实际按10%税率征收。 |
| 应纳税所得额的计算 | 应纳税所得额=收入总额-不征税收入-免税收入-各项扣除-允许弥补的以前年度亏损 | |

续 表

| 企业所得税纳税义务人 | 居民企业 | 非居民企业 |
| --- | --- | --- |
| 项目扣除标准 | 职工福利费、工会经费、职工教育经费，非金融企业向非金融企业借款的利息支出，业务招待费，广告费和业务宣传费，公益性捐赠支出等项目都有扣除限额。 | |
| 不得扣除的项目 | 税收滞纳金，罚金、罚款和被没收财物的损失，超过规定标准的公益性捐赠支出以及非公益性捐赠支出，赞助支出，未经核定的准备金支出等项目。 | |
| 居民企业应纳税额的计算 | 居民企业应纳税额 = 应纳税所得额 × 适用税率 − 减免税额 − 抵免税额<br>应纳税所得额一般采用间接法计算，<br>应纳税所得额 = 会计利润总额 ± 纳税调整项目金额 | |
| 境外所得已纳税额的扣除 | 抵免限额 = 来源于某国（地区）的应纳税所得额 × 我国企业所得税税率（25%），纳税人境外所得在境外实际缴纳的税款，低于扣除限额的，要向我国补交差额；超过扣除限额的，境外所得不用向我国缴纳企业所得税。 | |
| 非居民企业应纳税额的计算 | 在中国境内未设立机构、场所的，或者虽设立机构、场所但取得的所得与其所设机构、场所没有实际联系的非居民企业的所得，应纳税额 = 应纳税所得额 × 10%。 | |
| 税收优惠 | 免税收入，免征、减征企业所得税优惠，非居民企业税收优惠，小型微利企业税收优惠，高新技术企业税收优惠，加计扣除税收优惠，加速折旧税收优惠，减计收入税收优惠，税额抵免优惠等。 | |
| 纳税申报 | 《企业所得税年度纳税申报表》以及附表。 | |

# 项目十三　个人所得税法

【知识目标】

(1) 识记个人所得税法规和基本内容；

(2) 识记个人所得税应税项目和应纳税所得额的计算方法；

(3) 识记个人所得税各应税项目应纳税额的计算方法。

【能力目标】

(1) 能够正确计算各个应税项目的个人所得税应纳税额；

(2) 能够正确进行个人所得税纳税申报。

## 模块一　个人所得税基础知识

### 一、个人所得税的概念

个人所得税是以自然人取得的各类应税所得为征税对象而征收的一种所得税。个人所得税的征税对象不仅包括个人还包括具有自然人性质的企业。

现行个人所得税的基本规范是1980年9月10日第五届全国人民代表大会第三次会议制定、根据1993年10月31日第八届全国人民代表大会常务委员会第四次会议决定修改的《中华人民共和国个人所得税法》，以及2008年2月18日修改的《中华人民共和国个人所得税法实施条例》(以下简称《个人所得税法》)。

### 二、我国现行个人所得税的征收方式

世界各国的个人所得税制大体可分为三种类型：分类征收、综合征收和混合征收。

分类征收是将纳税人不同来源、性质的所得项目，分别规定不同的税率征税；综合征收是对纳税人全年的各项所得加以汇总，就其总额进行征税；混合征收是对纳税人不同来源、性质的所得先分别按照不同的税率征税，然后将全年的各项所得进行汇总征税。三种不同的征收方式各有其优缺点，分类征收优点是对纳税人全部所得区分性质进行区别征税，能够体现国家的政治、经济与社会政策，缺点是对纳税人整体所得把握得不全面，会导致实际税负的不公平；综合征收优点是对纳税人的全部所得征税，从收入的角度能够体现税收公平的原则，缺点是不利于针对不同收入进行调整，不利于体现国家的有关社会、经济政策；混合征收能够集中了前面两种的优点，既可实现税收的政策性调节功能，也可体现税收的公平原则。

我国现行个人所得税采用的是分类征收制，即将个人取得的各种所得划分为11类，分别适用不同的费用减除规定、不同的税率和不同的计税方法。当然，正如前面所述，分类征收存在着不能综合调节的缺点，我国个人所得税征收制度还有一定的改革空间和趋势。

## 三、纳税义务人

个人所得税的纳税义务人,包括中国公民、个体工商业户以及在中国境内有所得的外籍人员(包括无国籍人员,下同)和香港、澳门、台湾同胞。上述纳税义务人依据住所和居住时间两个标准,区分为居民和非居民,分别承担不同的纳税义务。

### (一)居民纳税义务人

居民纳税义务人是指在中国境内有住所,或者无住所而在中国境内居住满1年的个人。居民纳税义务人负有无限纳税义务,其所取得的应纳税所得,无论是来源于中国境内还是中国境外,都要在中国缴纳个人所得税。

所谓在中国境内有住所的个人,是指因户籍、家庭、经济利益关系而在中国境内习惯性居住的个人。这里所说的习惯性居住,是判定纳税人是居民还是非居民的一个法律意义上的标准,不是指实际居住地或在某一个特定时期内的居住地。如一个人因学习、工作、探亲、旅游等而在中国境外居住,在这些原因消除以后,必须回到中国境内居住,则中国即为该个人的习惯性居住地。

所谓在境内居住满1年,是指在一个纳税年度(即从公历1月1日起至12月31日止,下同)内,在中国境内居住满365日。在计算居住天数时,对临时离境应视同在华居住,不扣减其在华居住的天数,这里所说的临时离境,是指在一个纳税年度内,一次不超过30日或者多次累计不超过90日的离境。

实际上个人所得税的居民纳税义务人包括有以下两类:

(1)在中国境内定居的中国公民和外国侨民。但不包括虽具有中国国籍,却并没有在中国大陆定居,而是侨居海外的华侨和居住在香港、澳门、台湾的同胞。

(2)从公历1月1日起至12月31日止,在中国境内居住满365日的外国人、海外侨胞和香港、澳门、台湾同胞。

现行税法中关于"中国境内"的概念是指中国大陆地区,目前还不包括香港、澳门和台湾地区。

### (二)非居民纳税义务人

非居民纳税义务人是指在中国境内无住所又不居住,或者无住所而在境内居住不满1年的个人。非居民纳税义务人承担有限纳税义务,即仅就其来源于中国境内的所得,向中国缴纳个人所得税。

在现实生活中,非居民纳税人实际上只能是在一个纳税年度中没有在中国境内居住,或者在中国境内居住不满1年的外籍人员或香港、澳门、台湾同胞。

自2004年7月1日起,对境内居住的天数和境内实际工作期间以以下规定为准:对在中国境内无住所而在境内工作的个人,对其入境、离境、往返或多次往返境内外的当日,均按一天计算其在华实际逗留天数;对在中国境内、境外同时担任职务或仅在境外机构任职的境内无住所个人,对其入境、离境、往返或多次往返境内外的当日,均按半天计算其在华实际工作天数。

自2000年1月1日起,个人独资企业和合伙企业投资者也为个人所得税的纳税义务人。

## 四、所得来源的确定

由于税法对居民纳税人和非居民纳税人的纳税义务有不同的规定，居民纳税人应就其来源于中国境内、境外的所得缴纳个人所得税，而非居民纳税人仅就来源于中国境内所得缴纳个人所得税，因此，对非居民纳税人来说，判断其所得的来源地，就显得十分重要。《个人所得税法》及其实施条例对此作了规定：

(1)工资、薪金所得，以纳税人任职、受雇的公司、企业、事业单位、机关、团体、部队、学校等单位的所在地，作为所得来源地。

(2)生产、经营所得，以生产、经营活动实现地，作为所得来源地。

(3)劳务报酬所得，以纳税人实际提供劳务的地点，作为所得来源地。

(4)不动产转让所得，以不动产坐落地为所得来源地；动产转让所得，以实现转让的地点为所得来源地。

(5)财产租赁所得，以被租赁财产的使用地，作为所得来源地。

(6)利息、股息、红利所得，以支付利息、股息、红利的企业、机构、组织的所在地，作为所得来源地。

(7)特许权使用费所得，以特许权的使用地，作为所得来源地。

所得的来源地与所得的支付地并不是同一概念，有时两者是一致的，有时却是不相同的。根据上述原则和方法，来源于中国境内的所得有：

(1)在中国境内的公司、企业、事业单位、机关、社会团体、部队、学校等单位或经济组织中任职、受雇而取得的工资、薪金所得。

(2)在中国境内提供各种劳务而取得的劳务报酬所得。

(3)在中国境内从事生产、经营活动而取得的所得。

(4)将财产出租给承租人在中国境内使用而取得的所得。

(5)转让中国境内的建筑物、土地使用权等财产或者在中国境内转让其他财产取得的所得。

(6)提供专利权、非专利技术、商标权、著作权、以及其他特许权在中国境内使用而取得的所得。

(7)因持有中国的各种债券、股票、股权而从中国境内的公司、企业以及其他经济组织或者个人取得的利息、股息、红利所得。

(8)在中国境内参加各种竞赛活动取得名次的奖金所得，参加中国境内有关部门和单位组织的有奖活动而取得的中奖所得，购买中国境内有关部门和单位发行的彩票取得的中彩所得；

(9)在中国境内以图书、报刊方式出版、发表作品取得的稿酬所得。

注意：关于工资、薪金所得来源地的确定

属于来源于中国境内的工资薪金所得应为个人实际在中国境内工作期间取得的工资、薪金，即个人实际在中国境内工作期间取得的工资、薪金，不论是由中国境内还是境外企业或个人雇主支付，均属来源于中国境内的所得；个人实际在中国境外工作期间取得的工资薪金，不论是由中国境内还是境外企业或个人雇主支付，均属于来源于中国境外的所得。

## 五、应税所得项目

个人所得税的征税对象是纳税人取得的各项应税所得。《中华人民共和国个人所得税法》中列举的应税所得项目共11项，其具体内容如下：

### (一)工资、薪金所得

工资、薪金所得是指个人因任职或者受雇而取得的工资、薪金、奖金、年终加薪、劳动分红、津贴、补贴以及与任职或受雇有关的其他所得。

根据我国目前个人收入的构成情况，对于一些不属于工资、薪金性质的补贴、津贴或者不属于纳税人本人工资、薪金所得项目的收入，不予征税。这些项目包括：

(1)独生子女津贴。

(2)执行公务员工资制度，未纳入基本工资总额的补贴、津贴差额和家属成员的副食品补贴。

(3)托儿补助费。

(4)差旅费津贴、误餐补助(单位以误餐的名义发放的补助、津贴除外)。

### (二)个体工商户的生产、经营所得

个体工商户的生产、经营所得，是指：

(1)个体工商户从事工业、手工业、建筑业、交通运输业、商业、饮食业、服务业、修理业及其他行业取得的所得。

(2)个人经政府有关部门批准，取得执照，从事办学、医疗、咨询以及其他有偿服务活动取得的所得。

(3)上述个体工商户和个人取得的与生产、经营有关的各项应税所得。

(4)个人因从事彩票代销业务而取得所得，应按照“个体工商户的生产、经营所得”项目计征个人所得税。

(5)其他个人从事个体工商业生产、经营取得的所得。

注意以下几点：

(1)个人独资企业、合伙企业的个人投资者以企业资金为本人、家庭成员及其相关人员支付与企业生产经营无关的消费性支出及购买汽车、住房等财产性支出，视为企业对个人投资者利润分配，并入投资者个人的生产经营所得，依照“个体工商户的生产、经营所得”项目计征个人所得税。

(2)个体工商户和从事生产、经营的个人，取得与生产、经营活动无关的其他各项应税所得，应分别按照其他应税项目的有关规定，计算征收个人所得税。如对外投资取得的股息所得，应按“股息、利息、红利”税目的规定单独计征个人所得税。

(3)从事个体出租车运营的出租车驾驶员取得的收入，按个体工商户的生产、经营所得项目缴纳个人所得税。

(4)出租车属个人所有，但挂靠出租汽车经营单位或企事业单位，驾驶员向挂靠单位缴纳管理费的，或出租汽车经营单位将出租车所有权转移给驾驶员的，出租车驾驶员从事客货运营取得的收入，比照个体工商户的生产、经营所得项目征税。

(5)出租汽车经营单位对出租车驾驶员采取单车承包或承租方式运营,出租车驾驶员从事客货营运取得的收入,按工资、薪金所得征税。

### (三)对企事业单位的承包经营、承租经营的所得

对企事业单位的承包经营、承租经营所得,是指个人承包经营或承租经营以及转包、转租取得的所得。承包项目可分多种,如生产经营、采购、销售、建筑安装等各种承包。转包包括全部转包或部分转包。

### (四)劳务报酬所得

劳务报酬所得是指个人从事设计、装潢、安装、制图、化验、测试、医疗、法律、会计、咨询、讲学、新闻、广播、翻译、审稿、书画、雕刻、影视、录音、录像、演出、表演、广告、展览、技术服务、介绍服务、经纪服务、代办服务及其他劳务取得的所得。个人担任董事职务所取得的董事费收入,按劳务报酬所得征税。

怎样判定一项所得是属于工资、薪金所得,还是属于劳务报酬所得?

工资、薪金所得是属于非独立个人劳务活动,即在单位中任职、受雇而得到的报酬;而劳务报酬所得,则是个人独立从事各种技艺、提供各项劳务取得的报酬。

### (五)稿酬所得

稿酬所得,是指个人因其作品以图书、报刊形式出版、发表而取得的所得。

注意:不以图书、报刊形式出版、发表的翻译、审稿、书画所得属于劳务报酬所得。个人所得税法将稿酬所得与一般劳务报酬相对区别,并给予适当优惠照顾。

### (六)特许权使用费所得

特许权使用费所得,是指个人提供专利权、商标权、著作权、非专利技术以及其他特许权的使用权取得的所得。

提供著作权的使用权取得的所得,不包括稿酬所得。对于作者将自己的文字作品手稿原件或复印件公开拍卖取得的所得,应按特许权使用费所得征收个人所得税。

### (七)利息、股息、红利所得

利息、股息、红利所得,是指个人拥有债权、股权而取得的利息、股息、红利所得。

注意:

除个人独资企业、合伙企业以外的其他企业的个人投资者,以企业资金为本人、家庭成员及其相关人员支付与企业生产经营无关的消费性支出及购买汽车、住房等财产性支出,视为企业对个人投资者的红利分配,依照“利息、股息、红利所得”项目计征个人所得税。企业的上述支出不允许在所得税前扣除。

纳税年度内个人投资者从其投资企业(个人独资企业、合伙企业除外)借款,在该纳税年度终了后既不归还又未用于企业生产经营的,其未归还的借款可视为企业对个人投资者的红利分配,依照“利息、股息、红利所得”项目计征个人所得税。

### (八)财产租赁所得

财产租赁所得是指个人出租建筑物、土地使用权、机器设备、车船以及其他财产取得的

所得。

个人取得的财产转租收入属于"财产租赁所得"的征税范围。

### (九)财产转让所得

财产转让所得,是指个人转让有价证券、股权、建筑物、土地使用权、机器设备、车船以及其他财产取得的所得。

### (十)偶然所得

偶然所得,是指个人得奖、中奖、中彩以及其他偶然性质的所得。得奖是指参加各种有奖竞赛活动,取得名次得到的奖金;中奖、中彩是指参加各种有奖活动,如有奖销售、有奖储蓄,或者购买彩票,经过规定程序,抽中、摇中号码而取得的奖金。

### (十一)经国务院财政部门确定征税的其他所得

除上述列举的各项个人应税所得外,其他确有必要征税的个人所得,由国务院财政部门确定。个人取得的所得,难以界定应纳税所得项目的,由主管税务机关确定。

## 六、税率

个人所得税的税率按所得项目不同分别确定为:

### (一)工资、薪金所得适用税率

工资、薪金所得,适用九级超额累进税率,税率为5% ~45%[见表13 -1(1)]。

**表13 -1(1) 工资、薪金所得个人所得税税率表**

| 级 数 | 全月应纳税所得额 | 税率(%) |
|---|---|---|
| 1 | 不超过500元的 | 5 |
| 2 | 超过500 ~2 000元的部分 | 10 |
| 3 | 超过2 000 ~5 000元的部分 | 15 |
| 4 | 超过5 000 ~20 000元的部分 | 20 |
| 5 | 超过20 000 ~40 000元的部分 | 25 |
| 6 | 超过40 000 ~60 000元的部分 | 30 |
| 7 | 超过60 000 ~80 000元的部分 | 35 |
| 8 | 超过80 000 ~100 000元的部分 | 40 |
| 9 | 超过100 000元的部分 | 45 |

注:本表所称全月应纳税所得额是指依照税法的规定以每月收入额减除费用2 000元后的余额或者减除附加减除费用后的余额。

自2011年9月1日起,工资、薪金所得适用7级超额累进税率,税率为3% ~45%,【见表13 -1(2)】

表 13－1(2) 工资、薪金所得个人所得税税率表

| 级数 | 全月应纳税所得额 | 税率(%) |
| --- | --- | --- |
| 1 | 不超过 1 500 元的 | 3 |
| 2 | 超过 1 500 元至 4 500 元的部分 | 10 |
| 3 | 超过 4 500 元至 9 000 元的部分 | 20 |
| 4 | 超过 9 000 元至 35 000 元的部分 | 25 |
| 5 | 超过 35 000 元至 55 000 元的部分 | 30 |
| 6 | 超过 55 000 元至 80 000 元的部分 | 35 |
| 7 | 超过 80 000 元的部分 | 45 |

注:本表所称全月应纳税所得额是指依照税法的规定,以每月收入额减除费用 3 500 元后的余额或者减除附加减除费用后的余额。

注:我国 1980 年 9 月颁布施行个人所得税法,工资、薪金所得个人所得税起征点为 800 元;2006 年 1 月 1 日起,工资、薪金所得个人所得税起征点提高到 1 600 元;2008 年 3 月 1 日起,工资、薪金所得个人所得税起征点提高到 2 000 元;2011 年 9 月 1 日起,工资、薪金所得个人所得税起征点提高到 3 500 元。

### (二)个体工商户的生产、经营所得和对企事业单位的承包经营、承租经营所得适用税率

个体工商户的生产、经营所得和对企事业单位的承包经营、承租经营所得,适用 5% ~35% 的超额累进税率[见表 13－2(1)]。

表 13－2(1) 个体工商户的生产、经营所得和对企事业单位的承包经营、承租经营所得个人所得税税率表

| 级 数 | 全年应纳税所得额 | 税率(%) |
| --- | --- | --- |
| 1 | 不超过 5 000 元的 | 5 |
| 2 | 超过 5 000 ~10 000 元的部分 | 10 |
| 3 | 超过 10 000 ~30 000 元的部分 | 20 |
| 4 | 超过 30 000 ~50 000 元的部分 | 30 |
| 5 | 超过 50 000 元的部分 | 35 |

注:本表所称全年应纳税所得额,对个体工商户的生产、经营所得来源,是指以每一纳税年度的收入总额,减除成本、费用以及损失后的余额;对企事业单位的承包经营、承租经营所得来源,是指以每一纳税年度的收入总额减除必要费用后的余额。

自 2011 年 9 月 1 日起,个体工商户的生产、经营所得和对企事业单位的承包经营、承租经营所得,适用 5% ~35% 的超额累进税率【见表 13－2(2)】

**表 13－2(2)　个体工商户的生产、经营所得和对企事业单位的承包经营、承租经营所得个人所得税税率表**

| 级数 | 全年应纳税所得额 | 税率(%) |
|---|---|---|
| 1 | 不超过 15 000 元的 | 5 |
| 2 | 超过 15 000 元至 30 000 元的部分 | 10 |
| 3 | 超过 30 000 元至 60 000 元的部分 | 20 |
| 4 | 超过 60 000 元至 100 000 元的部分 | 30 |
| 5 | 超过 100 000 元的部分 | 35 |

注：本表所称全年应纳税所得额，个体工商户的生产、经营所得，是指以每一纳税年度的收入总额减除成本、费用以及损失后的余额；对企事业单位的承包经营、承租经营所得，是指以每一纳税年度的收入总额减除必要费用后的余额。

但是由于目前实行承包(租)经营的形式较多，分配方式也不相同，因此，国家税务总局1994 年 8 月 1 日发出《关于个人对企事业单位实行承包经营、承租经营取得所得征税问题的通知》，进一步规定其适用税率分为以下两种情况：

(1)承包、承租人对企业经营成果不拥有所有权，仅是按合同(协议)规定取得一定所得的，其所得按“工资、薪金”所得项目征税，适用 5% ~45% 的九级超额累进税率。

(2)承包、承租人按合同(协议)的规定只向发包、出租方交纳一定费用后，企业经营成果归其所有的，承包、承租人取得的所得，按对企事业单位的承包经营、承租经营所得项目，适用 5% ~35% 的五级超额累进税率征税。

个人独资企业和合伙企业的生产经营所得，也适用 5% ~35% 的五级超额累进税率。

### (三)稿酬所得适用税率

稿酬所得，适用比例税率，税率为 20%，并按应纳税额减征 30%。故其实际税率为 14%。

### (四)劳务报酬所得适用税率

劳务报酬所得，适用比例税率，税率为 20%。对劳务报酬所得一次收入畸高的，可以实行加成征收，具体办法由国务院规定。

《个人所得税法实施条例》规定，“劳务报酬所得一次收入畸高”，是指个人一次取得劳务报酬，其应纳税所得额超过 20 000 元。对应纳税所得额超过 20 000 ~ 50 000 元的部分，依照税法规定计算应纳税额后再按照应纳税额加征五成；超过 50 000 元的部分，加征十成。因此，劳务报酬所得实际上适用 20%、30%、40% 的三级超额累进税率(见表 13－3)。

**表 13－3　劳务报酬所得个人所得税税率表**

| 级　数 | 每次应纳税所得额 | 税率(%) |
|---|---|---|
| 1 | 不超过 20 000 元的部分 | 20 |
| 2 | 超过 20 000 ~ 50 000 元的部分 | 30 |
| 3 | 超过 50 000 元的部分 | 40 |

注：本表所称每次应纳税所得额，是指每次收入额减除费用 800 元(每次收入额不超过 4 000 元时)或者减除 20% 的费用(每次收入额超过 4 000 元时)后的余额。

(五)特许权使用费所得,利息、股息、红利所得,财产租赁所得,财产转让所得,偶然所得和其他所得适用税率

特许权使用费所得,利息、股息、红利所得,财产租赁所得,财产转让所得,偶然所得和其他所得,适用比例税率,税率为20%。从2007年8月15日起,居民储蓄利息税率调为5%,自2008年10月9日起暂免征收储蓄存款利息的个人所得税。对人个出租住房所得减按10%的税率征收个人所得税。

# 模块二 个人所得税应纳税额的计算

我国个人所得税实行分类征收,故个人所得税应纳税额需要根据不同的应税项目分别计算。而个人所得税的计税依据是应纳税所得额,即以某项应税项目的收入额减去税法规定的该项目费用减除标准后的余额,为该税项目的应纳税所得额。纳税人取得的应纳税所得包括:现金、实物和有价证券。所得为实物的,应当按照取得实物的凭证上所注明的价格,计算应纳税所得额;无凭证的实物或者凭证上所注明的价格明显偏低的,由主管税务机关参照当地的市场,核定应纳税所得额;所得为有价证券的,由主管税务机关根据票面价格和市场价格核定应纳税所得额。

依照税法规定的适用税率和费用扣除标准,各项所得的应纳税额,应分别计算如下:

## 一、工资、薪金所得应纳税额的计算

(一)应纳税所得额的规定

(1)工资、薪金所得,现行税法规定以每月收入额减除费用2 000元后的余额,为应纳税所得额。自2011年9月1日起,减除费用为3 500元。

(2)税法规定,对在中国境内无住所而在中国境内取得工资、薪金所得的纳税义务人和在中国境内有住所而在中国境外取得工资、薪金所得的纳税义务人,适用附加减除费用。附加减除费用适用的范围,包括:

①在中国境内的外商投资企业和外国企业中工作取得工资、薪金所得的外籍人员。

②应聘在中国境内的企业、事业单位、社会团体、国家机关中工作取得工资、薪金所得的外籍专家。

③在中国境内有住所而在中国境外任职或者受雇取得工资、薪金所得的个人。

④财政部确定的取得工资、薪金所得的其他人员。

即:上述范围的人员每月工资、薪金所得在减除2 000元费用的基础上,再减除2 800元(即:附加减除费用共为4 800元)。

华侨和香港、澳门、台湾同胞参照上述附加减除费用标准执行。

(二)应纳税额的计算

工资、薪金所得应纳税额按月计算,应纳税额的计算公式为:

应纳税额=应纳税所得额×适用税率-速算扣除数

=(每月收入额-2 000元或4 800元)×适用税率-速算扣除数

工资、薪金所得在计算应纳个人所得税额时，适用的是超额累进税率，故计算比较烦琐。运用速算扣除数计算法，可以简化计算过程。速算扣除数是指在采用超额累进税率征税的情况下，根据超额累进税率表中划分的应纳税所得额级距和税率，先用全额累进方法计算出税额，再减去用超额累进方法计算的应征税额后的差额。工资、薪金所得适用的速算扣除数见表13－4(1)。

**表13－4(1)　工资、薪金所得适用的速算扣除数表**

| 级数 | 月含税应纳税所得额 | 月不含税应纳税所得额 | 税率% | 速算扣除数 |
|---|---|---|---|---|
| 1 | 不超过500元的 | 不超过475元的 | 5 | 0 |
| 2 | 超过500～2 000元的部分 | 超过475～1 825元的部分 | 10 | 25 |
| 3 | 超过2 000～5 000元的部分 | 超过1 825～4 375元的部分 | 15 | 125 |
| 4 | 超过5 000～20 000元的部分 | 超过4 375～16 375元的部分 | 20 | 375 |
| 5 | 超过20 000～40 000元的部分 | 超过16 375～31 375元的部分 | 25 | 1375 |
| 6 | 超过40 000～60 000元的部分 | 超过31 375～45 375元的部分 | 30 | 3 375 |
| 7 | 超过60 000～80 000元的部分 | 超过45 375～58 375元的部分 | 35 | 6 375 |
| 8 | 超过80 000～100 000元的部分 | 超过58 375～70 375元的部分 | 40 | 10 375 |
| 9 | 超过100 000元的部分 | 超过70 375元的部分 | 45 | 15 375 |

自2011年9月1日起，工资薪金所得适用的速算扣除数见表13－4(2)。

| 级数 | 全月应纳税所得额 | 税率(%) | 速算扣除数(元) |
|---|---|---|---|
| 1 | 不超过1 500元的 | 3 | 0 |
| 2 | 超过1 500元至4 500元的部分 | 10 | 105 |
| 3 | 超过4 500元至9 000元的部分 | 20 | 555 |
| 4 | 超过9 000元至35 000元的部分 | 25 | 1 005 |
| 5 | 超过35 000元至55 000元的部分 | 30 | 2 755 |
| 6 | 超过55 000元至80 000元的部分 | 35 | 5 505 |
| 7 | 超过80 000元的部分 | 45 | 13 505 |

**【例13－1】**某中国公民在国内企业工作，2011年5月工资4 500元，计算其当月应纳个人所得税税额。

解析：

(1)应纳税所得额＝4 500－2 000＝2 500(元)

(2)应纳税额＝2 500×15%－125＝250(元)

**【例13－2】**某外商投资企业中工作的美国专家(非居民纳税人)，2011年5月份取得由该企业发放的工资收入15 000元人民币，计算其应纳个人所得税税额。

解析：

(1)应纳税所得额＝15 000－(2 000＋2 800)＝10 200(元)

(2)应纳税额 =10 200 ×20% -375 =1 665(元)

## (三)特别计算

在计算工资、薪金所得应纳税额时,遇到下列情况应进行不同的处理:

**1. 纳税人取得全年一次性奖金个人所得税的计算**

全年一次性奖金是指行政机关、企事业单位等根据其全年经济效益和对雇员全年工作业绩的综合考核情况,向雇员发放的一次性奖金。一次性奖金也包括年终加薪、实行年薪制和绩效工资办法的单位根据考核情况兑现的年薪和绩效工资。

纳税人取得全年一次性奖金,单独作为1个月工资、薪金所得计算纳税,自2005年1月1日起按以下计税办法,由扣缴义务人发放时代扣代缴:

(1)先将雇员当月内取得的全年一次性奖金,除以12个月,按其商数确定适用税率和速算扣除数。

如果在发放年终一次性奖金的当月,雇员当月工资薪金所得低于税法规定的费用扣除额,应将全年一次性奖金减除“雇员当月工资薪金所得与费用扣除额的差额”后的余额,按上述办法确定全年一次性奖金的适用税率和速算扣除数。

(2)将雇员个人当月内取得的全年一次性奖金,按上述第1条确定的适用税率和速算扣除数计算征税,计算公式如下:

①如果雇员当月工资薪金所得高于(或等于)税法规定的费用扣除额的,适用公式为:

应纳税额 = 雇员当月取得全年一次性奖金 × 适用税率 - 速算扣除数

②如果雇员当月工资薪金所得低于税法规定的费用扣除额的,适用公式为:

应纳税额 =(雇员当月取得全年一次性奖金 - 雇员当月工资薪金所得与费用扣除额的差额)× 适用税率 - 速算扣除数

(3)在一个纳税年度内,对每一个纳税人,该计税办法只允许采用一次。

注意:雇员取得除全年一次性奖金以外的其他各种名目奖金,如半年奖、季度奖、加班奖、先进奖、考勤奖等,一律与当月工资、薪金收入合并,按税法规定缴纳个人所得税。

**【例13-3】**李某(居民纳税人)2011年2月取的工资3 000元,除当月工资外,一次领取2010年全年的奖金12 000元。计算李某2月份应纳个人所得税。

解析:

(1)工资所得应纳税额 =(3 000 -2 000)×10% -25 =75(元)

(2)全年奖金所得

①12 000 ÷12 =1 000,适用税率为10%,速算扣除数为25

②应纳税额 =12 000 ×10% -25 =1 175(元)

(3)李某2月份应纳个人所得税 =75 +1 175 =1 250(元)

**【例13-4】**李某(居民纳税人)2011年3月取的工资3 500元,除当月工资外,还取得一季度奖金3 000元。计算李某3月份应纳个人所得税。

解析:

李某取得的一季度奖金应与3月份工资收入合并,按税法规定缴纳个人所得税。

应纳税所得额 =(3 500 +3 000)-2 000 =4 500(元)

应纳税额 =4 500 ×15% －125 =550(元)

**2. 个人提前退休取得一次性补贴收入个人所得税的计算**

国家税务总局公告 2011 年第 6 号,对个人提前退休取得一次性补贴收入征收个人所得税问题规定如下,自 2011 年 1 月 1 日起执行。

(1)机关、企事业单位对未达到法定退休年龄、正式办理提前退休手续的个人,按照统一标准向提前退休工作人员支付一次性补贴,不属于免税的离退休工资收入,应按照“工资、薪金所得”项目征收个人所得税。

(2)个人因办理提前退休手续而取得的一次性补贴收入,应按照办理提前退休手续至法定退休年龄之间所属月份平均分摊计算个人所得税。计税公式:

应纳税额 =｛[(一次性补贴收入 ÷ 办理提前退休手续至法定退休年龄的实际月份数) － 费用扣除标准] × 适用税率 － 速算扣除数｝ × 提前办理退休手续至法定退休年龄的实际月份数

**【例 13 －5】**某企业职工刘某(居民纳税人)2011 年 3 月分办理提前退休手续,取得一次性补贴收入为 24 000 元,其法定退休时间为 2013 年 2 月。计算刘某应缴纳的个人所得税。

解析:

(1)办理提前退休手续至法定退休年龄的实际月份数为 24 个月,24 000 ÷24 =1 000 元,适用税率为 10%,速算扣除数为 25 元。

(2)应纳税额 =(1 000 ×10% －25) ×24 =1 800(元)

**3. 雇用单位和派遣单位分别支付工资、薪金应纳税额的计算**

在外商投资企业、外国企业和外国驻华机构工作的中方人员取得的工资、薪金收入,凡是由雇佣单位和派遣单位分别支付的,支付单位应按税法规定代扣代缴个人所得税。同时,按税法规定,纳税义务人应以每月全部工资、薪金收入减除规定费用后的余额为应纳税所得额。为了有利于征管,对雇佣单位和派遣单位分别支付工资、薪金的,采取由支付者中的一方减除费用的方法,即只由雇佣单位在支付工资、薪金时,按税法规定减除费用,计算扣缴个人所得税;派遣单位支付的工资、薪金不再减除费用,以支付金额直接确定适用税率,计算扣缴个人所得税。

上述纳税义务人,应持两处支付单位提供的原始明细工资、薪金单(书)和完税凭证原件,选择并固定到一地税务机关申报每月工资、薪金收入,汇算清缴其工资、薪金收入的个人所得税,补缴税款。

**【例 13 －6】**宋某为一外商投资企业雇佣的中方人员,2011 年 5 月,该外商投资企业支付给宋某的工资为 10 000 元,宋某同月还收到其所在的派遣单位发给的工资 3 000 元。请问:该外商投资企业、派遣单位应如何扣缴个人所得税? 宋某实际应缴的个人所得税为多少?

解析:

(1)外商投资企业应为宋某扣缴的个人所得税为:

扣缴税额 =(10 000 －2 000) ×20% －375 =1 225(元)

(2)派遣单位应为宋某扣缴的个人所得税为:

扣缴税额 =3 000 ×15% －125 =325(元)

(3)宋某实际应缴的个人所得税为:

应纳税额 =(10 000 +3 000 －2 000) ×20% －375 =1 825(元)

因此,在宋某选择到某税务机关申报时,还应补缴 275 元(1 825 －1 225 －325)。

对外商投资企业、外国企业和外国驻华机构发放给中方工作人员的工资、薪金所得，应全额征税。但对可以提供有效合同或有关凭证，能够证明其工资、薪金所得的一部分按照有关规定上缴派遣（介绍）单位的，可扣除其实际上缴的部分按其余额计征个人所得税。

**4. 特定行业职工取得的工资、薪金所得的计税方法**

为了照顾采掘业、远洋运输业、远洋捕捞业因季节、产量等因素的影响，职工的工资、薪金收入呈现较大幅度波动的实际情况，对这三个特定行业的职工取得的工资、薪金所得，可按月预缴，年度终了后30日内，合计其全年工资、薪金所得，再按12个月平均并计算实际应纳的税款，多退少补。用公式表示为：

应纳所得税额=[（全年工资、薪金收入÷12－费用扣除标准）×税率－速算扣除数]×12

【例13－7】李某是煤矿采掘工人，假定其2010年度各月工资收入、预缴税款情况见表13－5（已按月预缴个人所得税款共260元）。请计算李某应缴税款额。

**表13－5 李某2010年度各月工资收入、预缴税款情况** 单位：元

| 月份 | 工资收入 | 预缴税款 |
|---|---|---|
| 1 | 1 000 | 0 |
| 2 | 1 200 | 0 |
| 3 | 1 200 | 0 |
| 4 | 1 000 | 0 |
| 5 | 1 000 | 0 |
| 6 | 2 500 | 65 |
| 7 | 2 500 | 65 |
| 8 | 2 500 | 65 |
| 9 | 2 800 | 65 |
| 10 | 2 800 | 0 |
| 11 | 6 500 | 0 |
| 12 | 6 800 | 0 |
| 合计 | 31 800 | 260 |

解析：

该纳税义务人全年应纳税额应为：

[（31 800÷12－2 000）×税率－速算扣除数]×12=（650×10%－25）×12=480（元）

由于以前按月预缴的税款共为260元，故该纳税义务人应补缴220元。

5. 企事业单位将自建住房以低于购置或建造成本价格销售给职工的个人所得税的征税规定

（1）根据住房制度改革政策的有关规定，国家机关、企事业单位及其他组织（以下简称单位）在住房制度改革期间，按照所在地县级以上人民政府规定的房改成本价格向职工出售公有住房，职工因支付的房改成本价格低于房屋建造成本价格或市场价格而取得的差价收益，免征

个人所得税。

(2)除上述符合规定的情形外,单位按低于购置或建造成本价格出售住房给职工,职工因此而少支出的差价部分,属于个人所得税应税所得,应按照“工资、薪金所得”项目缴纳个人所得税。

其中“差价部分”,是指职工实际支付的购房价款低于该房屋的购置或建造成本价格的差额。

(3)对职工取得的上述应税所得,比照前述的全年一次性奖金的征税办法,计算征收个人所得税。

## 二、个体工商户的生产、经营所得应纳税额的计算

### (一)应纳税所得额的规定

个体工商户的生产、经营所得,以每一纳税年度的收入总额,减除成本、费用以及损失后的余额,为应纳税所得额。成本、费用,是指纳税义务人从事生产、经营所发生的各项直接支出和分配计入成本的间接费用以及销售费用、管理费用、财务费用;所说的损失,是指纳税义务人在生产、经营过程中发生的各项营业外支出。

个人独资企业的投资者以全部生产经营所得为应纳税所得额;合伙企业的投资者按照合伙企业的全部生产经营所得和合伙协议约定的分配比例,确定应纳税所得额,合伙协议没有约定分配比例的,以全部生产经营所得和合伙人数量平均计算每个投资者的应纳税所得额。

上述所称生产经营所得,包括企业分配给投资者个人的所得和企业当年留存的所得(利润)。

### (二)应纳税额的计算

个体工商户的生产、经营所得应纳税额实行按年计算、分月预缴、年终汇算清缴、多退少补的办法,应纳税额的计算公式为:

应纳税额 = 应纳税所得额 × 适用税率 - 速算扣除数

或 = (全年收入总额 - 成本、费用以及损失) × 适用税率 - 速算扣除数

这里需要指出的是:

**1. 对个体工商户个人所得税计算征收的有关规定**

(1)自2008年3月1日起,个体工商户业主的费用扣除标准统一确定为24 000元/年,即2 000元/月。自2011年9月1日起,3 500元/月。

(2)个体工商户向其从业人员实际支付的合理的工资、薪金支出,允许在税前据实扣除。但个体工商户业主的工资支出不得税前扣除。

(3)个体工商户拨缴的工会经费、发生的职工福利费、职工教育经费支出分别在工资薪金总额2%、14%、2.5%的标准内据实扣除。

(4)个体工商户每一纳税年度发生的广告费和业务宣传费用不超过当年销售(营业)收入15%的部分,可据实扣除;超过部分,准予在以后纳税年度结转扣除。

(5)个体工商户每一纳税年度发生的与其生产经营业务直接相关的业务招待费支出,按照

发生额的60%扣除,但最高不得超过当年销售(营业)收入的5‰。

上述第(2)(3)(4)(5)条规定,从2008年1月1日起执行。

(6)个体工商户在生产、经营期间借款利息支出,凡有合法证明的,不高于按金融机构同类、同期贷款利率计算的数额的部分,准予扣除。

(7)个体工商户和从事生产、经营的个人,取得与生产、经营活动无关的各项应税所得,应分别适用各应税项目的规定计算征收个人所得税。

**2. 个体工商户的生产、经营所得适用的速算扣除数**

个体工商户的生产、经营所得适用的速算扣除数见表13-6(1)。

**表13-6(1) 个体工商户、承包户的生产、经营所得适用的速算扣除数表**

| 级 数 | 全年应纳税所得额 | 税率(%) | 速算扣除数 |
|---|---|---|---|
| 1 | 不超过5 000元的 | 5 | 0 |
| 2 | 超过5 000~10 000元的部分 | 10 | 250 |
| 3 | 超过10 000~30 000元的部分 | 20 | 1 250 |
| 4 | 超过30 000~50 000元的部分 | 30 | 4 250 |
| 5 | 超过50 000元的部分 | 35 | 6 750 |

自2011年9月1日起,个体工商户的生产、经营所得适用的速算扣除数见表13-6(2)。

| 级 数 | 全年应纳税所得额 | 税率(%) | 速算扣除数(元) |
|---|---|---|---|
| 1 | 不超过15 000元的 | 5 | 0 |
| 2 | 超过15 000元至30 000元的部分 | 10 | 750 |
| 3 | 超过30 000元至60 000元的部分 | 20 | 3 750 |
| 4 | 超过60 000元至100 000元的部分 | 30 | 9 750 |
| 5 | 超过100 000元的部分 | 35 | 14 750 |

【例13-8】某个体工商户经营一快餐店,2010年1-12月收入总额为400 000元,消耗面粉等原材料为180 000元,缴纳水电费等30 000元,支付给其他雇员的工资为60 000元,支付给自己的工资为40 000元,支付的其他税费为50 000元,计算该个体工商户2010年度应缴纳的个人所得税。

解析:

个体工商户业主的工资不得税前扣除。

应纳税所得额=400 000-180 000-30 000-60 000-50 000-24 000=56 000(元)

应纳税额=56 000×35%-6 750=12 850(元)

**3. 个人独资企业和合伙企业应纳个人所得税的计算**

对个人独资企业和合伙企业生产经营所得,其个人所得税应纳税额的计算有以下两种办法:

(1)查账征税

①自2008年3月1日起,个人独资企业和合伙企业投资者的生产经营所得依法计征个人所得税时,个人独资企业和合伙企业投资者本人的费用扣除标准统一确定为24 000元/年,即2 000元/月。自2011年9月1日起,每月减除费用按3 500元。投资者的工资不得在税前扣除。

②投资者及其家庭发生的生活费用不允许在税前扣除。投资者及其家庭发生的生活费用与企业生产经营费用混合在一起,并且难以划分的,全部视为投资者个人及其家庭发生的生活费用,不允许在税前扣除。

③企业生产经营和投资者及其家庭生活共享的固定资产,难以划分的,由主管税务机关根据企业的生产经营类型、规模等具体情况,核定准予在税前扣除的折旧费用的数额或比例。

④个体工商户向从业人员支付的合理的工资支出,允许在税前据实扣除。

⑤企业实际发生的工会经费、职工福利费、职工教育经费分别在其计税工资总额的2%、14%、2.5%的标准内据实扣除。

⑥企业每一纳税年度发生的广告和业务宣传费用不超过当年销售(营业)收入15%的部分,可据实扣除;超过部分允许在以后纳税年度结转扣除。

⑦企业每一纳税年度发生的与其生产经营业务直接相关的业务招待费,按发生额的60%扣除:但最高不得超过全年销售(营业)收入的5‰。

上述第④⑤⑥⑦条规定,从2008年1月1日起执行。

⑧企业计提的各种准备金不得扣除。

⑨投资者兴办的两个或两个以上企业,并且企业性质全部是独资的,年度终了后,汇算清缴时,应纳税款的计算按以下方法进行:汇总其投资兴办的所有企业的经营所得作为应纳税所得额以此确定适用税率,计算出全年经营所得的应纳税额,再根据每个企业的经营所得占所有企业经营所得的比例,分别计算出每个企业的应纳税额和应补缴税额。计算公式如下:

应纳税所得额 = $\sum$ 各个企业的经营所得

应纳税额 = 应纳税所得额 × 税率 − 速算扣除数

本企业应纳税额 = 应纳税额 × 本企业的经营所得 ÷ $\sum$ 各企业的经营所得

本企业应补缴的税额 = 本企业应纳税额 − 本企业预缴的税额

(2)核定征收

核定征收方式,包括定额征收、核定应税所得率征收以及其他合理的征收方式。

实行核定应税所得率征收方式的,应纳所得税额的计算公式如下:

①应纳所得税额 = 应纳税所得额 × 适用税率

②应纳税所得额 = 收入总额 × 应税所得率

或 = 成本费用支出额 ÷ (1 − 应税所得率) × 应税所得率

应税所得率应按表13−7规定的标准执行。

表 13－7 个人所得税应税所得率表

| 行 业 | 应税所得率(%) |
|---|---|
| 工业、交通运输业、商业 | 5～20 |
| 建筑业、房地产开发业 | 7～20 |
| 饮食服务业 | 7～25 |
| 娱乐业 | 20～40 |
| 其他行业 | 10～30 |

企业经营多业的，无论其经营项目是否单独核算，均应根据其主营项目确定其适用的应税所得率。

实行核定征税的投资者，不能享受个人所得税的优惠政策。

实行查账征税方式的个人独资企业和合伙企业改为核定征税方式后，在查账征税方式下认定的年度经营亏损未弥补完的部分，不得再继续弥补。

## 三、对企事业单位的承包经营、承租经营所得应纳税额的计算

### (一)应纳税所得额的规定

对企事业单位的承包经营、承租经营所得，以每一纳税年度的收入总额，减除必要费用后的余额，为应纳税所得额。每一纳税年度的收入总额，是指纳税义务人按照承包经营、承租经营合同规定分得的经营利润和工资、薪金性质的所得；所说的减除必要费用，是指按月减除 2 000 元。自 2011 年 9 月 1 日起，按月减除 3 500 元

### (二)应纳税额的计算

对企事业单位的承包经营、承租经营所得，其个人所得税应纳税额按年计算、分次缴纳，计算公式为：

应纳税额＝应纳税所得额×适用税率－速算扣除数

或　　　＝(纳税年度收入总额－必要费用)×适用税率－速算扣除数

这里需要说明的是：

(1)在一个纳税年度中，承包经营或者承租经营期限不足 1 年的，以其实际经营期为纳税年度。

(2)对企事业单位的承包经营、承租经营所得适用的速算扣除数，同个体工商户的生产、经营所得适用的速算扣除数。

**【例 13－9】**2010 年 3 月 1 日，王某与事业单位签订承包合同经营酒店，承包期为 2 年。2010 年酒店实现承包经营利润 200 000 元，按合同规定承包人每年应从承包经营利润中上缴承包费 100 000 元。计算王某 2008 年应纳个人所得税税额。

解析：

(1)年应纳税所得额＝承包经营利润－上缴费用－必要费用

＝200 000－100 000－(2 000×10)＝80 000(元)

(2)应纳税额＝年应纳税所得额×适用税率—速算扣除数

$=80\,000\times35\%-6\,750=21\,250$(元)

【例13－10】2010年4月1日起,张某承包一招待所,规定每月取得工资2 500元,每季度取得奖金1 500元,年终从企业所得税后利润中上交承包费50 000元,其余经营成果归张某所有。2010年该招待所税后利润95 000元,当年张某应缴纳多少个人所得税?

解析:

(1)张某纳税年度收入总额 $=(95\,000-50\,000)+2\,500\times9+1\,500\times3=72\,000$(元)

(2)张某年应纳税所得额 $=72\,000-2\,000\times9=54\,000$(元)

(3)张某应纳个人所得税 $=54\,000\times35\%-6\,750=12\,150$(元)

## 四、劳务报酬所得应纳税额的计算

### (一)应纳税所得额的规定

劳务报酬所得,每次收入不超过4 000元的,减除费用800元;4 000元以上的,减除20%的费用,其余额为应纳税所得额。

劳务报酬的"次",根据不同劳务项目的特点,分别规定为:

(1)只有一次性收入的,以取得该项收入为一次。

(2)属于同一事项连续取得收入的,以1个月内取得的收入为一次。例如,某歌手与一歌舞厅签约,在2010年1年内每天到卡拉OK厅演唱一次,每次演出后付酬300元。在计算其劳务报酬所得时,应视为同一事项的连续性收入,以其1个月内取得的收入为一次计征个人所得税,而不能以每天取得的收入为一次。

### (二)应纳税额的计算

**1. 对劳务报酬所得应纳税额的计算**

(1)每次收入不足4 000元的:

应纳税额＝应纳税所得额×适用税率

或　　　＝(每次收入额－800)×20%

(2)每次收入在4 000元以上的:

应纳税额＝应纳税所得额×适用税率

　　　　＝每次收入额×(1－20%)×20%

(3)每次收入的应纳税所得额超过20 000元的:

应纳税额＝应纳税所得额×适用税率－速算扣除数

或　　　＝每次收入额×(1－20%)×适用税率－速算扣除数

劳务报酬所得适用的速算扣除数见表13－8。

**表13－8　劳务报酬所得适用的速算扣除数表**

| 级　数 | 每次应纳税所得额 | 税率(%) | 速算扣除数(元) |
|---|---|---|---|
| 1 | 不超过20 000元的部分 | 20 | 0 |
| 2 | 超过20 000～50 000元的部分 | 30 | 2 000 |
| 3 | 超过50 000元的部分 | 40 | 7 000 |

【例 13－11】歌星赵某 2011 年 5 月参加一次演出，取得劳务报酬 60 000 元。问赵某应纳个人所得税税额是多少？

解析：

应纳税所得额＝60 000×（1－20%）＝48 000（元）

应纳税额＝48 000×30%－2 000＝12 400（元）

**2. 为纳税人代付税款应纳税额的计算**

如果单位或个人为纳税人代付税款的，应当将单位或个人支付给纳税人的不含税支付额（或称纳税人取得的不含税收入额）换算为应纳税所得额，然后按规定计算应代付的个人所得税款。计算公式为：

（1）不含税收入额不超过 3 360 元的：

①应纳税所得额＝（不含税收入额－800）÷（1－税率）

②应纳税额＝应纳税所得额×适用税率

（2）不含税收入额超过 3 360 元的：

①应纳税所得额＝[（不含税收入额－速算扣除数）×（1－20%）]÷[1－税率×（1－20%）]

或　　　　　　＝[（不含税收入额－速算扣除数）×（1－20%）]÷当级换算系数

②应纳税额＝应纳税所得额×适用税率－速算扣除数

上述（1）中的公式①和（2）中的公式①中的税率，是指不含税劳务报酬收入所对应的税率（见表 13－9）；（1）中的公式②和（2）中的公式②中的税率，是指应纳税所得额按含税级距所对应的税率（见表 13－7）。

**表 13－9　不含税劳务报酬收入适用税率表**

| 级　数 | 不含税劳务报酬收入额 | 税率（%） | 速算扣除数（元） | 换算系数（%） |
|---|---|---|---|---|
| 1 | 未超过 3 360 元的部分 | 20 | 0 | 无 |
| 2 | 超过 3 360－21 000 元的部分 | 20 | 0 | 84 |
| 3 | 超过 21 000－49 500 元的部分 | 30 | 2 000 | 76 |
| 4 | 超过 49 500 元的部分 | 40 | 7 000 | 68 |

【例 13－12】某电影明星为某企业做广告，取得不含税收入额 1 000 000 元，则该企业为该明星代付的个人所得税是多少？

解析：

（1）应纳税所得额＝[（1 000 000－7 000）×（1－20%）]÷[1－40%×（1－20%）]

＝1 168 235.29（元）

（2）应纳税额＝1 168 235.29×40%－7 000

＝460 294.12（元）

## 五、稿酬所得应纳税额的计算

### （一）应纳税所得额的规定

稿酬所得，每次收入不超过 4 000 元的，减除费用 800 元；4 000 元以上的，减除 20% 的费用,其余额为应纳税所得额。

稿酬所得,以每次出版、发表取得的收入为一次,具体为:

(1)同一作品再版取得的所得,应视作另一次稿酬所得计征个人所得税。

(2)同一作品先在报刊上连载,然后再出版,或先出版,再在报刊上连载的,应视为两次稿酬所得征税。即连载作为一次,出版作为另一次。

(3)同一作品在报刊上连载取得收入的,以连载完成后取得的所有收入合并为一次,计征个人所得税。

(4)同一作品在出版和发表时,以预付稿酬或分次支付稿酬等形式取得的稿酬收入,应合并计算为一次。

(5)同一作品出版、发表后,因添加印数而追加稿酬的,应与以前出版、发表时取得的稿酬合并计算为一次,计征个人所得税。

### (二)应纳税额的计算

稿酬所得应纳税额的计算公式为:

(1)每次收入不超过4 000元的:

应纳税额=应纳税所得额×适用税率×(1-30%)

=(每次收入额-800)×20%×(1-30%)

(2)每次收入在4 000元以上的:

应纳税额=应纳税所得额×适用税率×(1-30%)

=每次收入额×(1-20%)×20%×(1-30%)

**【例13-13】**李老师编写教材于2011年5月份取得稿酬15 000元,其应缴纳的个人所得税是多少?

解析:

应纳税额=应纳税所得额×适用税率×(1-30%)

=15 000×(1-20%)×20%×(1-30%)

=1 680(元)

**【例13-14】**王工程师2010年4月因其编着的教材出版,获得稿酬所得5 000元,2010年12月又因出版社添加印数得到稿酬3 000元。计算其稿酬所得应缴纳的个人所得税税额。

解析:

应纳税额=(5 000+3 000)×(1-20%)×14%=896(元)

注意:在实际中因稿酬分两次取得,故分两次计税:

第一次应纳税额=5 000×(1-20%)×14%=560(元)

第二次应纳税额=(5 000+3 000)×(1-20%)×14%-560=336(元)

## 六、特许权使用费所得应纳税额的计算

### (一)应纳税所得额的规定

特许权使用费所得,每次收入不超过4 000元的,减除费用800元;4 000元以上的,减除20%的费用,其余额为应纳税所得额。

特许权使用费所得，以某项使用权的一次转让所取得的收入为一次。一个纳税义务人，可能不仅拥有一项特许权利，每项特许权的使用权也可能不止一次地向他人提供。因此，对特许权使用费所得的“次”的界定，明确为每一项使用权的每次转让所取得的收入为一次。如果该次转让取得的收入是分笔支付的，则应将各笔收入相加为一次的收入，计征个人所得税。

（二）应纳税额的计算

特许权使用费所得应纳税额的计算公式为：

(1)每次收入不超过4 000元的：

应纳税额＝应纳税所得额×适用税率＝（每次收入额－800）×20%

(2)每次收入在4 000元以上的：

应纳税额＝应纳税所得额×适用税率＝每次收入额×（1－20%）×20%

**【例13－15】**刘工程师2010年5月份将一项发明的使用权转让给甲单位取得收入5 000元，又将使用权转让给乙单位取得收入3 000元，问刘工程师应缴纳的个人所得税是多少？

解析：

特许权使用费所得，为每一项使用权的每次转让所取得的收入为一次。

转让给甲单位应纳税额＝5 000×（1－20%）×20%＝800（元）

转让给乙单位应纳税额＝（3 000－800）×20%＝440（元）

刘工程师转让特许权使用费应缴纳的个人所得税额＝800＋440＝1 240（元）

## 七、利息、股息、红利所得应纳税额的计算

（一）应纳税所得额的规定

利息、股息、红利所得，以每次收入额为应纳税所得额。

利息、股息、红利所得，以支付利息、股息、红利时取得的收入为一次。

对个人投资者从上市公司取得的股息、红利所得，自2005年6月13日起暂减按50%计入个人应纳税所得额，依照现行税法规定计征个人所得税。（实际税率为10%）

（二）应纳税额的计算

利息、股息、红利所得应纳税额的计算公式为：

应纳税额＝应纳税所得额×适用税率＝每次收入额×适用税率

注意：居民储蓄利息适用税率，2007年8月15日前为20%，8月15日起为5%。自2008年10月9日起暂免征收储蓄存款利息的个人所得税。

**【例13－16】**李某在甲公司投资入股，2011年2月份取得甲公司分配的红利10 000元，问李某应缴纳的个人所得税是多少？

解析：

应纳税额＝每次收入额×适用税率＝10 000×20%＝2 000（元）

**【例13－17】**李某在购买上市公司股票，2011年4月份，取得上市公司分配的红利10 000元，问李某应缴纳的个人所得税是多少？

解析：

应纳税额 = 每次收入额 ×50% × 适用税率 = 10 000 ×50% ×20% = 1 000(元)

| 注意：上述两种情况的不同之处。 |
| --- |

## 八、财产租赁所得应纳税额的计算

### (一)应纳税所得额的规定

财产租赁所得一般以个人每次取得的收入，定额或定率减除规定费用后的余额为应纳税所得额。每次收入不超过 4 000 元，定额减除费用 800 元；每次收入在 4 000 元以上，定率减除 20% 的费用。

财产租赁所得以 1 个月内取得的收入为一次。

值得注意的是，在确定财产租赁的应纳税所得额时，纳税人在出租财产过程中缴纳的税金和教育费附加，可持完税(缴款)凭证，从其财产租赁收入中扣除。准予扣除的项目除了规定费用和有关税、费外，还准予扣除能够提供有效、准确凭证，证明由纳税人负担的该出租财产实际开支的修缮费用。允许扣除的修缮费用，以每次 800 元为限。一次扣除不完的，准予在下一次继续扣除，直到扣完为止。

实际上，个人出租财产取得的财产租赁收入，在计算缴纳个人所得税时，应依次扣除以下费用：

(1)财产租赁过程中缴纳的税费。

(2)由纳税人负担的该出租财产实际开支的修缮费用。

(3)税法规定的费用扣除标准。

应纳税所得额的计算公式为：

(1)每次(月)收入不超过 4 000 元的：

应纳税所得额 = 每次(月)收入额 - 准予扣除项目 - 修缮费用(800 元为限) - 800 元

(2)每次(月)收入超过 4 000 元的：

应纳税所得额 = [每次(月)收入额 - 准予扣除项目 - 修缮费用(800 元为限)] × (1 - 20%)

### (二)应纳税额的计算

财产租赁所得适用 20% 的比例税率。但对个人按市场价格出租的居民住房取得的所得，自 2001 年 1 月 1 日起暂减按 10% 的税率征收个人所得税。其应纳税额的计算公式为：

应纳税额 = 应纳税所得额 × 适用税率

**【例 13 - 18】**刘某于 2008 年 1 月将其自有的住房出租给张某居住，租期 3 年。刘某 2008 年全年租金收入 36 000 元。计算刘某 2008 年租金收入应缴纳的个人所得税。

解析：

财产租赁收入以每月内取得的收入为一次，因此，刘某每月及全年应纳税额为：

每月租金收入 = 36 000 ÷ 12 = 3 000(元)

每月应纳税额 = (3 000 - 800) × 10% = 220(元)

全年应纳税额 = 220 × 12 = 2 640(元)

**【例 13 - 19】**王某于 2009 年 1 月将其自有的四间房屋出租给某公司作营业用房，租期两年,每年租金60 000元。2009年王某全年共缴纳缴纳营业税等税金3 600元,并于5月份支付房屋修缮费用1 800元(有发票收据)。问:2009年王某应纳个人所得税多少?

解析:

每次收入额=60 000÷12=5 000(元)

每月应扣除的税金=3 600÷12=300(元)

1月份应纳税额=(5 000-300)×(1-20%)×20%=752(元)

2、3、4月份应纳税额同1月份

5月份应纳税额=(5 000-300-800)×(1-20%)×20%=624(元)

6月份应纳税额同5月份

7月应纳税额=(5 000-300-200)×(1-20%)×20%=720(元)

8、9、10、11、12月份应纳税额同1月份

王某全年应纳税额=752×9+624×2+720=8 736(元)

## 九、财产转让所得应纳税额的计算

### (一)应纳税所得额的规定

财产转让所得,以转让财产的收入额减除财产原值和合理费用后的余额,为应纳税所得额。

财产原值,是指:

(1)有价证券,为买入价以及买入时按照规定交纳的有关费用。

(2)建筑物,为建造费或者购进价格以及其他有关费用。

(3)土地使用权,为取得土地使用权所支付的金额,开发土地的费用以及其他有关费用。

(4)机器设备、车船,为购进价格、运输费、安装费以及其他有关费用。

(5)其他财产,参照以上方法确定。

合理费用,是指卖出财产时按照规定支付的有关费用。

### (二)一般情况下财产转让所得应纳税额的计算

财产转让所得应纳税额的计算公式为:

应纳税额=应纳税所得额×适用税率

=(收入总额-财产原值-合理税费)×20%

**【例13-20】**张某2010年1月份购入企业债券1 000分,每份买入价10元,支付购进买入债券的税费共计150元。本期将买入的债券一次卖出600份,每份卖出价12元,支付卖出债券的税费110元。问张某应纳税额多少?

解析:

应扣除的买价及税费=(10 000+150)÷1 000×600+110=6 200(元)

应纳个人所得税=(600×12-6 200)×20%=200(元)

### (三)财产转让所得的特殊规定

(1)国务院决定,对股票转让所得暂不征收个人所得税。

(2)集体所有制企业在改制为股份合作制企业时,对职工个人以股份形式取得的拥有所有权的企业量化资产,暂缓征收个人所得税;待个人将股份转让时,就其转让收入额,减除个人取

得该股份时实际支付的费用支出和合理转让费用后的余额，按“财产转让所得”项目计征个人所得税。

(3)为鼓励个人换购住房，对出售自有住房并拟在现住房出售后1年内按市场价重新购房的纳税人，其出售现住房所应缴纳的个人所得税，视其重新购房的价值可全部或部分予以免税。主要规定为：

①个人出售现住房所应缴纳的个人所得税税款，应在办理产权过户手续前，以纳税保证金形式向当地主管税务机关缴纳。

②个人出售现住房后1年内重新购房的，按照购房金额大小相应退还纳税保证金。购房金额大于或等于原住房销售额的，全部退还纳税保证金；购房金额小于原住房销售额的，按照购房金额占原住房销售额的比例退还纳税保证金，余额作为个人所得税缴入国库。

③个人出售现住房后1年内未重新购房的，所缴纳的纳税保证金全部作为个人所得税缴入国库。

(4)对个人转让自用5年以上并且是家庭惟一生活用房取得的所得，继续免征个人所得税。

(5)个人现自有住房房产证登记的产权人为1人，在出售后1年内又以产权人配偶名义或产权人夫妻双方名义按市场价重新购房的，产权人出售住房所得应缴纳的个人所得税，可以按照(3)的规定，全部或部分予以免税；以其他人名义按市场价重新购房的，产权人出售住房所得应缴纳的个人所得税，不予免税。

思考：2009年10月赵某出售自有住房，取得转让收入100万元，并以纳税保证金形式向当地主管税务机关缴纳了个人所得税5万元，该住房于2007年购入。2010年4月赵某以80万元的价格购买另一处住房。原先缴纳的个人所得税该如何处理？

## 十、偶然所得应纳税额的计算

### (一)应纳税所得额的规定

偶然所得，以每次收入额为应纳税所得额

偶然所得，以每次收入为一次。

### (二)应纳税额的计算

偶然所得应纳税额的计算公式为：

应纳税额 = 应纳税所得额 × 适用税率

　　　　 = 每次收入额 × 20%

**【例13－21】**陈某在2011年5月购买福利彩票，中奖所得500 000元。计算陈某应缴纳的个人所得税。

解析：

应纳税额 = 每次收入额 × 20% = 500 000 × 20% = 100 000(元)

## 十一、其他所得应纳税额的计算

### (一)应纳税所得额的规定

其他所得，以每次收入额为应纳税所得额

其他所得，以每次收入为一次。

（二）应纳税额的计算

其他所得应纳税额的计算公式为：

应纳税额 = 应纳税所得额 × 适用税率 = 每次收入额 × 20%

## 十二、个人所得税的特殊计税方法

如何正确、合理的确定和计算应纳税所得额及应纳税额，是一个比较复杂的问题。除了上述应税项目的计税方法以外，税法还针对计税过程中涉及的一些带有普遍性的问题和特殊问题，规定了专门的计税方法。

（一）公益救济性的捐赠

个人将其所得通过中国境内的社会团体、国家机关向教育和其他社会公益事业以及遭受严重自然灾害地区、贫困地区捐赠，捐赠额未超过纳税义务人申报的应纳税所得额 30% 的部分，可以从其应纳税所得额中扣除，超过部分不得扣除。其计算公式为：

捐赠扣除限额 = 应纳税所得额 × 30%

允许扣除的捐赠额 = 不超过捐赠限额的实际捐赠额

应纳税额 =（应纳税所得额 − 允许扣除的捐赠额）× 适用税率 − 速算扣除数

**【例 15 − 22】**歌星刘某参加一次演唱会，取得出场费收入 80 000 元，将其中 30 000 元通过民政局捐给了敬老院。计算该歌星应纳个人所得税多少。

解：未扣除捐赠的应纳税所得额 = 80 000 ×（1 − 20%）= 64 000（元）

捐赠的扣除限额 = 64 000 × 30% = 19 200（元）

应纳个人所得税 =（64 000 − 19 200）× 30% − 2 000 = 11 440（元）

| 注意：个人通过非营利的社会团体和国家机关向农村义务教育的捐赠，准予在缴纳个人所得税前的所得额中全额扣除。 |
|---|

在【例 15 − 23】中，若刘某将 30 000 元通过民政局捐给了某农村小学，则应纳个人所得税 =（64 000 − 30 000）× 30% − 2 000 = 8 200（元）

（二）两人以上共同取得同一项所得

两人或两人以上共同取得同一项所得的，可以对每个人取得的所得分别减除费用，各自计算应纳税款，即实行“先分、后扣、再税”的办法。

**【例 13 − 24】**某高校五位教师共同出版了一本 30 万字的教材，共得稿酬 21 000 元，其中主编的主编费 9 000 元，其余 4 人平分。问他们应纳的个人所得税是多少？

解析：

主编应纳税额 = 9 000 ×（1 − 20%）× 14% = 1 008（元）

其他老师每人应纳税额 =（3 000 − 800）× 14% = 308（元）

（三）境外所得的税额扣除

在对纳税人的境外所得征税时，会存在其境外所得已在来源国家或者地区缴税的实际情况。基于国家之间对同一所得应避免双重征税的原则，我国在对纳税人的境外所得行使税收管辖权时,对该所得在境外已纳税额采取了分不同情况从应征税额中予以扣除的做法。

税法规定,纳税义务人从中国境外取得的所得,准予其在应纳税额中扣除已在境外缴纳的个人所得税税额。但扣除额不得超过该纳税义务人境外所得依照我国税法规定计算的应纳税额。

对这条规定需要解释的是:

(1)税法所说的已在境外缴纳的个人所得税税额,是指纳税义务人从中国境外取得的所得,依照该所得来源国家或者地区的法律应当缴纳并且实际已经缴纳的税额。

(2)税法所说的依照本法规定计算的应纳税额,是指纳税义务人从中国境外取得的所得,区别不同国家或者地区和不同应税项目,依照我国税法规定的费用减除标准和适用税率计算的应纳税额;同一国家或者地区内不同应税项目,依照我国税法计算的应纳税额之和,为该国家或者地区的扣除限额。

纳税义务人在中国境外一个国家或者地区实际已经缴纳的个人所得税税额,低于依照上述规定计算出的该国家或者地区扣除限额的,应当在中国缴纳差额部分的税款;超过该国家或者地区扣除限额的,其超过部分不得在本纳税年度的应纳税额中扣除,但是可以在以后纳税年度的该国家或者地区扣除限额的余额中补扣,补扣期限最长不得超过5年。

**【例13-25】**我国某居民纳税人在2010纳税年度,从A、B两国取得应税收入。其中:在A国一公司任职,取得工资、薪金收入72 000元(平均每月6 000元),因提供一项专利技术使用权,一次取得特许权使用费收入40 000元,该两项收入在A国缴纳个人所得税7 000元;因在B国出版著作,获得稿酬收入(版税)20 000元,并在B国缴纳该项收入的个人所得税2 600元。该纳税人就A、B两国取得的收入如何向我国缴纳个人所得税?

解析:

其抵扣计算方法如下:

(1)A国所纳个人所得税的抵减

按照我国税法规定的费用减除标准和税率,计算该纳税义务人从A国取得的应税所得应纳税额,该应纳税额即为抵减限额。

①工资、薪金所得。该纳税义务人从A国取得的工资、薪金收入,应每月减除费用4 800元,其余额按九级超额累进税率表的适用税率计算应纳税额。

每月应纳税额为:

(6 000-4 800)×10%(税率)-25(速算扣除数)=95(元)

全年应纳税额为:95×12(月份数)=1 140(元)

②特许权使用费所得。该纳税义务人从A国取得的特许权使用费收入,应减除20%的费用,其余额按20%的比例税率计算应纳税额,应为:

应纳税额:40 000×(1-20%)×20%(税率)=6 400(元)

根据计算结果,该纳税义务人从A国取得应税所得在A国缴纳的个人所得税额的抵减限额为7 540元(1 140+6 400)。其在A国实际缴纳个人所得税7 000元,低于抵减限额,可以全额抵扣,并需在中国补缴差额部分的税款,计540元(7 540-7 000)。

(2)B国所纳个人所得税的抵减

按照我国税法的规定,该纳税义务人从B国取得的稿酬收入,应减除20%的费用,就其余额按20%的税率计算应纳税额并减征30%。计算结果为：

[20 000×(1-20%)×20%(税率)]×(1-30%)=2 240(元)

即其抵扣限额为2 240元。该纳税义务人的稿酬所得在B国实际缴纳个人所得税2 600元,超出抵减限额360元,不能在本年度扣除,但可在以后5个纳税年度的该国减除限额的余额中补减。

综合上述计算结果,该纳税义务人在本纳税年度中的境外所得,应在中国补缴个人所得税540元。其在B国缴纳的个人所得税未抵减完的360元,可按我国税法规定的前提条件下补减。

注意：

(1)纳税义务人依照税法的规定申请扣除已在境外缴纳的个人所得税税额时,应当提供境外税务机关填发的完税凭证原件。

(2)为了保证正确计算扣除限额及合理扣除境外已纳税额,税法要求:在中国境内有住所,或者无住所而在境内居住满1年的个人,从中国境内和境外取得的所得,应当分别计算应纳税额。

### (四)一人兼有多项应税所得

纳税人兼有两项或两项以上应税所得时,除按税法规定应同项合并计税的以外,其他所得项目应按项分别计税。纳税人兼有不同项目劳务报酬所得时,应分别减除费用,计算缴纳个人所得税。

**【例13-26】**齐教授2010年12月从单位领取工资5 000元,应邀讲学取得酬金2 000元,通过中介转让一项技术50 000元,支付中介费2 000元;出版一部专着获稿酬4 500元,中奖所得10 000元。问齐教授12月份应缴纳的个人所得税是多少?

解:工资纳税=(5 000-2 000)×15%-125=325(元)

讲学所得纳税=(2 000-800)×20%=240(元)

转让所得纳税=(50 000-2 000)×20%=9 600(元)

稿酬所得纳税=4 500×(1-20%)×14%=504(元)

中奖纳税=10 000×20%=2 000(元)

本月共纳税=325+240+9 600+504+2 000=12 669(元)

### (五)在中国境内无住所的个人取得工资薪金所得的征税问题

(1)在中国境内无住所而在一个纳税年度中在中国境内连续或累计工作不超过90日或在税收协定规定的期间内在中国境内连续或累计居住不超过183日的个人,由中国境外雇主支付并且不是由该雇主的中国境内机构负担的工资薪金,免于申报缴纳个人所得税。对前述个人应仅就其实际在中国境内工作期间由中国境内企业或个人雇主支付或者由中国境内机构负担的工资薪金所得申报纳税。

自2004年7月1日起,在中国境内无住所而在一个纳税年度中在中国境内连续或累计居住不超过90日或在税收协定规定的期间在中国境内连续或累计居住不超过183日的个人,负有纳税义务的,应适用下述公式:

应纳税额=当月境内外工资、薪金应纳税所得额×适用税率-速算扣除数)×当月境内支付工资/当月境内外支付工资总额×当月境内工作天数/当月天数上述个人每月应纳的税款应按税法规定的期限申报缴纳。

(2)在中国境内无住所而在一个纳税年度中在中国境内连续或累计工作超过90日或在税收协定规定的期间中在中国境内连续或累计居住超过183日但不满1年的个人,其实际在中国境内工作期间取得的由中国境内企业或个人雇主支付和由境外企业或个人雇主支付的工资薪金所得,均应申报缴纳个人所得税;其在中国境外工作期间取得的工资薪金所得,除中国境内企业董事或高层管理人员,不予征收个人所得税。

自2004年7月1日起,在中国境内无住所而在一个纳税年度中在中国境内连续或累计居住超过90日或在税收协定规定的期间在中国境内连续或累计居住超过183日但不满1年的个人,负有纳税义务的,应适用下述公式:

应纳税额=(当月境内外工资、薪金应纳税所得额×适用税率-速算扣除数)×当月境内工作天数/当月天数

(3)自2004年7月1日起,在中国境内无住所但在境内居住满1年而不超过5年的个人,其在中国境内工作期间取得的由中国境内企业或个人雇主支付和由中国境外企业或个人雇主支付的工资、薪金,均应申报缴纳个人所得税;其在《实施条例》第三条所说临时离境工作期间的工资薪金所得,仅就由中国境内企业或个人雇主支付的部分申报纳税。

上述个人,在1个月既有在中国境内工作期间的工资、薪金所得,也有在临时离境期间由境内企业或个人雇主支付的工资、薪金所得的,应合并计算当月应纳税款,并按税法规定的期限申报缴纳。在中国境内无住所但在境内居住满1年而不超过5年的个人,负有纳税义务的应适用下述公式:

应纳税额=(当月境内外工资、薪金应纳税所得额×适用税率-速算扣除数)×(1-当月境外支付工资/当月境内外支付工资总额×当月境外工作天数/当月天数)

如果上款所述各类个人取得的是日工资、薪金或者不满1个月工资、薪金,仍应以日工资、薪金乘以当月天数换算成月工资、薪金后,按照上述公式计算其应纳税额。

(4)担任中国境内企业董事或高层管理职务的个人[注:指公司正、副(总)经理、各职能技师、总监及其他类似公司管理层的职务],其取得的由该中国境内企业支付的董事费或工资薪金,不适用前述(1)(2)(3)项的规定,而应自其担任该中国境内企业董事或高层管理职务起,至其解除上述职务止的期间,不论其是否在中国境外履行职务,均应申报缴纳个人所得税;其取得的由中国境外支付的工资、薪金,应依照前述规定确定纳税义务。

(5)不满1个月的工资、薪金所得应纳税款的计算。

属于前述情况中的个人,凡应仅就不满1个月期间的工资、薪金所得申报纳税的,均应按全月工资、薪金所得计算实际应纳税额。其计算公式如下:

应纳税额=(当月工资、薪金应纳税所得额×适用税率-速算扣除数)×当月实际在中国天数/当月天数

如果属于上述情况的个人取得的是日工资、薪金,应以日工资、薪金乘以当月天数换算成月工资、薪金后,按上述公式计算应纳税额。

**【例13-27】**某外籍个人在2007年1月1日起担任中国境内某外商投资企业的副总经理,由该企业每月支付其工资20 000元,同时,该企业外方的境外总机构每月也支付其工资4 000美元。其大部分时间是在境外履行职务,2007年来华工作时间累计为180天。根据规定,其2007年度在我国的纳税义务如何确定?

解析:

(1)由于其属于企业的高层管理人员,因此,根据规定,该人员于2007年1月1日起至12月31日在华任职期间,由该企业支付的每月20 000元工资、薪金所得,应按月依照税法规定的期限申报缴纳个人所得税。

(2)由于其2007年来华工作时间未超过183天,根据税收协定的规定,其境外雇主支付的工资、薪金所得,在我国可免予申报纳税(如果该个人属于与我国未签订税收协定国家的居民或港、澳、台居民,则其由境外雇主按每月4 000美元标准支付的工资、薪金,凡属于在中国境内180天工作期间取得的部分,应与中国境内企业每月支付的20 000元工资合并计算缴纳个人所得税。

在【例13－27】中,如果该外籍人员是普通技术人员,其所在国家与我国签订了税收协定,其2007年度在我国的纳税义务如何确定?

解析:

由于其所在国家与我国签订了税收协定,且2007年来华工作时间未超过183天,因此:

(1)由于其属于企业的一般人员,应仅就其实际在中国境内工作期间取得的境内企业支付的每月20 000元工资向中国申报纳税,不在中国境内工作期间取得的境内企业支付的每月20 000元工资不向中国纳税。

(2)境外机构支付的每月4 000美元的工资,不向中国纳税。

# 模块三　个人所得税税收优惠

《个人所得税法》及其实施条例以及财政部、国家税务总局的若干规定等,都对个人所得项目给予了减税免税的优惠,主要有:

## 一、下列各项个人所得免纳个人所得税

(1)省级人民政府、国务院部委和中国人民解放军军以上单位,以及外国组织、国际组织颁发的科学、教育、技术、文化、卫生、体育、环境保护等方面的奖金;

(2)国债和国家发行的金融债券利息;

(3)按照国家统一规定发给的补贴、津贴;

(4)福利费、抚恤金、救济金;

(5)保险赔款;

(6)军人的转业费、复员费;

(7)按照国家统一规定发给干部、职工的安家费、退职费、退休工资、离休工资、离休生活补助费;

(8)依照我国有关法律规定应予免税的各国驻华使馆、领事馆的外交代表、领事官员和其他人员的所得;

(9)中国政府参加的国际公约、签订的协议中规定免税的所得;

(10)关于发给见义勇为者的奖金问题。对乡、镇(含乡、镇)以上人民政府或经县(含县)以上人民政府主管部门批准成立的有机构、有章程的见义勇为基金或者类似性质组织,奖励见义勇为者的奖金或奖品,经主管税务机关核准,免征个人所得税。

（11）经国务院财政部门批准免税的所得。

## 二、下列情形可以减征个人所得税

（1）残疾、孤老人员和烈属的所得；

（2）因严重自然灾害造成重大损失的；

（3）其他经国务院财政部门批准减税的。

## 三、暂免征收个人所得税的优惠

（1）外籍个人以非现金形式或实报实销形式取得的住房补贴、伙食补贴、搬迁费、洗衣费。

（2）外籍个人按合理标准取得的境内、外出差补贴。

（3）外籍个人取得的探亲费、语言训练费、子女教育费等，经当地税务机关审核批准为合理的部分。可以享受免征个人所得税优惠的探亲费，仅限于外籍个人在我国的受雇地与其家庭所在地（包括配偶或父母居住地）之间搭乘交通工具，且每年不超过两次的费用。

（4）个人举报、协查各种违法、犯罪行为而获得的奖金。

（5）个人办理代扣代缴税款手续，按规定取得的扣缴手续费。

（6）个人转让自用达5年以上并且是惟一的家庭居住用房取得的所得。

（7）外籍个人从外商投资企业取得的股息、红利所得。

（8）股权分置改革中非流通股股东通过对价方式向流通股股东支付的股份、现金等收入，暂免征收流通股股东应缴纳的个人所得税。

（9）对被拆迁人按照国家有关城镇房屋拆迁管理办法规定的标准取得的拆迁补偿款，免征个人所得税。

## 四、对在中国境内无住所，但在境内居住1年以上、不到5年的纳税人的减免税优惠

《个人所得税法实施条例》规定：“在中国境内无住所，但是居住1年以上5年以下的个人，其来源于中国境外的所得，经主管税务机关批准，可以只就由中国境内公司、企业以及其他经济组织或者个人支付的部分缴纳个人所得税；居住超过5年的个人，从第6年起，应当就其来源于中国境内外的全部所得缴纳个人所得税。”

## 五、对在中国境内无住所，但在一个纳税年度中在中国境内居住不超过90日的纳税人的减免税优惠

《个人所得税法实施条例》规定：在中国境内无住所，但是在一个纳税年度中在中国境内连续或者累计居住不超过90日的个人，其来源于中国境内的所得，由境外雇主支付并且不由该雇主在中国境内的机构、场所负担的部分，免予缴纳个人所得税。

# 模块四　纳税申报

个人所得税的纳税办法。有自行申报纳税和代扣代缴两种。

## 一、自行申报纳税

纳税义务人有下列情形之一的,应当按照规定到主管税务机关办理纳税申报:

(1)年所得12万元以上的;

(2)从中国境内两处或者两处以上取得工资、薪金所得的;

(3)从中国境外取得所得的;

(4)取得应纳税所得,没有扣缴义务人的;

(5)国务院规定的其他情形。

年所得12万元以上的纳税义务人,在年度终了后3个月内到主管税务机关办理纳税申报。

纳税义务人办理纳税申报的地点以及其他有关事项的管理办法,由国务院税务主管部门制定。

## 二、代扣代缴纳税

个人所得税,以所得人为纳税义务人,以支付所得的单位或者个人为扣缴义务人。扣缴义务人应当按照国家规定办理全员全额扣缴申报。全员全额扣缴申报,是指扣缴义务人在代扣税款的次月内,向主管税务机关报送其支付所得个人的基本信息、支付所得数额、扣缴税款的具体数额和总额以及其他相关涉税信息。

扣缴义务人在向个人支付应税款项时,应当依照税法规定代扣税款,按时缴库,并专项记载备查。

支付,包括现金支付、汇拨支付、转账支付和以有价证券、实物以及其他形式的支付。

## 三、纳税期限

(1)扣缴义务人每月所扣的税款,自行申报纳税人每月应纳的税款,都应当在次月七日内缴入国库,并向税务机关报送纳税申报表。

(2)工资、薪金所得应纳的税款,按月计征,由扣缴义务人或者纳税义务人在次月七日内缴入国库,并向税务机关报送纳税申报表。特定行业的工资、薪金所得应纳的税款,可以实行按年计算、分月预缴的方式计征,具体办法由国务院规定。

(3)个体工商户的生产、经营所得应纳的税款,按年计算,分月预缴,由纳税义务人在次月七日内预缴,年度终了后三个月内汇算清缴,多退少补。

(4)对企事业单位的承包经营、承租经营所得应纳的税款,按年计算,由纳税义务人在年度终了后三十日内缴入国库,并向税务机关报送纳税申报表。纳税义务人在一年内分次取得承包经营、承租经营所得的,应当在取得每次所得后的七日内预缴,年度终了后三个月内汇算清缴,多退少补。

(5)从中国境外取得所得的纳税义务人,应当在年度终了后三十日内,将应纳的税款缴入国库,并向税务机关报送纳税申报表。

## 四、纳税申报

主要填写《个人所得税纳税申报表》(见表13-10)、《扣缴个人所得税报告表》(见表13-11)。具体填制方法详见《纳税实务配套实训——个人所得税实训》。

**表 13－10　个人所得税纳税申报表**

（适用于年所得 12 万元以上的纳税人申报）

所得年份：　　年　　　　填表日期：　　年　月　日　　　　金额单位：人民币元（列至角分）

| 纳税人姓名 | | 国籍（地区） | | 身份证照类型 | | 身份证照号码 | | | |
|---|---|---|---|---|---|---|---|---|---|
| 任职、受雇单位 | | 任职受雇单位税务代码 | | 任职受雇单位所属行业 | | 职务 | | 职业 | |
| 在华天数 | | 境内有效联系地址 | | | | 境内有效联系地址邮编 | | 联系电话 | |
| 此行由取得经营所得的纳税人填写 | 经营单位纳税人识别号 | | | | | 经营单位纳税人名称 | | | |

| 所得项目 | 年所得额 | | | 应纳税所得额 | 应纳税额 | 已缴（扣）税额 | 抵扣税额 | 减免税额 | 应补税额 | 应退税额 | 备注 |
|---|---|---|---|---|---|---|---|---|---|---|---|
| | 境内 | 境外 | 合计 | | | | | | | | |
| 1、工资、薪金所得 | | | | | | | | | | | |
| 2、个体工商户的生产、经营所得 | | | | | | | | | | | |
| 3、对企事业单位的承包经营、承租经营所得 | | | | | | | | | | | |
| 4、劳务报酬所得 | | | | | | | | | | | |
| 5、稿酬所得 | | | | | | | | | | | |
| 6、特许权使用费所得 | | | | | | | | | | | |
| 7、利息、股息、红利所得 | | | | | | | | | | | |
| 8、财产租赁所得 | | | | | | | | | | | |
| 9、财产转让所得 | | | | | | | | | | | |
| 其中：股票转让所得 | | | | — | — | — | — | — | — | — | |
| 个人房屋转让所得 | | | | | | | | | | | |
| 10、偶然所得 | | | | | | | | | | | |
| 11、其他所得 | | | | | | | | | | | |
| 合 计 | | | | | | | | | | | |
| 我声明，此纳税申报表是根据《中华人民共和国个人所得税法》及有关法律、法规的规定填报的，我保证它是真实的、可靠的、完整的。<br>纳税人（签字） | | | | | | | | | | | |
| 代理人（签章）：<br>联系电话： | | | | | | | | | | | |

税务机关受理人（签字）：　　　　税务机关受理时间：　　年　月　日　　　　受理申税务机关名称（盖章）：

**表 13－11　扣缴个人所得税报告表**

扣缴义务人编码：

扣缴义务人名称（公章）：　　　　填表日期：　　年　月　日　　　　金额单位：元（列至角分）

| 序号 | 纳税人姓名 | 身份证照类型 | 身份证照号码 | 国籍 | 所得项目 | 所得期间 | 收入额 | 免税收入额 | 允许扣除的税费 | 费用扣除标准 | 准予扣除的捐赠额 | 应纳税所得额 | 税率% | 速算扣除数 | 应扣税额 | 已扣税额 | 备注 |
|---|---|---|---|---|---|---|---|---|---|---|---|---|---|---|---|---|---|
| 1 | 2 | 3 | 4 | 5 | 6 | 7 | 8 | 9 | 10 | 11 | 12 | 13 | 14 | 15 | 16 | 17 | 18 |
| 合计 | | | | | | | | | | — | — | — | — | — | | | |
| | | | | | | | | | | | | | | | | | |
| | | | | | | | | | | | | | | | | | |
| | | | | | | | | | | | | | | | | | |
| | | | | | | | | | | | | | | | | | |
| | | | | | | | | | | | | | | | | | |
| | | | | | | | | | | | | | | | | | |
| | | | | | | | | | | | | | | | | | |
| | | | | | | | | | | | | | | | | | |
| | | | | | | | | | | | | | | | | | |
| | | | | | | | | | | | | | | | | | |
| | | | | | | | | | | | | | | | | | |
| | | | | | | | | | | | | | | | | | |
| | | | | | | | | | | | | | | | | | |

| 扣缴义务人声明 | 我声明：此扣缴报告表是根据国家税收法律、法规的规定填报的，我确定它是真实的、可靠的、完整的。<br>声明人签字： | |
|---|---|---|
| 会计主管签字： | 负责人签字： | 扣缴单位（或法定代表人）（签章）： |
| 受理人（签章）： | 受理日期：　年　月　日 | 受理税务机关（章）： |

国家税务总局监制

本表一式二份，一份扣缴义务人留存，一份报主管税务机关。

**项目十三小结**

| 课税对象 | 费用扣除标准 | 税率 |
| --- | --- | --- |
| 工资薪金所得 | 中国公民 2008 年 3 月及以后为 2 000 元（外籍人员仍为 4 800 元），2011 年 9 月 1 日起为 3 500 元 | 5% ~45% 九级，2011 年 9 月 1 日起 3% ~45% 七级 |
| 个体工商户生产、经营所得 | 成本、费用、损失 个体户业主的生活费用扣除标准：每月 2 000 元 全年即：2 000 × 12，2011 年 9 月 1 日起每月 3 500 元 | 5% ~35% 五级 |
| 对企事业单位的承包、承租所得 | 2008 年 3 月及以后为每月 2 000 元<br>2011 年 9 月 1 日起为每月 3 500 元 | (1)经营成果归承包人所有，适用 5% ~35% 九级(3% ~45% 七级)<br>(2)经营成果不归承包人所有，适用 5% ~45% |
| 劳务报酬所得 | 每次所得不足 4 000 元的减除费用 800 元<br>每次所得超过 4 000 元的减除费用 20% | 20%，一次收入畸高的则实行加成征税(30%、40%) |
| 利息、股息、红利所得 | | 20% |
| 稿酬所得 | 同 4 | 20%，按应纳税额减征 30%，实际税率 14% |
| 特许权使用费 | 同 4 | 20% |
| 财产租赁所得 | 基本同 4，还可扣除相关税费、该财产的修缮费用等 | 20% |
| 财产转让所得 | 以转让财产的收入额减除财产原值和合理费用 | 20% |
| 偶然所得 | | 20% |
| 经国务院或财政部确定征税的其他所得 | | 20%<br>(社会福利债券 10 000 元以下免征) |

# 项目十四　信息化管理在税务中的应用

## 模块一　金税工程

### 一、金税工程概述

“金税工程”是国家税务总局建设的税收信息管理系统工程的总称，它依托计算机网络技术，实现全国税务机关互联互通、信息共享，重点加强对增值税专用发票的管理和监控。到现在，金税工程已经走过了近 17 个年头，经过近 17 年的发展，金税工程获得的经验和取得的成绩，为其他行业的信息化建设探索了一条新路。在金税工程一期和二期取得的成绩基础上，我国税收收入逐年增长，目前金税三期已处实施运行阶段，部分实施效果显著。

**1. 实施金税工程的必要性**

1994 年，我们国家进行了财税体制改革，实行了以增值税为主体的流转税制，采用凭增值税专用发票注明税款抵扣的制度。增值税的税收收入已经占全国工商税收的 70% 以上。但在增值税制的运行过程中，出现了不法犯罪分子利用虚假的增值税专用发票偷、骗国家税款的问题，增值税制受到了严重威胁。能否建立起严密的监管体系，管好增值税专用发票，堵塞漏洞，避免国家税收流失，关系到增值税的生死存亡。正在建设中的金税工程就是打击利用增值税专用发票犯罪的“杀手锏”，是维系增值税的“生命线”。建设好金税工程，对于保证税收制度平稳运行，优化经济环境，规范税收秩序，巩固税制改革成果具有十分重要的意义。

实施金税工程同时也给增值税一般纳税人带来了好处。金税工程的实施，可以为增值税一般纳税人提供准确的计税凭证，防止欺诈行为的发生，减少企业的损失。同时，可以减少企业财务工作量，规范财务工作，从而提高核算水平，促进企业信誉的提高，也加快了企业利用现代化手段进行企业管理的步伐。

**2. 金税工程的发展**

1994 年，我国的工商税收制度进行了重大改革。这次税制改革的核心内容是建立以增值税为主体的流转税制度；1994 年 3 月底，金税工程试点工作正式启动；1998 年“金税工程”二期开始建设，2000 年 8 月 31 日，总局向国务院汇报金税工程二期的建设方案并得到批准；2001 年 4 月国家税务总局最早提出建设金税工程三期；2003 年，国家税务总局向发改委正式报送了金税工程三期项目建议书；2005 年 9 月，温家宝总理主持国务院常务会议正式批准金税工程三期项目建议书。

**3. 金税工程的组成**

金税工程由一个网络、四个软件系统组成。一个网络即覆盖全国国税系统的区县局、地市局、省局到总局的四级广域网络；而四个软件系统分别为：增值税防伪税控开票子系统、防伪税控认证子系统、增值税稽核子系统、发票协查信息管理子系统。

## 二、现阶段的金税工程——金税三期

随着金税工程的深入人心,国家税务总局对“税收信息化”的叫法进行了规范,即,全称为中国税收管理信息系统,中文简称金税工程三期,英文缩写为 CTAIS,原来的中国税收征管信息系统称为“原 CTAIS”,作为金税三期新标识的 CTAIS,已经拥有了质的提升,是中国税收信息化建设进入新阶段的标志。

金税工程三期的总体建设思路是:秉承“扬弃”的理念,采用“渐进”的方式,在现有信息系统的基础上整合、优化、拓展和提升。金税工程三期建设不是全部推倒新建,也不是完全局限于旧有信息化格局进行修补,而是要借鉴以往的成功经验,吸取以往的不足教训,统筹规划,兼顾长远,建立可持续发展的税收信息化应用格局。

# 模块二 纳税人使用的主要涉税软件

目前,纳税人在与税务机关打交道时,涉及到诸多的税务软件,那么涉及到纳税人使用的主要的软件究竟有多少呢?在什么情况下使用这些软件?下面做一下简单介绍。

## 一、防伪税控一机多票系统(原“增值税专用发票开票系统”的整合)

从上个世纪九十年代金税一期启动之后,“增值税专用发票开票系统”便投入使用,由于当时电脑主要使用 DOS 操作系统,所以当时开票系统也是在 DOS 系统下运行的程序,后来随着 WINDOWS 操作系统的普及,WINDOWS 版开票系统也应运而生,目前纳税人使用 WINDOWS 版的开票系统。对于一般纳税人除开具增值税专用发票外开具增值税普通发票和废旧物资销售发票缺乏有效的监管手段,防伪税控一机多票系统应运而生。这套系统是在纳税人申请完一般纳税人后,需要开具增值税专用发票或增值税普通发票等票据时使用的,由此可见只有一般纳税人才能使用该系统,同时与这套系统相配套还有一块金税卡和一张金税 IC 卡,税务机关批准纳税人使用该系统后,将金税卡安装到纳税人的电脑主机箱内,并在该电脑的操作系统中安装上该系统,连接上针式票据打印机而进行的票据打印工作。纳税人首先拿金税 IC 卡到税务机关购买需要开具的空白发票,同时把购买的发票代码和发票号码读入的金税 IC 卡中,回到单位后把金税 IC 卡中的发票信息读入到该防伪税控一机多票系统中,这样便可以开具相应发票。开票时系统默认发票号由小到大的顺序来开,开具完一个月的发票后,在下个月的 1~15 日必须把上个月专用发票开具情况抄到金税 IC 卡中(抄税),再到税务机关报送抄到的金税 IC 卡数据,这样每个月周而复始的实现开票与抄报税等工作。

## 二、普通发票控管系统

这套系统的使用范围包括:工业、商业企业开具普通发票使用;农产品、废旧物资销售企业开具普通发票和收购发票使用;机动车销售企业开票使用。使用这套系统的是小规模纳税人。与这套系统配套的没有金税卡和金税 IC 卡,只有安装程序和注册用特征码,特征码与企业是一一对应的。把普通发票控管系统安装到 WINDOWS 操作系统中,再把特征码输入普通发票控管系统中,连接上针式票据打印机,然后对系统进行调试,调试好后便可以到税务机关购买普通发票,同时需把所购买普通发票的票源下载下来,读入到普通发票控管系统中,这样才可以开具购买的普通发票。开票时必须按照发票的顺序由小到大来开,开具完一个月的普通发票后,需在下个月增值税申报之前把上月的普通发票开具情况上传到税务机关的网络内并将返回结果读入开票系统中,这样每个月周而复始的运行。

### 三、增值税专用发票认证系统

这套系统适用于一般纳税人企业,目的是为了缓解纳税人在申报服务大厅的排队压力,让纳税人通过 INTERNET 网进行认证的一种方法。这套系统要求纳税人除了配备电脑外,还需要电脑连接 INTERNET 网,并且还需要配备一台扫描仪,硬件配备齐全后在电脑的 WINDOWS 操作系统中安装上认证系统,然后对以上的硬件和软件进行调试,调试完后纳税人便可以利用这套设备认证取得的增值税专用发票,这样纳税人可以足不出户完成对增值税专用发票的认证,但这套认证系统需要纳税人购买。

### 四、电子申报系统

这套系统分国税与地税版本,而国税的增值税申报又分一般纳税人和小规模纳税人两个版本,都是 INTERNET 浏览器申报。这些系统只需要纳税人配备一台连接 INTERNET 网的电脑即可,其中,国税的申报还需要有一个与纳税企业一一对应的特征码和 CA 证书,特征码是税务机关提供的,CA 证书是从国税局网站上下载的,把特征码和 CA 证书输入到系统中,然后对系统进行简单调试后便可以进行申报,这样纳税人可以足不出户完成对增值税的申报。另外,虽然这套申报系统是免费的,但使用 CA 证书需要每年支付一定的费用。

### 五、免抵退申报系统

这套系统包括生产企业出口退税申报系统和外贸企业出口申报系统,主要适用于出口退税企业,系统软件可以在国税局网站上下载,把系统安装到电脑的 WINDOWS 操作系统中,连接上一台 A3 界面的打印机,调试好系统后,纳税人把取得的报关单、核销单等相关票据录入到该系统中,按月打印出口退税申报表,导出数据盘,上报到税务机关,根据出口退税申报表的内容进行退税。

下面章节主要以笔者本地税务信息化应用为例,对防伪税控一机多票系统、增值税专用发票认证系统、电子申报系统进行介绍。

## 模块三 防伪税控一机多票系统

防伪税控一机多票是通过对原防伪税控企业端开票系统和税务端网络版系统功能的全面拓展,在增值税专用发票管理的基础上,增加对增值税普通发票和废旧物资销售发票的开具和使用管理。

增值税一般纳税人使用一种开票工具,即已有的防伪税控开票系统,同时开具增值税专用发票、增值税普通发票和废旧物资销售发票,并且申报纳税时使用防伪税控的一张税控 IC 卡,同时抄报上述所开各种发票的数据,达到多种发票“一窗式”比对的目的,实现“一机多票”。

## 一、启动登录

系统安装完成后,可直接运行一机多票开票软件(防伪开票),无需重新启动计算机。系统登录界面如下:

图 14 -1

点击“进入系统”按钮便可登录到一机多票开票子系统主界面。见图 14 -2。

图 14 -2

## 二、发票领用管理

### (一) 发票领购操作

企业持 IC 卡到税务机关购买发票后,进行如下操作:从 IC 卡读入新购发票;点击“发票领用管理/ 从 IC 卡读入新购发票”菜单项。见图 14 -3。

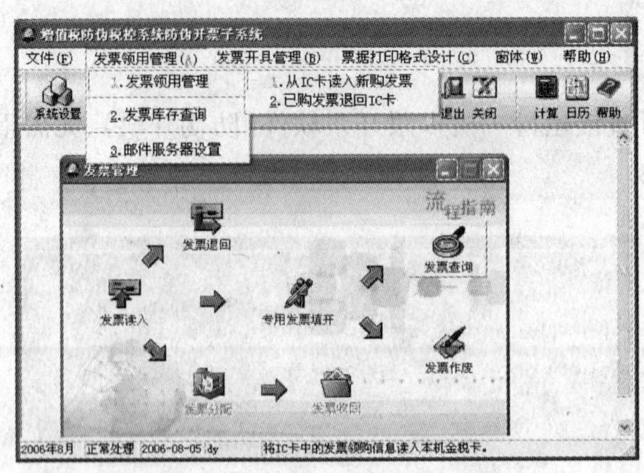


图 14-3

点击确定按钮,提示成功并显示出读入的各卷发票的基本信息。见图 14-4。

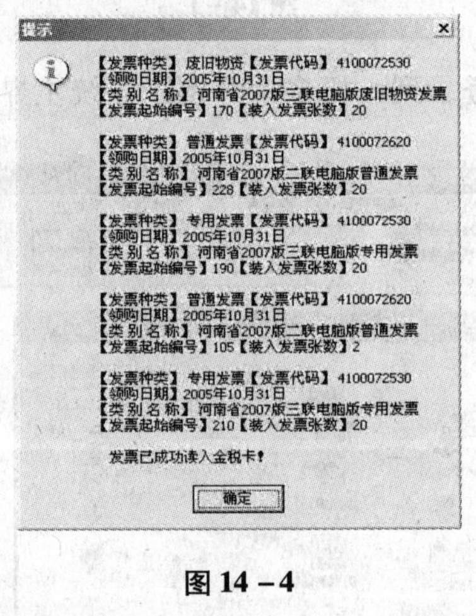


图 14-4

## (二) 已购发票退回 IC 卡

点击“发票领用管理/已购发票退回 IC 卡”菜单项。(如上图)

系统弹出“选择发票卷”窗口,选择所要退掉的某一发票卷,确认后点“选择”。见图 14-5。

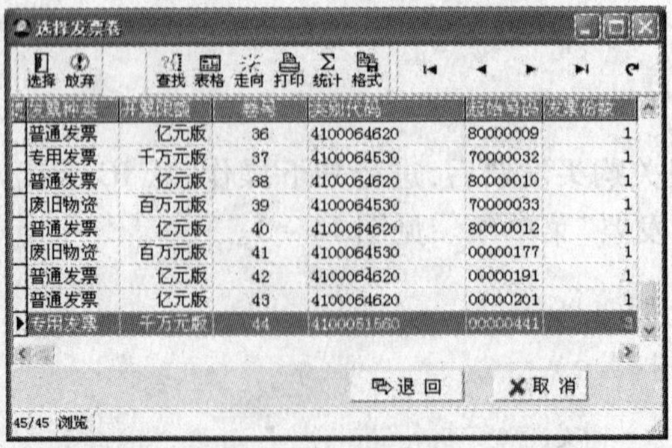

选择发票卷

选择 放弃 查找 表格 走向 打印 统计 格式

| 发票种类 | 开票限额 | 卷号 | 发票代码 | 起始号码 | 发票份数 |
| --- | --- | --- | --- | --- | --- |
| 普通发票 | 亿元版 | 36 | 4100064620 | 80000009 | 1 |
| 专用发票 | 千万元版 | 37 | 4100064530 | 70000032 | 1 |
| 普通发票 | 亿元版 | 38 | 4100064620 | 80000010 | 1 |
| 废旧物资 | 百万元版 | 39 | 4100064530 | 70000033 | 1 |
| 普通发票 | 亿元版 | 40 | 4100064620 | 80000012 | 1 |
| 废旧物资 | 百万元版 | 41 | 4100064530 | 00000177 | 1 |
| 普通发票 | 亿元版 | 42 | 4100064620 | 00000191 | 1 |
| 普通发票 | 亿元版 | 43 | 4100064620 | 00000201 | 1 |
| 专用发票 | 千万元版 | 44 | 4100051560 | 00000441 | [illegible] |

退回 取消

45/45 浏览

图 14-5

发票退回成功。见图 14－6。

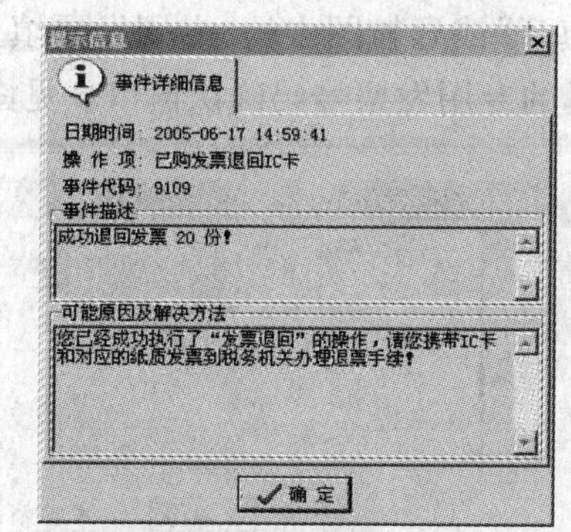


图 14－6

## (三)发票库存查询

点击“发票领用管理/发票库存查询”，打开“金税卡库存发票查询”窗口。见图 14－7。

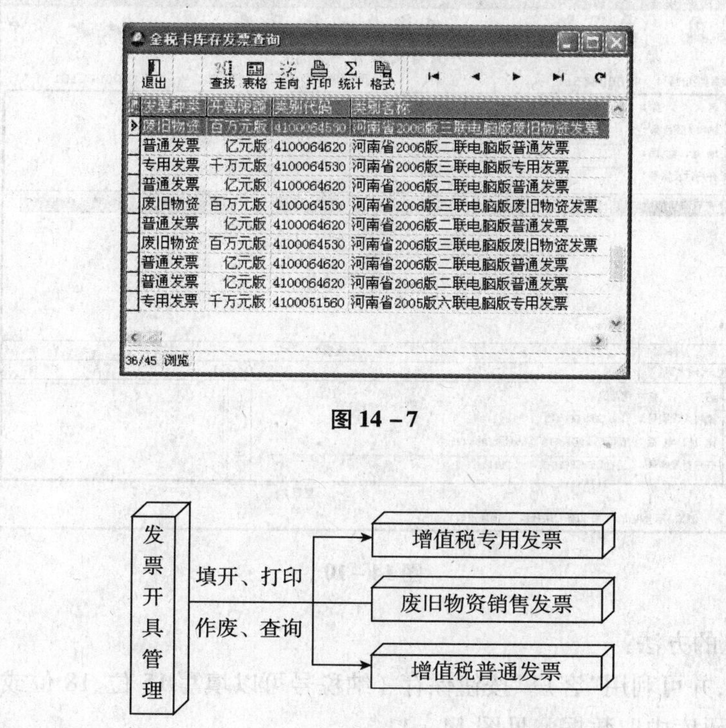


图 14－7



图 14－8

# 三、发票开具管理

说明：三种发票的填开方法基本相同，以下主要对专用发票的填开过程进行叙述。

## (一)发票填开(增值税专用发票)

点击“发票填开/专用发票填开”或导航图中的“专用发票填开”。

系统自动按顺序调出待开具的专用发票号码确认窗口。见图 14－9。

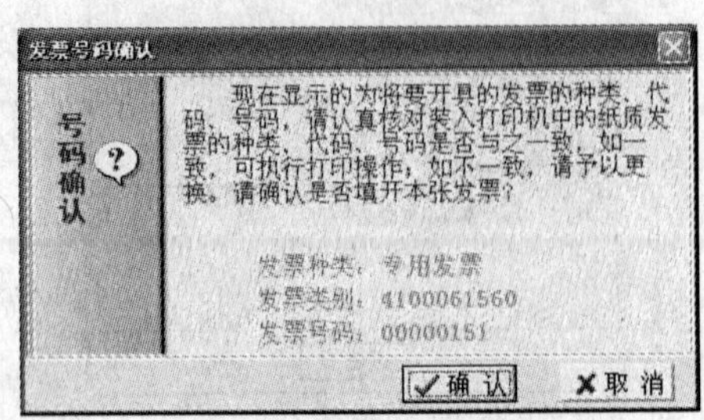


图 14－9

点击“确认”按钮,系统弹出专用发票填开窗口。见图 14－10。

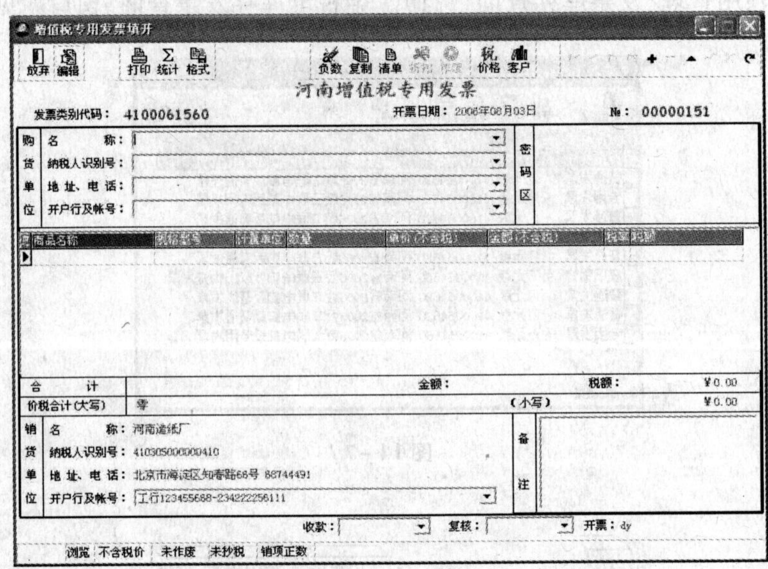


图 14－10

填写购方信息的方法:

(1)直接录入,并可利用“客户”按钮保存(纳税号可以填写 15 位、18 位或 20 位)。

(2)从客户编码库中取数据。见图 14－11。

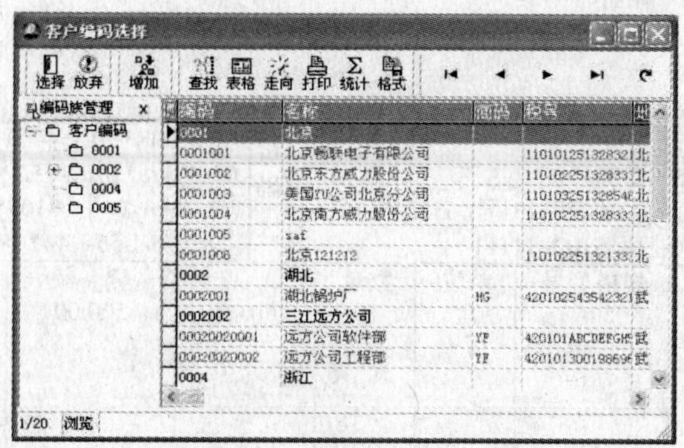


图 14－11

商品信息只能从编码库中选择。见图 14－12。

商品编码选择

选择 放弃 增加 查找 表格 走向 打印 统计 格式

编码族管理

商品编码

| | | | 商品税目 | | | |
|---|---|---|---|---|---|---|
| 001 | 一般货物17% | | | | | |
| 00101 | 美达24X CD-ROM | | 0101 | 0.17 | 24倍速 | 台 |
| 00102 | 资料 | | 0101 | 0.17 | PACK | 箱 |
| 00103 | 配件 | | 0102 | 0.17 | NOWE11 | 套 |
| 00104 | 网络设备 | | 0102 | 0.17 | | 台 |
| 00105 | 复印机 | | 0101 | 0.17 | | 台 |
| 00106 | 打印机 | | 0102 | 0.17 | | 套 |
| 00107 | 美达24X CD-ROM11 | | 0101 | 0.17 | 24倍速 | 台 |
| 00108 | 扫描仪 | SMY | 4001 | 0.17 | AV | 吨 |
| 00109 | 杯子 | | 9004 | 0.02 | | 吨 |
| 00110 | 机动车 | | 9005 | 0.03 | | 吨 |
| 00111 | 废旧钢铁 | | 9006 | 0 | | 吨 |
| 00112 | 海洋石油 | | 9003 | 0.05 | | 吨 |

8/24 浏览

图 14－12

注意:对于同时具有开具增值税专用发票和废旧物资发票权限的用户,由于购买的纸质发票相同,只是发票号码不同。因此在打印发票时,应仔细核对号码确认窗口中的号码与装入打印机中的发票号码是否一致,以免开具错误。发票票样见图 14－13。

如附销货清单,点击开票界面上方的"清单"进行销货清单的录入,销货清单的打印样式见图 14－14。

河南增值税专用发票

4100061530　　　　NO 00000503

开票日期：2006年07月11日

| 购货单位 | 名　　称：北方科技公司<br>纳税人识别号：410305000000111<br>地址、电话：北京海淀区知春路231号 653245555<br>开户行及账号：建行营业部 5102-11111 | 密码区 | /226*-/1<990/-+4-/51*　加密版本:11<br>0*-85+</*2//09-+5/1*1<br>/*<-/1<9<0/-+4/8109*　4100061530<br>-*8+5/6-1/55-+4-/*+8-　00000503 |
|---|---|---|---|

| 货物及应税劳务名称 | 规格型号 | 单位 | 数量 | 单价 | 金额 | 税率 | 税额 |
|---|---|---|---|---|---|---|---|
| 软盘 | 5# | 盒 | 10 | 50.00 | 500.00 | 17% | 85.00 |
| 合　计 | | | | | ￥500.00 | | ￥85.00 |
| 价税合计（大写） | ⊗伍佰捌拾伍圆整 | | | | | （小写）￥585.00 | |

| 购货单位 | 名　　称：航天物业公司<br>纳税人识别号：410305000000456<br>地址、电话：北京海淀数码大厦 66554433<br>开户行及账号：工行 123456-452255 | 备注 | |
|---|---|---|---|

收款人：　dy　　复核：　dy　　开票人：　dy　　销货单位：　（章）

第一联：销货方记账凭证

图 14－13

## 增值税应税货物或劳务销货清单

购货单位名称：　北京东方威力股份公司

销货单位名称：　河南信息食品厂

所属增值税专用发票代码：　4100031530　号码：　00001096　　　共 1 页 第 1 页

| 序号 | 货物（劳务）名称 | 规格型号 | 单位 | 数量 | 单价 | 金额 | 权益 | 税额 |
|---|---|---|---|---|---|---|---|---|
| 1 | 啤酒（更新税目产品） | | | 7 | 10.00 | 70.00 | 17% | 11.90 |
| 2 | 打印机 | | 套 | 3 | 100.00 | 300.00 | 17% | 51.00 |
| 3 | 配件 | NOWE11 | 套 | 2 | 350.00 | 700.00 | 17% | 119.00 |
| 4 | 复印机 | | 台 | 1 | 500.00 | 500.00 | 17% | 85.00 |
| 5 | 美达24X CD-ROM | 24倍速 | 台 | 1 | 560.00 | 560.00 | 17% | 95.00 |
| 小计 | | | | | | 2130.00 | | 362.10 |
| 总计 | | | | | | 2130.00 | | 362.10 |
| 备注 | | | | | | | | |

销货单位（单）：　　开票日期　2005年06月24日　　国家税务总局印制

图 14－14

## (二)已开发票查询

点击“发票开具管理/已开发票查询”菜单项。系统弹出“发票查询”窗口,输入需要查询的发票的所属月份,点击“确认”按钮后,系统弹出“选择发票号码查询”窗口。见图 14-15。

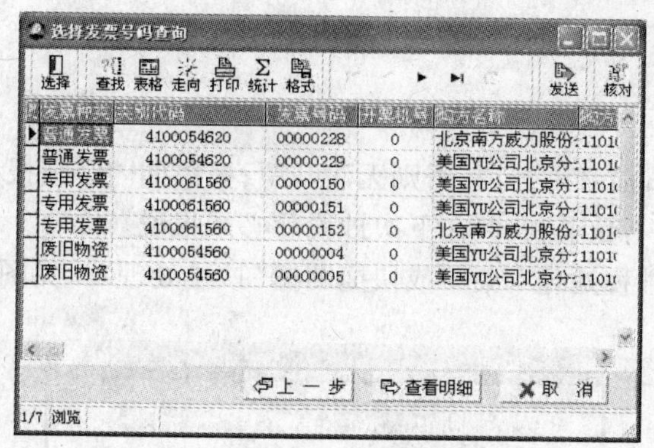


图 14-15

点击“查找”按钮弹出查询对话框,可以设置各种条件查找对应发票,例如直接选择按发票种类查询。见图 14-16。

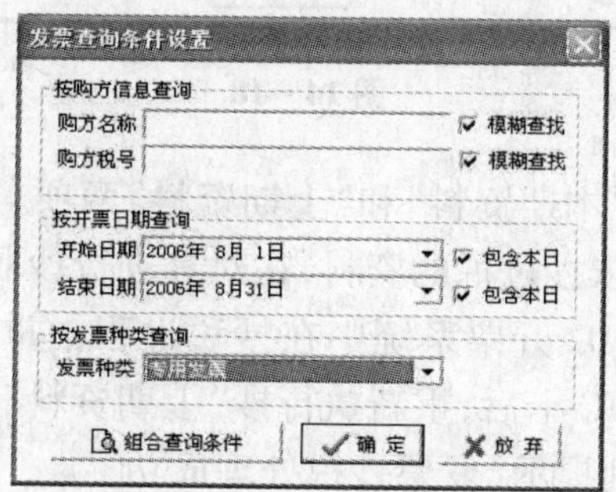


图 14-16

## (三)已开发票作废

点击“发票开具管理/已开发票作废”菜单项。

系统弹出“选择发票号码作废”窗口,选择要作废的发票,然后点击“作废” 。见图 14-17。

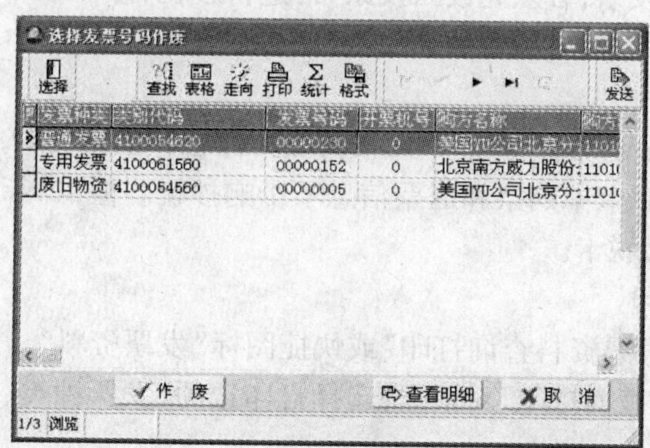


图 14-17

系统弹出提示信息，请用户再次确认是否要作废发票。点击“确认”按钮后，系统给出作废成功的提示。

## 四、抄报税管理

### （一）抄税处理

说明：

征期抄税：每月 15 日前必须抄税，否则无法开票；报税期内必须报税，否则，系统自动锁死；

随时抄税：抄税时间不受限制，但在下次抄税前必须报税。

点击“抄报税管理/抄税处理” 菜单或快捷图标“抄税处理”。见图 14 – 18。

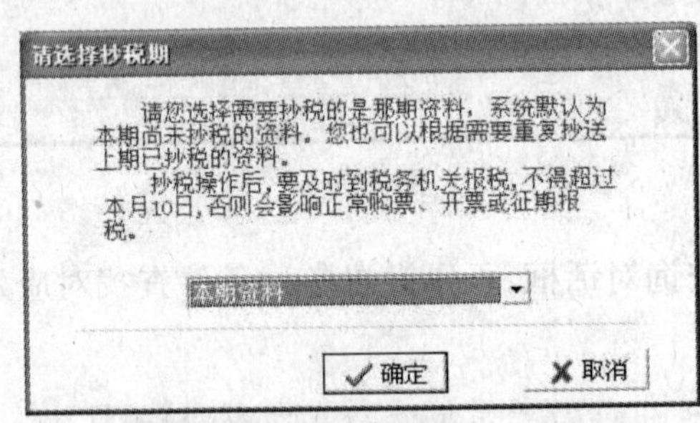


图 14 – 18

在可选择的抄税期中包括“本期资料”和“上期资料”两项。

本期资料是指已开具但从未抄过税的资料，在对其进行抄取时选择“本期资料”。

上期资料类似于 windows5. 02 开票系统中在抄税过程中重抄的旧税，例如抄税后，不小心将 IC 卡损坏，到税务机关更换 IC 卡后，重新执行抄“上期资料”即可。

点击“确定”按钮，若成功则提示“发票抄税处理成功”。

注意一：

（1）抄本期资料时，必须确保上期报税成功，并将报税成功标志读入开票系统，才可以抄税。

（2）抄本期资料时，IC 卡上不能有购票和退票信息。

若 IC 卡中有新购的发票，必须先读入发票，再进行抄税；

若 IC 卡中有退回的发票，必须先做退票处理，再进行抄税。

注意二：

（1）抄上期资料时，必须确保 IC 卡中无报税成功标志和报税资料，并且上期报税未成功。

（2）抄上期资料时，IC 卡中购票和退票信息不影响抄税。但 IC 卡中的新购发票，不会在抄税成功的同时自动读入金税卡。

**2. 发票资料查询打印**

点击“抄报税管理/发票资料查询打印”或快捷图标“发票资料”。

系统弹出“发票资料查询打印”对话框，选择打印选项、发票种类、月份、所属税期和报表种类。见图 14 – 19。

系统打开所选发票种类的汇总表窗口，例如打开专用发票汇总表。见图 14 – 20。

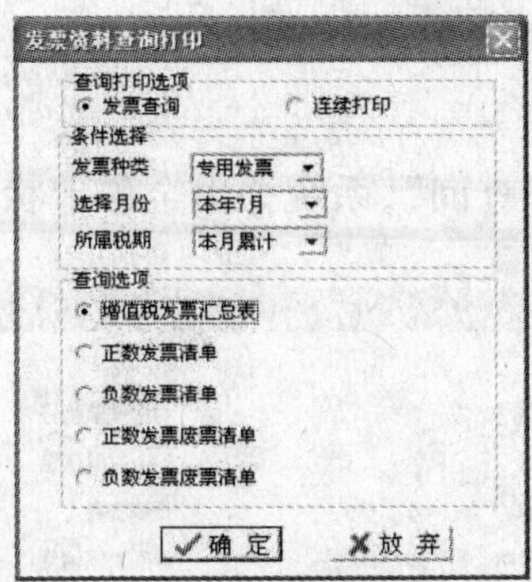


图 14－19

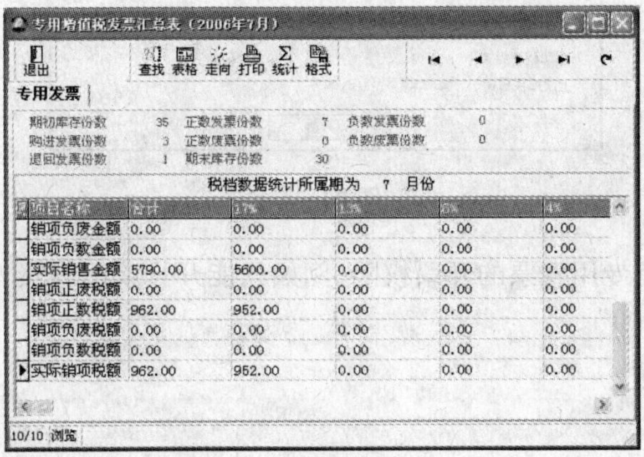

专用增值税发票汇总表（2006年7月）

退出　查找　表格　走向　打印　统计　格式

专用发票

| 期初库存份数 | 35 | 正数发票份数 | 7 | 负数发票份数 | 0 |
|---|---|---|---|---|---|
| 购进发票份数 | 3 | 正数废票份数 | 0 | 负数废票份数 | 0 |
| 退回发票份数 | 1 | 期末库存份数 | 30 | | |

税档数据统计所属期为　7　月份

| 项目名称 | 合计 | 17% | 13% | 6% | 4% |
|---|---|---|---|---|---|
| 销项负废金额 | 0.00 | 0.00 | 0.00 | 0.00 | 0.00 |
| 销项负数金额 | 0.00 | 0.00 | 0.00 | 0.00 | 0.00 |
| 实际销售金额 | 5790.00 | 5600.00 | 0.00 | 0.00 | 0.00 |
| 销项正废税额 | 0.00 | 0.00 | 0.00 | 0.00 | 0.00 |
| 销项正数税额 | 962.00 | 952.00 | 0.00 | 0.00 | 0.00 |
| 销项负废税额 | 0.00 | 0.00 | 0.00 | 0.00 | 0.00 |
| 销项负数税额 | 0.00 | 0.00 | 0.00 | 0.00 | 0.00 |
| 实际销项税额 | 962.00 | 952.00 | 0.00 | 0.00 | 0.00 |

10/10 浏览

图 14－20

点打印，打印格式见图 14－21。

专用发票汇总表

制表日期：2006年07月26日
所属期间：7　月份~~~7月
专用发票统计表　1－01
专用增值税发票汇总表（2006年7月）
纳税人登记号：410305000000410
企业名称：河南造纸厂
地址电话：北京市海淀区知春路66号 68744491

★　发票领用存情况　★

| 期初库存份数 | 35 | 正数发票份数 | 6 | 负数发票份数 | 0 |
|---|---|---|---|---|---|
| 购进发票份数 | 3 | 正数废票份数 | 0 | 负数废票份数 | 0 |
| 退回发票份数 | 1 | 期末库存份数 | 31 | | |

| 序号 | 项目名称 | 合计 | 17% | 13% | 6% |
|---|---|---|---|---|---|
| 1 | 销项正废金额 | 0.00 | 0.00 | 0.00 | 0.00 |
| 2 | 销项正数金额 | 5600.00 | 5600.00 | 0.00 | 0.00 |
| 3 | 销项负废金额 | 0.00 | 0.00 | 0.00 | 0.00 |
| 4 | 销项负数金额 | 0.00 | 0.00 | 0.00 | 0.00 |
| 5 | 实际销售金额 | 5600.00 | 5600.00 | 0.00 | 0.00 |
| 6 | 销项正废税额 | 0.00 | 0.00 | 0.00 | 0.00 |

图 14－21

## 五、金税卡管理

点击“金税卡管理/金税卡状态查询”，系统弹出金税卡状态查询窗口。见图 14－22。

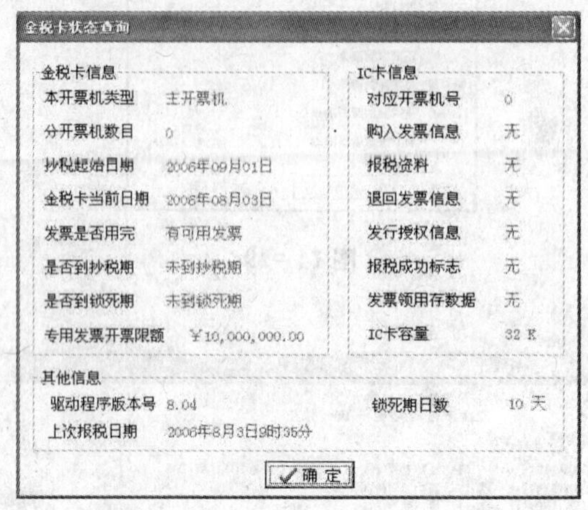


图 14－22

注意：如果企业没有专用发票的开票权限，例如只能开具废旧物资发票时，此“专用发票开票限额”始终显示为“0.00”。

## 六、发票资料统计

### （一）金税卡月度资料统计

点击“发票资料统计/金税卡月度资料统计”菜单项或快捷图标“月度统计”。

在弹出的指定汇总范围窗口中，选择年份、月份和所属期后点击“确认”按钮。系统弹出金税卡月度资料统计窗口，显示各种发票的统计数据。见图 14－23。

金税卡2006年8月资料统计

退出 查找 表格 走向 打印 统计 格式

专用发票 | 废旧物资发票 | 普通发票

| | | | | | |
|---|---|---|---|---|---|
| 期初库存份数 | 30 | 正数发票份数 | 1 | 负数发票份数 | 0 |
| 购进发票份数 | 0 | 正数废票份数 | 1 | 负数废票份数 | 0 |
| 退回发票份数 | 0 | 期末库存份数 | 27 | | |

税档数据统计所属期为 8月第1期

| 项目名称 | 合计 | 17% | 13% | 6% | 4% |
|---|---|---|---|---|---|
| 销项负废金额 | 0.00 | 0.00 | 0.00 | 0.00 | 0.00 |
| 销项负数金额 | 0.00 | 0.00 | 0.00 | 0.00 | 0.00 |
| 实际销售金额 | 0.00 | 0.00 | 0.00 | 0.00 | 0.00 |
| 销项正废税额 | 17.00 | 17.00 | 0.00 | 0.00 | 0.00 |
| 销项正数税额 | 17.00 | 17.00 | 0.00 | 0.00 | 0.00 |
| 销项负废税额 | 0.00 | 0.00 | 0.00 | 0.00 | 0.00 |
| 销项负数税额 | 0.00 | 0.00 | 0.00 | 0.00 | 0.00 |
| 实际销项税额 | 0.00 | 0.00 | 0.00 | 0.00 | 0.00 |

10/10 浏览

图 14－23

### (二)金税卡年度资料统计

点击“发票资料统计/金税卡年度资料统计”菜单项。其操作方法同上类似。

### (三)发票领用存月报表

点击“报税处理/发票资料统计/发票领用存月报表”菜单项,弹出发票领用存月报表窗口。见图14－24。

增值税发票领用存月报表(2006年8月)

| 发票种类 | 类别代码 | 期初库存份数 | 期初库存号码 | 本期领购份数 | 本期领购号码 |
|---|---|---|---|---|---|
| 专用发票 | 4100051560 | 3 | 441 | 0 | |
| 专用发票 | 小　计 | 3 | | 0 | |
| 专用发票 | 4100061530 | 3 | 1 | 0 | |
| 专用发票 | 小　计 | 3 | | 0 | |
| 专用发票 | 4100061560 | 16 | 150 | 0 | |
| 专用发票 | 小　计 | 16 | | 0 | |
| 专用发票 | 4100064530 | 1 | 65 | 0 | |
| 专用发票 | 4100064530 | 1 | 89 | 0 | |
| 专用发票 | 4100064530 | 1 | 169 | 0 | |

图 14－24

对于遇到的问题、故障,用户可利用系统的“报告系统错误信息”功能提交问题,也可在开票子系统中直接访问到纳税服务网站(http://www.cnnsr.com.cn)进行查询或技术咨询。

## 模块四　增值税专用发票认证系统

增值税专用发票认证软件可以从国税系统网站下载,下面我们来学习个一下增值税专用发票网上认证的流程。

下文以4.1版本为例进行讲解。

(1)进入国税网站,下载安装4.1版本。

(2)安装成功后,点桌面上的“网上认证4.1”图标进入认证系统。

(3)首次运行时点击工具栏中间位置“设置维护”—“企业基本信息设置”。见图14－25。

在“企业信息设置”内输入企业税号,此处注意税号不能输错。在“网络参数设置”内输入“认证服务器地址”,地址为:61.133.94.4,在其地址下选择“局域网(LAN)或专用线路连接方式”,输入完毕点“确认”。见图14－26。

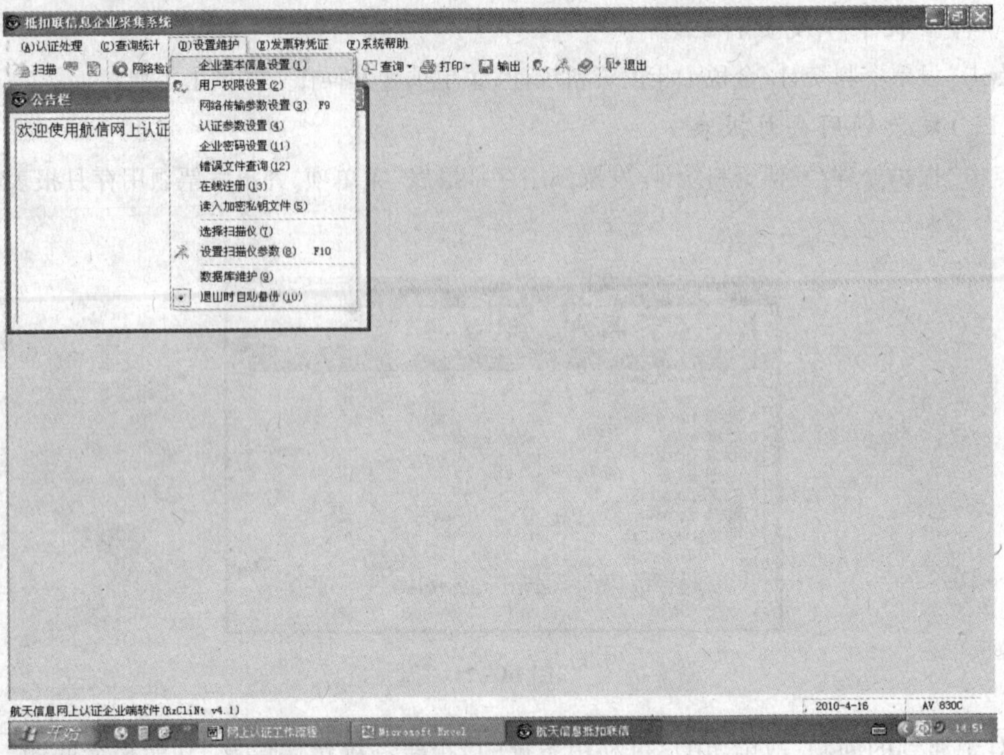

图 14－25

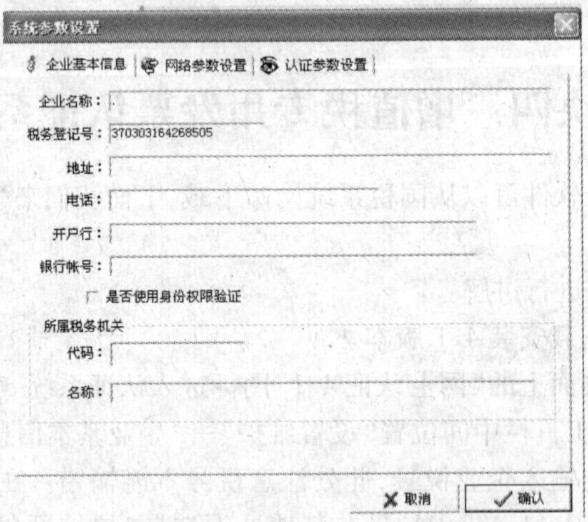

图 14－26

(4)首次运行还需要再点"设置维护"—"在线注册"按钮,进行系统注册。

(5)首次运行设置完毕后,即可进行常规操作。点击"扫描"按钮(按钮见图 14－25。),进入"登陆"界面,见图 14－27。

在"操作员代码"和"登陆密码"处输入:001,再点"连接登录",然后在下一个页面点"确定"。

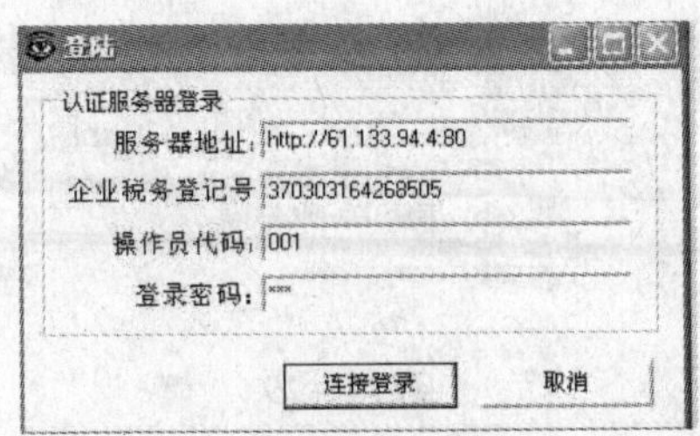


图 14－27

(6)这样网上认证系统连接登录成功,把抵扣联发票放入扫描仪内,在网上认证系统主界面,开始扫描认证抵扣联发票。扫描认证界面见图 14－28。

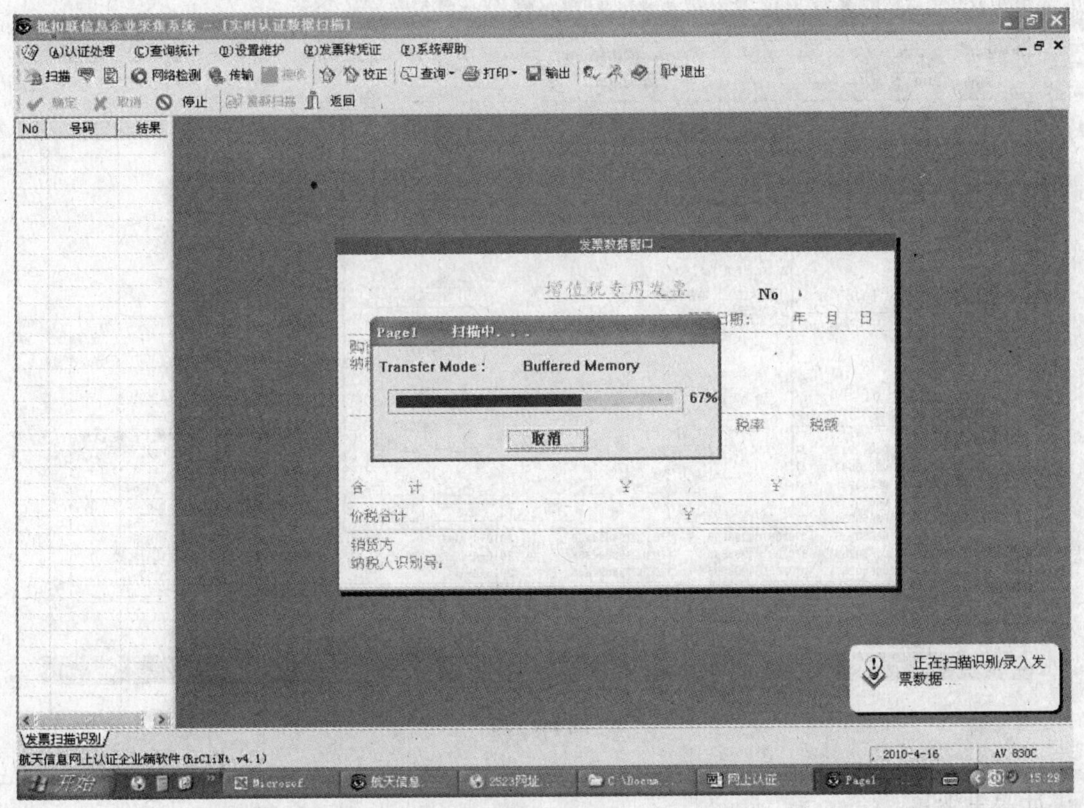


图 14－28

如果发票认证相符,则在左侧显示认证通过发票的序号、发票号码和结果,一份抵扣联发票认证相符后,再认证另一份抵扣联发票,直到全部认证完毕。

企业的抵扣联发票全部认证完毕后,点击工具栏"打印"——"增值税结果清单打印"按钮查询认证结果清单,核对一下清单提示的份数与企业所认证抵扣联发票份数是否一致,如果一致,单击"打印"将"企业网上认证结果清单"出来。见图 14－29。

图 14－29

(7)选中“认证月份”点击“查询”按钮,从远程服务器上查出认证结果后点“打印”按钮,将认证结果打印出来。打印时注意不打第一页。见图 14－30。

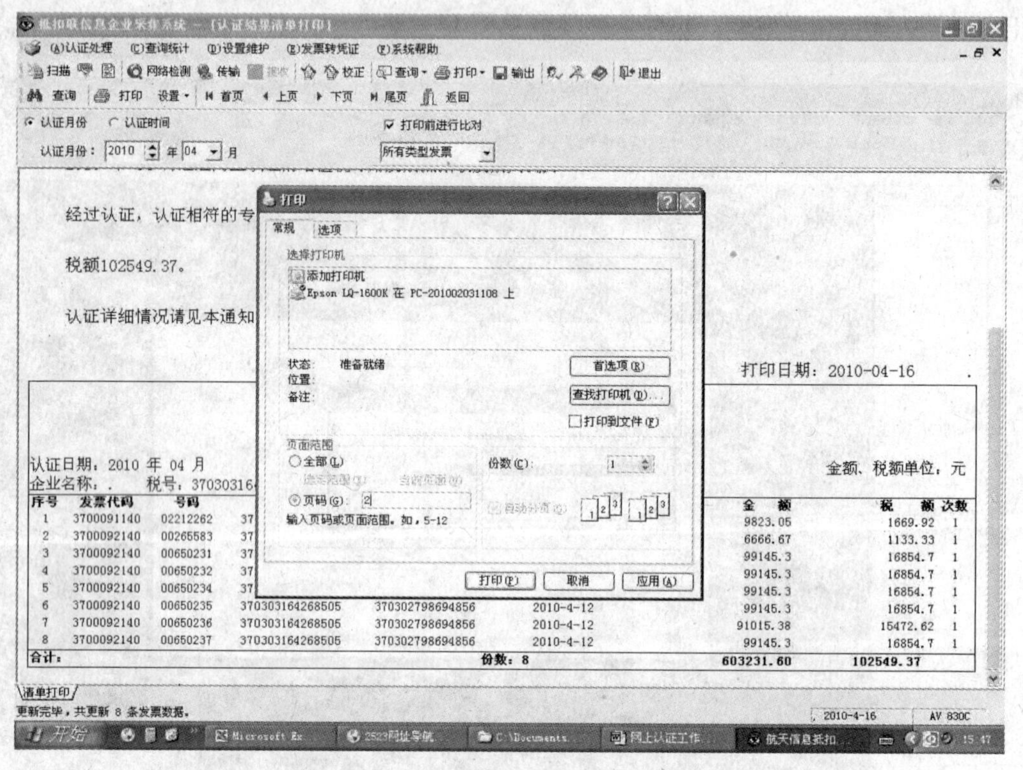

图 14－30

注意事项:

(1)进行增值税发票网上认证之前,首先要将扫描仪电源打开,然后启动计算机,如果计算机已经启动,再打开扫描仪电源后,需重新启动计算机。

(2)使用本软件前,首先要确认计算机已连入互联网。输入操作员代码和登录密码,单击“连接登录”后提示:无法登录或有其他提示时,可能由于网络原因造成无法正常登录,请将本软件关闭后再重新登录。

(3)发票认证结束后,请注意认真核对已认证相符发票的数量是否与需认证发票数量一致。如不一致,请检查发票号码,找出遗漏的发票放入扫描仪,进行认证处理。

# 模块五　电子申报系统

下文以国税(增值税、企业所得税)、地税申报为例,对电子申报操作流程进行介绍。

## 一、国税电子申报

### (一)增值税的电子申报

**1. 系统登录**

用户通过访问浏览器申报网址 http://61.133.94.5:3000/sb 登陆系统。见图 14-31。

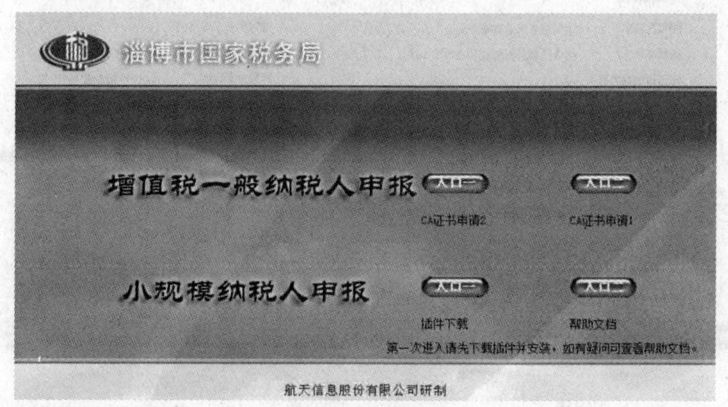


图 14-31

下文以增值税一般纳税人申报为例进行申报介绍。选择"入口一"后进入见图 14-32。

图 14-32

输入用户名(纳税人识别号)、密码(初始密码是 111111)、附加码,点击"登录"按钮后出现申报主界面。申报系统分税务登记信息、纳税申报表、申报征收信息查询模块。见图 14-33。

图 14-33

**2. 税务登记信息**

税务登记信息为企业的基本情况信息,信息的主要内容由申报系统自动提供,无需处理。

**3. 纳税申报表**

在进行报表填写前,请注意:

(1)数字颜色小提示

报表中红色数字是系统自动计算产生,您不需填写。

绿色数字是从系统自动获取,您不需填写,如有发现数据不一致可与您的主管局税收管理员联系。

只需填写蓝色数字框。

(2)报表填写讲顺序

请先按照顺序填写附表,附表填写完成后再填写主表。

(3)主表汇总有依据

在您填写完所有附表后,系统将自动将附表数据汇总于主表对应栏中,您无需进行任何操作,此时,如果您再对附表进行数据更改,主表对应栏也会自动进行相应更改,同样无需进行手动操作。

(4)报表保存

建议您在填写完每张表格后都进行报表保存,保存过的报表即使遇到机器死机、断电等突发情况后,当您再次登录申报页面时,填写的数据通过加载保存数据的过程将依然存在。

(5)申报成功

当您见到如下图的提示时,恭喜您申报成功!

以上所有准备工作都完成后,您就可以进入浏览器申报系统进行报表填写了。见图14－34。

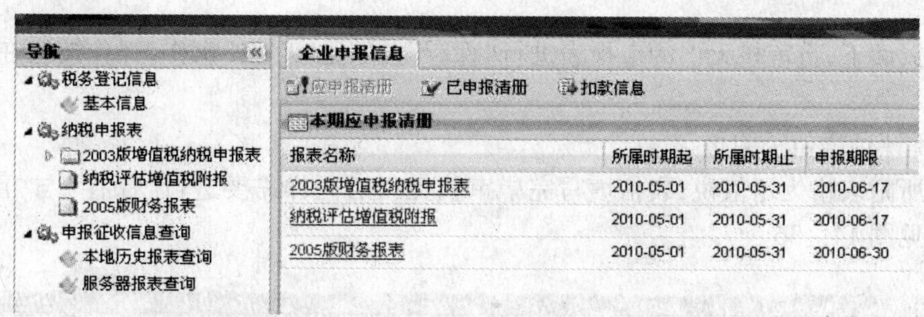


图14－34

纳税申报表共分2003版增值税纳税申报表、纳税评估增值税附报、2005版本财务报表三类。

(1)2003版增值税纳税申报表

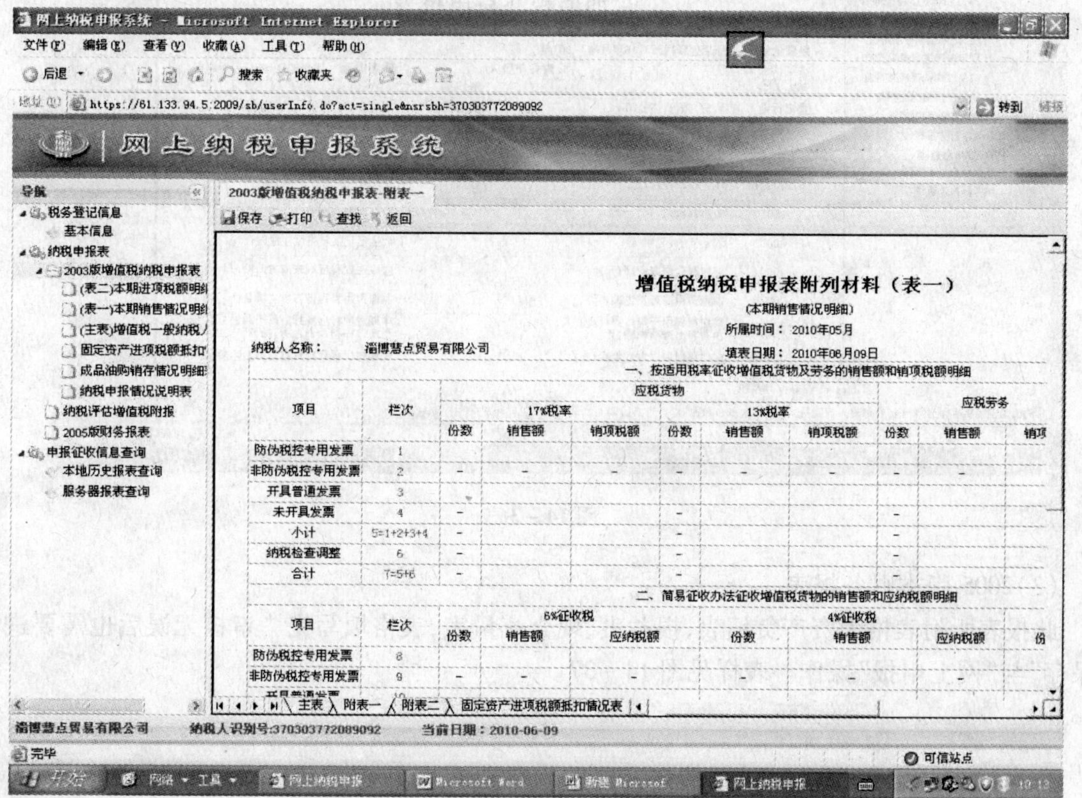


图14－35

增值税纳税申报表分主表、附表一、附表二、固定资产进项税额抵扣情况表、成品油购销存情况明细表、纳税申报情况说明表。其中附表一、二及主表为必填，其它表格视企业情况而定。

注意：必须首先填写附表一和附表二，再填写主表。打开主表时，附表一、二的数据自动汇总到主表。

在主表页面下，将审核无误的申报表进行"保存"与"网上申报"操作（操作按钮在表格的左上方）。

（2）纳税评估增值税附报

此报表所附表格为增值税，表格填写完毕审核无误后同样需要进行"保存"与"网上申报"操作。表样见图14－36。

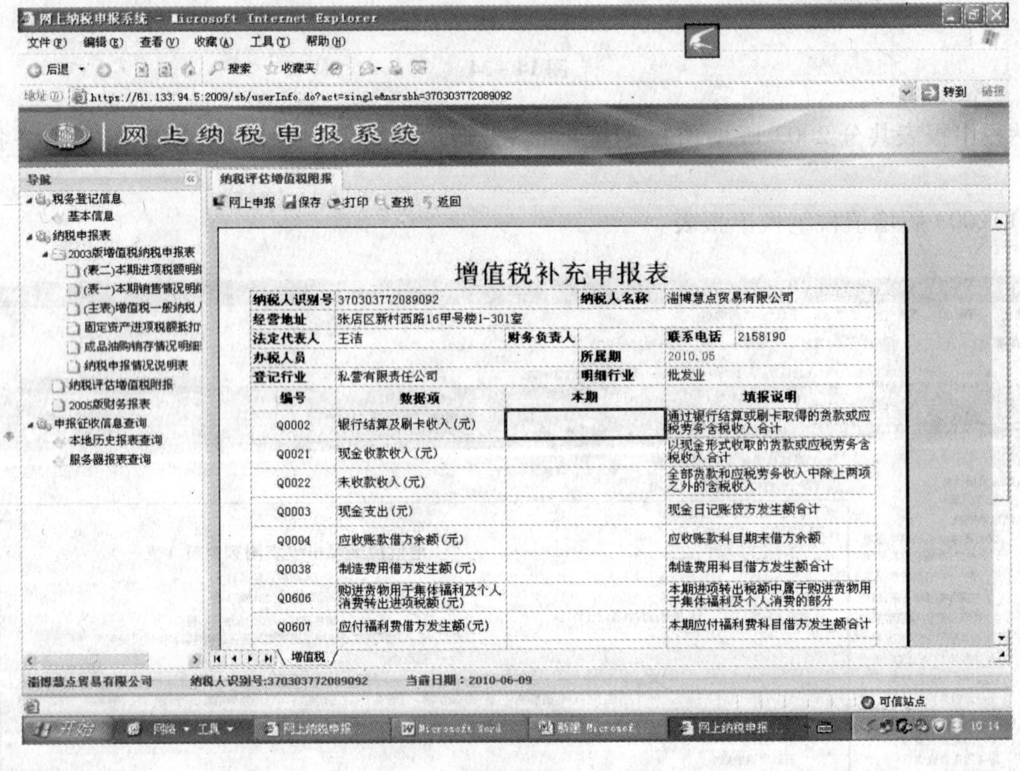


增值税补充申报表

| 纳税人识别号 | 370303772089092 | | 纳税人名称 | 淄博慧点贸易有限公司 |
|---|---|---|---|---|
| 经营地址 | 张店区新村西路16甲号楼1-301室 | | | |
| 法定代表人 | 王洁 | 财务负责人 | 联系电话 | 2158190 |
| 办税人员 | | | 所属期 | 2010.05 |
| 登记行业 | 私营有限责任公司 | | 明细行业 | 批发业 |
| 编号 | 数据项 | 本期 | 填报说明 | |
| Q0002 | 银行结算及刷卡收入(元) | | 通过银行结算或刷卡取得的货款或应税劳务含税收入合计 | |
| Q0021 | 现金收款收入(元) | | 以现金形式收取的货款或应税劳务含税收入合计 | |
| Q0022 | 未收款收入(元) | | 全部货款和应税劳务收入中除上两项之外的含税收入 | |
| Q0003 | 现金支出(元) | | 现金日记账贷方发生额合计 | |
| Q0004 | 应收账款借方余额(元) | | 应收账款科目期末借方余额 | |
| Q0038 | 制造费用借方发生额(元) | | 制造费用科目借方发生额合计 | |
| Q0606 | 购进货物用于集体福利及个人消费转出进项税额(元) | | 本期进项转出税额中属于购进货物用于集体福利及个人消费的部分 | |
| Q0607 | 应付福利费借方发生额(元) | | 本期应付福利费科目借方发生额合计 | |

图14－36

（3）2005版本财务报表

此报表所附表格为资产负债表、损益表、现金流量表，表格填写完毕审核无误后也需要进行"保存"与"网上申报"操作。表样见图14－37。

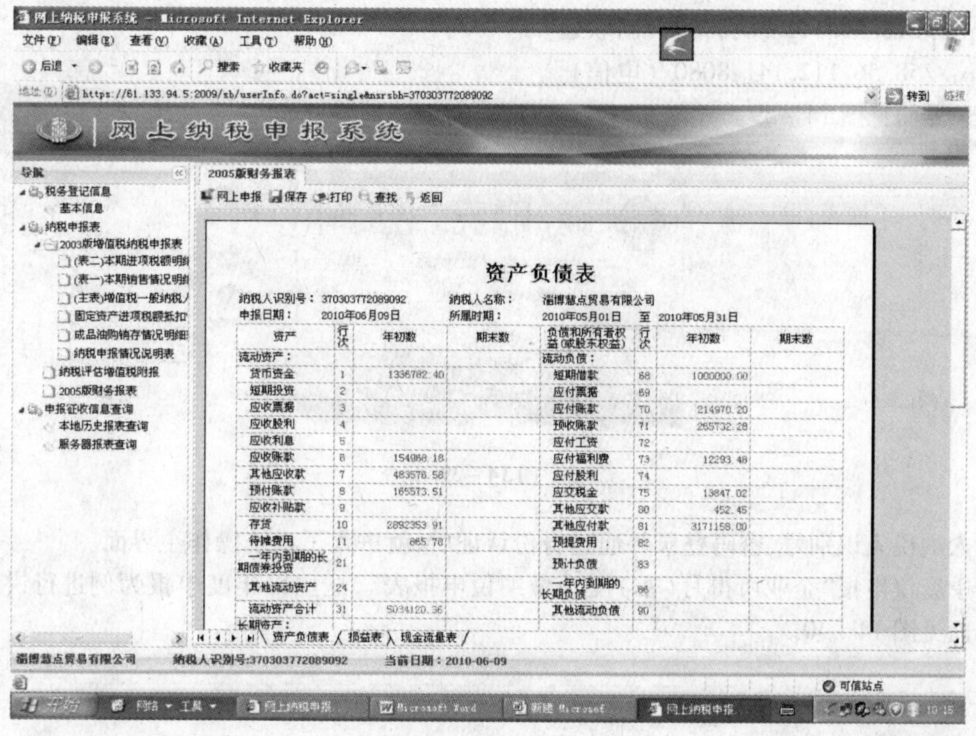

资产负债表

纳税人识别号：370303772089092 纳税人名称：淄博慧点贸易有限公司

申报日期：2010年06月09日 所属时期：2010年05月01日 至 2010年05月31日

| 资产 | 行次 | 年初数 | 期末数 | 负债和所有者权益(或股东权益) | 行次 | 年初数 | 期末数 |
|---|---|---|---|---|---|---|---|
| 流动资产： | | | | 流动负债： | | | |
| 货币资金 | 1 | 1336782.40 | | 短期借款 | 68 | 1000000.00 | |
| 短期投资 | 2 | | | 应付票据 | 69 | | |
| 应收票据 | 3 | | | 应付账款 | 70 | 214970.20 | |
| 应收股利 | 4 | | | 预收账款 | 71 | 265732.28 | |
| 应收利息 | 5 | | | 应付工资 | 72 | | |
| 应收账款 | 6 | 154968.18 | | 应付福利费 | 73 | 12293.48 | |
| 其他应收款 | 7 | 483578.58 | | 应付股利 | 74 | | |
| 预付账款 | 8 | 165573.51 | | 应交税金 | 75 | 13847.02 | |
| 应收补贴款 | 9 | | | 其他应交款 | 80 | 452.45 | |
| 存货 | 10 | 2892353.91 | | 其他应付款 | 81 | 3171158.00 | |
| 待摊费用 | 11 | 865.78 | | 预提费用 | 82 | | |
| 一年内到期的长期债券投资 | 21 | | | 预计负债 | 83 | | |
| 其他流动资产 | 24 | | | 一年内到期的长期负债 | 86 | | |
| 流动资产合计 | 31 | 5034120.36 | | 其他流动负债 | 90 | | |
| 长期资产： | | | | | | | |

图 14 - 37

以上三类报表保存且进行网上申报操作后，在其申报首页，状态见图 14 - 38。

| 报表名称 | 所属时期起 | 所属时期止 | 申报期限 | 状态 | 已申报日期 | 申报凭证序号 | 操作 |
|---|---|---|---|---|---|---|---|
| 2003版增值税纳税申报表 | 2010-05-01 | 2010-05-31 | 2010-06-17 | × | | | |
| 纳税评估增值税附报 | 2010-05-01 | 2010-05-31 | 2010-06-17 | ✓ | | 370010913171765038 | |
| 2005版财务报表 | 2010-05-01 | 2010-05-31 | 2010-06-30 | ✓ | | 370010913171765442 | |

图 14 - 38

如上图，后两项报表的状态为对钩，第一项的状态等到企业正常抄税后即可变为对钩而处于正常状态。

**4. 申报征收信息查询**

此项目下方分本地历史报表查询与服务器报表查询。其二者的区别是二者的查询路径不同，前者是查询本台电脑曾保存的数据，而后者是查询的国税系统服务器上的数据。如果以前月份申报正常，利用服务器报表查询皆能查到；如果你要查的报表不是从本台电脑的填写的，那你不会得到你要的查询结果。

（二）企业所得税的电子申报

**1. 系统登录及公共操作说明**

在 Internet Explorer 浏览器中选择以下网址之一登录企业所得税的电子申报系统：

http://218.57.142.38:8080/(新联通)

http://58.56.112.141:8080/(电信)

登录界面见图 14－39。

图 14－39

输入纳税人识别号、密码登录并通过身份认证后，就进入了系统操作主界面。

因季度仅申报“企业所得月(季)度预缴纳税申报表”，这里以年度申报为例进行讲解。系统主界面见图 14－40。

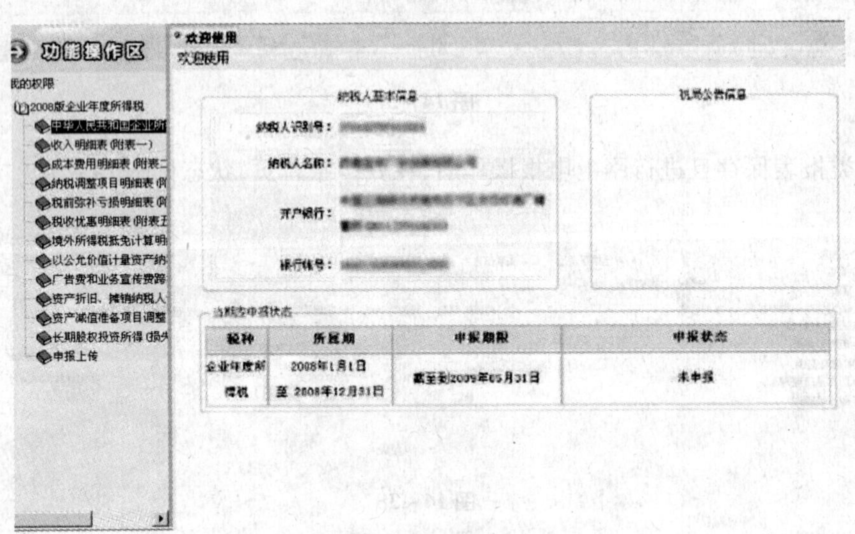


图 14－40

**2. 报表填写**

在系统中，通过不同的界面颜色表示该项目的录入属性：浅青绿表示该项内容可填写项或可修改；天蓝色表示该项内容不可填写，是系统自动计算或者从别的附表中提取的；在表格内不可填写项，已被控制，用户不可操作。

系统根据从 CTAIS 中获取的纳税人基本信息判断纳税人申报类型，目前 A、B 两大类，其中 A 类包括以下三种类型：

一般企业

金融企业

事业单位

系统将分别显示各类型企业应申报的报表。

A类一般企业见图14－41。

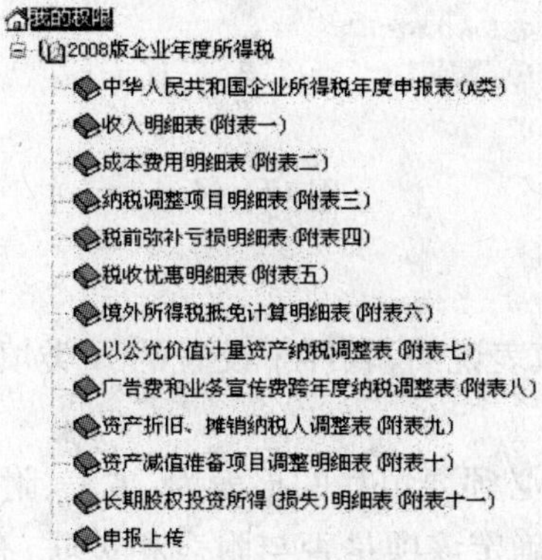

我的权限
2008版企业年度所得税
中华人民共和国企业所得税年度申报表(A类)
收入明细表(附表一)
成本费用明细表(附表二)
纳税调整项目明细表(附表三)
税前弥补亏损明细表(附表四)
税收优惠明细表(附表五)
境外所得税抵免计算明细表(附表六)
以公允价值计量资产纳税调整表(附表七)
广告费和业务宣传费跨年度纳税调整表(附表八)
资产折旧、摊销纳税人调整表(附表九)
资产减值准备项目调整明细表(附表十)
长期股权投资所得(损失)明细表(附表十一)
申报上传

图14－41

A类金融企业见图14－42。

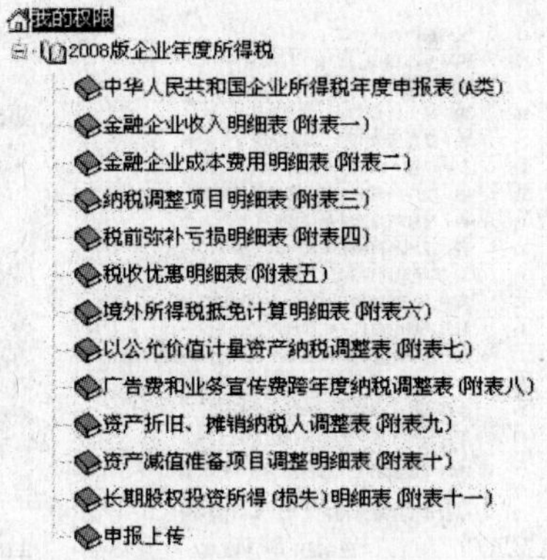

我的权限
2008版企业年度所得税
中华人民共和国企业所得税年度申报表(A类)
金融企业收入明细表(附表一)
金融企业成本费用明细表(附表二)
纳税调整项目明细表(附表三)
税前弥补亏损明细表(附表四)
税收优惠明细表(附表五)
境外所得税抵免计算明细表(附表六)
以公允价值计量资产纳税调整表(附表七)
广告费和业务宣传费跨年度纳税调整表(附表八)
资产折旧、摊销纳税人调整表(附表九)
资产减值准备项目调整明细表(附表十)
长期股权投资所得(损失)明细表(附表十一)
申报上传

图14－42

A类事业单位见图14－43。

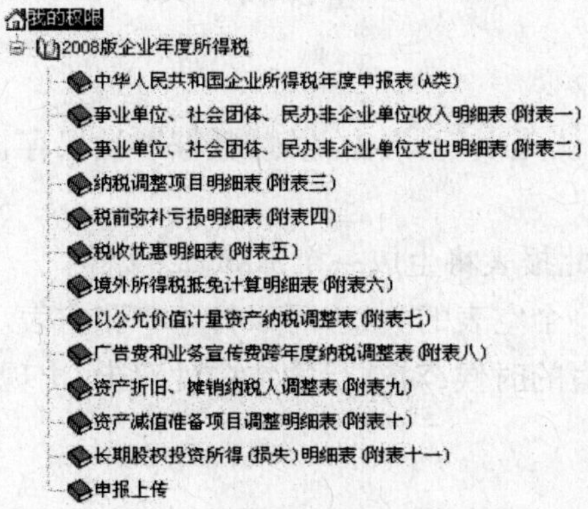

我的权限
2008版企业年度所得税
中华人民共和国企业所得税年度申报表(A类)
事业单位、社会团体、民办非企业单位收入明细表(附表一)
事业单位、社会团体、民办非企业单位支出明细表(附表二)
纳税调整项目明细表(附表三)
税前弥补亏损明细表(附表四)
税收优惠明细表(附表五)
境外所得税抵免计算明细表(附表六)
以公允价值计量资产纳税调整表(附表七)
广告费和业务宣传费跨年度纳税调整表(附表八)
资产折旧、摊销纳税人调整表(附表九)
资产减值准备项目调整明细表(附表十)
长期股权投资所得(损失)明细表(附表十一)
申报上传

图14－43

B 类见图 14－44。

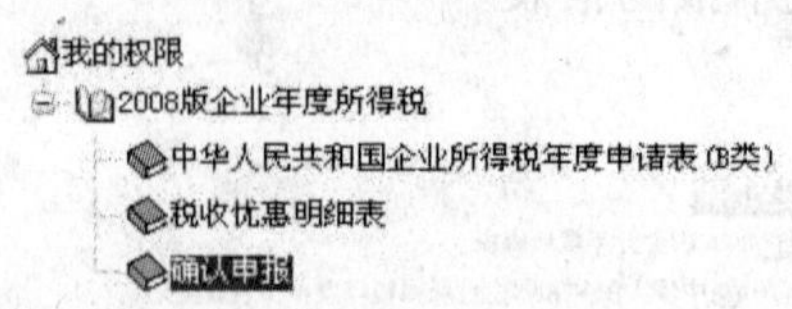


图 14－44

注意事项：

根据国家税务总局下发的填表说明，软件中设置的 A 类填写报表顺序为：附表一、附表二、其它附表到附表三、主表。

如果 A 类企业为零申报时，必须要填写的报表为：主表、附表五。

如需改动主表中的数据，要确定该项是否与附表相关联，有关联的要在相关附表中先做修改，再打开主表重新保存。同样，若修改了附表中的数据，要重新保存主表。

申报表的表样及填写方法与纸质报表相同。见图 14－45。

| | 25 | 应纳税所得额（23－24） | 271723548.54 |
|---|---|---|---|
| 应纳税额计算 | 26 | 税率（25%） | 0.25 |
| | 27 | 应纳所得税额（25×26） | 67930887.14 |
| | 28 | 减：减免所得税额（填附表五） | 0.00 |
| | 29 | 减：抵免所得税额（填附表五） | 0.00 |
| | 30 | 应纳税额（27－28－29） | 67930887.14 |
| | 31 | 加：境外所得应纳所得税额（填附表六） | 0.00 |
| | 32 | 减：境外所得抵免所得税额（填附表六） | 23.00 |
| | 33 | 实际应纳所得税额（30＋31－32） | 67930864.14 |
| | 34 | 减：本年累计实际已预缴的所得税额 | 691.25 |
| | 35 | 其中：汇总纳税的总机构分摊预缴的税额 | 0.00 |
| | 36 | 汇总纳税的总机构财政调库预缴的税额 | 0.00 |
| | 37 | 汇总纳税的总机构所属分支机构分摊的预缴税额 | 0.00 |
| | 38 | 合并纳税（母子体制）成员企业就地预缴比例 | 0.00 |
| | 39 | 合并纳税企业就地预缴的所得税额 | 0.00 |
| | 40 | 本年应补（退）的所得税额（33－34） | 67930172.89 |
| 附列资料 | 41 | 以前年度多缴的所得税额在本年抵减额 | 777.00 |
| | 42 | 以前年度应缴未缴在本年入库所得税额 | 0.00 |

| 纳税人公章：<br>经办人：<br>申报日期： 年 月 日 | 代理申报中介机构公章：<br>经办人及执业证件号码：<br>代理申报日期： 年 月 日 | 主管税务机关受理专用章：<br>受理人：<br>受理日期： 年 月 日 |
|---|---|---|



图 14－45

见图 14－45 按钮说明：

保存：在申报表各数据确认无误后，点击此键，数据即被保存，此报表填写完毕。

打印：打印此报表。

导出 EXCEL：点击此键，此报表将生成一个 EXCEL 文件。

空表：点击此键，将出现一个空表的页签，可以打印一张空表。

当对某行不明白怎么填写的时候，对这行的空白处双击，出现此行的填表说明，第 1 行的填表说明见图 14－46。

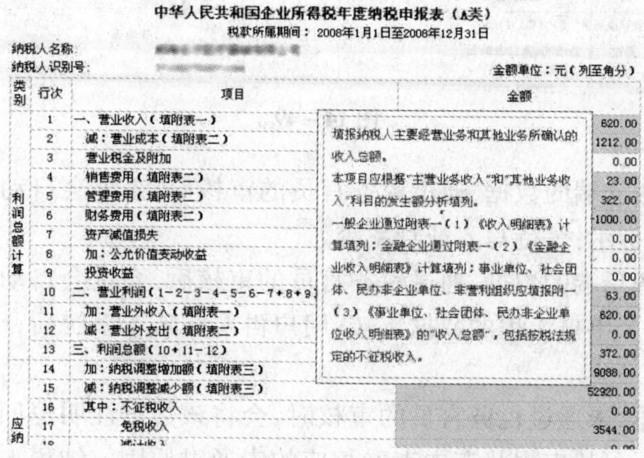

中华人民共和国企业所得税年度申请表(A类)

中华人民共和国企业所得税年度纳税申报表（A类）

税款所属期间：2008年1月1日至2008年12月31日

纳税人名称：

纳税人识别号：

金额单位：元（列至角分）

| 类别 | 行次 | 项目 | 金额 |
|---|---|---|---|
| 利润总额计算 | 1 | 一、营业收入（填附表一） | 620.00 |
| | 2 | 减：营业成本（填附表二） | 1212.00 |
| | 3 | 营业税金及附加 | 0.00 |
| | 4 | 销售费用（填附表二） | 23.00 |
| | 5 | 管理费用（填附表二） | 322.00 |
| | 6 | 财务费用（填附表二） | -1000.00 |
| | 7 | 资产减值损失 | 0.00 |
| | 8 | 加：公允价值变动收益 | 0.00 |
| | 9 | 投资收益 | 0.00 |
| | 10 | 二、营业利润（1-2-3-4-5-6-7+8+9） | 63.00 |
| | 11 | 加：营业外收入（填附表一） | 620.00 |
| | 12 | 减：营业外支出（填附表二） | 0.00 |
| | 13 | 三、利润总额（10+11-12） | 372.00 |
| 应纳 | 14 | 加：纳税调整增加额（填附表三） | 9088.00 |
| | 15 | 减：纳税调整减少额（填附表三） | 52920.00 |
| | 16 | 其中：不征税收入 | 0.00 |
| | 17 | 免税收入 | 3544.00 |
| | 18 | 减计收入 | 0.00 |

填报纳税人主要经营业务和其他业务所确认的收入总额。
本项目应根据"主营业务收入"和"其他业务收入"科目的发生额分析填列。
一般企业通过附表一（1）《收入明细表》计算填列；金融企业通过附表一（2）《金融企业收入明细表》计算填列；事业单位、社会团体、民办非企业单位、非营利组织应填报附一（3）《事业单位、社会团体、民办非企业单位收入明细表》的"收入总额"，包括按税法规定的不征税收入。

图 14－46

**3. 申报上传**

确定报表无误以后，单击功能操作区—我的权限—申报上传，出现数据审核按钮，如有错误，出现见图 14－47。

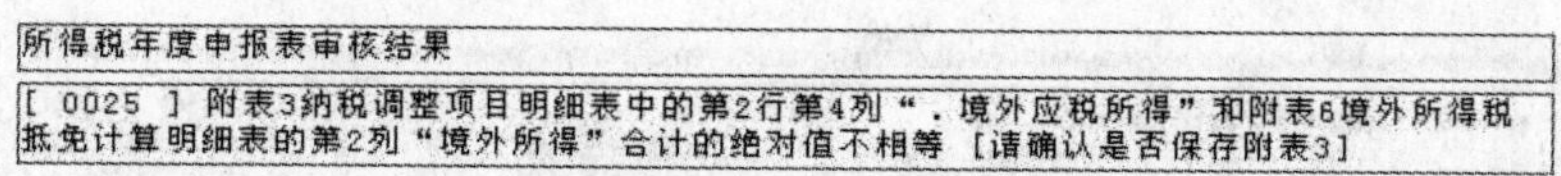

所得税年度申报表审核结果

[ 0025 ] 附表3纳税调整项目明细表中的第2行第4列“．境外应税所得”和附表6境外所得税抵免计算明细表的第2列“境外所得”合计的绝对值不相等 [请确认是否保存附表3]

图 14－47

根据提示，修改报表中的错误。修改后保存报表，再上传，直到出现申报成功的界面。见图 14－48。

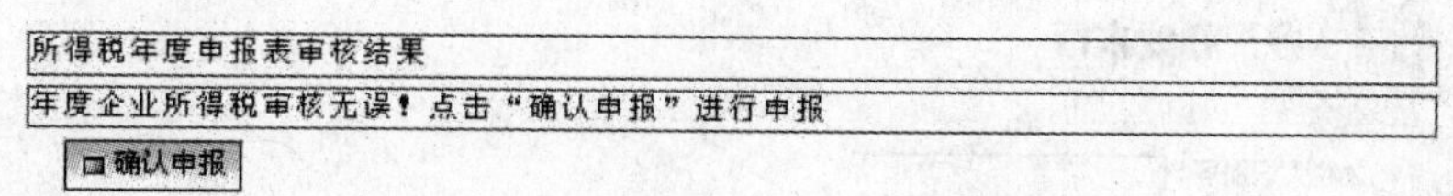

所得税年度申报表审核结果

年度企业所得税审核无误！点击“确认申报”进行申报

确认申报

图 14－48

单击确认申报，即可申报数据，系统提示：数据已提交，等待税局管理员审核，请稍后查询反馈信息。

注意事项：

申报成功以后，就不可更改数据，保存按钮消失。

如果数据不合法，在成功提交后未能通过税务官员审核，将能接收到退回信息；根据退回原因进行修改，并重新上传申报。

**4. 申报状态查询**

当用户登录系统以后在欢迎使用页面中部，看到当期应申报状态。见图 14－49。

数据提交成功后，上图申报状态中提示：等待主管税务人员审核。

当期应申报状态

| 税种 | 所属期 | 申报期限 | 申报状态 |
| --- | --- | --- | --- |
| 企业年度所得税 | 2008年1月1日 至 2008年12月31日 | 截至到2009年05月31日 | 未申报 |

图 14-49

当成功提交到税务局端的数据，通过税务官员的审核后，系统会自动将数据导入到国税征管系统中，申报状态中提示：等待写入征管系统。

当成功提交到税务局端的数据，通过税务官员的审核后，系统会自动将数据导入到国税征管系统中，至此完成整个申报流程的数据流转；用户再次登陆本系统后，申报状态中提示：申报成功。

当用户提交的数据，未通过税务官员的审核时，会将该数据注明退回原因，退回给纳税人，用户再次登陆本系统后可从申报状态中查看相应的未通过原因。纳税人看到此申报状态的提示信息后，可根据退回原因，重新填写报表，并上传申报。

## 二、地税电子申报

申报地址：http://etax.sdds.gov.cn/etax2006/public/jsp/login.jsp

登录界面见图 14-50。

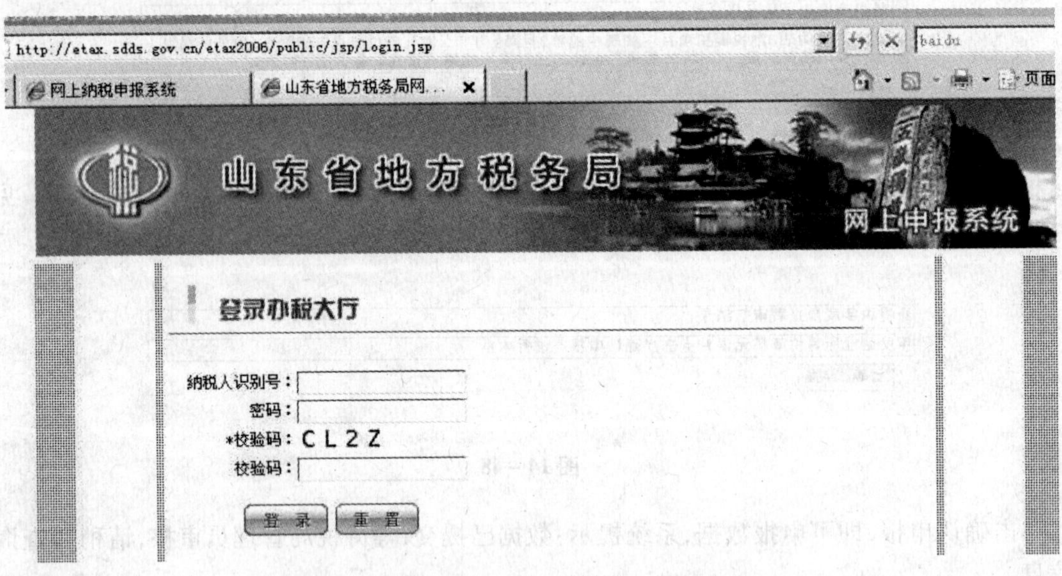


图 14-50

输入相应纳税人识别号、密码及校验码验证通过后，操作主界面见图 14-51。

图 14－51

系共分涉税通知、填写申报表、正式申报、网上划款、申报查询、划款查询、修改密码等模块，说明如下：

**1. 涉税通知**

地税局发布的相关纳税人的通知公告，纳税人可以从这里及时查看。

**2. 填写申报表**

各模块功能菜单见图 14－52。

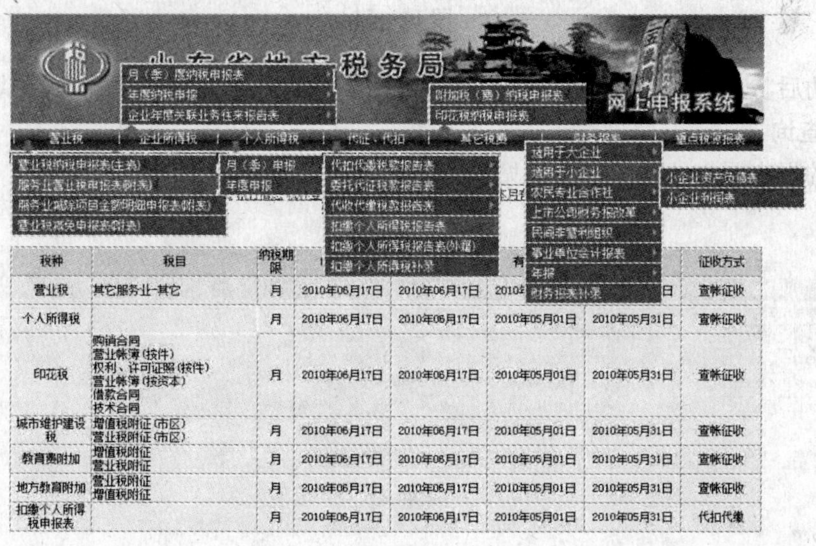


图 14－52

根据企业情况，填写相应的报表。已经填写过的表格会在菜单中表名的右侧打钩注明。

**3. 正式申报**

填写过的报表会从正式申报模块中体现。见图 14－53。

正式申报

纳税人识别号：[illegible]　　纳税人名称：[illegible]

| 申报税种 | 税款属期 | 申报期限 | 应补退税额 | 状态 | 申报 |
|---|---|---|---|---|---|
| 印花税纳税申报表 | 2010-05-01 至 2010-05-31 | 2010-06-17 | 0 | 未申报 | 申　报 |
| 附加税（费）纳税申报表 | 2010-05-01 至 2010-05-31 | 2010-06-17 | 1177.93 | 申报成功 | ★ |
| 营业税纳税申报表 | 2010-05-01 至 2010-05-31 | 2010-06-17 | 10019.25 | 申报成功 | ★ |

提示：如果“状态”长时间为“未知状态”没有变化，请重新点击“申报”按钮。
重点税源报表的申报期限为系统允许的最大申报期限，具体申报期限以所在地税务机关规定为准！

图 14－53

未申报的报表在其状态栏中提示“未申报”，且在申报栏中有申报按钮，点击可申报。申报成功后状态为“申报成功”，申报栏中出现红星提示。

**4. 网上划款**

开通网上划款的用户，可从此处划款，界面见图 14－54。

网上划款

纳税人识别号：　　缴款银行名称：中国银行淄博张店西城支行
纳税人名称：　　缴款账号：

| 缴款税种 | 税款属期 | 缴款期限 | 本期应缴税额 | 状态 | 实际缴款 | 是否划款 |
|---|---|---|---|---|---|---|
| 附加税（费）纳税申报表 | 2010-05-01 至 2010-05-31 | 2010-06-17 | 1177.93 | 未划款 | 实缴查询 | 划款 |
| 营业税纳税申报表 | 2010-05-01 至 2010-05-31 | 2010-06-17 | 10019.25 | 未划款 | 实缴查询 | 划款 |

正在进行划款，请耐心等候……

图 14－54

划款成功后状态栏提示“已划款”，未划款时是否划款栏中会有划款按钮，可进行划款。

**5. 申报查询**

申报过的报表明细从这里查询。见图 14－55。

申报查询结果

| 申报状态 | 应征凭证序号 | 所属时期 | 申报表 | 应补退税额 | 申报时间 |
|---|---|---|---|---|---|
| 申报：处理成功 | 237010976338911150 | 2010-04-01至2010-04-30 | 资产负债表（适用于小企业） | 0 | 2010-05-15 |
| 申报：处理成功 | 237010976338892816 | 2010-04-01至2010-04-30 | 扣缴个人所得税报告表 | 0 | 2010-05-15 |
| 申报：处理成功 | 237010976338892383 | 2010-04-01至2010-04-30 | 利润表（适用于小企业） | 0 | 2010-05-15 |
| 申报：处理成功 | 237010976325786356 | 2010-04-01至2010-04-30 | 印花税纳税申报表 | 0 | 2010-05-11 |
| 申报：处理成功 | 237010976325766674 | 2010-04-01至2010-04-30 | 附加税（费）纳税申报表 | 1062.82 | 2010-05-11 |
| 申报：处理成功 | 237010976325766669 | 2010-04-01至2010-04-30 | 服务业营业税申报表 | 8972.5 | 2010-05-11 |
| 申报：处理成功 | 237010976325766669 | 2010-04-01至2010-04-30 | 营业税纳税申报表 | 8972.5 | 2010-05-11 |

返　回

图 14－55

### 6. 划款查询

对已划款的明细进行查询。见图 14－56。

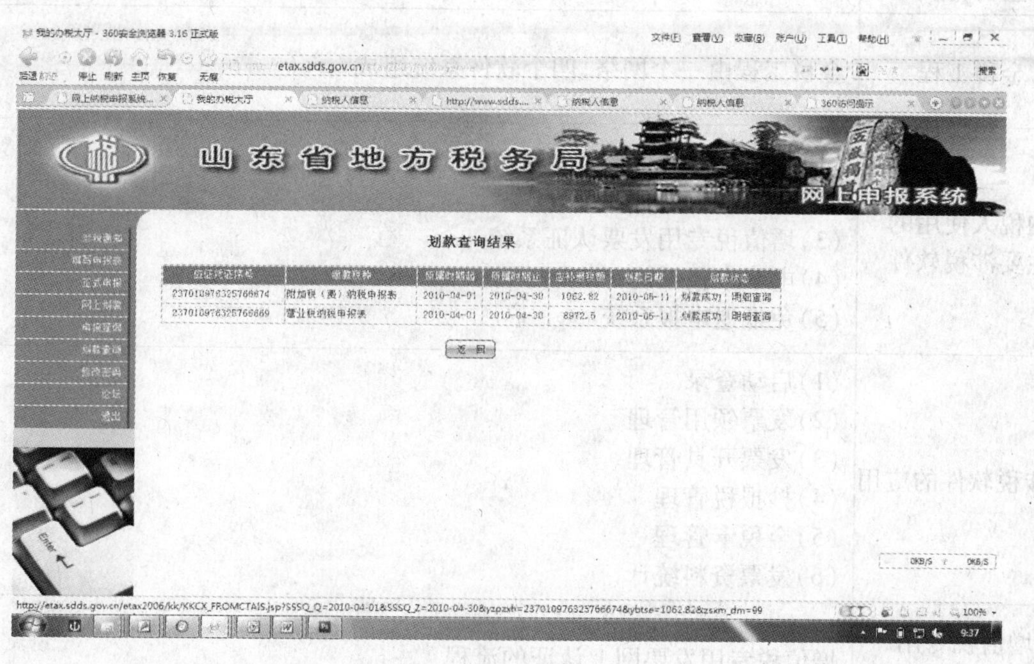


图 14－56

### 7. 修改密码

对进入系统的密码进行更改，以保证系统的安全。见图 14－57。

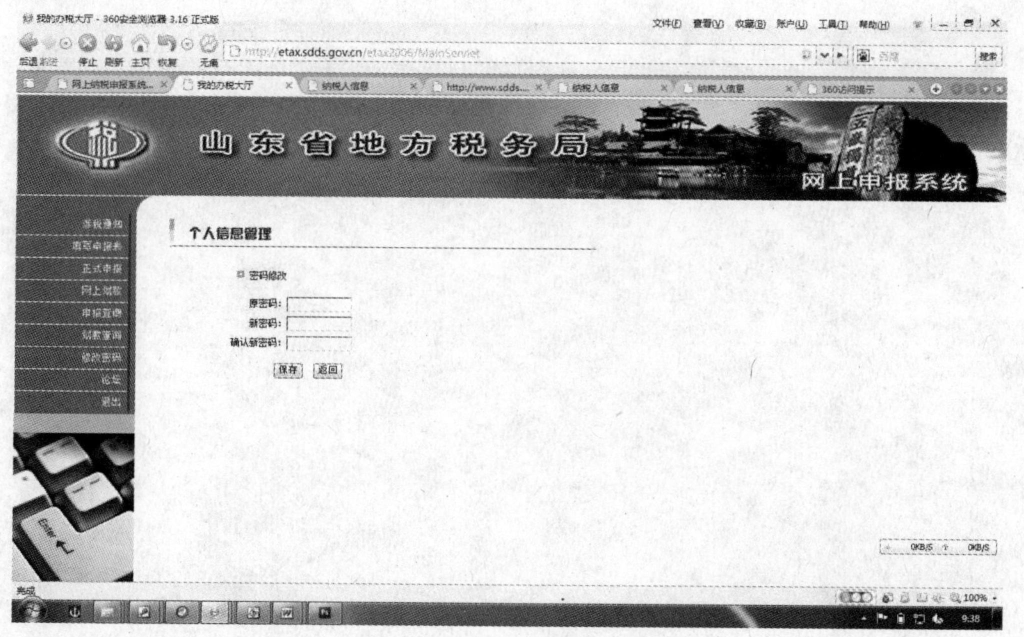


图 14－57

项目十四小结

| 主要构成 | 主要内容 |
| --- | --- |
| 金税工程 | 金税工程由一个网络、四个软件系统组成 |
| 纳税人使用的主要涉税软件 | (1)防伪税控一机多票系统<br>(2)普通发票控管系统<br>(3)增值税专用发票认证系统<br>(4)电子申报系统<br>(5)免抵退申报系统 |
| 各涉税软件的应用 | (1)启动登录<br>(2)发票领用管理<br>(3)发票开具管理<br>(4)抄报税管理<br>(5)金税卡管理<br>(6)发票资料统计 |
| 增值税专用发票认证系统 | 增值税专用发票网上认证的流程 |
| 电子申报系统 | (1)国税电子申报<br>(2)地税电子申报 |